本书由延安大学博士科研项目资助
（编号：YDBK2019-24）

楊寬先生編年事輯

贾鹏涛 撰

中华书局

图书在版编目(CIP)数据

杨宽先生编年事辑/贾鹏涛撰. —北京:中华书局,2019.10
ISBN 978-7-101-13941-9

Ⅰ.杨… Ⅱ.贾… Ⅲ.杨宽-生平事迹 Ⅳ.K825.81

中国版本图书馆 CIP 数据核字(2019)第 128006 号

书　　名　杨宽先生编年事辑
撰　　者　贾鹏涛
责任编辑　李碧玉
出版发行　中华书局
　　　　　(北京市丰台区太平桥西里 38 号　100073)
　　　　　http://www.zhbc.com.cn
　　　　　E-mail:zhbc@zhbc.com.cn
印　　刷　北京瑞古冠中印刷厂
版　　次　2019 年 10 月北京第 1 版
　　　　　2019 年 10 月北京第 1 次印刷
规　　格　开本/850×1168 毫米　1/32
　　　　　印张 15½　插页 8　字数 375 千字
印　　数　1-3000 册
国际书号　ISBN 978-7-101-13941-9
定　　价　76.00 元

杨宽先生就读上海私立光华大学时

杨宽先生年轻时

杨宽先生中年时

杨宽先生晚年时

1983年9月杨宽先生在日本东京举行的
第三十一届亚洲北非人文科学国际会议上做报告

杨宽先生全家

杨宽先生与陈荷静女士

陈荷静女士与父亲

鲁君世次年数考

杨宽先生手稿《鲁君世次年数考》

诚之吾师：

露复未候，阔于社会之期间题，最近来
有新出版书报，亦便函提及，陈先生之古代史
想是东北某一大学所编本，未春刊，目前各大学均未出
了，一些文稿向发上大学历史系一阅，
有，今先生想向发上大学历史系一阅，

闲于中国奴隶史的分期问题，目前议论纷纷有四说，
（1）商为奴隶社会，西周以后为封建社会，此为范文澜等所主张，
（2）商及西周皆为奴隶社会，战国以后入封建社会，此为郭沫若等
（3）从商到春秋为奴隶社会，战国为封建社会，翦伯赞以入封建社会，
此为翦伯赞所主张，（4）从商到春秋为氏族社会末期实行
从商到春秋为奴隶制，战国到东汉为奴隶社会，此为中国人民大学尚钺

勒毛泽东制，战国到东汉为封建社会，此为尚钺制中国古代史
寿师主张，他们都认为中国古代属于东方系
原先尚钺的历史统一割为阶段，目前被中国古代属于东方系
统，奴隶及农民印度印度同一类型，由校生产力较低，奴隶
制未曾划典型阶段，学生对此问题很不同意。学生认为中国

杨宽先生致吕思勉信

墨經哲學

國學叢書

楊寬編著

正中書局印行

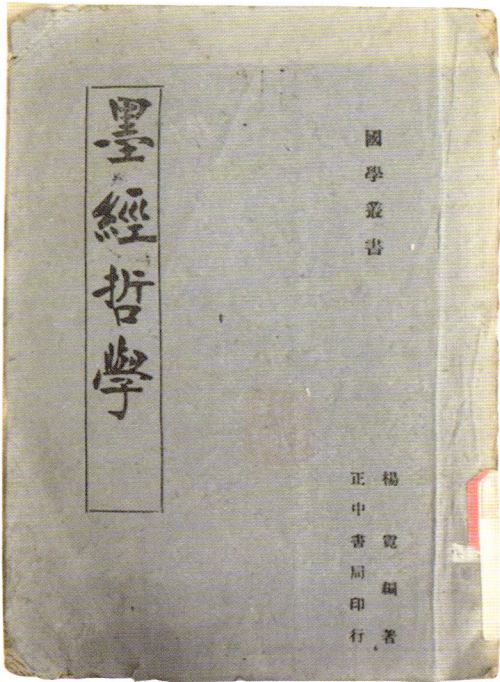

初版《墨经哲学》作者错印成杨霓

凡　例

　　一、本书尽可能详尽准确地收集使用有关杨宽先生生平、思想、著述以及社会活动等方面的资料,记述杨宽先生一生的行迹。各年之间,内容详略,均视资料多少而定。

　　二、本书以公元纪年,后注干支。正文大致按年、月、日编排。一年之中,凡无日可考者,系于月,无月可考者,系于年,以"是年"标明于该年之末。日记等材料按年编入,年之下不再按月按日分散辑录,以保持材料的完整连贯;部分材料也不按年月编排而插入相关内容处。

　　三、本书所辑录的材料,均按原稿或手稿节录。引文以脚注形式注明资料出处,格式为作者、书名或篇名、原刊物、出版单位、出版年月、页码,档案资料则标明所收藏单位及档案编号。凡引录的资料,第一次引用时注明完整信息,其后仅注作者、题目或篇目、页码。凡引录材料中有无法辨认之字迹,一律用□代替。《历史激流:杨宽自传》是本书一部重要参考书,除原文引录注明具体页码外,其他引用皆不注明。

　　四、为求行文简洁、格式统一,书中人物姓名后一律不冠尊称或职称。

卷一　1914—1948年

1914年甲寅　先生一岁

2月6日(阴历一月十二日),先生出生于江苏青浦白鹤江镇(今上海青浦白鹤镇),名宽,字宽正。

先生曾祖父姓杨,去世较早。

曾祖母,育有三子,三子结婚后陆续去世,大房与二房都只留下寡妇,没有子嗣,三房妻子亦去世,留下一女,即先生母亲。

父公衡,字宰阿,出生于家乡附近重固镇农村家庭,原姓王,入赘后改姓杨。来到杨家后,先读书上学,后随当地世传名医何子祥学医。学成之后,以此谋生。

母素汉,小名宝宝,长辈称宝妹,生三子一女。

继母,生二子。

是年,蒋维乔四十一岁,吕思勉三十岁,顾颉刚二十一岁,童书业六岁。

1915年乙卯　先生二岁

先生所著自传,对二三岁的时光,记忆犹新:

> 我最早的记忆,或许是两三岁的时候,每天午睡醒来那段时光。母亲总会抱着我坐在她的大腿上,教我唱一些童谣;我仿佛还能听见流溢在悠悠天光中母亲清脆的哼唱声。

　　客厅是父亲的诊所,母亲忙于家务时,就会邀几个邻居小孩到库门间和我们一起玩耍。大家穿着开裆裤,蹲在地上打弹珠、造房子,一听到街上叫卖声,如卖糯米麦芽糖担、卖香豆腐干担、卖菱角担,我就急冲冲奔向宅内找母亲,要求买这买那。家里的经济是母亲掌管的,我们弟妹有所要求,都向母亲要,她总是答应的。①

先生自言,童年时爱吃的食物有蓴菜、莲蓬、藕、菱角:

　　我童年时期爱吃蓴菜,常听到这种叫卖声时,必然要请父母亲提着水桶到港边购买。这种吃蓴菜的嗜好一直继续到老年,如果在上海的土产商店中看到瓶装蓴菜,必然要买回来。我爱吃新鲜青豆、新鲜蚕豆、大青菜和新鲜淡水鱼以及虾蟹的习惯,都是在童年养成的。

　　青浦夏秋之间有些水生植物可以生吃,如莲蓬(莲子)、藕、菱角等。每年新鲜莲蓬上市为期甚短,母亲天天必买一大捆给我们吃,据说是清补之品,又可让孩子剥了吃消磨时间,边吃边玩。她先把每一个莲蓬撕开,约有近二十粒莲子脱落出来;把外层的绿色嫩壳剥掉,里面的莲子肉白嫩而甜,随带一股清香。新鲜莲蓬价钱比干莲子贵得多。在荷花塘里采摘莲蓬的工作大多是妇女做的。

　　菱角在夏末秋初上市。菱角古称菱芰,种类很多,白鹤江镇早晨农民挑了担出售的有鲜红色"水红菱";稍迟上市、较大的水红菱叫"雁来红",还有青色较大的"馄饨菱"。我很喜欢吃鲜菱,母亲总是买个半篮,将菱洗净沥干;新鲜的菱壳和肉都非常嫩,她用小刀切成两片,雪白带着汁水的菱

————————————

①杨宽:《历史激流:杨宽自传》,大块文化出版股份有限公司,2005年,第34页。

肉从壳里滑出来,放进嘴里,十分可口。另有一种有二只小角、形状小而坚实的"沙角菱",小贩将它煮熟放在竹箩里扛在肩上,大街小巷叫卖。成熟的沙角菱含淀粉量高,愈粉愈甜而香。①

1916 年丙辰　先生三岁

1917 年丁巳　先生四岁

是年,先生妹杨畹阑生。

1918 年戊午　先生五岁

1919 年己未　先生六岁

秋,先生上新式学校鹤溪小学,校长为其大伯父公权②。学校共分初级小学和高级小学两部分,初级小学所设课程有国文、算数、修身、常识、音乐、图画、体操,所用教科书多数为上海商务印书馆出版。国文课是白话文,课本采用的是后来光华大学的老师蒋维乔编的。前五课每课一字:人、手、足、刀、尺,课本上面

①杨宽:《历史激流:杨宽自传》,第24—25页。
②杨公权(1887—1939),原籍浙江黄岩人。字恢吾,幼年父母双亡,家庭贫困,在普陀山抄经为生,16岁被杨家收为养子。少年好学,曾在商务印书馆附设函授学校学习英文、机械制图等科。1922年任鹤西小学校长,10月当选为白鹤青村乡教育会长。后因自知学历有限,1926年辞去教职,与女儿、学生一起就读上海大夏大学高师班。1928年参与创办昆、嘉、青三县乡村师范筹建工作,次年任青浦县初级中学校长。1932年执教浦东中学,1934年担任青浦初级商业职业学校校长。抗战爆发后,积极参加抗日救亡工作,任城厢教育会救亡协会理事,红十字会白鹤分会会长。青浦沦陷后,与职校同仁创办龙门中学。参见《白鹤志》编纂委员会编:《白鹤志》,上海科学普及出版社,2004年,第518—519页。

是画,下面是字。因新旧交替,学校教师重朗读古文并要求背诵,先生认为古文有艺术性,乐于读名家古文且重视古文写作。

1920 年庚申　先生七岁

是年,先生大弟杨容生。

1921 年辛酉　先生八岁

1922 年壬戌　先生九岁

是年,先生父亲在名医何子祥指导下学习中医内科有成,回白鹤江镇挂牌行医,大招牌上写着:世儒医何子祥门人杨宰阿男妇大方脉。

1923 年癸亥　先生十岁

秋,先生开始读高级小学,高级小学加设英文课程。父母告知,只有考取著名的省立中学,今后才可能有光明的前途,因此,先生读书时特别用功。

先生童年喜欢观看农业生产及农业工具制作的过程,由此积累的知识对后来进行古代史的研究有一定用处。童年没有什么娱乐活动,因小镇上没有经常性的娱乐场所,只有街头艺人和不定期的剧团演出,如耍猴戏、用放大镜看彩色画片(俗称西洋镜)、唱小调(常用胡琴伴奏)、说书。亦经历了传统风俗和礼俗的沐浴,爱看附近农村的迎神赛会,人家结婚、出丧和祭祀等礼节,和尚"念经"和道士"做道场"。

是年,先生小弟杨宓生。

1924 年甲子　先生十一岁

9 月,爆发"齐庐战争",一天夜晚躲避枪弹之际,家里遭土匪抢劫,全家遂避难上海徐家汇。避难一月后,返回家乡,家中财物被掠一空,全家衣服需重新缝制,所有物品需重新添置,又要抚养和教导子女,因此,先生母亲家务非常繁重。

1925 年乙丑　先生十二岁

1926 年丙寅　先生十三岁

夏,先生考取苏州省立第一师范。初一听到历史老师讲胡适的《中国哲学史大纲》上卷,称其用新方法和新观点分析古代哲学,墨子部分尤其出彩,同时介绍孙诒让的《墨子间诂》和梁启超的《墨经校释》。先生对《墨子间诂》很感兴趣并马上购买,此书遂成为初中三年常翻阅的课外读物。《墨子间诂》是上海扫叶山房的石印本,为先生全部通读的第一本古书。

先生自述选择赴苏州省立第一师范而未到距离家较近的上海求学的原因是:

> 这是出于我父母亲和伯父的决定。首先是从经济上考虑,当时省立师范学校,不但不必缴纳学费和宿费,而且膳费也由公家发给,前往求学只需带一些书籍费和零用钱,这是我的家人比较供应得起的。其次考虑的是,苏州是一座朴实而安静的古城,而且向来是文物荟萃、人才辈出之地,求学环境比上海理想。此外省立第一师范的前身是江苏师范学堂,清代称为紫阳书院,向来很有名望。清朝末年罗振玉(一八六六—一九四〇)做江苏师范学堂的首任监督,王国维(一八七七—一九二七)是这里的教师;二十年代吕思勉(一八八四—一九五七)曾是这里的教师,师资方面向来

很出色。①

　　一九二三年二月至一九二五年七月,先生(指吕思勉——编者注)在苏州省立第一师范学校专修课任教,月薪一百二十元,校长王应嶽(饮鹤)延聘。②

1927 年丁卯　先生十四岁

　　是年,苏州省立第一师范与省立第二中学合并,改称省立苏州中学。

　　先生求学第一年,养成了两个习惯:一为逛旧书店。家里给的买书费不多,不可能买较多古书,但发现了不少需要的古书,对于日后的学习和研究产生很大的影响。二为学习民间乐器。每星期日路过体育场,先生常听到场内娱乐室悦耳的民间音乐,便买了笛和胡琴,又学习了京胡和月琴。

1928 年戊辰　先生十五岁

　　学校规定,初中毕业成绩优秀者,可不经过考试直升高中部。先生为了直升高中部,减少逛旧书店、练习京胡的时间,用功专心学习。

1929 年己巳　先生十六岁

　　夏,先生顺利直升高中部,因家里经济不宽裕,进入师范科。

　　高一时,先生曾听过吕叔湘的西洋史课,并称颂吕氏授课引人入胜:

　　　　我在高中一年级,听过吕叔湘的西洋史课程,用的是陈

---

①杨宽:《历史激流:杨宽自传》,第 46—47 页。
②李永圻、张耕华:《吕思勉先生年谱长编》上,上海古籍出版社,2012 年,第 280 页。

衡哲(一八九〇——一九七六)编的《西洋史》(商务印书馆),
讲授时还补充了许多新内容,上课很引人入胜。我因此进
一步搜查资料,不断写成读书笔记,送请指正,他逐篇认真
批改,有所指点,使我认识到考古资料对认识古代文化的重
要性。我当时主要学习的是古代埃及、巴比伦、希腊和罗马
的文化艺术方面的资料,想用西方古代文化和中国古代文
化作些比较,从而加深对中国古代文化的认识。我对于西
方文化艺术的知识,首先是从这里学到的。我还听过吕叔
湘教的英文,所用教本就是苏州中学高中部英文教师集体
编辑的《高中英文选》(上海中华书局)。这部英文教科书
在当时是很著名的,这也说明了苏州中学英文教师的
水平。①

先生对西洋近代史老师杨人楩②亦有回忆:

> 西洋近代史老师杨人楩是留法学者,返国后即在苏州
> 中学执教。当时所有教师都穿一袭长衫、布鞋,而杨人楩终
> 年穿西装、皮鞋、打领结。每次他走进课堂之前,同学们已
> 听到走廊上他穿皮鞋的略略脚步声,有几个顽皮的学生,赶
> 紧在课桌上也敲出略略合拍的声音,引起大家会心的微笑。
> 杨人楩对待学生和蔼可亲,上课时常常穿插一些国外见闻;

---

① 杨宽:《历史激流:杨宽自传》,第 55 页。
② 杨人楩(1903—1973),湖南醴陵人。字飞讯,笔名骆迈、萝蔓、洛漫等,
　1922 年毕业于北京师范大学英语系,1928 年到上海暨南大学附中任教,
　后又赴福建泉州黎明中学、苏州中学任教。1934 年入牛津大学奥里尔学
　院留学,攻读法国史,获学士学位,1946 年起在北京大学历史系执教,直
　到 1973 年病逝。对法国革命史的研究最为精深,1958 年后转入非洲史
　的研究。著译有《泽鞠斯特》《世界文化史要略》《法国革命时代史》《十
　八世纪产业革命史》《非洲史纲要简编》等。

他也喜爱苏州的名胜古迹,到处去参观赏玩。①

高中还听过胡适、钱穆的演讲,先生言:

> 钱穆是当时高中普通科的教师,因为我读的是师范科,没有听过他的课,但是我很尊重他,从他那里得益匪浅。当时学校每个星期一的上午,要举行"总理纪念周",在大礼堂上举行全体大会,会上除了报告校务以外,常由本校教师作通俗的学术演讲,钱穆常常在这里发表学术上的见解。有一天,汪校长(指汪懋祖——编者注)请胡适来作学术演讲,据说当时东吴大学(即苏州大学)教授陈天一曾请胡适留意,不要忘记见一下钱穆;胡适不认识钱穆,请汪校长介绍,因而汪校长特请钱穆一起上演讲台同坐。当时我在台下听讲,目睹这样的情景。后来钱穆在"总理纪念周"的会上谈到胡适这次演讲,并且批评了胡适《中国哲学史大纲》卷上的主张,我听了很受启发。②

进入高中后,先生开始初步的学术探索,课余时间半在阅读学术著作,半在学术研究和写作。将先生的读书方法附之如下:

> 我读书的方法,大体上分为细读、选读、略读三种。凡是想要深入钻研的问题,关系重要的书,就从头到底细读,不轻易放过,如有什么疑问或有什么感想,就写笔记。凡是书中只有部分需要的,或者认为书中内容精华和糟粕夹杂的,就只选择其中部分章节细读。凡是近人引用的古书,大部头而内容庞大的,则采用略读方法,先看序文、跋文和目

录,只求了解全书的主旨和结构,以便需要时查考。①

1930 年庚午 先生十七岁

秋,钱穆到北平燕京大学担任国文讲师。先生读钱穆《燕京学报》上的《刘向歆父子年谱》,对文中驳斥康有为《新学伪经考》谬论的部分,极为佩服,此文对先生影响极深。此后,每有钱穆新著,必争先买到,细心阅读。钱穆的《先秦诸子系年》,先生从头到尾认真学习和推敲,后此书亦成为编辑战国史料编年的参考用书。

是年,将《墨经校勘研究》一文投寄《燕京学报》,但此文并未发表。关于此事原委,先生在自传中这样写道:

> 当一九三〇年春天这篇论文写成后,就投寄燕京大学的《燕京学报》,因为看到这个学报常发表水平较高的长篇论文,同时听说钱穆因受到邀约而将文章投寄这个学报,说明这个学报很欢迎新进的学者。文章寄出不久,就接到学报主编容庚(一八九四——一九八三)亲笔回信,大意是:这篇论文很有见解,切中时弊,准备采用,只是学报从下一期改由顾颉刚先生主编,已将论文转交,请今后直接与顾先生联系。我接信后十分高兴,认为燕京大学教授们确有胸襟与眼光。接着就考虑到,既然回信明言准备采用,我自己毕竟是个中学生,学术的根基还差,对于校勘训诂之学没有经过专家的指导和训练,可能其中有不妥之处,因而立即写信给顾颉刚,诚恳地说明接到容庚先生覆信,十分高兴,但我是一个高中二年级的学生,发表时如见有不妥之处,请即删削改正。

---

① 杨宽:《历史激流:杨宽自传》,第 62 页。

顾颉刚迟疑扣压高中生论文

此信发出后,许久未见回信。我认为顾颉刚工作忙无暇回信。等到新的一期《燕京学报》出版,不见我的文章,我还认为可能收到文稿太多,要推迟发表。但是为了郑重起见,我再写挂号信给顾颉刚催问何时可以发表,并且说,如果不能发表,请把原稿退还,因为我没有留下底稿。又是长期得不到回信,这是我第一次投稿,也是我第一次和学者通信,使我感到很失望,我第一次写成的论文就如石沉大海那样消失了。我从此没有对这件事作进一步的追问,我想顾颉刚将来会对这件事感到后悔的。

直到七年之后,一九三七年春天,我在上海市博物馆工作时期,忽然接到童书业(字丕绳,一九〇八—六八)从北平(即今北京)来信,为顾颉刚主编的《禹贡》半月刊"古代地理专号"(七卷六、七期)约稿,我当即寄去《说夏》一文,发表时,顾颉刚先生特别加上编者按:"颉刚按,杨宽正先生用研究神话之态度以观察古史传说,立说创辟,久所企仰……"我就感到,顾颉刚该是因为七年前扣压我投寄《燕京学报》那篇文章的事感到后悔了。直到抗日战争初期童书业从北平来到上海,论及这件事,他说:顾颉刚先生一直为扣压我投寄《燕京学报》文章的事感到抱歉,当委托他编辑"古代地理专号"时,曾谈到这点,要他出面写信给我约稿,并且说有机会请代为表示歉意。我推想,一九三〇年春天顾颉刚刚接手主编《燕京学报》,可能他顾虑到发表一篇中学生的论文评论不少名家的失误,怕出什么问题,因而就迟疑拖延下来。三十年代中,顾颉刚向来以能够提拔青年学者和没有学历的人才著称的。①

————————

① 杨宽:《历史激流:杨宽自传》,第71—72页。

1931 年辛未　先生十八岁

春,先生及同学杨定随师杨人梗赴苏州陈家花园举办的兰花展览上参观。恰在此日,陈家新添一千金孙小姐,正在大摆宴席庆祝,主人无暇接待。这位千金 1977 年成为先生的妻子,即陈荷静,先生对此有详细回忆:

> 三一年春天,消息灵通的杨定探得苏州阊门陈家花园正在举办兰花展览,社会上有头衔的人士呈上一张名片即可进入参观。我们两个即将这个消息告诉杨人梗,他听了非常高兴,约定下一个星期日早晨九点在校门口集合一同出发。那天天气晴朗,我们三人走出三元坊,坐上马车,大约半个钟头就到了阊门外南濠街十五号。南濠街是条宽阔的石板路,从明朝全盛时期就一直是商业繁荣的地段。我们下了马车,让车夫先等着,杨人梗在两扇黑漆大门的圆铜环上扣了两下,大门上有一块木制的警眼被拉开,有人在门里瞧了一下,一个中年的看门人立刻将门打开;杨人梗从西装口袋掏出名片,拿镀金钢笔在名片上写"拜谒"并签了名,说明来意,交给了看门人,即回头示意马车夫可以离开。

> 看门人请我们坐在庠门间稍等,他遣派另一个仆人拿了名片到内账房去请示;不久这个仆人带了另一个穿布长衫的当差模样的仆人出来,垂了双手,谦恭地向杨人梗说"请"。这个仆人走在我们三人前面距离约三步路的左边,一面走一面口中喃喃说着"引道"。我们随着他跨出六扇平门,即是一条用鹅卵石砌成的花径,两侧铺着丝带草,种着鲜花和一些树木。在深长花径的中段,上面筑有巨大的白玫瑰蔓藤花棚,茂盛的绿叶中衬托着一朵朵洁白如雪的硕大"香水大白"玫瑰,浓郁的香气扑鼻而来,令我们惊喜不已。

　　经过九曲檐廊，直通大厅是一条两侧植有松柏的方砖地，仆人引我们登上三级石阶，踏进大厅，立刻闻到一股兰花幽香。这座极为宽敞的大厅里面，左右有两排红漆描金花大庭柱，将大厅空间分成三处。中央部分靠屏门红木长台上摆设古玩玉器，上面挂着一幅大型中堂，四周挂满书画屏条；正中梁上悬着一块黑底金字横匾，写了斗大的"尚雅堂"三个字。大厅有几个仆人在照管，先请我们坐在红绸绣花椅披的红木太师交椅上，送上香茗（老式盖碗茶），我们喝了几口就去观看兰花。

　　原来数十盆名兰放置在大厅的左右两排红庭柱外侧空间，花盆里面插着一张张精致的小卡片，标出这株兰花的芳名。每一盆兰花外面皆用长方形、六角形或圆形各式套盆，有白色、米色、紫纱色等，放在特制的也是高低、曲折形状各异的红木托架上面。每盆仅一到三朵兰花，姿态美妙，发出醉人幽香。数十盆珍贵名兰聚集于一厅堂，是我生平仅见。每只套盆上都刻着人物、花卉等图样或行、草、隶书，还有小如绿豆的殷红图章。杨人楩对我们说："这些套盆都是明朝年间，窑厂按照古画描绘烧制的。"后来在一九五六年，陈家花园将这一百多只套盆捐给了苏州第一名园"拙政园"；红木托架因年代久远而严重松脱，拙政园不接受捐献，最后转让给制算盘店给车走了。

　　观赏过兰花，那位引路的仆人送我们出来时说道："家老爷、太太新添了一位千金孙小姐，正在宅内大摆喜宴庆祝，不能出来招待，请原谅。"当时的我只觉得观赏兰花新鲜有趣，哪里知道上主早有安排：这位刚刚诞生的千金，竟在一九七七年成为我的妻子。①

────────────

①杨宽：《历史激流：杨宽自传》，第59—61页。

12月17日,由于"九一八事变"的发生,先生所在高三班级发起组织苏州全城所有高中生赴南京请愿。作为当事者,先生回忆当时情景如下:

> 那是十二月十七日,到达南京后,我们才知道从北平、天津、武汉、上海等地也来了不少学生。我们排列成整齐的游行队伍,共约二千多人,手执旗子,高呼口号,一路游行到总统府前面,要求蒋委员长(蒋介石)接见。经过与政府代表的协商,安排在一所军官学校的大礼堂接见,游行队伍因而转往军官学校,排列整齐地在大礼堂等候。我的位置正好排在讲台之下。蒋介石来到后,在讲台上发表即席演说,开口第一句就说:"我要做岳飞,不做秦桧。"演说的语调有他的特点,发音尖而高,整篇演说表示将坚决领导抵抗日本侵略。等他演说完毕,我们把预先写好大幅长布条"欢送蒋委员长北上领导抗日"送呈给他,由他亲手接受。当晚学生们就借宿在军官学校宿舍,第二天再列队一路游行,乘火车回到各自的学校。①

是年,先生投寄《墨学分期研究》一文给吴宓主编的《学衡》。

> 三一年我写成《墨学分期研究》一文,投寄《学衡》杂志。我之所以投寄《学衡》,因为投寄给《燕京学报》一文未能发表,看到《学衡》杂志第五十四期曾刊登黄健中《墨子书分经辩论三部考辨》一文,与我文性质相类;《学衡》杂志主编吴宓(一八九四——九八七)曾是清华大学国学研究院的主任,常刊登王国维的论著。文稿寄出不久,就得到吴宓的亲笔回信,表示即将采用刊登。但是《学衡》杂志延期出版,一直拖到我中学毕业还未出版。当我读光

①杨宽:《历史激流:杨宽自传》,第138—139页。

华大学一年级时,曾写信给吴宓教授催促,吴宓很客气的回信,表示一定刊登。这是《学衡》第七十九期,拖延到三三年七月才出版。原来这个杂志正准备结束,这就是最后一期了。①

是年,先生第一篇文章《埃及古算考略》发表在《苏中校刊》第53、54合期上。

1932 年壬申　先生十九岁

1月,日军发动了"一·二八事变",炸毁商务印书馆在闸北宝山路上创设的"东方图书馆"。此事激起先生义愤,遂与苏州中学其他四位同学,根据各种报纸上的报道和特写,汇编成《淞沪抗战纪实》小册子,由当时的小说林书店出版。

夏,考进上海私立光华大学中国文学系。先生自述选择光华大学的原因是:

> 我之所以考进光华大学求学,是有因缘的。因为我的堂兄(名安)②早在这里求学,得知这里有几位讲授中国文学和中国历史的著名教授,他们除了讲授有系统的必修课以外,常开设指导学生读一部专书的课。这样的课比较切实,对于今后进行研究工作大有好处。钱基博(一八八七—

---

① 杨宽:《历史激流:杨宽自传》,第72—73页。
② 杨安(1912—1998),上海青浦白鹤江人。字安仁,毕业于上海光华大学,任教于上海中国中学,担任副校长之职。他一生继承父志,热心教育事业,1945年抗日战争胜利后,鉴于家乡白鹤镇小学被日本飞机炸毁,经过多方努力争取,于原有废墟上重建白鹤小学,所建礼堂名"公权"堂,纪念其父杨公权。在白鹤江东,与杨乐兰创办了私立恢吾中学,恢吾为其父字。任教中国中学期间,还担任徐汇区第三、四、五届政协委员。参见《白鹤志》编纂委员会编:《白鹤志》,第522—523页。

一九五七)是中国文学系主任,讲授中国现代文学史等课,还讲《论语》《孟子》等书。他讲究古文写作,他所著《中国现代文学史》(上海中华书局),推崇当代古文的作家,而贬低新文学的作家,很不合时代潮流;但是,他上课指导学生很认真,要学生经常拿没有句读的古文加上新式标点,送给他批阅,从而提高阅读能力。他有一个儿子,就是著名的才子钱钟书(一九一○—九八)。吕思勉是历史系主任,除讲授中国通史、历史研究法等必修课外,还开设中国社会史、中国民族史、《史通》与《文史通义》、《说文解字》等选修课。蒋维乔主讲思想史,除中国哲学史、老庄哲学、佛学概论以外,还开《周易》《尚书》《礼记》《墨子》《吕氏春秋》《楞严经》等专书。①

(一九二六年——编者注)八月,先生(指吕思勉——编者注)由宜兴童斐(伯章)先生介绍至上海私立光华大学国文系任教,光华大学后设历史系,即担任系主任兼教授,直至一九五一年全国高校院系调整光华大学并入华东师范大学为止。②

在大学期间,对先生帮助极大的有两位老师,一位是吕思勉,一位是蒋维乔。先生在《怀念吕思勉先生》一文叙及如何认识吕思勉时言:

> 三十年代前期,我在上海光华大学上学,原来读的是中国文学系,由于吕先生上课时的循循善诱,引人入胜,我爱听先生的课,好读先生的书,成为历史研究的爱好者。因此我从开始进入社会、参加工作以来,所有工作都是与历史、

---

① 杨宽:《历史激流:杨宽自传》,第110—111页。
② 李永圻、张耕华:《吕思勉先生年谱长编》上,第344页。

考古、文物有关的。这是吕先生诱导的结果。记得我听吕先生讲中国社会史的课，期中考试时，只出了一个议论题。当时光华大学由注册处按座位点名，每人有个学号，按学号登记，因此教师对学生并不熟悉。当这门课的期中考试后的一堂课，吕师刚上讲台，忽然跑下来走到我座位旁边，问我："你的学号是不是2091？你的名字是不是叫杨宽？"我答道："是。"他就说："很好。"从此以后，我听课中有什么问题就向他请教，学习研究中有什么问题也向他请教。我从读大学一年级起，就爱好写学术论文，从一九三二年起，就逐年发表一些论文。这些论文的写成，也都是和吕先生教导分不开的。①

先生忆及另一位老师蒋维乔时言：

当时蒋维乔正为光华大学中国文学系的四年级开了《墨子》研究一门选修课，当他看到我接连在《大陆杂志》上发表的三篇论文之后，就在讲堂上加以推荐。当时我跟堂兄杨安一起住在一间学生宿舍里，安哥正是四级的学生，只是他没有选修这门课，有一个和安哥很亲近的姓严的学生常来这间宿舍，因而也认识我，他选修这门课程。当他听到蒋教授推荐我的论文后，下课时就对蒋教授说，我是一年级的新生。蒋教授当即要求他在下一堂的课后，把我带到教授休息室去见他。因此我被带去见蒋教授，蒋教授对我很勉励，希望我今后有计划的进行研究工作，并且说：如果研究上有什么困难的话，要找什么难得的资料，都可以帮助。这件事，很快在教师和同学中传

---

① 杨宽：《怀念吕思勉先生》，中国人民政治协商会议江苏常州市委员会文史委员会编《常州文史资料》第五辑，1984年，第51页。

播开来。①

1933 年癸酉　先生二十岁

是年,母亲去世。先生回忆道:

　　一九三三年当我在上海光华大学读二年级的时候,有一天我正在课堂上课,突然一位教导处办公室的职员走进教室,上前和讲台上的教授说了几句,即转身向我走来,然后对着我轻轻地说:"你的母亲病了,有人来接你回去,他在教导处办公室里等你。"我和他走到教导处,看到我家老邻居,帮我带了一封父亲写给我的信,大意说:你母病危,我请邻居某某雇一艘小船来接你返家,见你母最后一面。我登时心慌意乱,和老邻居赶到码头,一起登上他雇来的小船。第二天天色尚未大亮时分小船摇到了白鹤江镇,我跳下船直奔回家,登上楼梯到父母亲的睡房,看见母亲安详地在睡觉,我大声唤她,摇她的肩膀,却无法将她唤醒。在楼下的父亲听见我的声音,上楼走进卧室,劝我说:"你的母亲已经昏睡三天了,赶紧下楼去吃早饭,帮我一起料理她的后事吧。"

　　我的母亲体质素健,扶养四个孩子,操劳家务,是一个能干的女子。外曾祖母过世之后,家产都归母亲的名下,除了住宅之外,还有两处出租房屋,一处租给一所小学,一处租给茶馆,还有一些田地可以收租米,一家生活宽裕,不料四十二岁上就病故了;当时我的幼弟年仅十岁。②

---

①杨宽:《历史激流:杨宽自传》,第 114—115 页。
②杨宽:《历史激流:杨宽自传》,第 129—130 页。

1934 年甲戌   先生二十一岁

上半年,在蒋维乔的指导下,与同学沈延国①、赵善诒②一起从事《吕氏春秋》的校勘和注释。先生忆及此事缘起时言:

> 当我读大学二年级的时候,我和两位苏州中学毕业同学沈延国、赵善诒住在同一间寝室。他们两位是苏州中学高中部普通科毕业的,因为我在苏州中学读师范科,和他们原来不相识,后来因为在大学同读中国文学系,常常选读同样的课程,认为志同道合,彼此可以互相帮助,就同住一个寝室。从此我们三人就开始了在大学三年共同学习和研究的生活。

> 三四年上半年③,蒋维乔开设《吕氏春秋》的选修课,我们三人都选了这门课程。蒋教授指出,《吕氏春秋》被称为"杂家",是博采各家学说,有计划有系统编辑而成的,虽然限于吕不韦及其宾客的眼光,选取的不一定都是各家的长处,但是此中确实保存有各个学派的精萃,可以说是一部战国时代"百家争鸣"思潮中集大成的作品。可惜长期以来,学者们讨厌这个投机商人出身的吕不韦,没有人很好的研究它,清代学者热心校释先秦典籍,可是对

---

① 沈延国(1914—1985),浙江杭州人。早年入光华大学,与蒋维乔、杨宽等编著《吕氏春秋汇校》,曾师从章太炎,为章氏国学会讲师兼《制言》编辑,1940 年与章氏夫人汤国梨在上海筹办太炎文学院,任教务长。抗战时期,与父亲沈羝民同为新四军"长江商行"董事兼秘书。著有《逸周书集释》等。

② 赵善诒(1911—1988),江苏苏州人。1936 年毕业于上海光华大学中国语言文学系,历任光华大学文学系副教授,华东师范大学教授,并担任中文系、古籍整理研究室主任。著有《韩诗外传补正》《说苑疏证》等。

③ 先生记忆有误,应为 1934 年下半年。

于《吕氏春秋》没有下很深的功夫,毕沅的校本(《吕氏春秋新校正》)疏误很多,近年来也还没有一部总结前人这方面校释成果的著作。他对我们三人说:"你们既然对此很感兴趣,为何不合撰一部集解,既便于检讨,又益来学。"他认为,这项工作虽然十分费力,但是可以加强治学的能力,由此可以增长校勘、训诂以及古音韵学的知识,同时可以观察某些已经失传学派的学说以及彼此相互批评和相互融合的情况,从而进一步了解到战国时代"百家争鸣"的动态。我们请蒋老师带头一起工作,作为师生合作的一项研究工作来进行。①

10 月 5 日,光华校务会议,审议通过了吕思勉与钱基博、薛迪靖的审查结果,给学生杨宽、徐裕昆书籍费拾元的奖励②。

录是年《蒋维乔日记》中相关材料:

　　三月十八日晴:"午后阅杨宽所著《墨经校释法》,杨系光华大学学生,而专力于墨学多年,极有心得,老生所不如也。"

　　三月十九日晴:"仍请假阅杨氏《墨经校释法》。"

　　十二月二十八日阴雨:"九时赴光华,到后始知,昨夕师生联欢会娱乐,到夜半方罢。今日上午停课,遂与杨宽、沈延国等接洽,校阅《中国语文研究》稿及搜集《吕氏春秋》参考书,十一时即回。"③

---

①杨宽:《历史激流:杨宽自传》,第 124—125 页。
②《校闻——校务会议议案摘录》,《光华大学半月刊》第 3 卷第 2 期,1934 年,第 75—76 页。
③蒋维乔:《蒋维乔日记》第十七册,中华书局,2014 年,第 107、108、486 页。

1935 年乙亥　先生二十二岁

11 月,先生帮助郑师许①编辑华文《大美晚报·历史周刊》。在 1937 年元旦上海市博物馆开幕后不久,郑师许到广东省立勤勤大学任教,《历史周刊》遂由先生一人主编,该刊前后共出版七十三期。

12 月,日军侵略华北,各地大学生纷纷上街示威游行,即"一二·九运动",先生曾随光华学生至上海市政府大厦请愿。

是年,关于《吕氏春秋》的校释文章三篇,刊于章太炎主编的《制言半月刊》上。

录是年《蒋维乔日记》中相关材料:

三月二十五日晴:"午后预备成论,校阅杨宽等撰《吕氏春秋版本书录稿》。"

五月九日晴:"午后校阅《吕氏春秋汇校》稿,此稿由杨宽、沈延国、赵善诒三人合辑而成,已允光华当局之请,归入光华大学丛书。于六月三日十周纪念前完成,故余于明后日请假,专力校阅。"

九月二日阴:"是日校改杨宽等所编《吕氏春秋集解稿》。"

十二月二十八日阴雨:"学友杨宽、沈延国来谈,交来《吕氏春秋汇校》稿一叠。"②

---

①郑师许(1897—1952),广东东莞人。原名郑沛霖,字惠侨,毕业于南京金陵大学,历任国立交通大学、暨南大学、大夏大学、中山大学、无锡国学专修学校和广东省立勤勤大学教授,1949 年返回广东后执教中山大学历史系。著有《中国文化史》《中国金石概论》《铜鼓考略》《古文字学通论》等。
②蒋维乔:《蒋维乔日记》第十八册,第 40、88、208、349 页。

1936年丙子　先生二十三岁

4月,先生未毕业就被聘为上海市博物馆艺术部研究干事。先生言:

> 我读到大学四年级,就到社会上参加工作。当时有些爱国的文物工作者正在筹建创办"上海市博物馆",由于这方面的人才奇缺,把我这个大学四年级的学生也拉去参加筹备,担任古物的陈列布置和编写说明等工作,并给予"研究干事"的职位,从此我的研究工作,就着重把文献和考古文物结合起来。所以能做到这点,还是得力于在大学里打下的根基。①

> 这个博物馆具有综合的性质,分设历史、艺术两部,历史部主要陈列上海市及周围地区的历史文献和文物,艺术部主要陈列中国古代青铜器、绘画和陶瓷等艺术品,前者属于地方志博物馆性质,后者属于艺术博物馆性质。我被聘为艺术部研究干事,负责陈列布置以及编写说明的工作。我当时大学尚未毕业,但是由于任务紧迫,人才缺乏,要求我提前参加工作,经我与蒋维乔、吕思勉两位教授商量后,即迁居到博物馆附近的职员宿舍,参加博物馆的开馆筹备工作。②

先生对博物馆的筹备工作用心用力,异常认真,并写有《陈列说明》一册。先生言:

> 我在这项开馆筹备工作中,加倍作出努力,为每一件文物的定名、考定年代、写作说明,常常忙到深夜。……艺术

①杨宽:《怀念吕思勉先生》,《常州文史资料》第五辑,第51—52页。
②杨宽:《历史激流:杨宽自传》,第131—132页。

部的陈列室由我一个人负责布置,所有陈列品的说明也都是我起草的,没有经过别人的修改就用上了。我当时写的说明有多种,除了每一件文物的简要说明以外,还有对每一种类文物的总说明,以及对每个时代某种文物特点的说明。……从此以后我在博物馆工作中,特别重视这点,直到五二年重新创立的上海博物馆开馆时,全部陈列室说明①印成一册提供来馆者参考,也是我亲自动笔写成的。②

6月,先生于上海光华大学中国文学系毕业。

11月,郑师许《铜鼓考略》《漆器考》两书作为"上海市博物馆丛书"之一由中华书局出版,印前郑师许因母亲生病南归,校勘工作遂嘱托先生完成。节录校勘后记如下:

> 郑师许先生所著《铜鼓考略》《漆器考》二书既付印,郑先生忽以其令堂有贵恙南归,校稿事因嘱余为之。余以馆中作说明及陈列之工作纷繁,致不能精为校勘,今出版后读之,觉尚有讹字,如"钜鹿"之讹作"钜麃",知校勘之事实难,亦余事忙疏忽之过,此余深感不安,于郑先生及读者殊觉抱歉者也。
>
> 自来关于铜鼓之考论,莫详于谢启昆之《铜鼓考》,见《粤西今石略》。然关于铜鼓之史料搜罗,尚未备,论断犹未详尽也。日本鸟居龙藏著《苗族调查报告》,其第八章《铜鼓》,虽较谢氏为备,但其关于铜鼓之来源及其所以宝贵埋藏地下之故等等,皆未详。今郑先生《铜鼓考略》此书,于文献记载既搜罗详尽,于诸家难解诸问题,论断尤精审,曰"略"者,盖以于花纹之比较研究与化学之分析研究尚有所

---

①此书即上海博物馆编印:《上海博物馆陈列品说明书》,1952年。
②杨宽:《历史激流:杨宽自传》,第133—134页。

不及也。……

自来关于漆器之考论，仅明曹仲明《格古要论》中有"古漆器论"及张应文《清秘藏》"论雕刻"条。中国考古学尚在幼稚时代，地下材料不多，晚近朝鲜乐浪之挖掘，汉代漆器固可由此大显，然其演变之历程如何，其传布之历程如何，尤待于论究也。《格古要论》《清秘藏》之论漆器，皆自宋起，宋以前如何至演变亦语焉不详。今郑先生此考，尤多未餍人望，但以地下材料之不多，仅能如此而已。汉代漆器有乐浪之资料，固可恣意检讨。民国十九年间钜鹿故城之挖掘，其漆器出土若何，吾人有不得而详知。我人甚望因此激起国人之注意，于我国特有之艺术漆器能特加注意之。①

编者按：除了郑师许上述两书外，"上海市博物馆丛书"还有陈端志的《博物馆学通论》，胡肇椿、曹春霆合著的《古物之修复与保存》，徐蔚南的《顾绣考》《上海棉布》，胡肇椿译滨田耕作的《古玉概说》，郑师许、胡肇椿等译孟德鲁斯的《考古学研究法》，周纬的《亚洲古兵器与文化艺术之关系》等。

12 月 11 日晚 7 点，先生在上海市广播电台演讲"中国艺术之特色"半个小时②。

录是年《蒋维乔日记》中相关材料：

十一月二十七日晴："六时起，七时三刻赴车站，八时乘特快车赴苏州，车中遇鲍君友恪，一路长谈，九时半到苏州，沈延国、诸祖耿二君在车站迎接。先至章氏国学讲习会预备班讲演论周易六十四卦之组织及递变叠变之理。十二时

---

① 杨宽：《校〈铜鼓考略〉〈漆器考〉后》，上海《大美晚报·历史周刊》1937年1月25日第67期第3版。
② 《申报》1936年12月11日第5版。

赴锦帆路章氏国学奖讲习会,章氏夫人汤国黎先生至预备班来接同前往。余到后,先在太炎灵前行鞠躬礼,在彼午餐毕,稍休二时半,至三时半,讲佛教大意,当就破我二字发挥。四时,偕沈君颐民父子步行至寓中间坐谈天……尚有杨宽自沪来,适逢于此。……八时三刻赴车站,延国及杨宽二人送我,九时三刻开行,十一时到。"①

1937 年丁丑　先生二十四岁

1 月 1 日,上海市博物馆正式开馆。

元旦后不久,先生与朱新华结婚,先生言:

> 我的结婚是当时乡间盛行的一种旧式婚姻。当我十岁光景,有个亲戚来作媒,送来了"庚帖",俗称"八字",这是同住在镇上朱家一个比我小两岁的女孩的"八字帖",包括出生的年、月、日和时辰的天干地支。接着,我的双亲把一位天天经过门口、拿着根拐杖弹着弦子,一路叫喊"算命"的瞎子先生请了进来"合八字",把我的八字和媒人送来的八字讲给他听,请他推算这两个小孩的命运是否合得来。他口中念念有词,推算好久,作出论断:"这两个孩子,虽然一个生肖属虎(指我),一个生肖属龙,龙虎有相斗的说法,但是从命理看来,两个人是合得来的,可以白头偕老。"双亲就依据这一论断,通过媒人送去聘礼,把我的婚姻定下来了。那时我们所读的鹤溪小学是男女生分开两处上课的,因而我们见不到面;小学毕业后我就出远门专心求学,早已忘却这事。
>
> 当我读大学一年级暑假回家,带回了当时所有发表的

---

① 蒋维乔:《蒋维乔日记》第十九册,第 272—274 页。

论文,讲了蒋维乔教授召见我的情况。蒋维乔做过江苏教育厅长和东南大学校长,母亲是知道的。母亲向来对我很是了解而体贴入微的,不久她就对我劝导说:"我们在你童年替你订了婚约,看来对方和你在文化思想上差得太远了,可能对你的前程不能有什么帮助。现在时代不同了,你如果自己找到看得中意的、志同道合的女同学,我们可以设法解除童年的婚约。"当时大学里谈自由恋爱之风很盛行,但是我读书、写文章天天忙到深夜,埋头于学问之中还嫌时间不够,哪有心思去找女同学交朋友和谈恋爱。当时女方家属怕婚约吹掉,托媒人和朋友常常催促我父亲早日主办这个婚事。因此等到我在博物馆工作,父亲就选定吉日,为我作主,由父亲出面发出请帖,举行婚礼,摆酒席,我就这样做了一个现成的新郎,和一个思想上不了解、兴趣不相同的女子结婚了,婚后当然谈不到彼此有共同的理想和事业。但是,我认为从此成家了,应该负起这个家庭的经济责任。从此她一生没有出去工作,我把所有的薪水和稿费交给她管理支配,这样我就可以专心从事我爱好的事业和研究工作。①

1月8日晚7点,先生在上海广播电台演讲"中国工艺之演化"半个小时②。

1月9日起,上海市博物馆在《民报》上创设了《上海市博物馆周刊》,该周刊由先生负责编辑,前后共出版三十期。

2月5日晚6点,先生在上海广播电台演讲"陶瓷器之沿革"半个小时③。

---

①杨宽:《历史激流:杨宽自传》,第141—142页。
②《申报》1937年1月8日第5版。
③《申报》1937年2月5日第5版。

5月26日晚6点,先生在上海广播电台演讲"中国工艺的演化"半个小时①。

3月23日,先生致函童书业:

> 丕绳我兄:
>
> 　　屡蒙吾兄为《禹贡》索稿,一时因忙不过来,不能详细翻检书籍,故迟迟不能应命,至愧,至歉!前夜兴来,乃穷半夜之力,成《说夏》一文,武断臆说,自知无当也。颉刚先生与我兄正用力于《夏史考》,想定多高见,区区恐未当于高明之旨。顷读《尚书》又得一证,乞为补入。
>
> 　　……
>
> 　　专此,即颂撰安!
>
> 弟杨宽再拜
> 三月二十三日②

3月27日,先生赴杏花楼参加市政府李大超③科长宴会,《申报》刊有报道一则:

> 　　上海市博物馆、中国航空建设协会上海市分会同人,以市政府李大超科长,日间即须陪同吴主席南旋赴粤,骊歌遽赋,不胜依依,特于昨日(廿七)下午六时,假杏花楼设宴公饯李氏荣行。到李大超、胡肇椿、张裕良、周松鹤、刘松涛、

---

① 《申报》1937年2月26日第5版。

② 童书业、吕思勉编著:《古史辨》第七册上,开明书店出版社,1941年,第290—291页。

③ 李大超(1900—1984),广东五华人。1921年入读北京大学,毕业后参加北伐战争,历任福建兵工厂国民党党代表兼政治部主任、国民党福建省党部执委兼宣传部部长。1937年任国民党广州特别市党部委员,1944年任国民党中央执委,1946年任国大代表。赴台后,任"行政院"设计委员、"光复大陆设计委员会"委员等。

说已有一套系统的见解,正有待于写成一部著作。①

郑师许对先生奖助有加,其儿女言:

> 在上海教书时,最得意的学生是杨宽先生。父亲喜欢杨先生国学根底好,人又勤奋。甫出校门,就把他带到当时国内新兴考古学的前沿,在上海市博物馆做父亲助手。上海市博物馆当时学术活动较多,不但出版了学术小丛书,也有一些考古发掘,如寿县发掘,父亲总是把杨先生带在自己身边,并加以耐心指导。一直到父亲南返之后,仍然书信不绝。杨宽先生后来在上海复旦大学任历史教授。②

10月,与蒋维乔、同学沈延国、赵善诒合著的《吕氏春秋汇校》作为"光华大学丛书"之一由中华书局出版。先生忆及此书如何完成时言:

> 每篇校勘完成之后,都经蒋维乔最后审定修正,定名为《吕氏春秋汇校》,经光华大学校方列为《光华大学丛书》的一种。

> 这书到三五年五月已经全部完成。全书的《叙例》,是由我起草而经蒋维乔改定的,曾发表于《制言》半月刊创刊号(一九三五年九月),附录有《吕氏春秋轶文辑校》,是校勘工作的成果之一,曾发表于《制言》第三期。另外有《今月令考》一文,亦是因校勘而得出的结论,也是我起草的,发表于《制言》第五期。当时如果没有蒋维乔的带头领导工作,不可能借阅到所有的善本书,如果没有师生的集体合作,也

---

① 杨宽:《历史激流:杨宽自传》,第144—145页。
② 郑永用、郑永芳、郑永乐:《勤奋治学教书育人——纪念先父郑师许先生诞辰101周年》,《东莞文史》第29期,政协东莞市文史资料委员会出版,1998年,第239页。

不可能做好这样广泛的校勘工作而得到这个成果。蒋维乔认为在光华大学执教二十年中,这一工作的成功是最大的收获。①

录此书跋文如下:

宽、延国、善诒三人,以民国二十一年夏,同毕业于苏州中学,秋间来光华,同入国文系,居于一室,检讨商兑,相得至欢。偶有所得,辄或妄为撰述,皆随作随布,初未尝有整部之工作也。

民国二十三年秋,会校中设《吕氏春秋》学程,由蒋师竹庄教授之。一时苦无一集解,便于教学,所用者犹是毕沅校本,毕氏之家刊本,既不易多得,因采浙局重刊《二十二子》本,蒋师既博稽群说,以归于一是,而每一引论,无不启发愚蒙。同学诸子,皆甚欢欣;余三人尤津津乐道于此也。早夕所谈辨,莫非《吕览》之疑问,一字之异同,动辄争讼,虽面红耳赤,不能自已,及得实证,是非既明,又乃相视而笑。一日,余三人又以《吕览》疑问请蒋师,蒋师欣然曰:"尔等既对此兴趣,何不共撰次一集解,既便检讨,又益来学。"余等受命惶恐,乃竭力追随蒋师工作,先惟搜罗专著,每条一纸,按次排列,继乃冥索于札记随笔中,后又进而求之训诂书籍中,摊书寻检,目光闪闪注射于纸面,有如猎人在野之侦禽兽然。如是者不数月,积稿已盈箧,而疑难益丛生,知毕校疏误尚多,非遍校善本及类书古注,恐无以复其旧,因又搜求以对雠之,搜求既广,所获又多,于是草创《汇校》,《汇校》本为《集解》之先河,初不自意成此巨帙也。

蒋师及余等校雠,皆由分工合作,先惟遍搜善本校之,

---

①杨宽:《历史激流:杨宽自传》,第126—127页。

每当寒夜人静,乃人手一编,左右对雠,或数页而得一异文,或一页得数异文;善本对雠既竟,乃又遍搜类书古注,一字一句,皆采辑无遗,更取原书一一注其所出,察其异同。但原书都十余万言,不能一一熟记,因编索引以求之,然注家引书用意,文多出入,有或搜索竟日而不得者,每为惆恨不已;得一字有足是正者,则又拍案称快,相为传观。此中别有苦乐,惟知者知之也。

光华藏书,素乏善本,乃由蒋师介绍,多方借得,乙书既得而甲书已去,乙书既去而丙书又至,每一疑难,或不能恣意检讨,如此为书,自知必有疏误。惟诸书皆一字一句,翻阅对雠,自信尚属刻实,可无大误也。

今者《汇校》书已印成,而余三人又皆毕业,不得不各自东西,相聚不知何日;《集解》大体已粗成,又不知写定何日也。回忆前情,能不黯然。谨述其梗概,以为纪念云尔。

民国二十六年十二月,杨宽、沈延国、赵善诒仝识①

《申报》刊有此书广告一则:

校雠之学,有清一代为盛,或依善本,或据征引,以科学之方法,董理国故,其功亦不可偻指数也。此书为光华大学教授蒋维乔先生及其高足杨宽、沈延国、赵善诒合著;遍搜《吕氏春秋》善本及群籍征引,汇集校勘,凡有异文,无不具录,其纠正毕沅校本处,皆详加论证,尤有价值。书端冠版本书录一卷,辨析版本源流;末卷佚文及版本序跋各一卷。本书搜罗之周详,方法之缜密,实校勘未有之盛举。兹特付之剞劂,以供治子部或校勘者之参考。定价二元二角,特价

---

① 蒋维乔、杨宽、沈延国、赵善诒合著:《吕氏春秋汇校》,中华书局,1937年,第715—716页。

一元五角四分,七月底截止。①

是年,大儿子杨善群出生。

是年,先生妹杨畹阑流产去世,先生言:

> 她是幼年由父母作主许配给附近杜村一家大地主的儿
> 子;当父亲安排她出嫁时,她很不愿意,由于伯父的劝说才
> 勉强同意。她原在附近的一所小学教书,因日军侵占家乡,
> 她回到家中躲避,不再教书。因为这是个老式大家庭,一切
> 由她的公婆作主,她听命做家中一切劳动,包括在怀孕之后
> 还去脚踏石白舂米,结果流产而死。我内心很感到不安,因
> 为当她不愿出嫁时,我没能帮她解除这个不合理婚约。②

录是年《蒋维乔日记》中相关材料:

> 一月二十四日晴:"至上海市博物馆参观,杨宽在馆招
> 待,五时归。"

> 一月二十八日阴:"五时,杨安仁、沈延国二君来邀请我
> 至陶乐春,为杨宽证婚。六时始行礼,余有演说,七时入席,
> 九时回,十时半睡。"③

1938年戊寅　先生二十五岁

夏,因要照顾妻儿,先生请辞广东勷勤大学讲师,从海道经
香港回到上海。

6月,先生的《中国历代尺度考》由长沙商务印书馆印刷出
版。先生回忆此书出版过程时言:

---

① 《申报》1937年4月21日第3版。
② 杨宽:《历史激流:杨宽自传》,第162—163页。
③ 蒋维乔:《蒋维乔日记》第十九册,第421、425页。

　　当时博物馆的主管希望我写一本书,作为《上海市博物馆丛书》的一种,我当即写成《中国历代尺度考》一书,由馆长亲自送交商务印书馆。这部书的开始起草,还在我读高中的时期,因为听说王国维在清华大学国学研究院提出要研究生作研究的论文题目中,就有历代度量衡的研究,同时看到《观堂集林》中有讨论历代尺度的文章;又看到刘复根据“新莽嘉量”的校量从而推算《隋书》所记历代尺度长短的文章,很想把实物和文献结合起来,对历代尺度作详细的考订。后来经过搜集资料作初步考订,发现王国维所考订的宋代尺度有很大错误,更感到有写成专著的必要。这部书稿交到商务印书馆以后,不久抗日战争爆发,到一九三八年才出版,由于当时上海市博物馆已停办,改收入《史地小丛书》。①

《兼明》月刊上刊有此书广告一则:

　　是书考证历代尺度,从上古起迄民国止,于尺度之长短变迁,考证精详,举凡文献上之史料,以及最近出土之实物,无不征引。书端冠有各收藏家及最近出土之古尺摄影,尤为本书特色。②

先生之研究方法受王国维二重证据法影响甚大,陈同言:

　　作为一个与上海这个大都市有着密切关系的著名学者,王国维的学术思想不仅打上了近代上海文化的鲜明印记,而且他所作出的业绩对上海的学术界也有着积极的影响。在上海,尤其是从事上古史研究和古文字研究的后辈学者都从他那里得到了启发,获得了帮助。杨宽,1936 年毕

---

① 杨宽:《历史激流:杨宽自传》,第 134—135 页。
② 《兼明》月刊,1939 年 5 月 15 日创刊号,第 22 页。

业于上海光华大学,后历任光华大学、上海社会科学院、复旦大学教授,是国内著名的先秦史专家。自50年代起,他相继发表了《战国史》《中国土法冶铁炼钢技术发展简史》《古史新探》《中国古代冶铁技术发展史》《中国古代陵寝制度史》《中国古代都城制度史研究》等多部专著。在这一系列著作中,王国维的两重证据法得到了进一步的发扬光大。当然王国维对杨宽的学术影响绝非始自50年代。早在杨宽的青年时代,王国维就已成了他学术研究之路上的楷模。这从杨宽于大学毕业之后不久完成的《中国历代尺度考》一书中体现出来,此书出版于1938年。在这本篇幅不大的书里,杨宽有十多处引用了王国维的研究成果,并将其作为定论,而且还有大段的引文。其中他尤为推崇王国维对我国历史上尺度变异原因的论述。王国维通过深入的研究后认为:自魏晋以来,由于官府有绢布课税,官吏一方面害怕短缺损耗,另一方面又试图榨取于民,因此尺度由短变长,代有增益,"北朝尤甚"。自金元两朝以后,由于不用绢布课税,所以在相当长的时间内尺度没有什么变化,仍按唐宋时的旧制。杨宽在书中说,王国维的研究"至为详尽",同时他还进一步指出:唐宋以后尺度之所以变化不大,是因为唐宋以后,课税可以折价,因此贪官不必通过增长尺度来盘剥百姓,只要提高折价就行了。从中,我们是可以清楚看到王国维对杨宽在学术上的重要影响。①

台湾地区学者王德毅对先生改订王国维考证之失如是言:

> 杨宽撰《中国历代尺度考》,论及宋代尺度,内中说:"宋代沿袭唐制,因为宋代政府所颁布的标准尺,主要还是为征

---

① 陈同:《王国维:悲情学人》,上海教育出版社,2000年,第194—195页。

收布帛之用,所以称布帛尺。又因为宋初贡赋由三司使征收,因而这尺也称三司布帛尺。"又说:"王国维在考证宋代尺度时,一方面误信了程大昌《演繁露》的推断,一方面又误信了三司布帛尺摹本,因而得出了下列错误的结论:(一)钜鹿出土宋尺为淮尺;(二)宋三司布帛尺长营造尺八寸七分强;(三)合布帛尺八寸九厘有奇的浙尺,略同于唐秬尺(即唐小尺),淮尺略同于唐大尺,淮尺、浙尺即出于唐的大尺、小尺;(四)三司布帛尺的所以大于唐秬尺,由于'代有增益'。"杨宽认为钜鹿出土的宋尺既出土于大观二年所淹没的钜鹿故城,必是当时一般通行之尺。宋代的布帛尺就是沿袭唐大尺,并不是宋淮尺沿袭唐大尺。此足正先生之失,特附记于此,以待来者。①

录郭正忠对此书的评论:

继吴承洛《中国度量衡史》之后出版的古代尺度史研究专著,是杨宽的《中国历代尺度考》。该书收集、检测了 14 种汉尺;又用敦煌出土的标准规格印文汉缣进行校量,重新确定了汉尺的长度为 0.23 公尺。在这一基础上,作者又推定了魏晋尺度。此外,该书还收集了七种唐尺、三种宋尺实物及有关文献资料;考校了唐代大小尺、宋尺及明清尺的长度,批评了王国维关于唐宋尺的某些论断——比如他以为钜鹿出土的宋尺,并非王国维所说为淮尺,而只是三司布帛尺。

杨宽的研究和结论,虽然也存在着很多缺欠——比如他关于浙尺、淮尺及钜鹿尺为三司布帛尺等论断,并不妥当,但他在尺度研究方面的成就,已远在吴承洛及其《中国

①王德毅:《王国维年谱》(增订版),兰台出版社,2013 年,第 271 页。

度量衡史》之上。①

9月至次年8月止,先生在上海湘姚中学②兼课,为期一年。
是年,先生大弟杨容病逝,先生言:

> 当抗战第一年我离开上海到广西梧州教书的时候,容弟正在上海法租界的一所中等技术学校求学,每月的费用是他到我的妻子那里去取的。因为他生活很节约而求学很用功,致营养不良染上肺病,等到我从广西回来,他的肺病已重,父亲接到家乡用中医治疗无效,不久就病死了。我对此更感到内心不安,我没有尽我做兄长的责任,应该留他在上海送医治疗。③

是年,先生与童书业相识(前已通讯)④。童教英言及其父童书业如何与先生相识时说:

> 父亲与其一生中两位重要的朋友杨宽、吕思勉的聚会就在此时。
>
> 杨宽也是疑古派,读大学时即发表文章,引起在北平的父亲的注意,曾写信给他为《禹贡》约稿,后有数度书信往来。父亲到上海后在湘姚补习学校的广告上看到杨宽也到了上海,就去找他并为《古史辨》第七册约稿。杨宽将20多万字的《中国上古史导论》交给父亲,父亲读后在有些地方加

---

①郭正忠:《三至十四世纪中国的权衡度量》,中国社会科学出版社,1993年,第229—230页。
②湘姚中学为湘姚文化事业总管理处事业之一,该学校成立于1937年冬,初设校址于爱多亚路浦东银行大楼,1938年迁入二马路二八九号大厦。董事长陈陶遗,名誉校长美国布惠廉 W. B. Burke,校长陈端志。《学校概况:湘姚中学》,《申报》1938年11月26日第8版。
③杨宽:《历史激流:杨宽自传》,第163页。
④童书业:《春秋史》,商务印书馆,2010年,第278页。

了案语,全文刊于《古史辨》第七册。同时,父亲又从《上古史导论》中抽出两篇《鲧共工与玄冥冯夷》《丹朱驩兜与朱明祝融》交卫聚贤所主持的《说文月刊》之创刊号上发表。父亲与杨宽聚会后,在学问上颇能互相启发……父亲提出伯夷为鸟神的见解,杨宽进一步认为益是《吕氏春秋·音初篇》所说"鸣若嗌嗌"的燕子,因而写成了《伯益考》发表于《齐鲁学报》并在《古史辨》第七册序中作了阐发。此后父亲与杨宽的命运时时会合,而且在学问上也互相呼应,父亲之《春秋史》与杨宽之《战国史》向为被史学界并举的先秦史研究名著。①

1939年己卯　先生二十六岁

2月,先生为蒋大沂②主编的《文汇报·史地周刊》撰稿、约稿,先后撰写的文章有《说倭》《海南岛开辟的历史》《纪念黄花岗》《明代的战舰蜈蚣船》《元初的文化压迫政策》《关于皇帝的讨论》等。

5月,顾颉刚担任四川成都齐鲁大学国学研究所主任,先生开始为该研究所编辑战国史料,首先做的是战国时代各国内政变迁的资料考证。1940年钱穆主持该所后,此项工作仍然继续。

----

① 童教英:《从炼狱中升华——我的父亲童书业》,华东师范大学出版社,2001年,第93—94页。
② 蒋大沂(1904—1981),江苏苏州人。1930年毕业于上海持志大学国学系,1932年至1935年在江西省立界首师范和上海正风学院任教,1940年5月至1941年10月为浙西昭明馆副馆长、天目书院导师,后入蜀执教成都华西大学。1946年应杨宽之聘,任上海市立博物馆艺术部主任。1949年后,任上海市历史博物馆陈列部主任,上海同济大学副教授,华东文化部文物科科长,上海博物馆地方历史研究部、陈列部副主任、主任,《上海博物馆馆刊》编辑委员会委员等职。撰有《古玉器杂考》《汉代戈戟考》《论陶井壁之称谓及其年代》等论文。

5月15日,先生与童书业、沈延国合编《兼明》月刊出版,出版一期后因故停刊①。

8月,吕思勉邀请先生在光华大学兼课,开设课程为先秦史和明清史。

是年,蒋维乔邀请先生在诚明文学院②兼课,开设的课程为中国通史。

是年起,吕思勉曾组织一个茶室聚会,先生从中获得不少教益。先生言:

> 以吕思勉为首的星期日茶室聚会,直到抗战期间上海成为"孤岛"的时候也从未间断,这是他推进学术研究和诱掖后进的一个主要方法。吕先生对人们提出的各种学术问题,总是侃侃而谈,循循善诱,不少后辈常常从这里得到切实的教益。所谈的问题涉猎较广,或者综论某个问题的研究方法和门径,或者追溯一条史料的来源及其价值,或者交流自己研究中的某些心得,或者评论某些著作的缺点错误,或者探讨一些有争论和疑难的问题。在抗日战争期间,大家自然也会论及战争的发展、国际形势的变化以及应对之策。③

吕思勉的学生胡嘉亦有回忆:

> 1939年,有一次,曾在我的寓所徐园茶叙,记得到会的有吕先生、童书业、赵泉澄、杨宽、胡道静、蒋大沂、俞剑华、

---

① 童书业:《春秋史》,第279页。
② 上海私立诚明文学院1928年8月创立,原名"正风文科大学"。1929年秋遵照部章分科大学制更名为"正风文学院",租借校舍于胶州路,1932年8月奉令立案。1938年夏,前院长王西神辞职,乃由董会一再推请蒋维乔接任院长,1940年夏改名为"诚明文学院"。《诚明文学院》,《申报》1948年7月26第7版。
③ 杨宽:《历史激流:杨宽自传》,第153页。

沈延国、邵景洛等,现在我还留有照片。①

是年,次子杨义群出生。

录是年《王伯祥日记》《蒋维乔日记》中相关材料:

　　一月廿五日(十二月初六日壬戌,星期三):"童书业、杨宽来访,传颉刚言,托向《申报》接洽'通识讲座'事。予允函询之。"

　　一月廿六日(十二月初七癸亥,星期四):"作书于幼雄,告童、杨两君事,嘱即复,想明日或有回音也。"

　　一月廿八日(十二月初九乙丑,星期六):"幼雄复到,'通俗讲座'一时不复设立,当于明后日,分复童丕绳及杨宽正。"

　　一月卅一日(十二月十二日戊辰,星期二):"丕绳、宽正来谈,出《古史辨》第七册目录示我,正寄书颉刚求正,即可着手排印也。"

　　三月十四日(正月廿四日庚戌,星期二):"四时三刻,杨宽正及蒋大沂过我,为《文汇报·史地周刊》拉稿,予却之,谈代介他人。"

　　四月三日(二月十四日庚午,星期一):"宽正来,交到《古史辨》第七册稿件之第一批。"

　　四月十八日(二月廿九日乙酉,星期二):"散馆前,蒋大沂、杨宽见过,续交《古史辨》稿一批,站谈论俗文学事。"②

　　五月廿九日(四月十四日丙寅,星期一):"依时入馆,处分杂事。仍以间注《左传》。宽正来,出示《兼明》,予翻阅一过,初无可疑,是殆卫聚贤之流恐其夺席,故作谰言以拦

①胡嘉:《吕诚之先生的史学著作》,俞振基编《蒿庐问学记:吕思勉生平与学术》,生活·读书·新知三联书店,1996 年,第 34—35 页。
②王伯祥:《王伯祥日记》第十五册,国家图书馆出版社,2011 年,第 494、496、500、507、590—591、647、681 页。

阻之耳,予慰之,仍劝摆脱,政不必与无赖争闲气也。"

六月二日(四月十五日庚午,星期五):"依时入馆,处理杂事,仍注《左传》。芝九来,谈片晌去。《兼明》之沈延国、杨宽竟坐报抗辩,反唇相稽,谓将诉讼法理。丕绳不列名,望殆为此二人卖矣。予谓今日或将见丕绳之来,垂暮未果,不识客之云何也。"

六月三日(四月十六日辛未,星期六):"涓隐、大沂偕来,询悉丕绳、宽正一时相轧,实缘竹庄袒延国之故,无他事也。"

六月十日(四月廿三日戊寅,星期六):"大沂、宽正来,谈《通俗史谈》编法,移时去。"

八月一日(六月十六日庚午,星期二):"午前,丕绳、宽正、焕章来,告颉刚夫人偕宾四到沪,不日即须转苏。"

九月二十日(八月初三庚申,星期三):"依时入馆,处分庶事。子墩来,丕绳、宽正来。童、杨相遇,谓今晚诚之亦请渠等同饷也。……散馆后偕调孚同出,乘一路车到静安寺,因赴诚之、容康之约。至则诚之已在,未几,芸九来,廉逊来,周星濂来,诚之之小姐及其女友张小姐来,最后丕绳、宽正来。谈《中国通史》出版及评骘商务王云五诸事,至八时半乃散。"

十月二日(八月二十日壬申,星期一):"依时入馆,办日常事务。宽正来,送校样。"①

四月五日晴:"午后,沈延国、杨宽二人来谈。"

四月八日晴:"午后二时,约杨宽来谈,托渠于下周起至光华代墨子、尚书两种功课。"②

①王伯祥:《王伯祥日记》第十六册,第 19、24、26、36、106、176—177、192 页。
②蒋维乔:《蒋维乔日记》第二十一册,第 332、335 页。

1940 年庚辰　先生二十七岁

3 月 4 日,蒋大沂致函先生:

宽正吾兄左右:

昨竟日未外出,在寓中伏读大著《中国上古史导论》,词锐而证密,体大而思精,钦佩何极! 吾国古史传说,先之以自然变化,重之以人工饰伪,不特棼如乱丝,抑且胶以投漆,究诘无从,非一日矣。自顾师颉刚攘臂一呼,首发层累构成之覆,今又得吾兄集合众说,爬梳而董理之,不特饰伪之词,日以游离,即纷乱之实,亦渐克睹其条理;系统就绪,则补苴易于为力;继往开来,大著为不朽矣!

大著循环论证,由古史传说探索其神话之原形,有证如山,不容反覆。惟尊著仅探索至神话而止,而于神话之初相以及神话之历史背景,则犹未暇论列。吾兄称续将有《中国古神话研究》一书之作,未知已着手否? 姑就感想所及,略陈固陋,就正大雅。……

读大著后,所欲言者,殆十百倍于此,而明日即将有天目之行,不得从容陈说,即此所写,已感忙迫,入后数段,尤为草率,殆不足以达意矣。

匆匆即颂

撰安!

弟大沂顿首

廿九年三月四日①

3 月 21 日,吕思勉为了撰写《汉代訾产杂论》《四史中的谷价》二文,就度量衡问题,写信请问先生,先生复函吕思勉:

---

① 吕思勉、童书业编著:《古史辨》第七册下,第 368—376 页。

诚之吾师：

　　大教拜悉，传世古量，唯有商鞅量与新莽嘉量，二者尺度相当，嘉量前刘复尝作精密之实测，著《新嘉量之实测及其推算》一文，刊日本《考古学论丛》，据彼实测推算之结果：新莽量一升为二〇〇.六三四九二公撮。即新莽一石等于二.〇〇六三四九二公斗（营造斗等于一.〇三五五公斗）。简言之，新莽一石等于通行之营造斗或市斗二斗而已。后汉度量制度承莽之制，《汉书·律历志》称晋荀勖造尺，所校古物，五曰铜斛（即新嘉量），七曰建武铜尺，可证。不但后汉承莽之制，即莽与前汉之制，当亦不甚远。据莽量以推论汉代之量，似甚可信也。因吾师询及，随笔推算呈上，不知吾师以为然否？敬乞明教。柳君存仁不知何日有暇可以一晤，乞便中示知。专颂

铎安

　　　　　　　　　　　　学生杨宽叩
　　　　　　　　　　　　三月二十一日①

　　4月初，先生与黄素封从上海出发，进入苏北游击区参加革命。先生对此有详细回忆：

　　四月初，我和黄素封办了一张化名的"良民证"，扮作商人模样，随着游击区派来的人带路从上海出发；我们都不戴帽子，免得遇到站岗的日兵要脱帽。先是乘火车到镇江，找旅馆住了一夜，一路上未碰到日军检查。清早在食堂吃了镇江著名的硝肉面（硝肉是镇江特产，用硝酸盐腌制的猪肉），就到长江边码头乘轮船，沿长江向东，到达海门以东的青龙港，准备由此登岸，绕道向西北行，进入游击区。青龙

―――――――
① 李永圻、张耕华：《吕思勉先生年谱长编》上，第583页。

港是日军看守的重要关口，检查通过的行人和行李很严，好在带路人早已把我们随身的行李托别人带走，日军忙于查检行李多的旅客，轻装的我们很快就通过了。

走到一条乡间小路，雇到三辆手推的木制独轮车(俗名小车)，坐在车架上，沿着田埂而行，我说：我们乘了诸葛亮创造的"木牛流马"了。一路上都没有碰见一个日兵，经过很长而曲折的小道到达泰兴东北的黄桥镇。进入市区，我们就下车步行，看到街旁有卖唱的民间艺人，正拉着胡琴唱着抗日的流行歌曲，听唱的群众熙熙攘攘，一颗心就定下来了，知道这里已是游击区。我原来以为游击区的边界上常常发生战斗，形势一定十分紧张，想不到这里竟没感受到一点战争的气息。带路的人说，我们的军队不到镇上，而是在乡间都分散驻防。

希特勒在西线发动闪电战，世局进入艰困阶段

我们在黄桥的饭馆里吃饭休息，再乘小船经姜堰到达泰州，上岸步行前往总指挥部，因为预先约定了时间，李明扬很快接见了我们。我们想藉此机会说明创办刊物的宗旨，征得他的同意。我说："我们希望会集一切力量，团结合作，一致对日抗战，争取最后胜利。如果卷进任何派系纠纷，将会抵消抗日的力量。"黄素封接着说："抗战要注意天时、地利、人和，而人和最是重要，这是取得胜利的关键。"因为据我们了解，当时这个游击区就有两个派系，如果办刊物卷进派系的纠纷，比不办更坏。李明扬理解我们的想法，表示赞同，于是"人和"就成为我们创办刊物的一个宗旨。后来黄素封在上海创办一所制药厂，就取名为"人和化学制药厂"。这个决定是很重要的，我们原来是无党无派的，如果为了抗日而卷进党派的纠纷，不仅自讨苦吃，且将成为历史的罪人。

江苏文化社的编辑部原来设在东台。我们在泰州住了一夜,就乘小船到东台。那里只住着一个朝鲜的爱国人士柳树人,他青年时期即来到中国求学,立志要抵抗日本的侵略和压迫,他也是学历史的,没有参加任何党派。后来也成为我的知己之一。

不久我们为了便于展开工作,把编辑部迁到了兴化的江苏文化社总部。鲁苏战区总司令部和省政府办公厅主任鲍殊明等约见,我们讲了对李明扬所说同样的话,征得他们的同意。因此我们所编《文化周刊》上的稿件,都不必送审,可由我们决定发表与否。他们也同意我们在这里不参加任何政治活动和各种会议,尊重我们的主张。二十年代初期做过江苏省长的韩国钧(字紫石,一八五七——一九四二)到这里来,他也竭力主张各党各派一致抗日,和我们看法相同。

我们在这里创办的《文化周刊》,名为"文化",实际上讲的是"武化",主要是鼓励军民坚持长期抗战。这时汪精卫在南京刚成立附日傀儡政府,大肆宣传"和平运动"的汉奸理论,妄图破坏民众抗战到底的决心,从而瓦解抗战的组织。因此在靠近南京的这个游击区,驳斥这种汉奸理论,坚定群众长期御侮的信念,是十分必要的。我们依靠从上海寄来的报刊上资料,分析评论抗战形势,从而鼓舞读者抗日的决心。同时,世界大战正进入形势紧张阶段,希特勒在西线发动闪电战,一九四〇年四月占领丹麦和挪威,五月横扫荷兰、比利时和卢森堡,进而侵攻法国。六月法国投降,英军被迫从西欧撤出,德军一时的进攻,势如破竹。因此有必要分析国际形势,指出世界大战将持续一个较长的艰苦岁月,因而抗日战争的胜利也要经历更长的战斗过程。

黄素封不久就回上海,从事创办人和化学制药厂的工作,我一个人留在兴化主编《文化周刊》,每期刊登十篇左右文章,篇幅约二十页。由于稿源不足,常常改出双周刊。除了柳树人长期供稿外,还派来了一个宋大鹤帮助编辑和撰稿。我在这里工作近九个月,到十二月底,我回上海休假。回去是从兴化搭小船到泰州,经口岸,然后渡长江到镇江,再乘火车回上海的,因为我们来的时候所经过的黄桥那条路已经不通。①

是年,吕思勉在无锡国专(沪校)兼课,有时因事不能去上课,先生曾为其代课②。

录是年《王伯祥日记》《蒋维乔日记》中相关材料:

二月十九日(正月十二日壬辰,星期一):"依时入馆办事。丕绳、宽正来谈,移时去。"

三月八日(正月三十日庚戌,星期五):"依时入馆办事。校《左传》。宽正来催校样,即去。"

三月十一日(二月初三癸丑,星期一):"依时入馆办事。起潜来洽制版,少坐便去。丕绳、宽正来谈,予欲以少揽事。"

八月廿三日(七月二十日戊戌,星期五):"午后,诚之、宽正、丕绳来谈,取《古史辨》校样一部去。"

十月七日(九月初七日癸未,星期一):"接丕绳、宽正东台二十九日信,催询《古史辨》,并告安计治事状。致诚之为杨、童转信。"

十月八日(九月初八甲申,星期二):"复丕绳、宽正,复颉刚兼致宾四。"③

①杨宽:《历史激流:杨宽自传》,第155—158页。
②刘桂秋:《无锡国专编年事辑》,中国大百科全书出版社,2011年,第328页。
③王伯祥:《王伯祥日记》第十六册,第370、390、393、572、663、664页。

四月四日晴:"约沈君延国来,请渠代杨宽之中国通史及商业史课,谈半时去。"

八月二十三日晴:"柳存仁新夫妇在蜀腴宴客,座有吕诚之、周黎庵、杨宽正诸君,畅谈二时方回。"

十一月二十四日阴:"午后三时,宽正、延国来谈,结束《吕氏春秋汇校》稿事,决定于每星期日二人来我家中工作,四时别去。"

十二月一日晴:"今日沈延国、杨宽正来我家继续《吕氏春秋汇解》未了工作,以后每星期来,拟于寒假时结束成书,齐鲁大学已允印行。"①

1941年辛巳　先生二十八岁

2月,黄素封请童书业陪先生一起再赴苏北。先生回忆道:

我在文化社临行时,委托宋大鹤依照原先宗旨把《文化周刊》继续编下去。回到上海之后,感到这个游击区内两党军队冲突的激烈已超过对日抗战,今后还会继续扩展,在那里宣传抗战已不起作用;同时编辑人员太少,刊物不容易办好,因此不想再去,我已请光华大学和诚明文学院为我开课。但是文化社多次向黄素封提出恳求,希望我再继续办下去,黄素封因此找童书业陪同我一起去。于是我同童书业在四一年二月再次前去,这就是吕思勉《古史辨》第七册《自序》中所说:"童君丕绳撰次《古史辨》第七册既竟,而于役淮南。"这次"于役淮南",不到两个月就回来了,因为不出所料,那里内战的规模已超过抗日,出版宣传抗战的刊物已无关宏旨,我们感到不值得丢了原来的教学和研究工作,卷到内战中去。当此大敌当前、民族生死存亡的关键时刻,在

①蒋维乔:《蒋维乔日记》第二十二册,第128、233、305、309页。

这样一个游击区内还发生如此激烈的内讧,死亡人数以万计,这是多么令人痛心的事啊!①

2月15日,先生致函吕思勉:

诚之吾师:

生旧作《中国古史导论》,于任教粤西时半年内仓卒写成,论据既未能广为搜罗,行文亦欠畅达,蒙吾师为之校订一过,多所匡正,铭感无既。今又得数事,颇足增补旧作,谨誊录呈上,未知亦有当于师门之旨乎?……

以上七事,皆最近所得,未知吾师以为有当否?生论古史神话,多据诸子及《楚辞》《山海经》诸书以为说;前蒙吾师指示,谓尚可推而搜索之于《神异经》《博物志》等书,以穷其流变。此诚巨眼卓识,生甚愧犹无以报命也。

生于古史研究工作,本拟先成《古史集证》一书,其体例拟于古史上每一问题(由太古传说以迄战国为止),先列举古籍中材料,次则搜录前人之考证,最后更附以个人之案断。古籍中之材料,必使一字一句搜罗无遗;前人之考证,拟不特搜之于专著中,即笔记文集中亦必广为搜集,使成一古史研究之总结账。奈何为人事所牵,又苦无如许书籍足供搜考,致终无所成。《导论》一书,仅凭思虑所及,随笔写成,宜其无当矣。生意当前古史之研究,最大之难题,为殷墟卜辞之学犹未能建立成一体系,其章句训诂固在在成问题,其所识之字,亦多以意为之,未能坚人之信也。王国维于"𡕨"字,初释为"夋",谓即帝俊。既而因证帝俊之即帝喾,乃又改释为"夒",谓与"喾"音同,又与"夋"相近,究何所见而云然耶?王氏为学尚称审慎,其末流乃举古史上之

---

①杨宽:《历史激流:杨宽自传》,第158—159页。

问题，——以卜辞穿凿附会之。地下之新史料诚较纸上之旧史料为可贵，实物之史料诚较传说之史料为可信，但考释必须观其会通，然后能增高新史料之价值。若任情附会穿凿，其与伪造新史料，相去仅一间耳。

　　草草上达，不尽——。得暇尚乞有以教益之。专此，即颂教安！

学生杨宽叩首

三十年二月十五日①

　　4月，先生与童书业从苏北回到上海，继续在光华大学授课。吕思勉致蒋维乔函中可见此事来龙去脉，录是年吕思勉致蒋维乔函：

竹庄先生：

　　顷奉手教，敬悉一是。中国近代史，本学年初由晚讲授，后杨宽政自苏北归，请其代授，下学年拟即由其讲授，不再用代之名义，缘宽政所授之断代史，赴苏北时，请唐长孺代授，唐君不愿代课，即由校中发给聘书，下学期仍拟请其讲授。（唐君专治辽金元史，亦系一专家，今虽不能增其课，姑仍旧贯，维系一专家。）宽政本缺已算开去，下学年界以近世史而不用代之名，仍算由本校加以延聘也。史学名著研究与史籍名著研究，旧章均系一年，新章为顾全部章起见，改为一学期，下学期开史学方法，合成一学年。专肃奉覆。

　　敬颂

道安

晚吕思勉谨肃　十八夜

　　再启者：前因历史系无一选修之课，拟请杨宽政教授考

---

①吕思勉、童书业编著：《古史辨》第七册下，第376、381页。

古学。(此科国文、社会两系,亦可选修。)业经面陈,嗣闻宽政言执事告以考古学或无选修之人,不如改开中国社会史。按中国社会史为社会系必修科,他系可选修者甚众,(本校从来未能开过,实一缺点。)如能开此科,自较考古学更为切用,惟未知宽政果愿讲授否,或由执事再与一商。又童君丕绳原在本校教授历史地理,后与杨宽政同赴苏北,请陈穉常①女士代课,当时童、杨二君皆未辞职,因唐君不愿代课,校中即发给聘书,联带将陈女士聘书一并发出,以致童君之缺,含糊中亦被开去,此事在手续上颇欠周到,现童君不愿将陈女士之课收回,而欲在本校另行任课三小时。查中国民族史一科,历史、社会两系均极切用,未知可请其开此一科否?敬陈鄙见,仰候卓裁,再颂

道安

晚思勉再叩②

童书业记忆与先生所记有异,童书业言:

(1940 年)9 月,随杨宽赴苏北东台,任韩德勤部所办文化社研究员。与杨宽、柳树人编辑文化社出版之《文化周刊》,写文多篇,创所谓"三合史观"(以经济、地理、民族性为历史重心)。又与杨宽任柳树人所办文化中学校董。10月,韩德勤部进攻新四军,大败。余与杨宽、柳树人率文化社及文化中学教职员、学生等自东台文化社逃难,辗转至兴

---

①陈穉常(1901—?),福建螺洲人。名懋恒,字穉常,曾就读于燕京大学研究院,后任教于东吴大学、光华大学、圣约翰大学等,顾颉刚称其为"一代才女",1949 年后,曾任职于上海市历史研究所、上海财经学院,"文革"时遭到迫害。著有《明代倭寇考略》《春秋考异》《中国上古史演义》等。

②文中先生致吕思勉、吕翼仁函及为吕思勉撰写的著作序言手稿皆由华东师范大学张耕华提供原件复印件,特此致谢!

化,复与杨宽自兴化返沪。①

6月,先生成名作《中国上古史导论》收入《古史辨》第七册上,由开明书店出版。先生叙及此书撰写过程时言:

> 余之立意草创《中国上古史》,在二十二年春,时正求学于光华大学,课余读书,偶有所见,辄随笔录之,尚未暇作系统之整理也;是年秋,《光华大学半月刊》征文及余,乃择古史传说中最不经之盘古传说而论之,成《盘古传说试探》一文,刊于二卷二期,其于黄帝尧舜禹等古圣贤王,犹不敢露布其怀疑之意。及二十四年冬,郑师许先生约余合编华文《大美晚报·历史周刊》,一时无暇草专篇,因将旧作随笔札记,陆续刊布。二十六年夏间,《禹贡半月刊》征文及余,又成《说夏》《说虞》二文以应之,然犹未有组织系统之决心也。秋间避地粤西,执教于广东省立勤勤大学,为诸生讲"中国上古史",因将昔日所论略加补订,编为讲义,于是关于夏以上古史传说之论述,系统粗具,而于古史传说出于神话演变分化之说,自信益坚。盖史料具在,不容熟视无睹者也。②

童书业请先生为《古史辨》第七册写序,节录此序如下:

> 古史辨发展到了现阶段,我们认为已有了飞跃的进步,在长夜漫漫中已找到了曙光。可是社会上一般人士,对此还不能十分了解。性急的人,嫌他进步得太迟缓了,往往听得有人说:"你们研究古史,各有各的说法,至今还得不到一个系统的结论来,不免要使人头昏了。"拘笃的人,又因此而以为古史是不可究诘的东西,往往听得有人说:"古史传说

---

①童书业:《春秋史》,第 279 页。
②吕思勉、童书业编著:《古史辨》第七册上,第 68—69 页。

紊如乱丝,你说可信吧,确乎有许多不能使人相信的地方,你说不可信吧,似乎也有可信的地方;必须等待新史料的发现,然后可以研究。"更有那些自大的人,以为古史的辨论,根本没有真是非,往往听得有人说:"古史的材料太少了,逃不出几本古书,而传说又是那么紊乱,不是很容易信口乱说的么?"这样的说法,至今还到处嚷着。诚然!有些人正在那里拿着古史来玩把戏,天天挖空心思,信口乱说,真不免要令人头昏,这确乎是我国史学界的病态!但是我们如果能平心静气,埋头把古史传说分析一下,整理一下,知道这紊如乱丝的东西,未尝没有头绪可寻,决不是不可究诘的,也不是可以信口乱说的(那些信口乱说的,我们只当他们是在玩把戏,那里是在研究学问)。在最近的将来,一定会得到一个系统的结论。大家读过了这册《古史辨》,一定会相信我这句话是不错的。

童丕绳先生这《古史辨》第七册的结集,乃是这几年来从事古史学研究者研究夏以前古史传说的总成绩。……这册《古史辨》正是研究古史的急先锋,我们的敌人——伪古史的有意无意创作者——所设的西汉战国这最后两道防线上重要的据点,已给我们突破了,古史辨的最后胜利,确乎已不在远。

童先生编这册《古史辨》,承蒙他把拙作《中国上古史导论》全部收入,占了全书四分之一的篇幅。我这部导论的见解,固然是几年来胸中久已积蓄着的,可是写来非常草率,因为这是在广西教书的半年内编成的讲义。我很感谢吕师诚之及童先生各替我校阅修订一过。而蒋大沂先生,又蒙他来函讨论,也已收入了这册《古史辨》。我这部导论,目的也就在利用新的武器——神话学——对西汉战国这最后两道防线,作一次突击,好让古史辨的胜利再进展一程的。我此后还想继续的向这方面推进,非达到最后胜利的目的,决不停止。

　　当这册《古史辨》校印快要完竣的时候,蒙童先生的好意,叫我再做篇序文,因此就把一时所要说的话,拉杂写在下面。……①

录童书业、王孝廉对此文的评论:

　　顾颉刚先生以后,集"疑古"的古史学大成的人,我以为当推《中国上古史导论》的著者杨宽正先生。虽然他俩在古史上的见解有着很多的不同点。杨先生的古史学,一言以蔽之,是一种民族神话史观。他以为夏以前的古史传说全出各民族的神话,是自然演变成的,不是有什么人在那里有意作伪。这种见解,实是混合傅孟真先生一派的民族史说和顾颉刚先生一派的古史神话学而构成的。他的见解,虽然有些地方我们还嫌简单,或不能完全同意,但他确代表了"疑古"的古史观的最高峰!

　　杨先生的最厉害的武器,是神话演变分化说。这种说法的一部分是顾先生早已提倡过的(演变说),其他一部分,则是到杨先生才应用到纯熟的地步的(分化说)。……有了分化说,"累层地造成的古史观"的真实性便越发显著:分化说是累层说的因,累层说则是分化说的果!②

　　顾颉刚为首的疑古学派固然注意到了中国古史中的古代神话传说的研究以及神话的演变过程,但是他们的研究是以"疑古"和"辨伪"为主要工作,是为了推翻中国的古史而触及到了神话的研究,又为了"辨伪"而去解释神话演变

①吕思勉、童书业编著:《古史辨》第七册上,杨序第1—2页。
②吕思勉、童书业编著:《古史辨》第七册上,自序二第2—6页。

为历史的演变过程,在神话演变的过程上,他们太坚持层累地造成之说,认为神话演变为历史全是什么人在那里为了某种目的而有意的作伪,在方法上他们完全以纸上的文献为中心而辨其真伪,他们把神话从古史中分离了出来,但对许多被分离出来的神话,其原来应该在神话中所占的地位问题,却没有十分妥善的安排。

在神话研究上,补充和修正顾颉刚等人的不足,正式以神话学的方式研究古代神话的是杨宽。

杨宽把夏以前的古史传说正式还原于古代神话里头去,他的古史学可以说是一种"民族神话观"(童书业《古史辨》第七册自序所说),认为夏以前的古史传说全是出于各民族的神话,这些神话是自然演变和分化而成的,否认了顾颉刚等人以为后人有意作伪的层累造成之说,他一面用研究神话学的方法对西汉战国这两道古史的防线做了一次突击,集顾颉刚以后的疑古的古史学大成,一方面又以"新释古学派"的姿态对古代的神话传说做了有系统的整理和还原工作,为中国古代神话的研究,建立了一个研究的系统,以今天神话学的研究成果来看,杨宽所建立的古代神话系统虽然不无值得商榷和补充的地方,但在由"疑古学派"到"释古学派"的神话研究发展过程来看,杨宽的神话研究仍然有他划时代的伟大意义存在,杨宽在古代文献资料上,追寻出许多神话传说的痕迹,并且以神话产生的地域、民族的不同,去解释先秦各书所见关于古史、神话的种种矛盾,说明神话演变分化的过程,补充和修正了顾颉刚等人纯以文献辨伪的疑古学说。此外杨宽采用语言学派的神话研究方法,主张语言的讹传实是神话演变分化形成的主要原因,在当时也是非常进步的。杨宽的出现,实是顾颉刚以来对中国古代神话的研究上更进了一步。①

录是年《王伯祥日记》《蒋维乔日记》中相关材料：

> 一月十八日（十二月廿一日丙寅，星期六）："依时入馆办事。……宽正来。"
>
> 二月廿五日（正月三十日甲辰，星期二）："致诚之，询肖甫住址，并取校样。兼送《学报》抽印单行本，并托代转宽正、丕绳（各五十份）。"②
>
> 一月二十八日阴雨："今日为余生辰，学生朱锡璇、郑国让、严名扬、方德修、沈延国、杨宽正、黄素封等备菜三桌，来我家祝贺，辞之不获，亲戚来者亦多。"
>
> 六月十七日晴："傍晚，延国、宽政相继来谈。"③

1942 年壬午　先生二十九岁

1 月，上海沦陷，先生与吕思勉、童书业商量后，认为上海附日势力将会越来越大，不宜继续在此工作，于是带领妻儿回到家乡避难。在家共两年零九个月，期间编辑战国时代二百四十年史料，考订每年发生的历史事件及相关人物活动。

8 月，先生《墨经哲学》由重庆正中书局出版，蒋维乔作序。录是序如下：

> 自孟子以"无父"距墨氏，后儒恐见弃于圣人之徒，咸惴惴焉不敢涉墨子之庭。晋鲁胜虽有《墨辩》之《注》，已多阙

---

① 王孝廉：《中国神话世界（下编）：中原民族的神话与信仰》，洪叶文化事业有限公司，2006 年，第 423—424 页；赵惠瑜的硕士论文基本上延续了王孝廉文中的观点，见赵惠瑜：《杨宽的中国神话研究》，台湾东吴大学中国文学系硕博士班硕士论文，2009 年。

② 王伯祥：《王伯祥日记》第十七册，第 35、108 页。

③ 蒋维乔：《蒋维乔日记》第二十二册，第 349、461 页。

疑,而其书今不存。唐宋之世,虽有乐台之《注》,李恕之《校》,然亦以世尚儒术,卒不得传。昌黎《读墨》,宋儒又讥之甚烈。自清季考据之学兴,由经史而及于诸子,又遭逢时会,欧学方东渐,学者正惊其优异,而自惭迂拙,乃遍检古籍,惟《墨子》足以当之,于是取西说,谈墨学,纷纭竞起,无虑数十家,而治《墨经》者尤众。

《墨经》辞约旨博,传写屡更,错乱特甚,故晚近学者,无不惊为奇文,争相校释,或窜句游心,任情臆说,或强相立异,自矜创获,割裂破碎,盖非墨子之《墨经》矣!而谨守之士,于是以《墨经》不能轻校释,概以阙疑归之。独青浦杨宽则异于是,其说以《墨》证《墨》,以子治子,莫不察其义例而观其会通。余初不识君,先获睹其说于刊物中,喜其考证周详,立论精审,通条连贯,而纲举目张,意其必为老成之考据学者,不谓其为在校肄业之学子也。余执教光华大学有年,岁戊辰,讲授《墨子》学程,君就听焉,余审君名,初不知其即昔日见于刊物者,继视君聪颖博辨,尤异侪辈,始而疑焉,逮君以实告,于是恍然而悟,惊叹久之!君虽从余游实余之所畏也!

《庄子·天下篇》称:"相里勤之弟子,五侯之徒,南方之墨者苦获、己齿、邓陵子之属,俱诵《墨经》,而倍谲不同,相谓'别墨',以'坚白''同异'之辩相訾,以觭偶不仵之辞相应。"是《墨经》乃"坚白""同异"之辩之所自出,当无非以辞约旨博之故。《庄子·骈拇篇》有云:"骈于辩者,累瓦结绳;窜句游心于'坚白''同异'之间,而敝跬誉之言,非乎?杨墨是已!"是后世墨者,不特于《墨经》相訾应。亦已多窜句游心,今欲于千载之后,观其会通,必求其无穿凿之病,斯固难矣!前伍非伯氏著《墨辩解故》,以全篇一归之为辩学,任公已深佩之,然《墨经》实非全辩学之书,故犹不能无扞格难通处。去岁,君既毕业,汇集其十年来研究《墨经》之说,结集成册,别为十五章,章各冠以学说之总名,复条析其目,丽以《经说》原句,附以校释,并于卷首冠《通说》一卷,名之曰《墨经哲学》,示有别于世之以科学相皮傅者。余常谓君曰:"今之治学,宜乎观其会通,以科学方法,比较分析,方有端绪可寻。校勘训诂,此特治学初步然也,而观其会通为尤要,否则虽有仲容之精博,犹不足以探索真理。"君韪余言,故是编之作,莫不穷原竟委,观其会通,无割裂破碎之病,无立奇炫异之弊,《墨经哲学》之真义,乃得大显于天下,哲学史将为之改观矣!诚空前之杰构也!是为序。

民国二十六年三月,蒋维乔叙于因是斋①

是年,先生虽长期隐居家乡,但仍十分关心当时战争形势。由于乡间偏僻,消息闭塞,因此,每隔几个月就到上海亲戚家或师友那里住一两天以了解时局。先生对此回忆道:

四二年冬天我到上海,前开明书店编辑部拜访王伯祥(一八九○——一九七五),他告诉我:上海的文化汉奸放出谣言,说我离开上海之后,已到南京投靠他们去了。我又去拜访老师蒋维乔,他告诉我:夏天日军和汉奸举办暑期讲习所,日军特务机关的思想部长长峰崇仁到他家中,逼他担任中国文化史的讲师,被他拒绝,但是发布的新闻上仍然列有他的名字,因此他请申报记者发表一篇他提倡"静坐法"的报道(蒋氏曾著《因是子静坐法》,为气功之书),藉此辟谣。秋天长峰又来逼他担任上海特别市教育会副会长,他又严辞拒绝。接着汉奸特工总部(极司菲尔

---

① 杨宽:《墨经哲学》,正中书局,1942年,序第1—2页。

路"Jessfield Rd."七十六号,即今万航渡路四三五号)主任
丁默邨多次要求见面,他都置之不理。他说:"我已是七十
老翁还怕什么。"我因此更感到,我离开上海是正确的,是
及时的。①

是年,女儿杨珊群出生。

录是年《王伯祥日记》《蒋维乔日记》《顾廷龙年谱》中相关
材料:

三月廿九日(三月十五日丁卯,星期):"接宽正书转到,
丕绳行已安抵张渚矣。"

六月十二日(六月廿五日乙酉,星期四):"诚之来函,面
畣一切,知宽正近返青浦白鹤港老家,敊门读书。(前传云
曾经某处任事,深冤之。)"

五月廿一日(七月四日戊午,星期六):"依时入馆,复顾
民、复宽正。"

八月初六日(八月十七日壬寅,星期一):"依时入馆,接
丕绳八月十一日张渚续信,仍托购书(想前复之书未达),并
告宽正即将应聘就教。"

十一月廿四日(十一月二日己未,星期一):"晚饭后,濬
归去,宽正见过。"②

三月二十四日晴:"七时方归,杨宽政在家守候,即以电
话约陈君高佣来长谈,十时方去。"

三月二十九日晴:"七时归,陈高佣、杨宽政二君来谈,
至九时方去。"③

---

①杨宽:《历史激流:杨宽自传》,第164—165页。
②王伯祥:《王伯祥日记》第十八册,第40、148、157、196、276页。
③蒋维乔:《蒋维乔日记》第二十三册,第128、134页。

十一月十六日："秉志①偕杨宽来谈。（日记）"②

1943 年癸未　先生三十岁

2 月初，先生在青浦白鹤港遗失"元隆号"存折一张③。

7 月 10 日，先生致函吕思勉，信中言：上海米价曾贵至五千元一石，现为三千二百元④。

是年，避居家乡时，先生与吕思勉、童书业之间经常互通消息。在吕思勉遗稿内，存有师生两人论学书信两封，一述借阅《道藏》之难，写于 10 月底；一论古代炼丹术，或写于 12 月。录之如下：

> （上缺）《参同契》《抱朴子》中摘出，且曾稍加研求，已略有头绪。但《道藏》一书，至今未借得，尚无法续成之。（美人约翰生《中国炼丹术考》一书，本由素封兄译出，由商务出版，但其书幼稚肤浅，错误处颇多。）前在南洋中学曾见《道藏》影印本，问之该校校长王培孙先生⑤，据云迁入市区后，书籍已装箱，堆积如山，找寻不易。生为此事访商务张菊生先生，据云此书原本藏北平白云观，此外河南南阳之

---

① 翟秉志（1886—1965），河南开封人。号秉农山，满族，著名生物学家，1903 年京师大学堂毕业，1913、1918 年分别获美国康奈尔大学学士和哲学博士学位。1920 年回国后，任东南大学、厦门大学、中央大学、复旦大学教授。1949 年后任复旦大学教授，中国科学院生物研究所、中国科学院动物研究所研究员等职。著有《鲤鱼组织》等。

② 沈津编著：《顾廷龙年谱》，上海古籍出版社，2004 年，第 270 页。

③《申报》1943 年 2 月 23 日第 5 版。

④ 李永圻、张耕华：《吕思勉先生年谱长编》上，第 662 页。

⑤ 王培孙（1871—1953），上海南翔人。名植善，字培荪、培孙，清光绪癸巳举人，又入南洋公学师范读书，后任教南洋中学。毕生致力于教育事业，所藏善本古籍颇丰，晚年将所藏图书十余万册捐献国家。

道观中有一部，山西某山有半部，商务以徐世昌之力借印白云观藏本，仅印二百部，为世界各大图书馆分购而去。沪上除南洋中学外，仅商务本身存一部，亦装箱未易找寻也。又据云：闻沪上南市白云观亦有明版道藏一部，但主持人视同拱璧，不容他人借读，且屡经兵燹，今亦不知存否。处此乱世，寻书阅读之难有如此者。竹庄师、农山先生前在沪时，均曾趋访，精神均甚健。农山先生仍在家从事其生物学之研求与著述。迩来物价涨声尤劲，此间米价已出万元之关（或不久可稍小），好在为时想恐不久矣。草草上达。

　　专颂

撰安

　　　　　　　　　　　学生杨宽叩

　　　　　　　　　　　十月卅一日

诚之吾师：

　　生日前来沪，寓素封兄处，为素封兄搜罗中国化学史材料，费数日之力，已将两汉魏晋之炼丹术整理出一头绪，《淮南万毕术》（辑本）、《周易》、《参同契》及《抱朴子》均发现有可宝之材料，大概所用原料以丹砂（硫化汞）、胡粉（碳酸铅）、雄黄雌黄（硫化砷）、硝石（硝酸钾）、曾青（硫酸铜）、白矾（硫酸钾，硫酸铅）、磁石（氧化铁）为最主要，其流变亦已有线索可寻，其色或黄或白，古人即据以为金丹或黄金白银。在药理学上，亦颇有依据，非绝无效验者。砒能使人发热，加速血之流行。西洋古代亦用以为长生不老之药。砒与汞化物皆剧毒，食少量固有益，多量则中毒而死。《抱朴子》谓雄黄丸、雌黄丸能使人"堪一日一夕之寒"，此即砒之作用，所谓"五石散""寒食散"其所用原料与雄黄丸、雌黄丸等同，亦含有砒，固能散寒而使血液畅行,可使面色红润,一若有"返老还童"之效果也。若食多量,不免于死,此所以魏唐帝王有食之而死者。生已将所有丹方和原料加以分析,其中不可考之原料仅一二种。拟即请素封兄请人加以实验,先观察其化学变化,而后细探其药理。生于此虽门外汉,颇觉有意味。中国炼丹术早于西洋七百年,西洋今日之化学即出于炼丹术,亦由阿刺伯人输入西洋者乎?惟无确证可寻。汉魏方士虽无今日之化学之知识,但已能辨别药物,《周易》《参同契》即认为炼丹术最要者为辨别原料是否正确与所用分量是否确当,彼以为如不正确不确当,即虔诚祷祝鬼神亦无用,此点颇有科学思想在也。隋唐以后之炼丹术,须从道藏中求之,奈何一时沪上借不到此书,当俟之异日。两汉魏晋之炼丹术,生费数日之力已撰成一小册,共三万字。惟其化学变化与药理学上根据尚须加以实验。吾国炼丹术之历史已有千年,西汉之李少君及淮南王所用之方士,皆已能之。魏晋以后,此道更盛,丹方可考者亦甚多,独惜始终在道士之手,学生未尝问津。道人都迷于五行说,往往以五行说勉强加以解释,不能就药理本身加以检讨,致不能产生"现代化学"与"现代药学"。若西洋炼丹术果由吾国传往,则中国炼丹术在世界化学史上世界药学史上之价值亦已足重视。美人约翰生近著《中国炼丹术考》一书驰名世界,然其人于我国古书多不了解,应用之史料殊为贫乏,既不知据我国古书以考证其所用之原料为何物,于丹方之成分及药理,均未加检讨,仅敷衍以成文,其中大谈老庄哲学,竟不知老庄与炼丹术无关也。其书既陋又妄,而西人作化学史者乃大多据此以为说。生今治之,颇觉兴味,然战国史未成,终不克分身从事于此。生数日后拟离沪回家,实验工作只得待素封兄为

之,且生于此亦门外汉也。(下缺)①

录是年《王伯祥日记》中相关材料:

> 四月十八日(五月廿一日乙卯,星期五):"接诚之五月十九日信,复告丕绳、宽正近状,并告暑假以后,谢绝一切教务,专意撰述。"②

1944 年甲申　先生三十一岁

1945 年乙酉　先生三十二岁

8 月 15 日,抗日战争取得胜利。

10 月,受蒋维乔邀请,先生担任鸿英图书馆临时史料部主任。先生回忆道:

> 鸿英图书馆原名"人文图书馆",原设在辣斐德路(Route Lafayette,今复兴中路),由黄炎培(一八七八——一九六五)创办。黄炎培字任之,原是教育家,在上海创办中华职业教育社,后来成为倾向共产党的文化人。他创办人文图书馆,藏有辛亥革命以来各种重要的中文报纸和期刊,包括各个党派的出版物,并且做好分类剪报和卡片索引,很便于查检,是为了展开中国现代史的研究工作;同时出版《人文月刊》。后来因为叶鸿英出资建设馆舍于霞飞路,并维持其常年经费,改称鸿英图书馆。四一年以后,蒋维乔受黄炎培的委托而兼任馆长,直到五十年代改称上海市报刊图书馆为止(后来又并入上海图书馆)。③

---

① 李永圻、张耕华《吕思勉先生年谱长编》上,第 696—697 页。
② 王伯祥:《王伯祥日记》第十八册,第 508 页。
③ 杨宽:《历史激流:杨宽自传》,第 168 页。

　　11月,上海市立博物馆复馆筹备委员会成立,聘徐森玉、徐蔚南①、杨宽等为委员②。

　　11月12日,上海市立博物馆设立复馆办事处,聘杨宽为办事处主任③。

　　11月13日,顾颉刚致顾廷龙信中谈及先生与童书业编辑《青光》周刊事。

　　　　……十月《正言报》载有学术简讯五则,第一则"古史学家顾颉刚氏近在北碚主持修志馆事宜,他为中华书局所编辑的《文史杂志》已请杨宽正在沪编辑,不久即可出版"。杨宽现与童书业(童君今年自常州来沪后未见过)似在编辑《青光》(周刊?),不知幕后如何?④

　　12月12日,上海市教育局第十二次局务会议通过并公布"上海市立博物馆组织规程"⑤。

　　12月14日,先生致函上海市教育局:

　　　　窃查上海市立博物馆复馆筹备委员会为积极进行复馆工作起见,先行设立办事处,由常务委员中推定杨宽为办事处主任,受复馆筹备委员会之指导,负责办理复馆事宜,业

---

①徐蔚南(1902—1952),江苏吴县(今苏州)人。笔名泽人、半梅,早年留学日本,1925年在上海复旦实验中学任教,后任浙江大学及上海艺术学院教授。1928年在上海世界书局任编辑,1932年担任《上海通志》编纂主任,1935年应叶恭绰之邀,任上海市博物馆董事、历史部主任。抗战胜利后,主持《民国日报》的复刊工作,1949年后任职于上海市文化局。著有《艺术哲学》《顾绣考》《山阴道上》等。
②《上海文物博物馆志》编纂委员会编:《上海文物博物馆志》,上海社会科学院出版社,1997年,第12页。
③《上海文物博物馆志》编纂委员会编:《上海文物博物馆志》,第12页。
④沈津编著:《顾廷龙年谱》,第362页。
⑤《上海文物博物馆志》编纂委员会编:《上海文物博物馆志》,第12页。

经组织就绪，勘定本市胶洲路六〇一号三楼为办公处，已于十二月一日开始办公。理合备文呈报，仰祈鉴核，备查。谨呈

上海市教育局局长顾、副局长李

上海市立博物馆复馆筹备委员会

常务委员兼办事处主任杨宽①

是年，承名世②来上海谋生，先生对其有帮助，其为上海市立博物馆主办的《中央日报·文物周刊》组稿、写稿。承名世回忆道：

> 我是抗战胜利后来上海谋生的。起初在苏州美专（沪校）担任山水画教师，后来又在上海市立博物馆当技术干事。两份薪水加起来，虽不算高，但因为都是我喜欢的职业，再加上吕思勉、顾颉刚、颜文樑、郑午昌等前辈的提携，以及童书业、杨宽、蒋大沂等朋友的帮助，有时还能卖掉一些画，所以生活得还不错。由于工作比较稳定，我又将弟弟带到上海读书，妻子也从常州来到上海，就读于立信会计专科学校。此外，我还有不少时间参与各种社会活动，如为《中央日报》（沪版）的《文物周刊》组稿、写稿，参与"上海美术馆"的筹备工作，参加"上海美术茶会"等活动。③

---

① 上海市档案馆：《上海市立博物馆工作情况报告》，档案号：Q235-2-3460。

② 承名世（1918—2011），江苏武进人。1932 年师从房虎卿学山水画，1941年后任潜化中学、芳晖女中、群英中学等校教师，1945 年起任上海市立博物馆技术干事，1947 年任上海市立美术馆（筹）技术干事，1952 年起任上海博物馆保管部、陈列部副主任，主要从事文物、书画研究和鉴定工作。著有《承名世书画选》《恽南田》《恽寿平书画集》等。

③ 承名世口述，承载整理：《一顿决定"生产自救"的年夜饭》，《新民晚报》2008 年 2 月 3 日 B13。

录是年《顾颉刚日记》、《王伯祥日记》、吕思勉残存日记中相关材料：

十月六号星期六（九月初一）："得杨宽正来书，悉丕绳已在沪。又谓中央派去接收诸人'但闻仗势争地盘，相互倾轧，势炎逼人，一若征服者之于殖民地'。昨闻钱大钧到沪时，蒋主席给予二百五十万万，原欲其收买伪军，乃彼竟以半数自己置产，为戴笠所揭穿。如此行动，如何不失人心。"

十月三十号星期二（九月廿五）："写陆志韦、白雪樵、林刚白、程千帆、冯汉镛、杨宽正、童丕绳信。"①

八月十九日（九月廿四日丙申，星期一）："宽正来馆，及晚归。又偕丕绳来，谈知常州城厢及回乡，但水深火热也，不禁浩叹。"②

十月初四日（木。旧历八月二十九日，丙午）晴："偕容仿伯祥、伯云，皆未晤。访丕绳、永榴未晤。晤张一凡。访伯云。法租界电车罢工，故同趁电车至静安寺，而步行访宽正于鸿英图书馆，并晤锡璇；同在某面馆吃面，乃旋光华。丕绳、永榴来为晤。达人来。丕绳来，宽正来。"③

1946 年丙戌　先生三十三岁

是年 1 月至 1951 年 1 月，先生在上海私立光华大学历史系兼任教授。

是年 1 月至 1949 年 5 月，先生任上海市立博物馆馆长。

---

①顾颉刚：《顾颉刚日记》第五卷（1943—1946），台北联经出版事业公司，2007 年，第 537、548 页。
②王伯祥：《王伯祥日记》第二十册，第 219 页。
③李永圻、张耕华：《吕思勉先生年谱长编》上，第 724 页。

　　1 月 5 日起,为上海市博物馆同事徐蔚南主编的《民国日报》副刊《觉悟》撰稿,先生写过很多篇小文,如《恐新病和恐旧病》《闲话爆竹》《飞来与钻出》《从"共荣香烟"说到"民主馒头"》《论名士派》《"面子"论》《神秘和秘密》《气节论》《老夫子和老妈子》《发财论》《人和狗》《狗祖宗和狗国家》《养廉与贪污——清代吏治杂论》《土豪劣绅论——清代吏治杂论之一》《官官相护论——清代吏治杂论之一》《元末的红军——江湖丛谈之一》。

　　1 月 14 日,上海市立博物馆筹备委员会办事处同市警察局、教育局共同办理旧有文物的接收工作①。《文汇报》1 月 26 日刊有关于上海市立博物馆查获旧有文物报道一则:

　　　　上海市立博物馆,自复馆办事处于去年十二月一日成立以来,积极迫究旧有文物。该项文物,战前曾寄藏于震旦大学,于民国三十二年为奸伪盗去,经教育局派员会同警察局,努力追究寻访,已于白利南路伪文物处理委员会旧址仓库内发现。该馆奉命于日前由警察局派许中文点交,市政府派参事汪竹一监交,经教育局派俞庆棠、黄心存,会同博物馆办事处主任杨宽点收完毕,刻正由博物馆整理中。此次接收所得文物,计大小铜器九九件,杂件四四件,大小玉器一一六件,玉印三四颗,铜印九七八颗,铜镜七七面,碎镜一六件,石器八一件。又史前遗物六五件,磁器一八五件,破碎者一六件,磁片九八片,明器一三二件,破碎者一〇件,陶器十一件,碎三件,甲骨一〇〇四件,服饰四九五件,甘游银器二件,古钞六三串,又九三〇枚,书画六二件,图画绣品抄本杂件四三件,漆器一三件,清代文件二二九件,照片三

---

①《上海文物博物馆志》编纂委员会编:《上海文物博物馆志》,第 12 页。

二五张,又七册,各式徽章六九九枚,钞票四七张,货币一三枚,其他杂件七八件。据闻此项旧有文物,为奸伪盗去而散失者尚属不少,书画部分散失最多,古钱银元磁器及其他模型,均有散失,宣炉邮票及铜元已全部失去。博物馆刻正在整理散失目录中,将继续追究云。①

3月,上海市立博物馆奉命复馆,杨宽被任命为馆长②。先生回忆复馆筹备处成立后的情景时言:

> 当"复馆筹备处"成立时,考虑到江湾新市中心区的上海市博物馆馆舍曾受到炮火的损害,而且地点太偏僻,不适宜再在原址恢复,需要在旧市区内另找合适房屋加以改建来用。经上海市教育局的安排,决定暂时将四川北路横滨桥原日本居留民团第一小学校的二楼改建权充馆舍。这座大楼共三层,经接管后,底层作为市北中学校舍,三楼用作上海市立实验剧戏学校的校舍(校长是戏剧家熊佛西),二层用作上海市博物馆的馆舍。二楼原来共有十三间教室,除当中有一间教室以外,东西两部的南北两侧,都各有并列的三间教室。我们保留当中那间教室和西部南侧的三间教室,用作办公室、库房和图书室,其余东部南北两侧和西部北侧的并列三间教室,都打通成为一个陈列室,布置成石器、青铜器陈列室、陶瓷陈列室和明器(墓葬陶器)陈列室。③

先生聘童书业为历史部主任、蒋大沂为艺术部主任。

3月18日,上海市立社教机关工作人员为研究社教促进事

---

① 《市立博物馆查获旧有文物》,《文汇报》1946年1月26日第2版。
② 《上海文物博物馆志》编纂委员会编:《上海文物博物馆志》,第12页。
③ 杨宽:《历史激流:杨宽自传》,第172页。

业联络感情共谋福利,发起组织成立联谊会,下午 1 时在体育馆举行成立大会。选出胡耐秋、刘佩琦、沈昌默、段力佩、姜秀琳、倪培坤等 11 人为理事,杨宽等 3 人为监事。最后讨论提案的内容有:参加中小学团体,请求当局改善待遇,请求教育局平均分配教育经费等,至 7 时散会①。

4 月,毛公鼎保管委员会成立,先生负责,《申报》刊有报道一则:

> 市政府奉行政院令,将周代毛公鼎拨交,暂为保存,经转饬教育局接受保管。顾局长以毛公鼎一器,乃古代彝器之冠,特组织保管委员会,聘请叶恭绰、徐士浩、俞庆棠、王汝昌、杨宽等五人为委员,负共同保管之责,以昭郑重。②

5、6 月,先生为抢救毛公鼎事出力颇多。

> (毛公鼎起先为叶恭绰收藏),抗战胜利前夕,由于重病缠身,叶恭绰以 300 两黄金将毛公鼎转售给五金企业老板陈咏仁(字伯陶),并与他约法三章,抗战结束后必须把毛公鼎献给国家。抗日战争胜利后,叶恭绰致信呼吁寻找毛公鼎并交南京中央博物院保存。当时上海市博物馆馆长杨宽,担当重任,经过调查,他终于找到了毛公鼎下落,为军统局所藏。杨宽到该局咨询,资产组人士说他们并未接到此物,应该向杜美路 70 号军统询问,杨宽拜访了战时文物接收委员会京沪区代表徐森玉。徐森玉告知毛公鼎确在军统局,之前曾与军统区交涉过,有关人士说只要有行政院命令即可交出。杨宽再到军统局时,却得知已被运往南京军统

①《市立社教机关人员成立联谊会》,《文汇报》1946 年 3 月 18 日第 2 版。
②《申报》1946 年 5 月 11 日第 5 版。

局本部保管,必须马上和南京马台街22号军统局本部接洽才行。杨宽随即向教育局报告,请函告南京军统局本部洽商接收办法,教育局特派杨宽赴南京面洽并把毛公鼎领回。据当时媒体报道,南京政府褒奖了陈咏仁。而据陈咏仁邻居回忆,陈家是受到民国政府巨大逼迫下才交出毛公鼎。叶恭绰曾在此鼎拓本题跋:"此器兹移国有,可云得所。然抚今思昔,不能无感。怀璧之罪,可不慎欤!"

1946年5月,毛公鼎由上海运到南京,交中央博物馆收藏。同年10月,适逢蒋介石六十寿辰,国民党教育部、研究院举办"文物还都展览"一个月,毛公鼎是重要展品之一。蒋介石还曾邀请美国特使马歇尔一同观赏毛公鼎。1949年,毛公鼎运往台湾,现藏台北故宫博物院。①

4月13日,丁福保将现藏古钱,再度捐赠上海市立博物馆,战前丁氏已将所藏晴韵馆古钱全部捐赠②。

5月4日,为了庆祝政府还都,上海市博物馆第一陈列室正式开放③。

5月14日,先生致函上海市教育局:

> 查属馆为庆祝还都并纪念五四文化节起见,定于五月四日开放展览,幸赖各同仁勤勉从事,得能将第一陈列室竣事,如期开放。展览会曾三日《大晚报》、四日《正言报》、《中央日报》前发出庆祝还都开放展览会特刊,以广宣传,并蒙钧座莅临指导。属馆自开放展览以来,参观者颇为踊跃。《申报》《大公报》《中央日报》等记者均曾先后来馆参观,发

---

① 刘佳:《话说金文》上,山东人民出版社,2012年,第210页。
② 《申报》1946年4月13日第3版。
③ 苍龙:《庆祝国府迁都,市博物馆今日开放,陈列劫余文物五之一》,《申报》1946年5月4日第4版。

表特写。今仍继续开放,并拟逐渐扩展以期完成博物馆事业之使命。兹将开放展览经过情形,并检同各报特刊四份,特写三份,备文呈报,仰祈鉴核,备查。谨呈

上海市教育局局长顾、副局长李

  附呈各报特刊四份、特写三份。

    上海市立博物馆代理馆长杨宽①

5月6日,顾颉刚与先生在上海市立博物馆初次见面,相谈甚欢。

7月起,《东南日报》副刊《文史》主编魏建猷常向先生约稿,先生的《吴起伐魏考》《乐毅仕进考》等十余篇文章,均刊于《文史》副刊。

1946年6月,魏建猷举家坐船顺江东下,来到上海。他在无锡国专沪校、京沪中学担任历史课程,同时担任了《东南日报·文史副刊》的责任编辑。

《东南日报》的前身是《杭州民国日报》,于1928年创刊……抗战胜利以后,除出杭州版外,1946年6月又出上海版。上海《东南日报》是一份大型日报,每期8至10个版面。在上海复刊的第二个月,7月4日,由魏建猷负责的副刊《文史》便创刊了。《文史》系周刊,原为整版,后改为三分之二版,初定每周三版,以后改周四版、周日版等。到1949年4月初停刊,共出了132期,除最后几期由方诗铭代为编辑外,余均由魏建猷组织编辑。

……通过《文史》副刊,魏建猷迅速地与上海及国内的学术界建立了广泛的联系。经常在副刊上发表文章和联系的作者有顾颉刚、吕思勉、方诗铭、王毓瑚、童书业、杨宽、罗根泽、罗尔纲、朱东润、刘子兴、姚薇元、顾廷龙、向培良、宋

①上海市档案馆:《上海市立博物馆工作情况报告》,档案号:Q235-2-3460。

炎、刘永潜、丁山、王宜昌、吴静安、王蘧常、郭绍虞、陈乃乾、
苏子涵、承名世、黄永年、钱基博、洪焕春等①。

8月1日，上海市立博物馆第二陈列室开放，《申报》刊有报
道一则：

> 市立博物馆自经第一陈列室开放以来，前往参观者非
> 常踊跃。第二陈列室，已定今日开放，其中所陈列者为历代
> 瓷器与清代服饰，瓷器中有蜀窑、寿州窑、越窑、龙泉窑、均
> 窑等名瓷及明清之五彩等，服饰中有清裕王盔甲、怡王冠以
> 及各式朝服，均属不可多得之精品。②

9月，上海市立博物馆用"上海市博物馆研究室"的名义，借
用上海《中央日报》的版面，每星期编辑一期《文物周刊》，此刊
编辑宗旨和内容全由上海市立博物馆做主，每期最后发稿都由
先生决定。这是我国第一个以"文物"为主要内容的期刊，也是
当时唯一探讨文物的期刊，共出版112期，录先生所拟《发刊词》
如下：

> 博物馆的事业，该循着二条康庄大道迈进，一方面需要
> 通俗化，大众化；一方面需要学术化，专门化。因为通俗化
> 大众化，才能使民众了解，达到社会教育的目的，同时又需
> 要学术化专门化，才能促使学术的进步。所谓通俗化大众
> 化，并不是只把通俗的知识介绍给大家，还要把高深的专门
> 知识现代知识"深入浅出"地介绍给大众，这样才能发挥博
> 物馆的功能。

> 多少年来，我国传统的教育，只知注重书本上的知识，

---

① 周育民：《风雨八十载——魏建猷先生传略》，《历史教学问题》2004年第
　4期。
② 《市博物馆今日起，开放第二陈列室》，《申报》1946年8月1日第4版。

近年来的社会教育,也只偏重于识字方面,我国目前正需要多量的大博物馆来弥补这个大缺陷,可是,我国的博物馆事业太落后了。博物馆是个用实物来教育的机构,同时也是个以实物为研究对象的学术园地,我们现在来发刊这个《文物周刊》,一方面想"深入浅出"地把实物的知识贡献给大众,一方面还想提倡对于文物的研究。希望学术界、教育界能给予我们多多的协助和指教。①

10月12日,先生致函上海市教育局:

钧局市教社第八六〇一号训令内开"以纪念国庆发扬民气,特订发纪念办法及经费分配表,令仰遵照"等因,附发国庆纪念办法及经分配表各一份。奉此,谨遵于十月十日除举行纪念艺术及照常开放陈列室外,并向戏剧学校借得宽大教室两间与过道一处,将本馆所藏世界各国博物馆美术馆动植物园等大小照片壹千余张,布置陈列,举行博物馆摄影展览会,以资庆祝并唤起社会对于博物馆之认识。是日上午九时开放,至下午五时闭幕,全日参观民众络绎不绝,不下万人。室中因有指导员之妥善管理,秩序颇为良好。奉令前因,理合将当日经过情形并检附当日展览会及本馆原有陈列室开放情况照片九张,备文呈报,仰祈鉴核,备案。谨呈
上海市教育局局长顾、副局长李
　　附呈调查表两份。
　　　　　　　　　　　　上海市立博物馆馆长杨宽②

　　又:

①《发刊词》,《中央日报·文物周刊》1946年10月13日创刊号第7版。
②上海市档案馆:《上海市立博物馆工作情况报告》,档案号:Q235-2-3460。

查本馆组织规程第十二条有"博物馆为推广事业起见，得随时与文学界、学术界、教育界、新闻界团体及热心人士或来华游历之团体专家作切实之联络"之规定，兹已商得禹贡学会理事长顾颉刚(现任国民参政员)之同意，拟将禹贡学会上海分会之通讯处及集会处所就借本馆为地址。禹贡学会于民国二十年成立于北平，由顾颉刚、傅斯年(中央研究院历史语言研究所所长)、徐炳昶(北平研究院史学研究会主任)等发起组织，以研究史地为主旨，编有《禹贡半月刊》等出版物。会员均为国内知名之学者，乃国内成就最著之学术团体，其研究之范围与本馆有密切之关系，自应作切实联络，以期推广事业。是否有当，理合备文呈请鉴核，示遵！谨呈

上海市教育局局长顾、副局长李

上海市立博物馆馆长杨宽①

11月12日，为纪念孙中山诞辰，上海市立博物馆举办国父事迹展览会，展出孙中山遗墨及其他重要文物200余件。展览会后，先生撰写一文感慨举办展览会不易：

举办一个像样的展览会，不是件容易的事，尤其是在目前的中国。一般收藏家只是把文物当作了秘宝，有的安放在保险库里，有的藏匿在秘密的地方，不但不愿意公开给大家研究，有的连自己也很少欣赏的机会，一公开就要影响秘宝的价值似的。还有一般古玩商他们把文物展览出来，无非作为广告，于是宣传起来，往往言过其实，想要用这种方式来提高这些商品的价值的。由于这二种关系，如果我们

①上海市档案馆:《上海市立博物馆工作情况报告》，档案号：Q235-2-3460。

开一个纯粹站在文化学术立场的展览会,要征求陈列品,就非常困难了。

目前要举办一个像样的展览会,决不是开一个筹备会或发几封征求信所能成功的,必须要向收藏家分头奔走接洽,用热情来取得人家的同意。等到陈列品征集到了,又须好好的保管,精致的装潢,布置和陈列,陈列时说明的标签也不可有丝毫错误,等到归还时,又须很妥善地归还原主,这样就可以取得收藏家的信任了。所以开一个展览会是需要有征集的门径、充分的筹备时间、充裕的经费以及苦干的精神的。

我们这次举办国父事迹文物展览会,只有几天的筹备,而能有这差强人意的成绩,那都是许多贤明的收藏家所赐与的,我们真是非常感激。我们此后还打算不断地举办特种展览会,希望贤明的收藏家们能继续给予我们更大的助力。①

是日《申报》刊有报道一则:

上海市博物馆(前北四川路日本小学馆长)杨宽,定于本月十二日总理诞辰,将在该馆举行一盛大之总理遗墨展览会,陈列者有总理亲笔横批、信札、派令、有关总理之各项工作及生活相片、总理著作、其平日所阅读书报,及关于总理之言行记载、书籍、遗物等。大部遗物均自叶恭绰、冯自由及陆丹林处集得。此处该馆并与孙哲生院长筹商借用总理一部分遗物。

展览物品中最有价值者,有总理于民国十二年致张作霖函,请其派兵讨伐广州陈炯明者。尚有总理致叶恭绰氏一函,通知其多筹款项,作讨伐叛军之用,盖当时叶氏方任财政部长也。

---

①《展览会的举办》,《中央日报·文物周刊》1946 年 11 月 17 日第 9 期第 10 版。

此次展览会将为本市首次精彩丰富之总理遗物展览会。民三十二年重庆曾有类似之展览会；唯并无此次之丰富。①

11月19日，为筹集福利基金，上海市社会教育机关工作人员联谊会举行会议，先生与会。《申报》刊有报道一则：

本市社教工作人员联谊会，为筹集福利基金起见，爰于昨日上午九时，在市教育局礼堂，举行会议，出席者，邵汝干、俞庆棠、杨宽、沈夔龙，暨各社教机关代表等十余人，由邵汝干主席，报告经过后，即讨论筹集福利办法如下：（一）举行足篮球义赛，（二）游艺会，（三）展览会，（四）请名伶名票义演，（五）呈请教局拨款补助。②

11月29日，先生致函上海市教育局：

钧局市教社第九六七三号训令内开"为颁发总理诞辰纪念办法及经费分配表，仰即遵办"等因。奉此，遵即拟具计划分配工作，开始筹备征集工作。除于报端发布新闻及分函各界人士公开征集外，并将馆内自有文物整理装置以备陈列。计自十一月五日起至同月十一日止，共收到外界出品计一百零四件，连同本馆自有出品一百十九件，合计二百二十三件。以品类分计，照片一百十件，书籍五十三册，遗墨五十二件，派令五件，及其他三件。全部出品齐集后，乃视各物之所宜，或装玻璃或加工糊裱，并将办公室改换布置陈列。其间准期于十二日与原有陈列室同时开放，事前为恐珍贵文物遭受损害，更加派指导员等轮值照料。是日清晨已有不少市民鹄候室外，开放以后，参观者整日拥挤不堪,签名统计共二万一千一百五十人,尚有漏签名者未曾计入。时至下午五时,参观民众仍络绎不绝,纷纷要求延长会期。嗣经与各出品人商酌,请求展缓收回,幸得同意,乃决计展延两天继续展览。此二日参观人数虽较第一天为少,但签名簿统计亦达二万零四百十三人,总计三日内参观者,除漏签名者外,总计四万一千五百六十三人。按此次展览会虽盛况空前,然秩序甚佳,自始至终未发生事端,而陈列室亦无损坏,得以完整归还。兹会务结束已久,理合详叙情形,备文呈报,仰祈鉴核,备案。谨呈

上海市教育局局长顾、副局长李

上海市立博物馆馆长杨宽①

12月,为抗战文物展览事,先生致函上海社会局请求协助:

敬启者:敝馆拟于国历元旦举办上海抗战文献展览会,陈列抗战期间上海文献以表扬我军民艰苦奋斗之精神。素仰先生热心文化,提倡社教,务恳鼎力协助并惠假珍藏,俾广众览,一俟展览期满,即当原件奉赵不误。兹奉上征集陈列品缘起与简章各一份,尚乞鉴誉为荷。此上

局长吴先生

上海市立博物馆馆长杨宽拜启②

是年,先生致函吕思勉,讨论汲冢书真假问题。此函部分内容存于吕思勉《再论汲冢书》一文中:

近代治古本《竹书纪年》者,以钱君宾四、杨君宽正用力

---

① 上海市档案馆:《上海市立博物馆工作情况报告》,档案号:Q235-2-3460。

② 上海市档案馆:《上海市立博物馆为筹办上海抗战文献展览会请求协助事致社会局函》,档案号:Q6-15-447-10。

为最深。二君于战国史事,推校皆极密。皆谓《纪年》所记年代,较《史记》为可信。余于战国史事,未尝致力,于二君所言,无以平其是非,以其用力之勤,深信所言必非无见。然窃谓考证之学,今古皆有之,而著述体例,则今古不同。古人于其考证所得者,往往不明言为己见,而或托之他人;又或将推论之辞,与记载相混。故窃疑竹书所言,虽或可信,亦系后人考证所得,而未必真为汲冢原文也。尝以此意语二君,二君为能信其然,而亦无以难之。近予将旧作《汲冢书》笔记一则,刊诸《东南日报》,旋得杨君来书,疑出土《纪年》,本仅记战国事,自魏文侯至襄王之二十年,其余则出后人增窜;且其增入并非一次。此言殊有意理。天下无赤手伪造之事,晋人既称其书为《纪年》,其中自必有若干按年记事者也。然必不能超出共和以上。《晋书·束皙传》说《纪年》云:“纪夏以来至周幽王为犬戎所灭,以事接之。三家分,仍述魏事,至安釐王之二十年。”此中惟安釐王三字,诚如杨君所疑,原文可为襄王,而为后人所臆改,余则似皆出旧文。观其所言,绝无谓自夏以来皆有年纪之意。然则真竹书即记夏以来事,亦不过存其梗概而已。《史记·晋世家》谓自靖侯以来,年纪可推。《汉书·律历志》言“《春秋》《殷历》,皆以殷,鲁自周昭王以下无年数,故据周公伯禽为纪”,知列国年代,有可推寻,皆不能早于周世,且已为历人之言,而非史家之籍矣。鲁为周礼所在,犹且如此,晋居深山之中,王灵不及,拜戎不暇,安得所记乃远至夏殷?故知杨君所言,深有意理,足证所谓古本《纪年》者所纪甚远之不足信,而又足正予疑其专出后人推校所得之伪也。故乐得而再著之。

　　杨君书又云:“《纪年》与《赵世家》最为相合,以此见其可信。”然又以其“与《史记》嬴秦世系,亦有出入,史公记六国时事,多本《秦记》,秦之世系,不应有误"而疑之。余谓小小夺误,古书皆所不免。如《史记·秦始皇本纪》后所记秦之先君,不尽与《秦本纪》相合,即其切近之一证。古人著书,有一最要之例,曰:"信以传信,疑以传疑。"惟如是,故所据虽有异同,皆各如其原文录之,而初不加以刊改。此在后人,或以此议古人之疏,甚且加以痛诟,然正因此,而古籍之有异同者,乃得悉葆其真,以传于后。较之以意刊改者,为益弘多矣。古本《纪年》,在战国之世者,似当兼采鄙说及杨君之说,谓其中有《竹书》原文,兼有后人推校所得。二者分别诚为不易,然即能分别之,尽得魏氏史官之旧,亦不过古代各种史文之一耳,未必其丝毫不误也。此意亦不可不知。①

是年,先生被选为青浦县临时参议员②。

是年,二十二岁的黄永年先生前往上海市立博物馆求职,因只有高中文凭,只能担任助理员,遭黄先生拒绝③。

编者按:先生1936年6月光华大学毕业,二十四岁赴上海市博物馆工作,即从研究干事做起。

录是年《顾颉刚日记》《顾廷龙年谱》中相关材料:

> 五月六号星期一(四月初六):"到市立博物馆,访杨宽正、童丕绳、蒋大沂,长谈,参看陈列室。"
>
> 五月九号星期四(四月初九):"宽正、丕绳、大沂来。"
>
> 五月十号星期五(四月初十):"到博物馆,与宽正、丕

---

①吕思勉:《再论汲冢书》,《东南日报·文史周刊》1946年8月8日第6版。

②《苏锡等二十六县参议院名单已全部发表,省参议员名单呈中央核定中》,《文汇报》1946年3月1日第2版。

③曹旅宁:《黄永年先生编年事辑》,中华书局,2013年,第20页。

绳、大沂谈。"

五月十四号星期二(四月十四):"到博物馆,晤宽正、名世、丕绳、大沂,为名世题还都图。"

五月十七号星期五(四月十七):"宽正、丕绳、大沂来。写天泽信,交宽正。"

六月四号星期二(五月初五):"在相衡家看起所藏书画图书,谈至十时散归。杨宽正、蒋大沂来,谈至十一时。"

六月八号星期六(五月初九):"到博物馆晤杨、童、蒋、承四君,为写保证书。"

八月十四号星期三(七月十八):"看宽正寄来《史苑》第二期稿。"

九月十二号星期四(八月十七):"到博物馆,晤宽正、大沂、丕绳。"

九月十九号星期四(八月廿四):"到博物馆,晤宽正、大沂、丕绳、张子祺、承名世,同访魏建猷,不遇。"

十月五号星期六(九月十一):"出,到博物馆,晤宽正、丕绳、大沂、名世、黄永年等。"

十月十五号星期二(九月廿一):"九时许散,乘汽车归。杨宽正、黄素封来。"

十二月一号星期日(十一月初八):"到博物馆,晤大沂、张天放(风)、丕绳、宽正。"

十二月卅一号星期二(十二月初九):"发《益世报》稿费,写苏子涵、钱大成、刘诗孙、张子祺、印维廉、天津《民国日报》、杨宽正信。"①

六月二十三日:"叶恭绰约谈,拟请杨宽、蒋大沂及徐森

---

①顾颉刚:《顾颉刚日记》第五卷(1943—1946),第 654、656、657、659、660、671、673、699、716、719、726、730、754、765 页。

玉来检理其存物。(日记)"

六月二十四日:"魏建猷来,嘱为《东南日报》'文史周刊'撰文,并嘱介绍与杨宽、童书业相晤。(日记)"①

1947年丁亥 先生三十四岁

1月1日,上海市立博物馆举办上海抗战文献展览会,对此展览会,先生言:

> 一九四七元旦举办的"上海抗战文献展览会",是一次规模较大的展览会,曾把陈列室所有陈列品全部归库,用来布置这个展览会。这个展览会共分两大部分,一部分用照片和文献,不仅表现"八一三事变"后上海军民抗战的经过,还表现上海成为"孤岛"时期人民坚持的抗日斗争,以及日军侵占租界以后上海的地下抗日活动和周围地区的游击队活动。另一部分也是以照片和文献,表现八年抗战时期日军和汉奸对人民的迫害。我和蒋大沂为了搜集这方面材料与线索,深入到民间去采访。曾找到一个曾参加过辛亥革命、专画佛像的画家钱化佛(一八八四——九六四),他依靠画佛卖给信佛教的人士维持生活,家中贴着六个大字"钱化佛,佛化钱",四周墙壁挂着所画各色各样的佛像供人选购。

> 他有不少特别收藏品,抗战期间日军在上海张贴的布告就是一种。据他说,见到日军在上海市街张贴的重要大幅布告,常常出动全家人,在下雨的深夜,帮他四周把风,趁没人路过的时候,他张着伞,揭下完整的布告;因为天雨纸潮,很方便就可以从墙上完整地揭下,带回家中秘藏。他认

---

① 沈津编著:《顾廷龙年谱》,第392页。

为这是日军侵略的罪证,也是别人所不会有的珍贵藏品。经他同意,借给我们以大画框装裱展出。由于这是他冒险得来的珍藏,要留作纪念,不愿出让,展览会结束后我们就全部归还。此后我们没有再和他联系,不知这份珍藏是否还完整地保存?①

是日《申报》对此次展览会有报道:

横浜桥市博物馆主办之抗战文献展览会,今日九时开幕,会场有二大陈列室,一大陈列廊,陈列品共约五千件,第一陈列室所陈列者,均为上海抗战时之悲壮文献,与地下工作者之忠烈文献。第二陈列室所陈列者为日伪之劣迹,在抗战文献中,有上海全套之战争摄影,与各种宣传品及出版物,颇多名贵之品。在地下工作文献中,有各烈士之遗像、纪念品及地下工作之宣传品与秘密文件等,如郑蘋如女士之遗像遗墨等有专橱陈列。而蒙难同志会姜梦麟遭敌伪凶刑后割下之腰子一只,亦陈列在内。在日伪之作恶文献中,大如巨幅之彩色广告,小如赌场中之筹码,形形色色,均有陈列,日伪统制与压迫我上海民众之各种秘密文件,尤多外间罕见之物。而伪中储行之十万元票,及日人所散发之"军民归来证",一面冒印我法币,一面印有裸体妇女,欲以色情引诱我军民,观之尤觉发指。闻该馆此次应社教工作人员福利基金会之请求,酌收门票,每人五百元,以充福利基金。②

由于参观上海抗战文献展览会观众拥挤,该会本于3日闭幕而

①杨宽:《历史激流:杨宽自传》,第175—176页。
②《抗战文献展览会开始,陈列品约五千件,令人起敬令人发指》,《申报》
　1947年1月1日第5版。

延期至 5 日,并添加入新展品。1 月 4 日《申报》刊有报道一则:

> 四川北路横浜桥市博物馆所主办之上海抗战文献展览会,因三日来观众拥挤,延期至五日下午五时闭幕,兹闻该会两日来续有名贵陈列品收到,今日起已一并参加陈列。其尤精彩者,为舒宗侨、曹聚仁诸氏之出品,诸如伪组织杀人魔窟七十六号及虹口日宪兵监牢各种照片,援救盟邦空军之何若梅女士摄影,盟邦空军在沪散发之各种彩画传单与各种画报等,均极名贵。①

1 月 16 日,先生参加上海市社会教育机关主管人联席会议,《申报》刊有报道一则:

> 本市社会教育机关主管人联席会议,昨由教育局社会教育处召集,假南市市立民众教育馆举行,出席单位,有民教馆、图书馆、博物馆、体育馆、电化教育队、戏剧学校、各民众学校、补习学校等代表徐则骧、杨宽、周连宽、邵汝干等十五人,及教育局顾局长、王处长、孙科长、乔科长等。首由顾局长致辞,说明年来社会教育之被忽视,与工作人员奋斗事实,对于今年度社会教育工作之开展,指市甚详。继由徐馆长则骧主席,各单位代表集中讨论增进同人福利问题,当决定:(一)普遍提高底薪,已由教育局核定,正呈报市政府批示中。(二)由教育局拨款组织合作社,章程办法亦经拟定,即可实行。(三)各单位自筹福利金问题。体育馆、戏剧学校、博物馆、实验民校市立民校等,已先后举办球赛、展览、游艺会等。民教馆定于旧历年元旦至初五,举办大规模展览会,包括"园艺、盆景""历代币制及古物"等展览。本年

---

① 《抗战文献展览会新增宝贵陈列品》,《申报》1947 年 1 月 4 日第 6 版。

之中心工作,依照规定,应注意推广民众识字运动,及组织训练工作,以配合宪政之实施。最后并决定今后主管人联席会,应每月自动召集一次,下次会议推定体育馆邵馆长召集之。①

3月,上海社教主管人员举行联席会议,先生主持。3月24日《申报》刊有报道一则:

> 市立社教机关主管人员联席会议,日前下午三时假市博物馆举行,到俞庆棠、熊佛西、周连宽、甘豫源、邵汝干、陆尔彊等十八人。教育局顾局长毓琇、李副局长熙谋、王处长汝昌、孙科长月平、乔科长汝基,均出席指导。由博物馆馆长杨宽主席。决议:(一)社教人员底薪平均数,呈请教局增加,至少应与中学教员同等待遇。(二)各社教机关事业费,呈请局方按月与办公费同时发放,并按照去年年底增加百分之一百五十。(三)呈请当局将社教工作人员,一律视作教育工作人员。(四)社教机关,每日工作报告,除于联席会议席上作口头报告外,每次由召集人综合在报端发表,并定期出版。(五)社教工作人员合作社,呈由教育局转咨社会局,核准设立。(六)社教工作人员应于每学期中,举行联谊会一次,由本会推选熊佛西、俞庆棠、杨宽与社教工作人员联谊会洽商办理。(七)下次会议由实验民校校长俞庆棠召集,会期在下月十五日左右。②

3月29日,为纪念革命先烈,中央党史编纂委员会暨上海市

---

①《社教机关主管人昨开联席会议,顾局长莅临致训》,《申报》1947年1月17日第8版。

②《社教主管人员举行联席会议,商讨推进工作方针》,《申报》1947年3月24日第5版。

立博物馆联合主办革命文物展览。①

4 月,"上海市美术馆筹备处"正式成立于陕西南路 139 号,先生为征集委员会委员。该筹备处 3 月由上海市教育局提请第 71 次市政会议通过②。

4 月 23 日,先生在《中央日报·文物周刊》上发表《从速严禁文物出口》,呼吁政府应重视古董商偷运国家文物至海外这一问题,录是文如下:

> 关于上海古董巨商偷运古物出口的事,屡有传闻,到近来越发厉害了。据本月十八日各报载:"若干古董巨商,现在正在北平上海等地搜集我国数十年来之历史文物,运往美国出售,以换取美金外汇。闻二三日前,又有极名贵之字画、石刻、古铜、陶器、古瓷、陶俑等一百余箱,自沪偷运出口。……并悉清室旧藏之古物,前曾以赏溥杰(溥仪之弟)名义,陆续运出精品甚多,其中尤以古画为最名贵,胜利时,在长春伪宫散失殆尽,近在平沪一带已有发现。故宫博物院闻讯后,曾出巨资收回数件,然流落在外者尚多。且闻多已入古董商之手,亦将运美出卖。"这样大批的古物出口,真是骇人听闻。
>
> 古物出口,早已悬为禁例。可是上海的"古玩业"中依然有专门从事于"出口"的,我们不是胡说,只要一查本年度新出版的《电话分类号簿》,其中除"古玩商"以外,另有一类"古玩出口商",这便是最确实的证据。就电话簿上看来,

---

① 《国父墨宝革命文物,今起在市博物馆展览》,《申报》1947 年 3 月 29 日第 4 版。

② 王扆昌等编《中国美术年鉴·1947》之"上海市美术馆筹备处",上海社会科学院出版社,2008 年,第 16—17 页。《市教育局组织各种委员会,筹备市立美术馆,聘李石曾、潘公展、叶恭绰等为委员》,《申报》1947 年 6 月 25 日第 5 版。

"古玩出口商"已有十多家，而不登入电话簿的，怕数量更多，这样明目张胆地经营"古玩出口"，即所谓"走洋庄"，政府怎么可以熟视无睹呢？古玩业中对于古物价格的评定，以能"走洋庄"的最贵。凡是我国精致的古物，无论是传世的，或是新出土的，一经国外博物馆或国外收藏家所重视，其价值也就一飞冲天，最近传闻洛阳金村附近又有精致铜器出土，洛阳的古玩商便到上海，向"古玩出口商"接洽，上海方面先后前往洛阳去讲价抢购的，听说有三四批人之多。不怕旅行的困苦，不远千里前往，都想由此发到一批洋财，这种现象的发生，对于我国文物的损失，真是难以估计，我们试一翻日人梅原末治《洛阳金村古墓聚英》，所著录出土物的图版有一百二十幅，有那一件还保存在中国的呢？其中最有名的屬羌编钟，大部分原在国内收藏家手里，可是后来也到了日人住友家中去了。我们只要一翻阅国外博物馆和学者所出版的各种图录，就会感觉到我国重要文物流落到国外的，数量真是多得惊人。而这许多文物，却都是经过这些"古玩出口商"之手而出口的。古物出口要严禁，难道做"古物出口商"政府就能不禁吗？

古物这样大量的奔流到国外，一方面固然由于国外博物馆和收藏家的搜求，国内奸商的弁髦法纪，偷运出口，一方面也是由于国内博物馆的无力购藏。博物馆本有保存文物和发扬文化的使命，可是必须有大量的购置文物费，然后可以随时获机购藏。照例上海市立博物馆应负起这个责任，因为上海是我国第一个国际大都市，各地新出土的古物和收藏家散出的古物，必然的先来到上海，自可挑选精粹收藏起来，可是上海市立博物馆从胜利以来，没有拨到过经常购置文物的款，在预算上也没有列入这项大宗的费用，目前虽也陆续购置些文物，也还是从临时费中省出来的一点，如何能担负起这个保存文物的伟大使命呢？

抗战以前，上海市博物馆原有每年五万元的购置文物费，遇到大宗贵重文物，还可专案请款，我们在那时确曾收购不少的文物，只是市博物馆从民国二十六年一月开放，到七月抗战就爆发，历史太短，没有完成理想的计划。同时，那时上海还有不少大收藏家，从事于收藏文物，可以减少文物出口的数量。胜利以来，那些大收藏家，不但没有财力再收藏大量文物，而且不免有散出的。如果我们这时还不负起这个保存文化的责任来，那如何对得我们的国家民族呢？

我们为保存文化计，一方面希望政府对于古物的出口，特别注意，严加取缔，对于古玩出口商尤该绳以国法。一方还得拨给保存文化机构大量的经费，出资搜藏文物。本市参议会第二次大会中，曾决议充实上海市立博物馆的内容，这样的巨眼卓识，真是值得敬佩的。刻下已奉命编造充实内容的计划，我们希望当局将来能够拨发配合这个充实内容计划的经费，这不仅可以充实博物馆的内容，也还可以达到保存文物的使命。①

4 月 29 日，先生致函上海市教育局：

查本月八日报载若干古董巨商，现正在北平上海等地，搜集我国数千年来之历史文物，运往美国出售。最近又有极名贵之字画、石刻、古铜、陶器、古器、陶俑等一百余箱，自沪偷运出口。查古物不但足以代表我国固有文化与艺术，且足以考证历史，付诸教育，倘任其外流，实为我国文化上极大损失。是以古物出口，我国早悬为禁例，而该古董商

①杨宽：《从速严禁文物出口》，上海《中央日报·文物周刊》1947 年 4 月 23 日第 31 期第 7 版。

等,不顾国家文化,但谋个人利益,殊堪痛恨。若不设法严禁,损失实难设想。理合具案呈请钧局核转市府及教部,并咨请海关设法严禁,以资保存文化,实为公便。谨呈
上海市教育局局长顾、副局长李

　　　　　　上海市立博物馆馆长杨宽①

　　5月22日,上海教育委员会通过增加上海市立博物馆经费的提案②。

　　6月21日,先生致函上海市教育局:

　　　　案查本馆筹备之历代明器展览会,所请经费,业蒙令准支拨,并经具领在案,自当照案进行。本拟八月下旬开始展览,正拟办间,而上海新闻界以九月一日为记者节,请求本馆举办"特种报纸展览会"。事关文化事业之展览,本馆理应赞助,乃定于八月三十一日开始展览,至九月二日闭幕,为时三天。至原拟办之明器展览会,因馆舍狭小,人员不多,若同时布置展览,势所困难,且本馆拟举办明器展览会后,即行开放第三陈列室。倘"特种报纸展览会"举行在明器展览会之后,则陈列品之重复搬移出入,必受相当损失,故将历代明器展览会延至九月二十日开始展览三天,至二十二日闭幕。案关业务更动,理合备文呈报,仰祈誊核,照准,施行! 谨呈
上海市教育局局长顾

　　　　　　上海市立博物馆馆长杨宽③

―――――――――

① 上海市档案馆:《上海市立博物馆工作情况报告》,档案号:Q235-2-3460。
②《参会财警等五委会分别开会审查提案》,《申报》1947年5月23日第4版。
③ 上海市档案馆:《上海市立博物馆工作情况报告》,档案号:Q235-2-3460。

7月31日,先生为钱文瑾①开证明书。

证明书

查钱文瑾于民国三十五年三月六日起充任本馆助理干事,服务至今,计有一年五个月,特此证明。

上海市立博物馆馆长杨宽

中华民国三十六年七月三十一日②

8月20日,上海市立博物馆编印的《上海市立博物馆藏印》共装印15部,即日起开始接受社会预订,《中央日报·文物周刊》刊有报道一则:

本馆于战前藏有古印千方皆战国秦汉之物,原系契斋旧藏,其间颇多精品,中日战乱,幸未散失。今选取八百方,钤印为谱,每方一纸,用上等印泥钤印,分类装订为十册,外加布函,钤印精美,装潢雅丽,以便治金石学者之参考。仅钤十五部,今已完竣,正装订中,不久即可问世。每部收回成本五十万元。于月内直接向四川北路一八四四号本馆预约者,可享九折优待。③

7月,先生为《上海市立博物馆藏印》撰写序言,录之如下:

古者公私简牍,上必覆检,而后约之以绳,封之以泥,按之以玺,盖如今火漆封信者然。玺印应用既繁,为数自富,其文不仅可以上索六书之原,即职官姓氏,亦往往可证经史之阙误;至于为篆刻家所临摹取法,犹其余事也。自宋以来,搜藏古印与钤印为谱者,代不乏人,至近世为尤盛,于是

①钱文瑾,江苏青浦人,时任上海市立博物馆助理干事。

②据孔夫子网上影印照片,2014年3月27日。

③《本馆出版消息:〈上海市立博物馆藏印〉钤印本即将出版》,《中央日报·文物周刊》1947年8月20日第48期第7版。

玺印之学风由附庸而蔚为大国矣。

　　本馆所藏古印,皆商锡永教授旧藏。教授于二十三年间当钤印成谱,凡八百七十三纽,名《契斋印存》,仅钤一二十部,每部八册,其中官印除契斋旧藏数纽,私印除孙氏稽庵旧藏二百余纽外,余皆未见著录。二十五年印入藏馆中,多至千有五纽;中更战乱,劫余仍存九百七十纽,亦云幸矣。艺术部主任蒋焕章兄念前谱之深传未广,乃倡议馆重钤此谱;所选钤者,凡八百纽,皆为铜印,而玉石者不与,与前谱相较,颇有出入,幸读者垂查焉。

　　　　三十六年七月杨宽序于上海市立博物馆①

8 月 21 日,先生致函上海市教育局:

　　查本馆旧有文物,因遭敌伪劫持,散失颇多,若干部门,均属缺乏系统。经一年半之陆续补充,石器、铜器、陶器、瓷器、明器等类系统业已粗具,为充实陈列室内容起见,将所有陈列品,重行调整布置,业已就绪。第一陈列室专列铜器,附以玉器、琉璃器、骨器,已成为一有系统之金石陈列室。第二陈列室专列陶器、瓷器,已成为一有系统之陶瓷陈列室。第三陈列室待"特种报纸展览会""历代明器展览会"举办完毕后,即行改为专列明器陈列室。理合将充实陈列室内容,及调整工作情形,备文呈报,仰祈鉴核。谨呈
上海市教育局局长顾

　　　　　　上海市立博物馆馆长杨宽②

---

①杨宽:《〈上海市立博物馆藏印〉序》,《中央日报·文物周刊》1948 年 8 月 25 日第 98 期第 7 版。
②上海市档案馆:《上海市立博物馆工作情况报告》,档案号:Q235－2－3460。

8月31日,为纪念本年度记者节,上海市新闻记者公会及上海市立博物馆联合举办特种报纸展览会①。

9月20日,上海市立博物馆举办历代明器展览,展览系统陈列了上自周汉、下迄明代各类明器五百件左右②。

是年,截止10月份,上海市立博物馆征集所得陈列品共3608件③。

10月8日,上海市立博物馆第三陈列室(明器陈列室)开放,《中央日报·文物周刊》刊有报道一则:

> 本馆原有二陈列室、一陈列廊,暑间已将陈列品加以调整,第一陈列室专陈金石类陈列品,而以琉璃器、骨器、化石附之。第二陈列室专陈陶瓷器,自史前以至清代,以时代为区别。此二室所陈列者,皆为本馆艺术部藏品。陈列廊中所陈列者,为历史文件选例,则为本馆历史部藏品。上月二十日起,艺术部又以所藏历代明器近五百件,开历代明器展览会三日,会后参观者咸以本馆对于明器收藏之丰富,在国内尚属罕见!纷请本馆另开陈列室,将此项展览品长期陈列。本馆虽以现馆址非常狭小,实无另开陈列室之可能,然为不负市民属望起见,勉将东馆东部之特种展览会会场改为第三陈列室,专陈明器。除展览会所陈列者外,又益以六朝小俑、汉俑、汉画彩鼎、壶、唐井、唐俑等数十事,故内容益形充实。考明器为治文化史者最好之材料,本馆开历代明器展览会之缘起中,曾详尽言之,今请录其原文以当介绍。缘起云:
>
> "古之人事死如事生,生有奴仆姬妾之侍,车马宫室庶

---

① 《庆祝"记者节"特种报纸展览》,《申报》1947年8月31日第4版。
② 《市博物馆举办历代明器展览》,《申报》1947年9月20日第5版。
③ 《小统计》,《中央日报·文物周刊》1947年12月10日第64期第7版。

物之奉,死则其子孙易以土木所制者纳诸墓中,斯即明器是矣。如约略区其种类,则又有俑、牲畜、器用、屋舍之别,而以俑之形式为尤繁焉。

治文化史者,辄以不能上窥先民之生活状态为憾,实则明器即为古人实际生活状态之反映,举凡冠裳之制,器用之形,文化之交流,族类之移殖,以及一时代之信仰习尚,靡不可求之于明器中者。至若明器本身制作之风格与技术,则固又治艺术史及工业史者极珍贵之史料也。

本馆自二十六年在汀湾市中心区创建之时,即已从事于明器之收藏,惟以时日迫促,所集未富,而中更战乱,残毁尤多。自复馆以来,虽经费奇窘,而有鉴于明器在考古学上之重要,仍不敢不力事补充,阅时一载,所藏且达五百件,自三代以迄朱明,系统粗具,虽尚不足颉颃欧美各博物馆之所藏,而在国内,则亦庶几大观矣。因定于九月二十日始,在四川北路本馆开历代明器展览会三日,以供当世学人之参考。至若邦之贤达,不我遐弃,锡以南针,使所集得益美备,则固又敝馆同人之所祷祝无已者也。"读之而明器在学术上之重要性可知矣。①

10 月 10 日,辛亥革命同志会主办辛亥革命文献展览会,先生为此次展览会发起人之一②。

是年,先生致函上海市教育局:

查本馆于本年九月间举办特种展览会,先后二次,一为特种报纸展览会,一为历代明器展览会。曾经呈奉核准举

---

①《本馆消息:第三陈列室(明器陈列室)开放》,《中央日报·文物周刊》1947 年 10 月 8 日第 55 期第 7 版。

②《辛亥革命文献展览会》,《申报》1947 年 10 月 5 日第 2 版。

办在案,按特种报纸展览会,系与上海市新闻记者公会合办。其陈列范围:一曰非常之什,二曰光荣之页,三曰肇基之史,四曰胜利之史,五曰纪念之册等五类。展览期自八月三十一日至九月二日止,共计三天,参观人数为一千七百一十七人。历代明器展览会经本馆征集明器及制作座子以来,凡汉、晋、六朝、唐、五代、宋、明各朝明器,莫不毕具。且有昆仑奴、天禄、避邪等俑,实为世所罕得,一并陈列展览。其展览期自九月二十日至同月二十二日,共计三天,参观人数经签名在册计二千六百人,其间拥挤之时,不及签名入场参观者,当在两倍以上。兹已结束,除将明器展览会经费另案造报外,合将举办特种展览会经过情形备文呈报,仰祈鉴核,备案。谨呈

上海市教育局局长李

上海市立博物馆馆长杨宽①

是年,先生与郭沫若有往来,先生言:

当时郭沫若住在虹口,他的住宅门口上挂有一个小木制门牌,亲笔写个"郭"字作为记号,那里离博物馆很近(即今溧阳路一二六九号),他曾多次来到博物馆交谈或借书。当时他正在编校《闻一多全集》(开明书店,一九四八),见闻一多(一八九九——一九四六)讨论伏羲神话的文章中引用到我的《中国上古史导论》,他专程前来,要借《古史辨》第七册一读。我和童书业也曾多次到他家中访问,谈论考古和文物方面的问题。有一次他拿出刚写成的《秦诅楚文考释》底稿来征求意见。我们谈论的只是学术上的问题,他很

---

① 上海市档案馆:《上海市立博物馆工作情况报告》,档案号:Q235-2-3460。

健谈,但听力很差。①

录是年《顾颉刚日记》《夏鼐日记》中相关材料:

一月十五号星期三(十二月廿四):"今午同席:杨宽正、蒋大沂(以上客)、予(主),五万两千元。"

七月卅一号星期四(六月十四):"到市博物馆,晤杨宽、丕绳等。"

十一月廿三号(十月十一):"蒋大沂、杨宽正来。"

十一月三十号(十月十八)"[油印件]先生大鉴:敬启者:查国大代表选期在迩,得人与否所关非细,为国选贤人各有责,兹本院教授顾颉刚先生业经中央圈定为东区教员国大代表候选人,同仁闻讯莫不称庆。颉刚先生文章道德举世推崇,服务教育成绩昭然,历任参政员为民喉舌卓然有声,果获膺选为国大代表,则吾国教育之前途必蒙其益。刻闻投票处所定在本城景德路卫生院内,日期为本月二十一日至二十三日,务祈先生惠予协助,至时前往投票,俾获实现,不独个人感念而已。肃此布陈,敬祈垂查,并送教绥。陈礼江敬启。十一月十五日。予所得票:……上海二(杨宽正,蒋大沂)。"②

6 月 10 日星期二:"阅罗福颐《传世古尺录》,将其附表录入杨宽《中国历代尺度考》中。"③

1948 年戊子　先生三十五岁

1 月 12 日,据教育部统计,全国共有 13 所省市公私立博物馆。

---

①杨宽:《历史激流:杨宽自传》,第 178 页。
②顾颉刚:《顾颉刚日记》第六卷(1947—1950),第 9、95、160、164—165 页。
③夏鼐:《夏鼐日记》卷四(1946—1952),华东师范大学出版社,2011 年,第 128 页。

[本报南京十二日电]我国博物馆机构,据教部统计,除国立故宫博物院、国立中央博物院筹备处、北平古物陈列所及沈阳博物院外,各省市公私立博物馆计下列十三所:浙江省立西湖博物馆(杭州),四川博物馆(成都),中国西部博物馆(重庆),私立希成博物馆(成都),济南广智院(济南),河北省立天津博物馆(天津),河南省博物馆(开封),陕西省历史博物馆(西安),上海市立博物馆,私立天津广智馆,华西博物馆(成都),台湾省博物馆(台北),及青岛市立博物馆。①

1月15日,由先生、蒋大沂等组成的田野考古工作团前往戚家墩海塘发掘。

2月1日,上海市文化教育团体发起基本教育展览会,社教机关部博物馆部分由先生负责②。

2月16日,先生致函上海市教育局:

查本馆初步发掘松江戚家墩文化遗址一案,已于上月十五日开始工作,事先曾由本馆呈请内政部会同教育局核发执照。旋奉中央古物保管委员会礼字第二四二号代电转颁内政教育两部会发执字第十号发掘执照到馆。复经本馆请由江苏省第三行政督察专员兼保安司令公署出示布告,并令饬所属一体保护协助,当地驻军亦由本馆请其上峰转令切实保护。故此次发掘工作,均能按照预定计划,顺利进行。至工作人员方面,除由馆长及艺术部主任轮流前往主持工作外,已前往工作者有干事张子祺、助理干事张启帆,

---

① 《省市博物馆全国计十三所》,《申报》1948年1月13日第6版。
② 《本市文化教育团体发起基本教育展览会,会期一周,定五五起举行》,《申报》1948年2月1日第6版。

并工友一人,发掘工作,均系当地雇佣。截止现在,业已发现古代住宅区遗址一,古窑址一,其发掘详情,除俟告一段落后再行详报外,理合将办理经过及三旬来工作情形,备文呈报,仰祈鉴核,备查。谨呈

上海市教育局局长李

上海市立博物馆馆长杨宽①

3月,国际博物馆协首届常委会邀请上海市立博物馆参加常会,其来函言:

兹奉上国际博物馆协会第一次临时会报告一份,第一次二年一度之常会又将于一九四八年之六月廿八日至七月三日止,在法国巴黎克赖畔街十九号联合国教育科学文化组织大厦举行,务希阁下及时参加。②

4月,上海市立博物馆筹划汉代砖石画象展览会③。

4月24日,戚家墩文化遗址发掘结束后,先生致函内政部:

中央古物保管委员会钧鉴:

查本馆发掘江苏省松江县属金山卫戚家墩海滨古代文化遗址一案,前蒙电颁发掘执照到馆。当经本馆组织田野考古团于一月十五日前往戚家墩实施发掘,现在初步发掘工作业已告一段落,除详细情形,须俟将掘得遗物加以整理研究后另作正式报告外,应将发掘经过,编具报告纲要,先

①上海市档案馆:《上海市立博物馆工作情况报告》,档案号:Q235-2-3460。

②銎:《国际博物馆协首届常会即将召开,本馆接得邀请》,《中央日报·文物周刊》1948年3月3日第75期第7版。

③《市博物馆筹开汉砖石画象展》,《申报》1948年4月22日第6版。

行报告,希烦察核,备案为祷。

上海市立博物馆馆长杨宽叩①

乡间村民对考古挖掘大都不了解,录先生见闻如下:

考古散记

这次我们的田野考古工作刚在松江戚家墩从事发掘工作,很为当地人所诧怪。他们看到我们带了摄影等仪器到处在田野做调查工作,一发掘就掘到二公尺深,下面果然有陶瓷器和碎片等掘出,于是乡人流言,说我们带着的仪器中间有一架照地镜,地下的东西都可以照得明明白白,如同用什么光线照人体的腑脏一般。他们再看见我们发掘到的东西,连破瓦碎片也都认真地保藏起来,于是乡人又流言,说从此砖头瓦片也有翻身日了,这本来是句老话,现在这句老话应验了。这些破瓦碎片一定在新发明的事物上有什么用途,运往上海一定可以卖多少万一担,并且还可以走洋庄,卖给外国人运往外洋呢!还有一个自作聪明的乡人,还替我们掘到的破瓦碎片说出了个市价出来,说是七万一担。这些话使我们听了,真有些哭笑不得,竭力向他们解释,他们还是将信将疑,认为这些破瓦碎片,既不能变钱,化这些钱雇了这许多工人,挖得这么深,岂不是傻子?说是要根据挖掘得结果来研究,要编成书来,给人家读的,他们还是将信将疑,认为编出这些破瓦碎片的书来,读了究有何用?遇到一个乡人,老是滔滔不绝的问,问的你非说个半天,由浅入深加以解释,才能使他们一知半解。

---

① 中国历史第二档案馆:《中华民国史档案资料汇编》第五辑第三编文化,江苏古籍出版社,1999 年,第 494 页。

　　我们最初发掘的地区是靠海塘的,后来掘的(3)(4)(5)区就在村子附近。当开掘之初,一切都洽商好了,农田有农产品的照市价偿还,也已商量定当。一个最难说服的,到是个迷信问题。有几个村子里的老辈们就反对我们在村子附近动土,据说动了土,如犯了杀,如果村子里面有什么不吉利的事,或是生病生疮起来,那就不是玩的。而且还举出例证来,说某处某家,只是宅基前略微动了动土,安置个粪坑,当夜家主就腰酸背痛,四肢不能动。照乡间风俗,动土必须要看风水,看了风水才能保得住太平。这可使我们为难了。如果真叫风水先生看了风水才能发掘,不是闹笑话么?好容易说来说去,把他们说服了,除了许多破除迷信的话以外,同时我们还表示第一锄头可由我们自己来挖,有什么灾祸,如果真因此事而发生的,我们愿意承当,他们才放了心。挖掘了好久日子,村子上并无如他们所说的那种怪病发生,于是掘另外个地方,也就没人啰嗦了。有一天,有个年老的女太太,约莫六七十岁的光景,自言自语说:“只有外面来的人福气好,以前修筑海塘,东掘西挖,没有出什么乱子,这会子挖宝贝,挖得这么深,挖了这许多时间,这许多地方,没有听说有什么。如果我们这里人,可就不行了。”我们听了,又不免要向她解释一下。

　　在这二三个月中,我们确实做了不少额外的社教工作。①

6月22日,先生致函上海市教育局:

　　查本馆业务日益开展,社会热心人士捐赠或寄存陈列

---

①杨宽:《考古散记》,上海《中央日报·文物周刊》1948年4月14日第81期第7版。

品者日益增多,且纷纷前来问询关于保管陈列品规则暨捐赠及寄存陈列品办法。此项规则办法本馆在战前原有订定,复馆后亦经沿用,兹为使社会人士明了而激劝其乐于捐赠或寄存起见,将此项规则办法列刊于本馆编印之《上海市立博物馆要览》中,以广流布。为此缮同保管规则二份,捐赠及寄存办法各二份,备文呈送,仰祈鉴核,并请转呈市政府核备,以昭慎重,实为公便。谨呈

上海市教育局局长李

　　计呈送一保管陈列品规则一式两份、一捐赠陈列品办法一式两份、一寄存陈列品办法一式两份。

　　　　　　　　　上海市立博物馆馆长杨宽①

暑假后,先生介绍童书业兼任光华大学历史系教授,讲授历史地理,此为童书业执教大学之始②。

8月,先生当选为中国博物馆协会理事。理事长:马衡;副理事长:杭立武,袁同礼③。

8月,叶恭绰捐赠一批名贵古物给上海市立博物馆④。

9月8日,《中央日报·文物周刊》发行满 100 期,录《百期特刊号引言》如下:

　　"文物"是"文化"所寄托的东西,而且是研究历史的原始资料,同时又是教学上最具体最切实的教育工具,如今国内,专以研究"文物"为主题的刊物,只有这个《周刊》,所以

①上海市档案馆:《上海市立博物馆工作情况报告》,档案号:Q235-2-3460。
②童书业:《春秋史》,第 282 页。
③《中国博物馆协会理事选出》,《中央日报·文物周刊》1948 年 9 月 1 日第 99 期第 7 版。
④《教育简讯》,《申报》1948 年 8 月 17 日第 7 版。

我们编辑的人愈感觉得责任的重大。这个刊物虽由本馆——上海市立博物馆研究室所编辑,可是写作的作者,除了同人以外,都是国内有数的专家。本刊现已出到百期,正当国内出版条件困难,一般学人忽视学术文化的时候,我们特别要感谢《中央日报》诸位先生的热心爱护和作者们的热心帮忙,使这类文化种子能够渐渐成长起来。

博物馆的事业,是征集、陈列和研究并重的,今后我们对于研究工作当然要更加努力,同时更希望得到国内各学术机构以及专家们的其他方面的指导合作。今后本刊的内容,自当更求以深入。我们的园地是公开的,园地虽小,却希望颗颗种子能开花结果。①

9月13日,为了征集各项报告等历史文献,先生致上海市参议会秘书处公函。

上海市立博物馆公函

事由:为征求各项报告等历史文献,希望照准予录赐一份以资保存。

查本馆自复馆以来,每念上海为国际都市,□观瞻所系,博物馆设备,不宜因陋就简。是以对各项文物,力谋征集,以求充实内容,而图业务发展。刻正着手搜集具有历史价值之文物,尤偏重于上海历史文献之征集。惟查本市政府暨各局所历次之市政府公报,施政报告,及市参议会历次之会议报告等,均为将来之历史文献,博物馆应负采集保存之责。为此备函奉恳,务祈誉照,凡属上项报告及有关历史之文献,准予录赐一份,或派员晋谒具领,并祈示覆,毋任企

① 《百期特刊号引言》,《中央日报·文物周刊》1948年9月8日第100期第7版。

祷之至！

　　此致

上海市参议会秘书处

上海市立博物馆馆长杨宽①

9 月 22 日,上海市立博物馆公布馆藏书数量②。

9 月 28 日,由先生、蒋大沂、张子祺及海关负责人前往上海海关,对亚细亚商运公司运销美国纽约的十七箱古物进行检查,这一工作直至 30 日上午才告一段落,先生对此有详细回忆:

> 一九四八年春,内战益形激烈,物价飞涨,社会动荡,人心惶惶之际,我们从上海的古玩市场上得到消息,上海大古董商正要把大批珍贵文物盗运到美国。当时南京国民政府的内政部颁布有文物保护条例,海关有检查出口文物的规定,不准古代文物出口;但是当时作为上海主要文物工作单位的上海市博物馆,始终没有取得检查上海海关出口文物的权力。知道古董商的图谋后,我先在《文物周刊》上发表文章,呼吁严禁文物出口;古董商认为我们是在那里虚张声势。接着我们得到了正确消息,有一大批珍贵文物已运到上海海关,有关人士正在和古董商谈纳贿条件,条件谈定就放行出口。我们要做的,就是马上取得去海关仓库检查等待出口文物的权力,及时扣住这一大批珍贵文物。
>
> 　　收到一本书,中间挖孔,夹着一粒子弹
>
> 　　依照正常程序,我们要取得检查出口文物的权力,必须先打报告给上海市教育局,请转呈市长,然后由上海市政府

---

① 上海市档案馆:《上海市立博物馆馆长为征集各项报告等历史文献给上海市参议会秘书处的公函》,档案号:Q109-1-1071-39。

②《馆藏图书统计》,《中央日报·文物周刊》1948 年 9 月 22 日第 102 期第 7 版。

特别为此下一个命令；这样做很可能在教育局拖延下来，消息还会走漏出去，古董商说不定制造个案件来陷害我。如果作为公事要去晋见市长，必须由市府办公厅安排日期，也一样会拖延而坏事。当时上海市长是吴国桢（一九○三—八四）定期接见一般民众，只要预先申请登记，可以较快见到吴国桢。因此我决定先写一个请求批准的报告，然后作为一般民众申请接见。

吴国桢在一个特定的房间单独接见有事来访的民众。当我见到吴国桢，就直截了当地说明我的身份和我的来意。我说："听到正确消息，有十多大箱的珍贵文物放在海关仓库，将要被盗运出口，因此我很着急，特来请求接见，但望市长立即下一道命令，由我带一个三人小组到那里检查，按照国家法令规定加以扣留，并随即编造清册呈报。"他很爽直，当即表示可以办到，我就把写好的报告呈上，他接着说："我原以为你当博物馆馆长，一定是个上年纪的人，看来你还很年轻，你几岁？"我说："三十四岁。"他马上说："祝你的前程远大。"我立即起身，向他道谢告辞。隔了两天，上海市政府就送来这道检查海关的命令，我就带同蒋大沂和张子祺（艺术部干事）拿着命令，前往海关检查出口文物。这是我们当时唯一的一次到海关检查出口文物。

我们检查到共十七大箱、近千件文物，因为需要逐件清点，编造清册，重新装箱加贴封条，很是费时。除了开箱和装箱由海关人员帮助外，我们三人整整忙了三天。其中有不少珍贵文物，包括一批一九二三年山西省浑源县李峪村出土的著名青铜器如"牺尊"等，这是我们早在商承祚（一九○二—九一）《浑源彝器图》（金陵大学中国文化研究所，一九三六）中见到过照片的，想不到会在这里邂逅原物。我们编造的清册，一式两份，都由我签字并注明扣留，一份留海关保管,一份由我们带回,以便再呈报上级。当我们在第三天清点造册工作结束,走出海关仓库门口时,有一个熟悉的古董商已经等在那里;他声称不是这批被扣文物的货主,而是这个货主委托他来找我们的,希望我们协商解决,任何条件都可谈。我们当即回绝,三人分别乘了三辆三轮车赶回博物馆,向大家报告我们扣留这批出口文物的经过。

这个大古董商看到对我们利诱没有效果,就采取威胁手段,一方面在古玩市场上放出谣传,说以前有人为了争夺这批浑源出土铜器,曾发生过一件杀人案;另一方面寄恐吓信给我,白信笺中心有一大滩红墨水,上面有中文打字,命令我见信立即辞职离馆,否则请看颜色。颜色是指鲜血,就是说要暗杀。另外还寄来一本厚书,中间挖有一孔,夹有一粒子弹。我没理睬,只是自己往来博物馆时多加注意。

我们曾将扣留这批珍贵文物的经过和数目呈报给上海市政府和南京的内政部备案。隔了好久,忽然接到内政部公文,要我们再派员前往海关重作检查,放行其中的仿制品,我们为了坚持原则,没再前往检查。一天,明器陈列室的第一部分,中间一个陈列橱的锁被撬开,一件汉代的绿釉陶井忽然不见了。这个橱子原来结构不牢固,有人趁管理员不注意把这件陶井偷走了。这种陶井的市场价格不很贵,偷去这件文物的显然另有目的。到第二天,上海《中央日报》的"读者来信"一栏中就登出一封来信,说他参观明器陈列室发现有贵重文物失窃,必须对这一案件做认真的调查和处理。很清楚,这是有计划的一个陷害行动。

有惊无险解决文物失窃风波

我们估计必然是被扣文物的古董商,出钱买通坏人前来作案并设计进行陷害的。我们因此立即到古玩市场,找我们多年来熟悉的职工和小古董商,说明失窃情况,请他们分头去找寻这件失窃的陶井下落。我向他们提出保证，我只希望找回这件失物，如果窃贼卖给哪一家古玩铺或者哪一个小地摊上，我个人愿意按需要的价格来赎回失物，不追究任何责任，也不追究作案的人。我说我们交往多年，你们可以相信我的话是算数的。

隔了两天，果然有一个熟悉的小古董商前来告诉我，发现了这件陶井的下落。原来窃贼偷到以后，就卖给了离博物馆不远的虬江路一个地摊，这个地摊小贩知道来路不正，不敢公开出售，藏在家里。他说：他已和这个小贩讲定，保证不追究任何责任，并且已经讲定多少价格可以由我赎回，只要隔天我亲自前去，说明由他介绍前来购买陶井，这个小贩就会拿出来，一手交钱，一手交货。次日清早我带了我自己的钱，找到这个摆地摊的小贩，就照做了，立即把这件失物用布袋装好带回博物馆。馆内工作人员看到我带回这件文物，都很高兴，尤其明器陈列室的管理员特别开心，说："我们的馆长神通广大。"我说："我没有什么神通，只是靠众人的帮忙。"

当天我就把这件陶井照原样再陈列出来，并且通知保管库房的人员找出这件陶井原来拍摄的照片，准备有人来调查时用作证明。隔天忽然来了一个市政府的处长，要了解报上揭发的失窃文物的事。我当即出来接待，陪他到这个陈列橱旁，指出这件陶井并没有遗失，并且找保管人员拿出原来所拍照片对证。我解释说："这件陶井，前几天因为清洁陈列橱临时收回库房保管，那个投书报馆的参观者是出于误会。"这位处长看了陶井，对了照片，无话可说就走了。那位陈列室保管员说："好险，如果他早两天来就糟了！"于是我立即写好一则更正启事，当天晚上亲自去找《中央日报》总编辑，请在"读者来信"一栏中刊登博物馆的更正。这位总编辑把负责的编辑找来;这位编辑原是光华大学的老同学,他说由此看来是有人捣鬼,可以帮你追查这位投书者,我说没有必要。从此我们特别警惕,以防展览室陈列品失窃,也防止发生别人制造陷害我们的案件。

由于扣住这一批珍贵文物而接连发生风波,弄得我精神很是紧张,又要损失不少的钱,幸而没有受到陷害。但是这批扣留在海关的珍贵文物,南京的内政部长期拖延着未作处理;直到四九年五月共产党领导的人民解放军攻克上海,这批扣留文物就成为新成立的"上海文物保管委员会"首批接管文物,后来成为上海博物馆的藏品。①

10 月 11 日,先生致函上海市教育局报告审查古物结果事:

查职等于本月二十六日奉命审查亚细亚商运公司运销美国纽约之古物十七箱,是否属于古物保存法所称古物范围之内,经与江海关验估科约定于二十八日上午九时起,会同海关负责人员及物主等逐箱开启审查,至三十日上午审查完毕。兹将审查结果,据实报告如下:

(1)前项古玩商运销美国之古物,计十七箱,共古物三百四十五件,经逐件审核,其中属于中央古物保管委员会公布"暂定古物之范围及种类大纲"第十二类器具类者二百九十三件,属于第十二类杂物类者四十九件,计共三百四十二件。或为古物时代久远者,或为本身有考古上历史之价值者。核与古物保存法第一条"本法所称古物,指与考古学、历史学、古生物学及其他文化有关之一切古物而言",确相符合。

(2)前项运销美国之古物十七箱中,尚附带书籍一百六

---

① 杨宽:《历史激流:杨宽自传》,第 181—185 页。

十六册,均为清末刻本及民国时代之铅印石印本,不在古物保存法所指古物范围之内。

　　(3)前项十七箱古物中,仅有一〇六三号、一〇六四号、一〇八四号三件,纯出伪作。核与考古学、历史学、古生物学及其他文化无关,不在古物保存法所指范围之内。

　　前项奉命审查之古物,既经审查完毕,理合编造亚细亚商运公司运美古物审查表一式二份,呈请鉴核,并曾转内政部核办。谨呈

上海市教育局局长李

　　计呈送亚细亚商运公司运美古物审查表一式二份。

　　　　　　　　　　　上海市立博物馆馆长杨宽①

　10月12日,上海市立博物馆公布保管陈列品规则、寄存陈列品办法和捐赠陈列品办法三项规定②。

　10月20日,先生致函上海市教育局:

　　查本馆出刊物有二种,一为本馆要览,系全部呈请拨款印行者。一为《文物周刊》合订本,系将《中央日报》赠送编者之报纸合订而成。兹将处理经过情形,分述如下:

　　(一)本馆刊印要览,共二千本。除分赠市参议会三百本,及各机关团体六百六十三本外。尚保存一千零三十七本。因其中有"参观指南",可作参观之向导,现拟定价金元一角,暂时以对折发售,以示优待。

　　(二)《文物周刊》第一至四十期合订本,共二百九十一册。除分赠各文化机关、学术团体二百十四册外,曾让于研

①上海市档案馆:《上海市立博物馆工作情况报告》,档案号:Q235-2-3460。
②《上海文物博物馆志》编纂委员会编:《上海文物博物馆志》,第13页。

究文物之专家学者,共二十三册,计收回装订费法币八百七十七万元。尚有五十四册,因存书无多,一时无力自行再版。拟留作交换出版物等特殊用途,不拟发售。

(三)《文物周刊》第四十一至八十期合订本,共二百册。除分赠各机关团体八十四册外,尚余一百十六册,亦拟留作交换出版物等特殊用途,不拟发售。

以上各点,为本馆办理出刊物经过情形,理合备文呈报,仰祈鉴核,准予备查,并乞示遵! 谨呈

上海市教育局局长李

上海市立博物馆馆长杨宽①

11 月 4 日,上海市市长吴国桢发布训令,将所接管的上海租界有关遗物及文献拨付市立博物馆②。

录是年《顾颉刚日记》《夏鼐日记》《王伯祥日记》《顾廷龙年谱》中相关材料:

五月二号星期日(三月廿四):"宽正、丕绳、大沂来,长谈。"

五月九号星期日(四月初一):"续看《上古史导论》,完毕。……宽正一长文,阅四日而毕。此君之才及其急似康长素,问题随提随解决,终觉其言之太易耳。"③

5 月 31 日星期一:"晨间上海市博物馆杨宽、蒋大沂二君来所参观古物。"④

八月十四日(七月初十日辛未,星期六):"午后,宽正、

①上海市档案馆:《上海市立博物馆工作情况报告》,档案号:Q235-2-3460。

②《上海文物博物馆志》编纂委员会编:《上海文物博物馆志》,第 13 页。

③顾颉刚:《顾颉刚日记》第六卷(1947—1950),第 279、282 页。

④夏鼐:《夏鼐日记》卷四(1946—1952),第 188 页。

大沂来谈,且代诚之取版税,顺及颉刚近状,言下颇致惜受人愚弄之为患也。"①

十一月二十八日:"应牟润孙、余元盦招茶点,拟发行《东方学论丛》。坐有郭绍虞、陆云伯、吴文祺、陈志良、谢国桢、杨宽、蒋大沂、童书业、陈小松、贺光中、关德栋等。……(日记、原信复印件)"②

①王伯祥:《王伯祥日记》第二十二册,第234页。
②沈津编著:《顾廷龙年谱》,第428页。

卷二　1949—1965 年

1949 年己丑　先生三十六岁

是年 9 月，上海市立博物馆改名上海市历史博物馆，先生继续担任该馆馆长，任期至 1951 年 10 月。

1 月，先生与蒋大沂一起到黄浦江边轮船上送别陈寅恪，时陈寅恪两眼病情已严重，只剩下微弱的光感①。

3 月 20 日，《申报》刊载常州发现古墓②。

3 月 23 日，先生与蒋大沂一起赴常州古墓探查③。

3 月 25 日，先生与蒋大沂从常州返回上海④。

4 月 9 日，常州县政府邀请先生、蒋大沂和南京中央博物研究院曾昭燏参加发掘常州古墓会议⑤。

4 月 14 日，常州古墓工作团开始发掘，先生回忆道：

四九年四月中旬，正当解放军准备横渡长江之际，驻防在常州的国民党军队在车站附近修筑防御工事，发现了一

①杨宽：《历史激流：杨宽自传》，第 179 页。
②《常州古墓奥秘初露，专家研究墓砖，断为三国遗物》，《申报》1949 年 3 月 20 第 4 版。
③《博物馆长等赴常访古墓》，《申报》1949 年 3 月 23 日第 4 版。
④《常州古墓似曾被盗，专家探访归来谈话，认为仍有发掘价值》，《申报》1949 年 3 月 26 日第 4 版。
⑤李天行：《常州古墓准备开掘》，《申报》1949 年 4 月 5 日第 5 版。

个有铜器的汉墓,没有任何考古工作队前往发掘清理。我们认为义不容辞,应该前往完成发掘工作,抢救出这批汉代文物。我为了避开那些古董商趁上海附近战事爆发对我做什么小动作,就和蒋大沂一起带领一个考古队前往常州发掘汉墓,临行前,我托《大公报》记者发出消息,说我带领考古队前往常州一带从事考古发掘。当我们把这个汉墓发掘清理完毕,解放军已在二十一日横渡长江,很快就攻占常州。我们商量决定,由蒋大沂带领这个考古队留在常州,把这批出土汉代文物造册,在适当时候送交常州新成立的机构保管,我自己则先回上海,以便处理博物馆在战乱中遇到的问题。

我准备先到苏州暂住一下,再设法回到上海。当时常州往苏州的火车已经不通,只有内河轮船还航行。我搭船沿江南运河到无锡附近,突然被太湖里出来抢劫的一帮土匪拦住,对每个旅客搜索财物,并查问旅客身份企图留作人质。我幸而挤在后面,看到情况不妙,先把一方刻有"上海市博物馆"六字的小图章以及笔记本丢入河中,混在逃难的人群里,未被发现真实身份,但所带的十个银元全被搜去。土匪们对每一个旅客搜刮一空后,就把我们赶着上岸,这只船就被土匪夺去使用了。

我被土匪抢去银元以后,身边没有钱可另外雇船,只能沿着运河步行,经望亭走向苏州,一路上正遇到大队解放军也沿着运河前进。上空时常有国民党的飞机来往侦查,有时飞得很低,用机关枪向下扫射,解放军有时用步枪和高射机关枪还击,一路上枪声不断。解放军因为急着推进,一路上对于我并不查问,好容易入夜后步行到苏州,就到博物馆的老同事曹鋈家里借宿。虽然曹鋈在上海工作,他的家人仍然热忱地招待我。我在苏州住了三天,研究如何越过两军交战的火线回到上海。当时沪宁铁路上的战事相持于昆山附近,有两条路可以通往上海,一条是水路,经太湖绕道到上海,不需要经过火线;但是太湖里土匪很多,随时可能遇抢;另一条是陆路,沿铁路走,经过两军交战的火线附近,可以绕道附近的农村,而且一路上有经常来往的商人可以领路。我选定这条陆路,绕道农村而越过火线,到天福庵搭上了火车,回到上海。

这时上海市博物馆已经停止开放,所有陈列品已归藏库房。这是我出发前委托童书业主持的,如果遇到紧急情况,陈列品必须归藏库房。我先到馆中向大家报告在常州发掘汉墓的情况,接着又到教育局去报告博物馆的现状。从此我们就在博物馆等待接管。①

是日,先生致函上海市教育局:

查常州南郊恽家墩地方,最近发现古墓,轰传一时。本馆以事关学术文化,业于上月二十三日由馆长及艺术部主任蒋大沂前往实地调查。经考察结果,认为有清理及发掘之价值。兹于本月八日又接江苏省政府秘□□□"上海市博物馆并请转同济大学公鉴,闻常州人士筹组发掘委员会,并由该县府聘贵馆长等为指导员,定佳日开掘古墓。查与行政院公布之采掘古物规则第二条之规定,兹建议贵馆校以学术机关名义径向中央古物保委会申请发掘执照后再行开掘,以附法令。除电常州吴县长遵照外,特电查照"等因。准查本馆与同济大学洽商后,以事关学术工作,义不容辞,决定接受其邀请,担任是项发掘工作。除电请中央古物保委会核备,并已呈请教育、内政部核发采执照外,惟该墓业已曝露,若不立即发掘,恐即有毁灭之虞。故清理工作已定

①杨宽:《历史激流:杨宽自传》,第186—187页。

于本月十五日开始,至于清理工资所费甚巨,呈请拨款,时既缓不济急,且币值日在剧跌,待款领到,势必无济于事。爰于本月九日会同国立同济大学、国立中央博物院等代表,并常州恽家墩古墓清理保存委员会委员,在武进县政府开会商讨合作发掘办法。当经决议:(一)初步发掘工资,需米三十担,由武进县政府担任,惟发掘出土文物,应归武进县保存。(二)发掘工作由市博物馆及同济大学负责主持,并推定市博物馆艺术部主任蒋大沂为发掘主持人。(三)研究工作及编造报告,由市博物馆及同济大学主持等语,记录在卷。查本馆自开创以来,对于东南一带之考古工作向处领导地位,在兹经济奇窘之情况下,不得不出之合作一途,以求工作早日实现。除本馆前往主持发掘人员之旅费及摄影、膳宿等费另行编造预算专案呈请核拨外,理合将本案经过情形,备文呈报,仰祈,谨呈上海市教育局局长李

上海市立博物馆馆长杨宽①

4月28日,童书业代先生致函上海市教育局:

查本馆馆长及艺术部主任蒋大沂,并干事张子祺、方诗铭等,前均应武进县政府之聘,赴常州合作发掘南郊恽家墩古墓。因时局剧变,交通中绝,不克返沪,所有馆务由职暂代,谨督率全馆人员照常工作不息。惟近数日来,战火渐迫近上海,本馆为保管文物之机关,职责重大,际此应变之时,对于文物之保管,颇感困难,一再踌躇,曾请钧局与社教处主管科长接洽,经接洽拟应变计划。职回馆后,斟酌情势,仅拟应变计划如左:

---

① 上海市档案馆:《上海市立博物馆工作情况报告》,档案号:Q235-2-3460。

（一）全部文物,数目浩繁,整数迁移,在经济上,在人力上,均难办理。拟先将重要文物,置备稳固木箱,装运中心区域,委托文化机关代为保管。惟代管机关,尚乞钧局指示,以便移交。置备木箱及装运费用,拟请钧局转请市政府拨发费用。其费用应需若干,因目前币值变化甚剧,估价呈请,恐与事实不能适应。只能请求市府市库力量所及,拨发相当之数目。其届时支付之书当即列账呈报。

（二）次要文物,均拟即日起归库,由保管职员负责保管。

（三）开放展览,拟即日停止,俟时局转好,再行开放。

（四）其他各部事宜,均由主管职员负责处理。

上列四点应变计划,是否可行,尚乞鉴核,示遵！谨呈
上海市教育局局长李

> 签呈者上海市立博物馆馆长杨宽
> 总务部主任童书业代①

5 月 22 日,上海市军事管制委员会通知:进入市区解放军部队、各机关团体在接收工作中发现古迹图书,必须移交、报告军管会高教处②。

6 月 22 日,上海市军事管制委员会举行接管上海市立博物馆仪式,《文汇报》刊有报道一则:

> 文管会在廿二日派市政教育处社教室主任胡就明为代表,正式接管市博物馆。接管仪式在全体员工热烈欢迎下,于下午二时举行。先由杨宽馆长致欢迎词,接着由胡主任宣读接管命令,宣布接管方针,全体员工照常供职,并

---

① 上海市档案馆:《上海市立博物馆工作情况报告》,档案号:Q235-2-3460。
② 《上海文物博物馆志》编纂委员会编:《上海文物博物馆志》,第 13 页。

强调今后工作上应有新作风。继由职员代表报告该馆过去工作情况，以及今后工作的计划。最后共同检讨今后工作上许多实践问题。如发动和引导劳动大众前来参观，编辑中国人民文化史小丛书等。在愉快的情绪下，到六时半散会。①

录是年《顾颉刚日记》《王伯祥日记》中相关材料：

一月三号星期一（十二月初五）："杨宽正、蒋大沂来。"

一月廿六号星期三（十二月廿八）："写杨宽正信，即亲送至博物馆（为德平入学事）。"

三月廿八号星期一（二月廿九）："杨宽正来。"

四月一号星期五（三月初四）："杨宽正来，与同车到光华大学，演讲一小时半，讲题为'原经'。晤诚之先生。与宽正、丕绳同出，到兴业坊取物，乘车归。"

八月十七号星期三（七月廿三）："杨宽正、魏建猷来长谈。"②

闰七月初四己丑（八月廿七日，星期六）："四时许，宽正、大沂来访，谈市博物馆近状甚悉，五时许□辞去。"

十月十四日（八月廿三日丁丑，星期五）："下午两时半，诚之、宽正、焕章来访，长谈至四时许归去。"③

1950 年庚寅　先生三十七岁

1 月 20 日，上海市人民政府批准市古代文物管理委员会改

---

①《文汇报》1949 年 6 月 24 日第 3 版。
②顾颉刚：《顾颉刚日记》第六卷（1947—1950），第 400、410、436、437、505 页。
③王伯祥：《王伯祥日记》第二十三册，第 366、443 页。

名为上海市文物管理委员会,主任委员李亚农、副主任委员徐森玉①。

2月,上海市历史博物馆改变组织编制,先生聘蒋大沂为陈列部主任、蒋天格为群众工作部主任。

3月2日,先生致函上海市人民政府教育局:

> 一、查本馆于二月十八日召开第十九次员工工作检讨会议,除由馆长、主任传达参加上海教育工作会议经过情形外,关于行政领导及行政制度等均加以检讨,并将检讨结论,分别立案决定,记录在卷。
>
> 二、兹将检讨决定情形,作成报告,备文送请鉴核,并乞指示祗遵! 谨呈

上海市人民政府教育局

> 计呈送报告一份。
>
> 上海市立历史博物馆馆长杨宽②

3月6日,上海教育工作者工会社教筹备委员会在体育馆举行会议,决定今后开展工作方针,预计在3月底将筹备工作推展完成。该筹备委员会除由蒋秀琳、曹凤山、沈吕默分任正副主任外,下设组织、文教、福利、妇女四科及秘书处。文教科由杨宽、赵培德、郑曾藩三人负责③。

3月16日,先生致函上海市人民政府教育局:

> 钧局三月八日函知"为请人民银行华东区捐赠人民造

---

① 陈燮、邓毅、陈克伦主编:《博物馆的文化力量:上海博物馆六十年发展历程:1952—2012》,上海书画出版社,2013年,第228页。

② 上海市档案馆:《市立历史博物馆工作总结报告和组织概况》,档案号:B105-1-214。

③ 《加强脑力体力劳动的结合,社教工筹会开展工作》,《文汇报》1950年3月7日第3版。

币厂铜模事,呈接上海市人民政府函告'已得人民银行华东区行同意转函人民造币厂捐赠博物馆',你处可具函据径向人民造币厂洽取"等由。奉经本馆备派员径向人民造币厂洽取,计取到各种模型共柒拾捌件,业已收藏入库,编号造册,为特造具清单一份,备文呈送,仰祈鉴核,备查。谨呈
上海市人民政府教育局

　　计呈送清单一份。

　　　　　　　　上海市立历史博物馆馆长杨宽①

3月28日,先生致函上海市人民政府教育局:

　　钩局一九五〇年三月二十五日市教社(50)字第〇一七七号训令"以奉上海市人民政府一九五〇年三月二十日令'接华东军政委员会何遂先生函,为前存上海市博物馆之古物一批全部赠送市立历史博物馆陈列,并将合同注销',现将该项文物清单转发核收具报"等事。当将该项文物与件数清单发交库房保管员徐经衷照单核对,经该员核对底册与件数,并无错误。理合将核对情形具报,仰祈。谨呈
上海市人民政府教育局

　　　　　　　　上海市立历史博物馆馆长杨宽②

　　3月29日,先生在亚尔培路中国科学社听苏联历史学家古谢列夫演讲"苏联的考古研究"③。

---

① 上海市档案馆:《市立博物馆接受造币厂铜模和何遂先生所捐文物的呈报和批复》,档案号:B105-1-216。
② 上海市档案馆:《市立博物馆接受造币厂铜模和何遂先生所捐文物的呈报和批复》,档案号:B105-1-216。
③《苏联三教授昨开始讲学,到处受到听众热烈欢迎》,《文汇报》1950年3月30日第1版。

4月1日,先生陪同古谢列夫参观上海市历史博物馆①。

4月10日,先生致函上海市人民政府教育局:

> 本馆一九五〇年四月八日第二十二次员工工作检讨会提议:关于本馆员工工作检讨会议记录,应回报上级领导机关查核,以资慎重。当经一致决议通过,自本次起按次回报备查,记录在卷。理合缮同第二十二次员工工作检讨会议记录一份,备文呈送,仰祈鉴核,备查,并乞示遵!
>
> 上海市人民政府教育局
>
> 计呈送第二十二次工作检讨会议记录一份。
>
> 上海市立历史博物馆馆长杨宽②

是日,北虹区中等学校历史教学研究会座谈会在上海市历史博物馆举行,先生主持。

> 历史博物馆北虹区中等学校历史教学研究会座谈会
>
> 时间:一九五〇年四月十日
>
> 地点:历史博物馆
>
> 出席:张家驹等三十人　教育局研究室主任李家骥
>
> 讨论题目:怎样利用历史博物馆帮助历史教学
>
> 发言记录:
>
> 杨宽:过去我们博物馆是在研究工作方面发展的,现在不同了。我们要配合文教政策,打开大门,面向大众。同时并愿与各学校历史教学密切的配合,来加强教学效率,至于怎样配合,请各位先生多多指教。
>
> 魏建猷、纪乃佺:历史教学没有实物参考,很容易流于

①《苏联三教授离沪赴杭》,《文汇报》1950年4月2日第1版。

②上海市档案馆:《市立历史博物馆工作总结报告和组织概况》,档案号:B105-1-214。

空洞。而历史的实物得来不易,由教师或学校把实物准备齐全供给学生参考,事实上是不可能的。只有利用博物馆是一个最好的方法,我们北虹区的学生,市立历史博物馆就设在我们北虹区,这可以说是我们莫大的方便,我们必须要尽量的利用。

张允和:上学期我曾率领光华附中学生来历史博物馆参观,参观后要他们分别笔记并作报告,并且选择好的送请博物馆指正。因为事前的准备不够,参观时人又太多,陈列室指导的先生给他们解释,他们没有看清或者没有听清,记下来的往往是张冠李戴。最近讲到唐宋,又领一班学生前来参观,并于事先拟完题目,令学生参观后研究作答,但又苦陈列的材料不够参考。

蒋大沂:陈列品不够的,我们当设法补充,各位认为在配合教学上须要补充哪些陈列品,请各位先生提出来,我们当设法尽量补充。

蒋天格:今天我们对各位先生有三点希望:第一,我们陈列室的布置,对于配合教学是否合适?有哪些地方需要改正?今天能来得及最好,如果来不及,也希望选一个日子来看我们陈列室的布置,给我们指教。第二,我们的人力非常有限,在搜集陈列品上往往不能周到。希望各位先生帮助搜罗,以便陈列参考。第三,我们的地方小,人多了容纳不下,帮助解释的人也不够分配,希各位先生率领同学参观时,能够事先通知,免得与别校冲突。人数每次最多不要超过四五十人,并且分成小组,每组十人左右,人数少了看才能照顾得到,参观的效果才可以大。

张契渠:博物馆有这样多的实物供我们利用,我们要尽量利用,并要尽量的帮助它发展,同时我们领学生参观,最好由研究室统筹支配,排定日次以免冲突。

陆丹林:历史博物馆陈列品中,近代史的材料太少,而教学上对此种参观资料颇为需要,希望多搜集陈列,以供参考。

张允和:希望馆方能将陈列品编印目录,分发各学校以备参考。

曹狄飞:材料排列最好能有系统的分类排列,希望搜集有关历史文献以供研究,与其他博物馆接洽交换陈列品。

魏建猷:希望按时代编印陈列及库存器物目录,最短时期内成立现代史料陈列室,陈列品按社会发展历史排列,最好能将多的物品,另外分类排列。

李家骥:历史博物馆器物的陈列按照社会发展历史排而不按教科书排,是因为除了要配合历史教学外,还要配合一般的群众。我们要利用历史博物馆还必须要注意到这一点,用历史实物与历史教学结合,必须要联系起来看。例如汉代的货币,同时五铢钱有大的,有的奇小。三国时造了万百当十的大钱,这都是通货膨胀的现象。这样联系起来看,才能得到实际的效果。否则,单看一个钱一个钱,是没有什么道理的。

最后决定:四月二十四日继续讨论

散会时间:下午五时四十分①

4 月 24 日,北虹区中等学校历史教学研究会座谈会在上海市历史博物馆举行。

历史博物馆北虹区中等学校历史教学研究会座谈会

时间:一九五〇年四月二十四日下午三时

地点:历史博物馆

①上海市档案馆:《上海市立历史博物馆工作学习总结 1950 年 4 月 30 日》,档案号:B105-1-214-47。

出席:梁乾泰等二十六人

讨论题目:如何与历史博物馆联系配合

发言记录:

魏建猷:利用博物馆陈列器物配合教学的重要,我们上次已经谈过很多,但怎样联系配合,上次谈的似还不够。我觉得我们应该普遍发动学生来馆参观,提高他们的学习兴趣,并令学生参观提出书面意见,由教师整理选择成熟意见送博物馆参考。

洪廷彦:教师先到馆参观,由馆方加以解释,然后再率学生来参观。

蒋天格:希望参观前先将参观重点通知,俾解释时可针对学生需要。需要参考文物如未经陈列而为库房所藏有者,当设法提出以应需要。

张允和:参观事前要有布置,我上次率领学生参观,便是事前自己先来看过一趟,出了四个题目:(1)各时代的生产工具。(2)隋唐的瓷器生产。(3)隋唐的货币发展。(4)从隋唐冥器中看中西文化交流。看的时候有了重心,效果便比以前好些。

魏建猷:参观前的布置是必要的,我前天带着学生来参观,便是事前布置了一下,在来参观以前,我因为他们刚讲过商周两代,便要他们特别注意商周,留心器物的名称、时代、形状、使用阶级,分别比较和绘图。参观后并要他们提出参观的感想,不管他们的感想是不是成熟,但都可以代表他们的反映,我们预备把他们的意见归纳起来,捡成熟的送博物馆参考。

吴焜章:今天我带了一部分学生来参观,陈列室的指导先生讲解的非常认真清楚,但长期封建社会中生产工具太少,少到几乎没有,希望能够迅速补充。

蒋天格:关于封建社会生产工具,因为很少发现,所以不能够搜集陈列,现在我们打算根据《农政全书》制造模型,来补充这一个缺点。

李家骥:封建社会的生产工具变化不太大,在农村的生产工具和以前的差不多,似乎可以将各地农村生产工具搜集陈列。

陆丹林:陈列品标签说明不够详细,名称时代以外,对于用途也应该加以简单说明。

最后通过五月十五日下午一时集体参观,请馆方领导解释,参观后集体讨论,然后率领学生参加。

散会:五时二十分①

5月21日,先生致函上海市人民政府教育局:

本馆为庆祝上海解放周年纪念暨依照工作预定计划,于本月二十五日举行特种展览会。为了要使一般群众提高革命建设的信心,特向中苏友好协会上海分会借得友邦苏联三十二年建设照片八十一张以为展览材料。因本馆馆舍狭小,将陈列廊改为展览场所,展览时间原定三天,嗣因接受观众要求,延期两天,以飨观众之望。统计参观人数计有四千七百二十二人。兹于本月二十九日下午五时结束,理合将举办情形备文呈报,仰祈鉴核,备查。谨呈

上海市人民政府教育局

上海市立历史博物馆馆长杨宽②

---

① 上海市档案馆:《上海市立历史博物馆工作学习总结1950年4月30日》,档案号:B105-1-214-47。

② 上海市档案馆:《市立历史博物馆工作总结报告和组织概况》,档案号:B105-1-214。

6月17日,先生致函上海市人民政府教育局:

　　本馆编绘"汉代社会生活图"备摄幻灯片挂图二十五张并缮同说明书送请审查。旋奉指示改进各点并附发审查意见书到馆,奉此当将本馆编制"汉代社会生活"幻灯片的改进问题,做成书面一式缮成二份,送请,谨呈

上海市人民政府教育局

　　计呈送编制"汉代社会生活"幻灯片的改进问题一式二份。

　　　　　　　　　　　上海市立历史博物馆馆长杨宽①

又有:

　　函派胡镜源先生前来将你馆存储之全部动植标本,运往群众文化馆陈列等由。奉查本馆前由中国科学社及向剧校接管而来者,共计八百七十七件。除头骨五件,地图模型十四件,炮弹模型二件,日本三笠舰桥图一件,共计二十二件仍留本馆备用外,所有各种动物标本计八百五十五件,全部交由胡镜源先生运往群众文化馆陈列。兹已全部移交清楚,理合将经过移交情形备文呈报,仰祈鉴核,备查,示遵。

上海市人民政府教育局

　　　　　　　　　　　上海市立历史博物馆馆长杨宽②

6月20日,先生致函上海市人民政府教育局:

　　本馆陈列室陈列品依照社会发展规律排列后,所有原列总说明书亦应按照排列方式,重行拟撰,俾观众更得进一步认

①上海市档案馆:《上海市立历史博物馆关于编制汉代社会生活幻灯片改进问题的报告及上海市教育局的指令》,档案号:B105-1-214-9。

②上海市档案馆:《市立历史博物馆工作总结报告和组织概况》,档案号:B105-1-214。

识。兹将第一陈列室内"奴隶制的开始时代——商代"总说明书,业已拟就,是否使用?理合缮同商代总说明书一份,备文送请鉴核,请予审查指示,以便照缮陈列以利业务。再关于各室总说明书,自应继续拟撰,呈请审核,合并陈明。谨呈
上海市人民政府教育局

计呈送"奴隶制的开始时代——商代"总说明书一份。

上海市立历史博物馆馆长杨宽①

6月24日,先生致函上海市人民政府教育局:

发展史的陈列,在最近两月中,已应科学工作者协会的邀请,合作编绘"从猿到人"幻灯片一套,并拟作为陈列室挂图。今更为充实起见,商请政务院财经会北京地质调查所代制各种猿人化石及石器复原模型等,兹据该所复信内言"收到八月一日来信,嘱我所代制猿人等模型,最近因接受各机构委托,限于人力,最近实无力接受委托。幸此次制作有本所自用一份,如你处需用较急,当先转让应用。至于所需材料费,待制作完成后,核实函告派员携款运取(该份模型包括中国猿人化石及石器,尼安特人化石及原复型等数十件)"等由。该所所有各种模型,均为学习"从猿到人"之科学资料,本馆极为迫切需要。该所能将自用一份,先急让本馆应用,尤为难能可贵。除俟制作完成,核实材料费用编制预算呈请核拨,并先函复该所查照外,理合将洽办经过情形,备文呈报,仰祈鉴核,施行。谨呈
上海人民政府教育局

上海市立历史博物馆馆长杨宽②

----

①上海市档案馆:《上海市立历史博物馆关于送奴隶制的开始时代总说明书的报告及上海市教育局的指令》,档案号:B105-1-214-17。
②上海市档案馆:《上海市立历史博物馆关于人猿等模型的报告及上海市教育局指令》,档案号:B105-1-214-3。

6月30日,先生致函上海市人民政府教育局:

本馆陈列室总说明书,业将"奴隶制的开始时代——商代"拟缮送请审查在案。兹将继续拟撰总说明书:(1)奴隶制时代——西周和春秋。(2)战国秦汉——奴隶制?封建制?(3)封建社会——两晋南北朝。都已缮写完竣,理合各检一份,送请鉴核审查,示遵! 谨呈

上海市人民政府教育局

计呈送:一、"奴隶制时代——西周和春秋"总说明书一份。二、"战国秦汉——奴隶制?封建制?"总说明书一份。三、"封建社会——两晋南北朝"总说明书一份。

上海市立历史博物馆馆长杨宽①

9月8日,先生致函上海市人民政府教育局:

案照本馆一九五〇年九月六日第二次员工全体会议提议:本馆征集购置委员会委员和经济稽核委员会委员应否改选?案当经决议改选用票选举之,结果:(1)征集购置委员会:除馆长为当然主任委员外,瞿子陵、方诗铭、蒋大沂、承名世当选为委员。(2)经济稽核委员会:胡菊、钱文瑾、徐家珍、张启凡、徐经衷当选为委员。记录在卷。

除分别通知外,理合备文呈报,仰祈鉴核,备查,示遵! 谨呈

上海市人民政府教育局

上海市立历史博物馆馆长杨宽②

————————

①上海市档案馆:《市立历史博物馆工作总结报告和组织概况》,档案号:B105-1-214。

②上海市档案馆:《上海市立历史博物馆关于改选经济稽核委员会委员和征集购置委员会委员经过情形的报告及上海市教育局的指令》,档案号:B105-1-214-96。

9 月 13 日,上海市文物管理委员会召开委员会议,决定筹建上海博物馆、上海图书馆①。

9 月 17 日,先生致函上海市人民政府教育局:

> 本馆前呈奉准工作计划及业务经费预算内订定于一九五〇年八月份应举办特种展览会一次,系推广部业务之一。在业务学习时曾经提出商讨,当有推广部主任蒋天格当场主张停止举办,其声述停办原由,略谓"能力不够,至应领经费全数缴回,对领导机关我可负责"云云;经商讨后,佥以奉准工作计划应予实践,不能同意停办主张。复于八月十六日召开举办展览会筹备会议,蒋主任天格重申前说,经多数决定:推广部既经声述不愿主持,改由研究部主持办理,定名为"馆藏书画特种展览会"。因裱装需时,择定于八月三十一日起展览三天,至九月二日下午五时结束,参观群众共计五百八十三人,反映尚佳。理合将举办展览会始末,备文呈报,仰祈鉴核,准予备案,示遵!谨呈
> 上海人民政府教育局
> 　　　　　　　　　　上海市立历史博物馆馆长杨宽②

11 月 19 日下午,先生参加中国新史学研究会上海分筹会举办的抗美援朝问题座谈会③。

12 月 13 日,先生在《文汇报》上发表《美帝向来是个狡猾阴险毒辣的侵略者》。

---

① 陈燮、邓毅、陈克伦主编:《博物馆的文化力量:上海博物馆六十年发展历程:1952—2012》,第 228 页。
② 上海市档案馆:《市立历史博物馆工作总结报告和组织概况》,档案号:B105-1-214。
③《新史学研究会沪分会昨座谈抗美宣传问题》,《文汇报》1950 年 11 月 20 日第 4 版。

录是年《顾颉刚日记》《夏鼐日记》《王伯祥日记》《顾廷龙年谱》中相关材料：

三月十九号星期日（二月初二）："与伯祥、予同到海光，出席新史学研究会第一次学术会议。……今日下午同会：周谷城、周予同、吴泽、蔡尚思、李平心、伍蠡甫、王伯祥、柳翼谋、金子敦、姚舜钦、胡厚宣、陈守寔、黄颖先、王蘧常、杨宽正、姚绍华、李旭、林举岱、《大公报》记者左步青（共二十余人）。予被此会推为干事。此会以讨论学术为任务，即是要建设唯物史观的中国史，意思甚好，但大家或为政治而忙，或为生活而忙，而学问之事不是可以随便应付，然则何以得收获乎？"

四月九号星期日（二月廿三）："参加新史学研究会第一次干事会，自二时至六时。……今日同会：周谷城、金子敦、蔡尚思、周予同、姚舜钦、李平心、杨宽。讨论工作大纲及通过会员。"

四月廿三号星期日（三月初七）："到市立博物馆，参观各陈列室，并新绘之汉代生活图。本开会讨论奴隶社会问题，以谷城等未到，四时半散。……今日同会：吕诚之、金子敦、王伯祥、杨宽正、林举岱、陈旭麓、李旭、伍蠡甫、董每戡、胡厚宣、姚舜钦、姚绍华、陈守寔、黄颖先。……德辉言，中学教员中本有前进者，去年学习时甚认真，但现因开会太多，亦流于形式主义，学习时甚多公开骂政府者。此乃'揠苗助长'必有之结果。即如今日新史学会，大家以奉令前往，及谷城因出席上海市人民代表会议而不克来，遂尔流会，并不讨论社会发展史某一阶段，此等会有何价值乎？徒靡费时间耳。"

八月二十号星期日（七月初七）："到海光，道遇杨宽正，同到静安寺雇车往,参加新史学研究会,六时散。……今日下午同会:王蘧常、杨宽正、金子敦、姚绍华、徐森玉、陈旭麓、张遵骝、周予同、周谷城、胡厚宣、蔡尚思、黄颖先、徐德嶙、蒋炳南、李平心。"

十一月十九号星期日(十月初十):"到新雅,参加史学研究会,自二时至五时。……今日同会:周谷城、周予同、吕诚之、金子敦、王蘧常、杨宽正、黄颖先、陈乃乾、潘硌基、陈旭麓、蒋天枢、胡厚宣、谭季龙、朱澂、姚绍华、伍蠡甫。"

十二月十七号星期日(十一月初九):"与季龙同到海光,参加新史学研究会第九次座谈会。……今日同会:周谷城、周予同、潘硌基、王蘧常、谭季龙、史守谟、苏孔英、蔡尚思、杨宽正、金子敦、姚绍华、伍蠡甫、李旭(为抗美搜集史料)。"①

7月8日星期六:"上午至上海市立博物馆,晤及杨宽正馆长,参观新获收藏品,有所谓殷代农具三:(1)铜犁;(2)铜锄甲;(3)铜锄乙。华东区文教部徐平羽先生偕曾昭燏君亦来参观。"②

一月九日(十一月廿一日甲辰,星期一):"黄永年持宽正函来为丕绳支版税"。

四月廿三日(三月初七戊子,星期):"下午一时余挈湜先往市立历史博物馆参观,余则顺便出席中国新史学研究会座谈会。二时半,参观三所陈列室。四时座谈会以谷城、予同在各界人民代表会议未到,仅晤颉刚、子敦、诚

①顾颉刚:《顾颉刚日记》第六卷(1947—1950),第612—613、620、626、675、694、705页。
②夏鼐:《夏鼐日记》卷四(1946—1952),第308页。

之、厚宣、宽正、舜钦、绍华、守时诸君，五时即散，乃挈湜同归。"①

十一月七日："杨宽、方诗铭来借太平天国文献。（日记）"②

录是年先生参加上海史学会事如下：

3月5日："史学会第二次筹备会会议在海光图书馆举行。周谷城、李平心、金兆梓、胡厚宣、周予同、姚舜钦、王伯祥、顾颉刚等出席会议。李平心、顾颉刚分别报告向杭州、南京方面接洽情形。会议通过入会资格两项：须不反动、须有译著。通过陈乐素、何天行、夏鼐、吴定良、谭其骧、徐德嶙、伍蠡甫、王蘧常、陈守实、杨宽、吕思勉、柳翼谋、徐森玉、李旭、林举岱、史岩、苏继廎、卢文迪为会员；决议一月召开一次研究会，一月两次事务会。"

3月19日："史学会（筹）在海光图书馆举行第一次研究座谈会。会议决定成立干事会，推定李平心、顾颉刚、蔡尚思、胡厚宣、金兆梓、杨宽、吴泽、林举岱、王伯祥、姚舜钦、李亚农、周谷城组成干事会，推举周谷城为总干事。"

4月8日："史学会（筹）第一次干事会会议在海光图书馆举行，周予同、蔡尚思、杨宽、周谷城、金兆梓、李平心、姚舜钦、顾颉刚出席会议，会议决定加添上海方面的周予同、董每戡、陈旭麓、姚绍华，南京方面的陈中凡，杭州方面的陈乐素为干事，通过陈衡哲、张荫桐、王国秀、黄颖先等为会员，入会者资格增加'暂以讲师以上而有著译者为限'一条。"

---

①王伯祥：《王伯祥日记》第二十四册，第16、170—171页。
②沈津编著：《顾廷龙年谱》，第465页。

5 月 14 日:"史学会干事会会议在海光图书馆举行。出席者有杨宽、周谷城、金兆梓、顾颉刚、周予同、胡厚宣、董每戡等。决定下次研究会由金兆梓作中国奴隶制的报告,胡厚宣作有关苏联史学界的报告。"①

1951 年辛卯　先生三十八岁

是年 11 月至 1953 年 12 月,先生任上海市文物管理委员会主任秘书。

1 月 20 日至 4 月 8 日,华东军政委员会文化部文物处、上海市立历史博物馆和南京市各文教机关在上海跑马总会举办太平天国起义一百周年展览,先生对此回忆道:

> 一九五一年一月是太平天国建国一百周年,上海文化界发起举办一个大规模展览会来纪念,这件事决定由华东文化部文物处和我们博物馆合作筹备主持,实际上这个工作就落到我的肩上。因此五〇年下半年我们就忙于筹备太平天国革命起义百年纪念展览会。我们把太平天国重要领袖的图像放大,复制了各种太平军的旗子和服装,复印了重要的文献,还把历次重要事件画成大幅图片,其中最重要的事件则制作蜡像呈现出来,使得太平天国十四年历史,从开创一直到失败,具象地罗列在观众面前。
>
> 这可以说是准备创建上海博物馆的序幕。这个展览会于五一年春借南京西路跑马厅的屋舍举行,轰动了整个上海,每天观众人山人海,拥挤不堪,原定展出一个月,后来再延长了一个多月,观众还是十分踊跃。后来这个展览转移

---

①姜义华主编:《史魂:上海十大史学家》,上海辞书出版社,2002 年,第391—392 页。

到南京、苏州等地继续展出,仍然受到民众热烈欢迎。这次展览会的成功,锻炼了我们的工作人员,加强了我们迅速创建一个大博物馆的信心。①

3月24日,上海博物馆筹备委员会召开首次会议,筹备委员会由徐森玉、沈迈士、沈羹梅、谢稚柳、杨宽、刘汝醴、曾昭燏等七人组成②。

5月9日,郑振铎在上海乐义饭店楼下,召集上海的图书、文物界人士开座谈会,发言者有徐中玉、阮学光、金则人、陈世襄、顾廷龙、章景璆、舒新城、杨宽、白蕉、童养年等③。

10月9日,华东军政委员会文化部在上海举行苏州著名收藏家潘达于捐献西周青铜器大盂鼎、大克鼎授奖典礼。授奖仪式由华东文化部文物处处长唐弢主持,华东文化部部长陈望道代表中央文化部授予潘达于褒奖状,市文管会副主任徐森玉介绍捐赠情况④。

11月,上海开展"三反五反"运动,上海博物馆由李亚农主持下的工作组来检查。

11月,先生填写"干部登记表"一份,档案中有"对自己今后工作志愿及意见"一栏,先生填:希望今后仍担任文物工作,包括博物馆工作、考古工作以及历史研究工作⑤。

11月,苏州顾氏向上海博物馆捐赠"过云楼"所藏575件

---

①杨宽:《历史激流:杨宽自传》,第192页。
②陈燮、邓毅、陈克伦主编:《博物馆的文化力量:上海博物馆六十年发展历程:1952—2012》,第228页。
③陈福康:《郑振铎传》,北京十月文艺出版社,1994年,第586页。
④陈燮、邓毅、陈克伦主编:《博物馆的文化力量:上海博物馆六十年发展历程:1952—2012》,第229页。
⑤复旦大学档案馆:《干部登记表》。

（册、本）宋元明清书画扇物书籍等①。

11 月 1 日，谭敬将家藏战国陈纯釜、子禾子釜捐献给国家，中央文化部颁发奖状予以表彰②。

11 月 14 日，上海市历史博物馆并入上海博物馆筹备委员会③。

11 月 23 日，先生致函上海教育局社会教育处：

> 教育局社教处：
>
> 　　前在举行交接仪式时当场所交接的印戳，因清册未曾造就，将来无凭汇报。兹将印戳清册造具完成，并附拓印模，检送一份，至希誊核为荷！ 此致
> 敬礼
> 　　计送印戳清册一份。
>
> 　　　　　　　　　　　　　　　历史博物馆杨宽启
> 　　　　　　　　　　　　　一九五一年十一月二十三日④

12 月 1 日，沈同樾及其子女遵照顾公雄先生遗志，捐赠"过云楼"所藏书画文物 224 件给上海博物馆，中央文化部颁发奖状予以表彰⑤。

是日，先生致函上海教育局社会教育处：

> 教育局社会教育处：
>
> 　　我馆事务部分固定资产清册，业已编造完成，装订成

---

①陈燮、邓毅、陈克伦主编：《博物馆的文化力量：上海博物馆六十年发展历程：1952—2012》，第 11 页。

②《上海文物博物馆志》编纂委员会编：《上海文物博物馆志》，第 14 页。

③陈燮、邓毅、陈克伦主编：《博物馆的文化力量：上海博物馆六十年发展历程：1952—2012》，第 229 页。

④上海市档案馆：《上海市历史博物馆移交清册》，档案号：B105-5-406-1。

⑤陈燮、邓毅、陈克伦主编：《博物馆的文化力量：上海博物馆六十年发展历程：1952—2012》，第 229 页。

册。检送一份,至希誊核,并乞指示。为祷! 此致

敬礼!

　　附清册一份。

博物馆杨宽敬启

一九五一年十二月一日①

12 月 26 日,由上海市文物管理委员会委员和会内专家组成上海市文物收购鉴别委员会,主任为徐森玉,下设古物组、古籍组、书画组,具体负责"收购文物之鉴别工作"②。

是年,三子杨师群出生。

录是年《顾颉刚日记》中相关材料:

　　一月廿六号星期五(十二月十九):"到跑马厅,看太平天国起义百年纪念展览,晤杨宽、洪廷彦、张子祁、蒋大沂、周谷城、胡厚宣、方诗铭、承名世等,与郦家驹一同阅览,六时出。"

　　三月廿七号星期二(二月二十):"与静秋冒大雨,到跑马厅看太平天国百年纪念展览会,晤宽正、大沂、天格、子旅等。"

　　六月三号星期日(四月廿九):"到海光,出席新史学研究会,自二时半至五时半。……今日下午同会:周谷城、苏乾英、金子敦、胡厚宣、林举岱、姚绍华、陈旭麓、杨宽正。"

　　六月十七号星期日(五月十三):"到合众图书馆,参加新史学研究会,讨论武训问题。……今日下午同会:周谷城、周予同、蔡尚思、林举岱、金子敦、顾起潜、潘碻基、谭季龙、李旭、徐德嶙、朱锦江、蒋天枢、苏乾英、史守谟、杨宽、王

----

①上海市档案馆:《上海市历史博物馆移交清册》,档案号:B105-5-406-1。

②《上海文物博物馆志》编纂委员会编:《上海文物博物馆志》,第 373 页。

蘧常、王国秀、黄颖先。"

八月廿五号星期六(七月廿三):"跑马厅屋,文管会向
英国人所租。今夏开土产展览会,由该会向文管会借用,闭
幕时言定八月底交还。乃近日竟云已交与文化局接管,将
办捷克斯拉夫展览会,私相授受矣。前闻文化局不令杨宽
将历史博物馆并入文管会之博物馆,故杨从不出席文管会
之博物馆筹备会。今又有此事,足知文化局与文管会之摩
擦已白热化。同是市政府之机关,乃相煎如此!"

九月二号星期日(八月初二):"与厚宣、季龙同到四马
路会宾楼赴宴。九时出,与泉澄夫妇同车。……今晚同席:
予(客)、孙雨廷、王育伊、魏建猷、赵泉澄、陈懋恒、杨宽正、
方诗铭、洪廷彦、郦家驹、张家驹、胡厚宣、谭季龙(以上主)。
不知何人谬传予今年六十,以上诸人乃为予祝寿。"

九月八号星期六(八月初八　白露):"到博物馆,晤诗
铭、名世、宽正。"

十月十九号星期五(九月十九):"到市博物馆,与诗铭、
名世、宽正、天格谈。"

十月廿六号星期五(九月廿六):"到跑马厅文管会访刘
汝醴,并晤杨宽。"

十二月三十号星期日(十二月初三):终日雨,无客至,
看杨宽《上古史导论》,预备明日功课。"①

录是年先生参加上海史学会事:

4 月 1 日:"史学会(筹)干事会会议在南京路新雅酒家
举行。林举岱、周予同、金兆梓、胡厚宣、姚绍华、苏乾英、姚

---

①顾颉刚:《顾颉刚日记》第七卷(1951—1955),第 11、36、70、75、102—103、
　105—106、107、126、128、153 页。

舜钦、周谷城、杨宽出席会议。会议决定由苏乾英与教育工会史学研究会合作编著中国近代资料目录,顾颉刚、陈乃乾等对太平天国资料丛刊目录提供意见、补充书目作为史学会意见寄北京。"

6月3日:"史学会(筹)干事会会议在海光图书馆举行。林举岱、周予同、金兆梓、胡厚宣、周谷城、杨宽、苏乾英出席会议。会议决定成立近代史资料目录编辑工作委员会,推定周予同、姚绍华、苏乾英负责进行。决定成立历史周刊委员会,胡厚宣负筹备及征集编辑稿件全责,周予同、周谷城负责向报馆接洽。刊名暂定为《历史周刊》,对外名义为《历史周刊社》。"

6月17日:"史学会(筹)座谈会在合众图书馆举行。讨论题目为'从武训谈到历史人物的批判'。林举岱、周予同、苏乾英、蔡尚思、姚舜钦、王国秀、金兆梓、顾颉刚、史守谟、李旭、徐德嶙、杨宽等发言。同日,举行干事会会议,蔡尚思、苏乾英、周予同、姚舜钦、杨宽、林举岱、顾颉刚、金兆梓等参加。会议听取关于太平天国史料问题,《历史周刊》要重教材、重理论等的报告。"①

1952 年壬辰　先生三十九岁

1月起,上海文物保管委员会结束"三反五反"运动,准备筹建上海图书馆和上海博物馆。

1月3日,上海博物馆筹备委员会收购靳伯声所收藏的唐孙位《高逸图》②。

---

① 姜义华主编:《史魂:上海十大史学家》,第394—395页。
② 陈燮、邓毅、陈克伦主编:《博物馆的文化力量:上海博物馆六十年发展历程:1952—2012》,第229页。

1 月 26 日,中国史学会上海分会成立。李亚农为主席,周谷城为副主席,胡厚宣为秘书长,先生等被选为理事。

2 月 27 日,先生填写"干部登记表"一份,节录是表如下:

薪金收入和其他收入:本人薪金每月 231 单位,另外有稿费收入,去年全年约一百八十万元。

家庭经济状况:爱人有病,小孩四人,大男孩在上海市复兴中学求学,次男孩在上海市洋泾中学求学,女孩在上海市虹口第一中学求学,小男孩才十月。另有女佣一人。个人生活费除车膳外,仅每月支出香烟费六万至七万。每月开支约一百十万。仅有每学期三小孩学费三十多万为特殊开支。

解放前:家乡有田三十亩,房屋一大间。解放后:无财产。

解放后工作:担任上海市历史博物馆领导工作。

解放前经手的银钱和物资往来过程:馆中无总务主任,馆中经济由会计兼事务员李隆高掌握,文物库管员徐经衷掌握。

社会关系(包括商人亲戚朋友):朋友中属于商人的只有人和药厂经理黄素封(过去他是个科学家兼作家);亲戚中属于商人的有元隆商店经理朱国华。

贪污事实:携来印刷厂赠送日历一本;新华电料行老板曾代付展览会客饭三千五百元两次。

检举内容:馆中移交图书文物册子,虽由群众初步审查,尚须作进一步细密的检查。①

4 月,上海博物馆开始筹备陈列室布置陈列工作。经中央文

---

① 复旦大学档案馆:《干部登记表》。

化部批准,到 12 月基本完成。

8 月 12 日,先生填写"干部简历表"一份①。

10 月 15 日,中央文化部批复"上海博物馆可考虑将来作为全国性的美术工艺博物馆之一,不向历史博物馆发展"②。

11 月底,上海博物馆成立了保管部、陈列部、研究部和群众工作部。保管部下设征集组、登记编目组、库房保管组;陈列部下设陈列保管组、技术组;研究部下设图书资料组;群众工作部下设导引组、纠察组、事务组(售票、检票、问询、寄物等),导引组兼管开放期间陈列室陈列品的保管工作③。

12 月 6 日,庞伯瑾捐赠宋朱克柔"莲塘乳鸭图缂丝"及明代缂丝六件④。

12 月 16 日起,上海博物馆在南京西路 325 号预展五天。

12 月 21 日,上海博物馆正式开馆,杨宽任副馆长。博物馆设有史前时代、殷商时代、西周春秋战国时代、秦汉时代、魏晋南北朝时代、隋唐五代、宋元时代、明代、清代、近代工艺品等 10 个陈列室。同时举办"中国绘画展览"⑤。《文汇报》刊有上海博物馆开放消息一则:

> 上海博物馆开放时间为每日上午九时至下午五时,星期日照常开放,星期一休假(本月二十二日——开放后第一

---

①复旦大学档案馆:《干部简历表》。

②陈燮、邓毅、陈克伦主编:《博物馆的文化力量:上海博物馆六十年发展历程:1952—2012》,第 229 页。

③陈燮、邓毅、陈克伦主编:《博物馆的文化力量:上海博物馆六十年发展历程:1952—2012》,第 24 页。

④陈燮、邓毅、陈克伦主编:《博物馆的文化力量:上海博物馆六十年发展历程:1952—2012》,第 229 页。

⑤陈燮、邓毅、陈克伦主编:《博物馆的文化力量:上海博物馆六十年发展历程:1952—2012》,第 229 页。

个星期一,照常开放)。为了维持秩序起见,发售参观券,十大陈列室参观券每张两千元,绘画专题陈列厅参观券每张一千元。售券时间是每日上午九时二十分至下午四时止。①

是年,龙榆生担任上海博物馆资料室主任。"……在最初一个时期,图书资料室是由我(指龙榆生——编者注)一个人负责的,所有整理、收购、采访、登记、借阅等等,都是由我一手包了下来……"1953年2月所写《上海市文物管理委员会个人年终总结》中又说:"我对收购图书的态度是先征求各部门工作同志的意见。如甲骨、铜器,问杨宽、蒋大沂两同志;书画问谢稚柳、伍蠡甫、沈觐安、承名世诸同志;陶瓷问马泽溥同志。"②

录是年《顾颉刚日记》《曾昭燏日记》中相关材料:

一月廿八号星期一(正月初二):"到海光,参加中国史学会上海分会成立会,与吕振羽、陈乃乾、苏乾英、伍蠡甫等谈。五时会散。……今日下午同会:金兆梓、平心、周予同(主席)、周谷城、胡厚宣、潘硌基、朱澂、陈守寔、谭其骧、伍蠡甫、蒋天枢、张遵骝、蔡尚思、徐德嶙、吴泽、吕思勉、姚舜钦、林举岱、束世澂、徐森玉、柳翼谋、杨宽、黄颖先、王国秀、陈乃乾、顾起潜、苏乾英、俞巴林、吕振羽(来宾)。被选为理事者十七人:金兆梓、平心、周予同、周谷城、胡厚宣、蔡尚思、吴泽、姚舜钦、林举岱、杨宽、王国秀、顾颉刚、陈乐素、李亚农、徐平羽、邱汉生、陈旭麓。"

二月五号星期五(正月初十):"今日新华书店来查账,发现本局送杨宽《鲁迅日记》一部,提出质问,并抄了去。因

---

①《上海博物馆今起正式开放》,《文汇报》1952年12月21日第3版。
②张晖:《龙榆生先生年谱》,学林出版社,2001年,第168页。

此经理室大惊,嘱予告杨君。按本局请杨君校订《从猿到人》挂图,赠以校订费而不受,故送以一书。此书价值,廿万元耳,若送校订费固不止此也。且新华书店虽国营,与本局站在同业地位,何有查账之权。此真'五反'声中之偏差也。"

二月十七号星期日(正月廿二):"到海光,参加史学会理事会,自二时至五时。……今日同会:周谷城、周予同、胡厚宣、林举岱、陈旭麓、姚舜钦、杨宽、平心、王国秀,来客郑竺同。推举李亚农、周谷城为正副理事长,林举岱、胡厚宣为正副秘书。"

四月廿五号星期五(四月初二):"到跑马厅,出席文管会委员会议,审谢稚柳缴出书画。五时,乘九路车归。……今日同会:徐平羽、吴仲超、徐森玉、杨宽、沈尹默、柳翼谋、汪旭初、沈迈士、尹石公。列席者娄明、葛治功、方诗铭、承名世等。"

五月廿七号星期二(五月初四):"反应,发烧,高一百〇四,卧床,看《水浒传》。热稍退,到文管会开会,并参观史前、商、周文物。归,点《四书经注集证》四页。……今日同会:徐森玉、杨宽正、沈尹默、柳翼谋、尹石公、沈迈士。闻吴湖帆穷极,将珂瓃版印书画出售,每册只一千元。今愿以家藏铜器售与文管会,希望得一亿元。"

七月十七号星期四(闰五月廿六):"李季与刘平(杨宽)、吴流(童书业)一九四六年在《求真》杂志及《东南日报·文史》周刊为《古史辨》派之方法问题所打的笔墨官司,予前嘱毓芬抄写,迄未点校。今因思想改造亟须批评《古史辨》之毒素,因取出点读之。才六年耳,人事变幻竟如此,亦可惊矣。"

九月廿一号星期日(八月初三):"参加中国史学会之理

事会及会员大会,参观博物馆,承名世导。……今日同会:周谷城、徐平羽、胡厚宣、周予同、柳翼谋、史守谟、束天民、朱东润、蔡尚思、王蘧常、顾起潜、陈乐素、杨宽、陈旭麓、王国秀、朱澂、黄颖先、金子敦、林举岱、谭其骧、陈守寔、伍蠡甫、蒋天枢、徐德嶙、俞巴林、李旭。"

九月廿八号星期日(八月初十):"到人民广场,待齐上海学院同人,参观上海博物馆,自八时半至十二时,宽正、大沂、名世为导。"

九月三十号星期二(八月十二):"出席国庆会,九时许,与旭初同归。今晚同席:柳翼谋、汪旭初、尹石公、沈迈士、姜明、杨宽、蒋大沂、岳良木、李芳馥等三百余人。"

十月廿五号星期六(九月初七):"到文管会,开委员会,并看瓷器、铜器,自二时至五时。……今日同会:李亚农、徐森玉、汪旭初、沈迈士、柳翼谋、尹石公、杨宽正、蒋铁如、吴仲超。"

十一月廿四号星期一(十月初八):"到文管会,晤杨宽正,取书籍证明信。"

十一月廿七号星期四(十月十一):"到汾阳路中苏友好协会,欢迎苏联历史学家叶菲莫夫,并听其讲话,自三时至六时。……今日同会:叶菲莫夫、周谷城(主席)、徐德嶙、潘硌基、周予同、李正文、柳翼谋、王蘧常、方行、陈虞孙、蔡尚思、吴泽、陈守寔、胡厚宣、谭其骧、胡绳武、顾起潜、胡曲园、陈旭麓、林举岱、杨宽、洪廷彦、束世澂等。"

十一月廿九号星期六(十月十三):"到文管会,与承名世谈。开委员会,自二时至四时半。……今日同会:徐森玉、吴仲超、杨宽、蒋铁如、汪旭初、柳翼谋、尹石公、沈迈士。"

十二月十六号星期二(十月三十):"到文管会,晤蒋铁如、杨宽、李芳馥,谈购李拔可先生藏书事。"

　　十二月十九号星期五(十一月初三):"华汝成来,写杨宽信与之。"①

　　11 月 12 日星期三:"四时往上海博物馆参观,杨宽相陪,五时半归。"②

录是年先生参加上海史学会事:

　　1 月 12 日:"史学会(筹)干事会会议在海光图书馆举行。陈旭麓、杨宽、李平心、蔡尚思、林举岱、姚舜钦、周谷城等出席会议。决定召开史学会成立大会日期及大会的议程,拟定章程草案,修正理事提议名单等。"

　　1 月 28 日:"中国史学会上海分会(以下简称史学会)成立会在海光图书馆举行。周予同主持会议,周谷城报告筹备经过。来宾吕振羽讲话,预祝史学界团结奋斗,完成任务。大会通过了史学会简章。选举王国秀、李平心、李亚农、吴泽、邱汉生、金兆梓、周予同、周谷城、杨宽、林举岱、姚舜钦、胡厚宣、徐平羽、陈旭麓、陈乐素、蔡尚思、顾颉刚等十七人为理事。决议由理事会依照大会意见组织专门委员会,学习事宜由理事会筹备。"③

1953 年癸巳　先生四十岁

　　是年 12 月至 1956 年 8 月,先生在复旦大学历史系兼职教授,主讲春秋战国史和先秦史料学。

---

① 顾颉刚:《顾颉刚日记》第七卷(1951—1955),第 181、185、189、214、225、244—245、277、280、281、292、307、308、318、319 页。
② 南京博物院编:《曾昭燏文集·日记书信卷》,文物出版社,2013 年,第 173 页。
③ 姜义华主编:《史魂:上海十大史学家》,第 395 页。

1月,国家副主席朱德视察上海博物馆。

6月11日,上海博物馆馆务会议讨论组织编制,决定撤销研究部,增设图书资料室。调整后的部门为保管部、陈列部、群众工作部、图书资料室①。

7月8日,由上海市文物管理委员会、上海博物馆、上海图书馆联合组织文物收购鉴别委员会,任务为审定三单位的收购计划;监督并检查计划之执行;研究解决各项收购及鉴别业务上的问题。设有金石、陶瓷、书画、善本图书、革命文物和其他文物六个组,分别负责对各类文物、善本图书的鉴别、评价和收购,主任为徐森玉,副主任为车载、杨宽②。

7月24日,经中央文化部批准,上海博物馆划归上海市文化局领导。

12月25日,上海博物馆收购周亦玲所藏唐释怀素草书《苦笋帖》③。

录是年《顾颉刚日记》《夏鼐日记》《蒋维乔日记》中相关材料:

> 一月五号星期一(十一月二十):"到文管会,晤铁如、宽正、瑞钊、凤起。"
>
> 一月八号星期四(十一月廿三):"到文管会,与宽正、森老谈。九时,开委员会讨论整理线装书事,又论委员会组织。午,在会进餐。饭后到夹层办公室谈。……今日同会同席:沈尹默、柳翼谋、汪旭初、尹石公、沈迈士、蒋铁如、徐

①陈燮、邓毅、陈克伦主编:《博物馆的文化力量:上海博物馆六十年发展历程:1952—2012》,第230页。
②《上海文物博物馆志》编纂委员会编:《上海文物博物馆志》,第373页。
③陈燮、邓毅、陈克伦主编:《博物馆的文化力量:上海博物馆六十年发展历程:1952—2012》,第230页。

森玉(主席)、杨宽正、洪瑞钊、叶笑雪。今日为整理线装书开会,而后半几为诉苦会。森老说前几年许多人捐献书物,刘汝醴辈拒助不要。尹默说李亚农示意他不要在会上说话。石公说委员办公桌逐渐为刘汝醴抽去,后来索性强迫停止办公。又姜明说,不信任共产党员即是不信任共产党,即是对毛主席不尊敬。可见如不整党及三反,其官僚化之严重可知也。"

一月十号星期六(十一月廿五):"到跑马厅,开会,讨论整理书籍事。自二时至四时许。……今日同会:徐森玉、沈羹梅、洪瑞钊、汪旭初、沈迈士、柳翼谋、尹石公。后蒋铁如、杨宽亦到。从下星期一起,余每星期一、三、五下午均到文管会理书,并早些去,在彼午餐。"

一月十一号星期日(十一月廿六):"为修改原始共产社会图,宴客。……今日同席:杨宽正、谭季龙、方诗铭、章丹枫、方洞、华汝成、章志毅、丁君匐。"

一月十八号星期日(十二月初四):"十时,到新雅,参加史学会理事会,又进点。商改选事。十二时,聚餐,谈至一时半散。……上午同会:谷城、予同、尚思、厚宣、吴泽、旭麓、举岱、平心、宽正。中午同席:谷城夫妇及其子骏羽、厚宣、平心、旭麓、举岱、宽正。"

一月十九号星期一(十二月初五):"到文管会,饭。与尹石公、胡吉宣、潘百鹰、杨宽正等谈。"

二月二号星期一(十二月十九):"到文管会,开六十三次委员会,自二时至五时一刻。晤蒋大沂。到孙雨廷处。……今日同会:徐森玉、柳翼谋、尹石公、沈尹默、沈迈士、汪旭初、杨宽、蒋铁如。"

五月卅一号星期日(四月十九):"到海光图书馆,出席史学会大会,自二时至五时;又出席理事会,自五时至七时。……今日下午同会：平心（讲斯大林与史学）、胡厚宣、姚舜钦、杨宽、吴杰（四小组长）、吕诚之、束天民、伍蠡甫、曹汉奇、王国秀、林举岱、戴家祥、陶松云、邓廷爵、郦家驹、洪廷彦、谭季龙、章丹枫、缪开华、朱东润、俞巴林、黄颖先、林同济、朱□□①、陈其可、张世禄。"

六月一号星期一（四月二十）："到天平路。出，到文管会，晤杨宽正。"

七月十号星期五（五月三十）："到人民广场文管会，参加委员会议，自九时半至十二时一刻，讨论图书、博物两馆与文管会分家事。归饭。……上海文管会迁回天平路办公。主任委员拟郭子华（山东省府主席），副主任仍为森老。革命博物馆取消，该馆人员到文管会工作。图书、博物两馆独立，图书馆长车载，副馆长李芳馥；博物馆长拟曾昭燏兼，副馆长杨宽。今日同会：徐平羽、徐森玉、沈尹默、汪旭初、尹石公、柳翼谋、沈迈士、吴仲超、徐唯实、杨宽、黎冰鸿、李芳馥。"

七月廿六号星期日（六月十六）："到黄河路功德林，参加史学会年会，听胡厚宣报告最近中国考古工作情况。六时半，入席，素餐。今日同会同席：程演生、张世禄、周谷城、周予同、平心、胡厚宣、谭季龙、林举岱、王国秀、陶松云、束世澂、施天伟、周进楷、王造时、刘季高、章丹枫、顾起潜、陈旭麓、洪廷彦、郦家驹、俞巴林、陈乃乾、黄颖先、苏乾英、吴杰、杨宽、姚舜钦、戴家祥、史守谟、李季谷、徐德嶙、金诺、朱伯康。"

九月十八号星期五（八月十一）："到天平路，开文管会改组后第二次会议，并看新购文物，自三时至五时半。……

---

①原文如此。

今日同会：徐平羽、徐森玉、尹石公、柳翼谋、沈尹默、沈迈士、吕镇中、陈柱麟、杨宽。"

十一月二十号星期五（十月十四）："到四联，开会商讨选题计画，自一时半至三时半。出，到博物馆，晤伯鹰、宽正、徐唯实、大沂、榆生等。五时归。"

十一月廿二号星期日（十月十六）："到凯福饭店宴客。……今午同席：杨宽正、蒋大沂（以上客）、予与章丹枫（主）。为商《中国历史文物参考图谱》作法也。"

十一月廿九号星期日（十月廿三）："到海光图书馆，开史学会理事会及座谈会，自下午一时半至五时半。出，亚农以汽车送归。……

今日同会：亚农、谷城、厚宣、子敦、举岱、起潜、吴杰、蠡甫、平心、宽正、进楷、尚思、丹枫、家祥。"

十一月三十号星期一（十月廿四）："十一月廿八日同席：王造时、蒋天枢、林同济、范祥雍、吴杰、周谷城、王佩诤、伍蠡甫、周予同、李圣悦、王进珊、施畸、章巽、胡厚宣、张世禄、林举岱、史守谟、束世澂、姚舜钦、梅公毅、李季谷、徐德嶙、陈旭麓、徐稚鹤、燕义权、杨宽、吴泽、马伯煌、许君远、丁君匋、曹冰严、李小峰、马长寿、方诗铭、陈宣铮、王煦华、俞巴林、金纬宇、屠思聪、郭绍虞、邹新垓、金振宇、葛绥成、金擎宇、潘景郑、黄时杰、戴家祥、金兆梓、顾廷龙、潘承圭、顾宗汉、顾诚安、顾仲健、顾廷蟾、王国秀、王育伊、瞿凤起、沈文倬、谭其骧。"①

10月31日星期六："上午杨宽君来参观。"

12月31日星期四："私人家庭亲友的事……朋友中来

①顾颉刚：《顾颉刚日记》第七卷（1951—1955），第329、330、335、342、393、396、413—414、420、443、472、473、476、477页。

京开会相遇者,有方壮猷、冯汉骥、沈炼之、冯国瑞及杨宽、胡厚宣、方恭敏、贺昌群、曾昭燏、叶岑等。"①

二月十五日星期半阴:"五时,杨君宽正来谈,至五时半别去。"②

十一月二十二日星期晴:"杨宽与夫人来,因她身体不好,要学静坐,余允其在下星期午后来,遂别去。"

十一月二十九日星期晴:"杨宽夫妇二人来,理发毕,余引其夫妇至另室,授其妇静坐法第一段,十一时半去。"

十二月十三日星期:"上午阅报理发,杨宽夫妇来,余传授其夫人静坐法之第二段,十一时别。"

十二月二十七日星期先晴后阴:"上午阅报,十一时理发,杨宽夫妇二人来,余授渠夫人静坐法之第三段,十二时去。"③

录是年先生参加上海史学会事:

1 月 18 日:"史学会在南京路新雅酒家举行理事会会议,周谷城、周予同、胡厚宣、顾颉刚、林举岱、王国秀、金兆梓、杨宽、陈旭麓出席会议。会议同意杭州成立分会,并报告总会,通过曹汉奇为会员。"

1 月 25 日:"史学会在海光图书馆举行大会。沈志远介绍北京的学术组织情况,强调学习马列主义对史学工作的重要性,指出史学研究应推进科学的规范,寻找规律,而不是罗列现象。周谷城报告会务:干事(理事)会先后召开二

---

① 夏鼐:《夏鼐日记》卷五(1953—1958),第 49、60 页。
② 蒋维乔:《蒋维乔日记》第二十八册,第 414 页。
③ 蒋维乔:《蒋维乔日记》第二十九册,第 69、77、90、102 页。

十三次,座谈会召开二十一次,对于自我提高起了一定作用;并审查了北京总会交下的各项史料书目、《中国历史概要》《中国通史演义》和金兆梓、李亚农等人著作。周予同谈教育改革情况。吴泽介绍华东师大历史教学的情况,希望总结吕思勉的工作。俞巴林介绍史料丛书的出版工作。蔡尚思和周谷城分别提出对中国史教学的建议。会议选举王国秀、李平心、李亚农、吕思勉、吴泽、邱汉生、金兆梓、周予同、周谷城、杨宽、林举岱、姚舜钦、胡厚宣、章丹枫(巽)、陈旭麓、蔡尚思、顾颉刚等十七人为理事。"

5月31日:"史学会在海光图书馆召开座谈会。李平心作《斯大林的历史学说》报告。胡厚宣、姚舜钦、杨宽、吴杰、顾颉刚等作为小组代表发言。同日,举行理事会会议,胡厚宣、顾颉刚、林举岱、王国秀、姚舜钦、周谷城、吕思勉、杨宽、李平心出席。决议入会者资格增加为'凡具有优良成绩,并有二年以上工龄,经会员二人理事一人介绍者,予以考虑吸收为会员'。通过胡曲园等为会员。决议争取出版期刊,由李平心、胡厚宣、俞巴林、周谷城、顾颉刚拟定计划。"

7月19日:"史学会在新华园37号举行理事会会议,周予同、金兆梓、胡厚宣、杨宽、王国秀、姚舜钦、林举岱、李亚农出席。通过朱伯康等为会员。李平心等计划刊物定名《历史研究丛刊》,一期三万到五万字,内容范围不限,由中国史学会上海分会编辑,推定李平心、胡厚宣、顾颉刚、俞巴林、周谷城、陈旭麓、林举岱、周予同负责筹备有关事宜。"

11月29日:"史学会在海光图书馆举行理事会会议,李亚农、顾颉刚、胡厚宣、周谷城、杨宽、姚舜钦、林举岱、金兆梓、王国秀、李平心、蔡尚思、周予同出席。会议通过梅公毅、耿淡如等为会员。接受华东人民出版社委托,编辑《怎样学习祖国历史》;确定《历史研究丛刊》编辑委员会成员:

金兆梓、顾颉刚、李平心、胡厚宣、吴泽、陈旭麓、李亚农、周
谷城、林举岱、杨宽、伍蠡甫、陈守实、周予同、戴家祥、吕思
勉、蔡尚思。召集人李亚农,胡厚宣、陈旭麓、金兆梓、顾颉
刚分别负责收集稿件。第一集争取 1954 年 2 月出版。同
时决定今后座谈时应加强政治思想性和学术性,发扬批评
与自我批评。"①

1954 年甲午　先生四十一岁

春,先生开始冶铁史研究。

2 月 9 日下午,德意志民主共和国实用艺术展览会邀请上海
文艺界人士、特别是美术界的许多知名之士前往参观,先生以上
海博物馆馆长的身份被邀请,参观后有座谈会②。

夏,顾颉刚入京任中国科学院历史研究所第一所研究员。

6 月,先生致函郭沫若探讨学术问题,顾颉刚代答,先生
自言:

> 《战国史》发稿前,我感到明末董说(一六二〇—八六)
> 《七国考》所引桓谭(前二三—后五六)《新论》中李悝《法
> 经》的条文很可怀疑。为了郑重起见,我看到郭沫若《青铜
> 时代》(重庆文治出版社,一九四五)上讲到《法经》,没有引
> 用《七国考》,因而写信给郭沫若提出这个疑问。等了好久,
> 中国科学院人民来信组寄来了顾颉刚代郭沫若所作简覆,
> 断定《七国考》所引桓谭《新论》中的《法经》条文可信。尽
> 管我对此仍有怀疑,也还找不到明确的作伪证据,因此我在
> 初版《战国史》的注解中说:"董说这条引文当是转引他书

①姜义华主编:《史魂:上海十大史学家》,第 397—400 页。
②《德意志民主共和国实用艺术展览会邀请本市文艺界人士参观、座谈》,
　《新民晚报》1954 年 2 月 11 日第 2 版。

的,我们看内容可信其确为桓谭《新论》的原文。"这里不说
"我"而说"我们",就表示不是我一个人的见解。原来我写
信提出这个疑问,是希望展开学术讨论的,谁知被作为"人
民来信"批交顾颉刚作为公事来答覆,也就无法再进行讨论
了。从此我不再向郭沫若写什么信,当郭沫若到上海博物
馆参观时,就作为上宾来接待了。①

该信部分内容存于《顾颉刚读书笔记》中"《七国考》引李悝《法
经》"条目中,录之如下:

董说《七国考》卷十二引桓谭《新论》云:

魏文侯师李悝著《法经》,以为王者之政莫急于盗
贼,故其律始于《盗》《贼》。盗、贼须劾捕,故著《囚》
《捕》二篇。其轻狡、越城、博戏、假借、不廉、淫侈、逾
制,为《杂律》一篇。又以《具律》具其加减。所著六篇
而已。卫鞅受之,入相于秦。是以秦、魏二国深文峻法
相近。《正律》略曰:"杀人者诛,籍其家,及其妻氏;杀
二人,及其母氏。〔眉批:此则三族之诛也。〕大盗戍为
守卒;重则诛。窥宫者膑,拾遗者刖,曰为盗心焉。"其
《杂律》略曰:"夫有一妻二妾,其刑腻;夫有二妻则诛;
妻有外夫则宫:曰'淫禁'。〔眉批:许平民有一妻一妾,
如《孟子》所言之齐人。〕盗符者诛,籍其家;盗玺者诛;
议国法令者诛(一作法禁),籍其家,及其妻氏:曰'狡
禁'。越城一人则诛;自十人以上,夷其乡及族:曰'城
禁'。博戏罚金三市;太子博戏则笞,不止则特笞,不止
则更立:曰'嬉禁'。群相居一日以上则问,三日、四日、
五日则诛:曰'徒禁'。丞相受金,左右伏诛;犀首以下

---

① 杨宽:《历史激流:杨宽自传》,第247—248页。

受金则诛;金自镒以下,罚,不诛也:曰'金禁'。大夫之
家有侯物,自一以上者族。"其《减律》略曰:"罪人年十
五以下,罪高三减,罪卑一减;年六十以上,小罪情减,
大罪理减。"武侯以来,守为法矣。

其后附有按语,并引用一些文字来解释。其案语中有"断耳
曰'聑','耳''月'相近,或传写之误","夷乡之法,他国无
有;果行,魏酷于秦矣"等。杨宽见此,与郭沫若书云:

> 这书所引桓谭《新论》,前一段和《晋书·刑法志》
> 相同(前人有认《晋书·刑法志》就是根据桓谭《新论》
> 的)。这段引文不见于前人著作中引用,桓谭《新论》在
> 宋时已散失,不知是否这书从当时其他书中引用来,清
> 代人所编的桓谭《新论》辑本中也不见这一段。但看内
> 容又不像出于伪造。"犀首"确为魏官名,其他制度也
> 没有不合的地方。桓谭非常博学,如果这果出于桓谭
> 《新论》,这是一段最早的有关法律的史料,很重要的。
> 先生对法家和先秦古书等都曾作专门研究,素所敬仰,
> 特为抄录原文,请便中指教。

宽正来书云:

> "博戏罚金三市",先生认为即鈇,晚颇疑此"市"
> 字乃"寽"字之误,因为既称为罚金,即不应以鈇来作单
> 位。战国时魏国货币都以"寽"为重要单位,楚国金币
> 亦称"郢寽",但这只是一种推想(罚金若干寽是古来沿
> 用的一种制度),先生意见如何?

宽正来书云:

> 日本人因为《晋书·刑法志》《通典》等书以前,未
> 有人谈到李悝著的《法经》,甚至怀疑"李悝著《法经》"
> 之说出于后人伪造的(记得《东方学报》上有这样一篇
> 论李悝《法经》的论文)。但如果桓谭《新论》中确有此

文,则《晋书·刑法志》等书所说亦有来历了。《法经》为商鞅变法之本,关系极重大,如得不到解决,对古代史的研究极有困难,不知先生尚有高见否?①

夏,利用一个月假期,先生对战国史的部分讲义进行修订和补充后写成《战国史》。

10月1日,苏联对外文化协会主席杰民索夫率苏联文化代表团参观上海博物馆②。

10月28日上午,印度共和国总理尼赫鲁参观上海博物馆,先生陪同。

是年,上海博物馆初期的组织机构根据业务发展需要经历了几次调整,至1954年底基本形成较稳定的结构,即仿照苏联模式的三部一室架构:馆长室、保管部、陈列部和群众工作部。其中保管部下设库房保管组、陈列室保管组、编目组和征集组,陈列部下设陈列设计组和技术组,群众工作部下设导引组和群众活动组。另有图书资料组,由馆长直接领导。此外还有技工、警卫等岗位。

是年,上海博物馆保管部编目组先后制定了各类文物的定名凡例,使得上海博物馆文物编目和定名从此有了统一标准,为馆藏品的陈列、保管和研究提供了便利③。

录是年《顾颉刚日记》《蒋维乔日记》《竺可桢日记》《曾昭燏日记》中相关材料:

一月廿二号星期五(十二月十八):“到上海博物馆,晤

---

①顾颉刚:《顾颉刚读书笔记》卷六,中华书局,2010年,第483—485页。

②陈燮、邓毅、陈克伦主编:《博物馆的文化力量:上海博物馆六十年发展历程:1952—2012》,第230页。

③陈燮、邓毅、陈克伦主编:《博物馆的文化力量:上海博物馆六十年发展历程:1952—2012》,第24—25页。

杨宽。"

一月廿四星期日(十二月二十):"到枫林桥科学院,出席史学会理事会。四时半出,与平心同行,到'吃吃而酌酌'进点。……今日同会:李亚农、周谷城、蔡尚思、李圣悦、姚舜钦、陈旭麓、胡厚宣、王国秀、杨宽。"

二月八号星期一(正月初六):"到荣华楼,赴自由出版社之宴。饭毕,开会商讨《史学丛刊》事。十时与平心同车归。……今晚同席:周谷城、周予同、蔡尚思、杨宽、耿淡如、平心、刘大杰、施蛰存、吴文祺、林同济、吴泽、王国秀、林举岱、陈旭麓、伍蠡甫、张世禄、冒效鲁、徐中玉、西门宗华等(共三桌),王造时及其子钧枢,女海若、海荣,谢循夫(以上主)。自由出版社约稿也。"

二月十四号星期日(正月十二):"到上海博物馆,参加史学会年会,自二时至六时。……今日同会:李亚农、周谷城、周予同、胡厚宣、林举岱、金子敦、沈勤庐、钱海岳、沈燮元、蔡尚思、吴泽、谭其骧、王国秀、王造时、俞巴林、燕义权、杨宽、张镠子、章丹枫、胡曲园、张世禄、陈乃乾、洪廷彦、郦家驹、魏建猷、戴家祥、姚舜钦、陈旭麓、耿淡如、平心、伍蠡甫、高达观、吴杰、刘季高、朱伯康、徐德嶙、李季谷、束世澂、周进楷、蒋秉南、程演生、王蘧常、金诺、苏乾英、黄颖先等,共四十六人。"

三月廿七号星期六(二月廿三):"到锦江饭店赴宴,九时半归。……今晚同席:刘大年、彭柏山、沙文汉、方□□①、周谷城、周予同、蔡尚思、平心、杨宽、陈旭麓(以上客)、陈虞孙、李亚农(未到)(以上主)。"

三月廿八号星期日(二月廿四):"与丹枫同到科学院,

———————
①原文如此。

开史学会理事会,道遇王造时。自二时半至五时半。……今日下午同会:周谷城、周予同、蔡尚思、陈旭麓、伍蠡甫、姚舜钦、平心、林举岱、章丹枫、王国秀、王造时、戴家祥、杨宽。"

四月廿一号星期三(三月十九):"到上海博物馆,晤杨宽正。到二〇一室,晤厚宣、邓廷爵、李沨及复旦同学四十六人,导之参观各室。"

四月廿五号星期日(三月廿三,予六十二岁生日):"与尹石公同到博物馆,参加史学会讨论会,讨论史学工作者在总路线中的任务,自二时至六时。……今日下午同会:李亚农、周谷城、吴杰、金兆梓、尹石公、陈旭麓、吴泽、梅公毅、胡厚宣、方诗铭、王丹岑、史守谟、王国秀、谭其骧、马长寿、燕义权、蒋天枢、王佩诤、章丹枫、张世禄、束世澂、姚舜钦、李季谷、徐德嶙、杨宽、戴家祥、黄颖先、郦家驹等三十余人。"

五月三十号星期日(四月廿八):"到科学院,开史学会理事会,自二时至四时许。出,与谷城、厚宣到新雅进点,谈至五时许别。……今日同会:李亚农、周谷城、周予同、金兆梓、章丹枫、胡厚宣、林举岱、陈旭麓、杨宽、王国秀。"

六月廿七号星期日(五月廿七):"到博物馆,参加史学会,听马长寿讲'古代蒙古草原的原始公社制、奴隶制及游牧封建制'。五时散。……今日同会:尹石公、王佩诤、李旭、燕义权、章丹枫、杨宽、谭季龙、姚舜钦、马伯煌、徐德嶙、田汝康、吴杰、苏乾英、黄颖先、王国秀、束世澂、林举岱、戴家祥、周进楷、洪廷彦、张世禄、顾起潜、蒋秉南、李季谷、金诺、陈乃乾、马长寿、王丹岑、陈守寔。"

七月廿五号星期日(六月廿六):"到博物馆,参加史学会,致临别词。与史守谟等谈。五时半,与杨宽正同上电车。予到车站取物。进餐。……今日同会:林举岱(主席)、胡厚宣、尹石公、杨宽、方诗铭、王佩诤、耿淡如、吴杰、姚舜钦、陈旭麓、黄颖先、戴家祥、李清明、徐德嶙、章丹枫、梅公毅、王国秀、燕义权、王丹岑、陈乃乾、魏建猷、高达观、苏乾英、曹汉奇、张遵骧。"

七月廿八号星期三(六月廿九):"与宽正等到国际饭店三楼,应宴。九时,与龙榆生同车归。……今晚同席:予(客)、杨宽正、蒋大沂、龙榆生、蒋天格、承名世(以上主)。"

九月十一号星期六(八月十五,中秋):"为杨宽函看桓谭《新论》辑本。"

九月十五号星期三(八月十九):"到所,为答杨宽信,翻看《北堂书钞》及《太平御览·刑法部》《文选》等书,记笔记八则。"

九月十八号星期六(八月廿二):"翻看《祥刑典》。写答杨宽询问信。"①

一月三日星期阴雨:"杨宽夫妇二人来,其妇学我静坐法,稍有成效,余更授以第五段,遂去。"

一月十日星期阴雨:"杨宽夫妇来,余授其妇静坐法第七节,六时去。"

二月十四日星期半阴:"十一时,杨宽夫人来,为其指示静坐法第八节。"

二月二十一日星期半阴:"杨宽之夫人来,余授以静坐法之最后一节。"

四月四日星期半晴:"十一时半,杨宽来,偕我往高安路黄素封家去午餐,秉农、山君先在,继周丽华女士、高医生等来,一时入座,菜颇佳,二时乃散。"

---

①顾颉刚:《顾颉刚日记》第七卷(1951—1955),第 496、497、503、506、523、532、534、547、558—559、573、575、590、592、593 页。

　　九月十二日星期晴:"三时,杨宽夫人来问静坐。"①

　　9月2日星期四,阴。晨74℉,阴:"上午九点开中国自然科学史委员会,到叶企孙、向达、侯外庐、陈桢、侯仁之、袁翰青、王振铎、丁西林、张含英等。……王天木以为做科学史研究工作必须书本与调查联合做方能收效。批评李约瑟的《中国科学技术史》的缺点在于没有(与)调查结合。营造社就是从调查古建筑而得到成绩。杨宽鼓风炉这篇文缺点就是不知道高炉。"②

　　1月5日星期二:"下午至上海博物院同杨宽谈各事,四时余归。"③

录是年先生参加上海史学会事:

　　1月24日:"史学会在岳阳路320号举行理事会会议。杨宽、周谷城、李平心、蔡尚思、陈旭麓、李亚农、胡厚宣、顾颉刚、林举岱、王国秀出席会议。会议通过洪廷彦等为新会员。拟定李亚农、周谷城、周予同、胡厚宣、顾颉刚、林举岱、杨宽、吕思勉、李平心、蔡尚思、陈旭麓、戴家祥、陈守实、金兆梓、王造时、吴泽、章丹枫、王国秀、姚舜钦等十九人为新理事候选人。会址拟利用博物馆或枫林路科学院。关于亚洲文会图书,由杨宽向文化局建议,不打乱原系统,保持其完整性,以便利用。"

　　5月24日:"史学会在上海博物馆举行座谈会。杨宽等近三十人出席,马长寿报告蒙古草原原始公社制、奴隶制、游牧封建制。"

---

①蒋维乔:《蒋维乔日记》第二十九册,第109、115、149、153、185、298页。
②竺可桢:《竺可桢全集》第十三卷,上海科技出版社,2007年,第511页。
③南京博物院编:《曾昭燏文集·日记书信卷》,第205页。

10月31日："史学会于上海博物馆举行理事会会议，周予同等十人出席。通过戴介民、程应镠、杨志信等为会员。同意与市教育局合作，为中学教师作历史讲演，中国古代史由胡厚宣、杨宽负责，中国近代史由李平心负责，世界近代史由王造时负责。同日，举行座谈会，陈守实等三十余人出席。周谷城谈对于翦伯赞著作意见，认为缺乏思想性和唯物主义。金兆梓认为奴隶社会开始于战国，封建社会始于东汉而完成于唐。束世澂认为宋代为资本主义开始时期。"

11月28日："史学会在上海博物馆举行理事会会议，杨宽等十人出席。通过陈懋恒、赵泉澄为会员。决定理事职务延长一年。"

12月26日："史学会举行理事会会议，杨宽等九人出席，决定年会在新雅饭店举行，并进行理事会改选。""举行座谈会，杨宽等二十余人出席。彭信威报告中国货币史写作经过，会议参加者进行了讨论。酝酿下届理事名单，建议图书馆方面及中等学校各增加一人。会议还批判了胡适资产阶级思想，周予同、姚舜钦、梅公毅等发言。"①

1955年乙未　先生四十二岁

春节，先生撰写《中国历代尺度考》重版后记，节录如下：

这本小册子是作者十八年前所作。那时作者刚开始读王国维的《观堂集林》，对《观堂集林》中的历史考证很是佩服，在读完了《观堂集林》卷十九中考证尺度的文章之后，觉得历代尺度的考定，对于历史的研究还有用处，就开始搜集

---

①姜义华主编：《史魂：上海十大史学家》，第400—403页。

这方面的资料,写成了这本小册子。在这十八年中,很惭愧的,对这方面的研究并无多大进步。这里,只是想就周汉尺度和唐宋尺度方面,做一些补充的论证。……

1月24至2月8日,上海博物馆举行"台湾高山族文物展览"①。

2月28日,"上海博物馆近代美术收购委员会"成立,聘请赖少其、陈烟桥、吕蒙、朱石基、陈秋草、涂克、沈之瑜、杨宽八人为委员。沈之瑜任主任、赖少其任副主任②。

3月17日,上海博物馆报送上海文化局"我馆组织参观团拟去北京、东北两地参观计划"报告一份,先生为该参观团团长③。

3月27日,先生撰写《战国史》序。

7月2日至8月14日,上海博物馆举办"台湾高山族文物展览",展品400余件,观众107146人次④。

7月8日,《文汇报》发表《全市广大人民热烈拥护第一个五年计划报告》,先生言:我们一定要以实际行动来拥护第一个国家五年建设计划,做好对广大人民群众的宣传工作,鼓舞群众为完成和超额完成国家计划而奋斗的热情⑤。

8月,吕思勉因病不能工作,回常州故宅休养,但对史学界的

---

①陈燮、邓毅、陈克伦主编:《博物馆的文化力量:上海博物馆六十年发展历程:1952—2012》,第146页。

②陈燮、邓毅、陈克伦主编:《博物馆的文化力量:上海博物馆六十年发展历程:1952—2012》,第231页。

③上海市档案馆:《上海博物馆关于报送组织业务参观团拟去北京、东北两地参观计划的请示报告》,档案号:B172-4-419-96。

④陈燮、邓毅、陈克伦主编:《博物馆的文化力量:上海博物馆六十年发展历程:1952—2012》,第231页。

⑤《全市广大人民热烈拥护第一个五年计划报告》,《新民晚报》1955年7月8日第1版。

研究动态仍十分关心,曾向先生询问中国历史分期的研究情况,
先生回信中详细介绍了当时史学界对古史分期的研究状况,录
是信如下:

诚之吾师:

覆示敬悉。关于中国社会分期问题,最近未有新出的
书籍,丕绳兄提及的阿夫箕耶夫《东方古代史》恐是东北某
一大学的译本,学生未看到。目前各大学出了一些交换的
读物和讲义,均未看到,想大学历史系都有,学生想向复旦
大学历史系一问。

关于中国历史的分期问题,目前议论纷纭,共有四说:
(一)商为奴隶社会,西周以后为封建社会,此为范文澜等所
主张;(二)从商到春秋为奴隶社会,战国以后入封建社会,
此为郭沫若等所主张,见郭著《奴隶时代》;(三)从商到东
汉为奴隶社会,魏晋以后入封建社会,此为苏联友人所主
张;(四)从商到春秋为氏族社会末期,实行家长奴役制,战
国到东汉为奴隶社会,此为中国人民大学尚钺等所主张。
他们最大的毛病,是要把世界史切齐,把所有文明国家发展
的历史统一划分阶段,同时认为中国古代属于东方系统,与
埃及、巴比伦、印度同一类型。由于生产力的较低,奴隶制
未发展到典型阶段,学生对于这点很不同意。学生认为中
国社会经济的发展在近三百年是落后了,特别是在鸦片战
争以后是更落后了,在这以前是超越欧洲各国的,他们认为
中国古代生产不如希腊罗马,文化学术也不如,因此创出了
古代东方社会的说法,把东方看得老是发展迟缓的。

学生想要从各方面的生产水平,和欧洲同时的情况作一
比较,以说明中国古代生产力并非不如人,而且超越人家,一
则苦无时间多读从苏联译过来世界史(大学中有交换用的,

译出来的世界中世纪史,学生未读到),二则对各种生产技术发展的历史和发展规律,还没有摸清楚。(例如农业生产的水平,在欧洲发展的情况,亦有规律可寻,如能以此与中国古代发展情形作一比较,一定能解决不少问题。)最近写冶铁之文,还是从日人所译的德人冶铁史得到一些知识,才动笔的。

近年英国剑桥出了一本李约瑟(Joseph Needham)的《中国科学技术史》,共有七大卷,到中国的只有绪论一大卷,学生英文程度不好,只约略读了一下,据他说铸铁技术是十至十二世纪由中国传入欧洲的,水力鼓风炉是十一世纪由中国传入欧洲的,运河水闸是七至十七世纪传入欧洲的,探矿的深井钻掘器(即四川凿盐井所用的)是十一世纪传入欧洲的,有活塞的风箱约在十四世纪传入欧洲,抽水机是十五世纪传入欧洲的,水力辗碎机是九世纪传入欧洲,中国古代生产技术的卓越,就是这些资产阶级学者也是不得不承认的,因此学生认为毫无理由把中国的生产力说成向来是落后的。

这学期在复旦教古代史的史料学,想用力研究一下铜器铭文,想把尚书和金文互证,近年来治学的多偏重金文而忽视文献,实际上文献材料远比金文为丰富,在解释金文时应运用前人对于文献研究上的成就,否则的话,等于凭空瞎说。近人论西周史的,引《尚书·无逸篇》"文王卑服,即康功田功……"一段,不顾前人研究的成绩,硬说文王在这时还自身参加劳动,因此断为家长奴隶制。在氏族社会末期,又引《管子·法禁篇》所引《太誓》"周(圉)有臣三千",不知此即《左传》《论语》所引《太誓》之"有乱十人",而解释为周有奴隶三千人,把《尚书·大诰》的"民献有十夫",解释为盂鼎的"人鬲",认为即是奴隶,不顾如此解释,金文不可通也。在近人的研究中,断章取义,穿凿附会,在所不免,这样就不可能正确地详细占有材料,正确解释史料,从而作马列主义的分析。

　　学生在《文史哲》发表之文,近得丕绳兄函,谓有一冶金学家,已写成一文,根据冶金技术来证明此说之正确,但也有人反对的,据说将作文加以驳斥,主张西周为奴隶制。学生想,如能读一些比较详细的苏联所出的世界史,我们一定能够正确解释中国历史,大概苏联对于欧洲历史的分析,既详又确,而对中国,由于史料不熟悉,一时尚不可能得到正确结论,惟有我们自己来搞,而且也应该由我们自己来搞的,最好能找到一本论述欧洲较详的中世纪史,一定有助于中国历史分期问题的解决。(大学中有世界中世纪史的译本的,学生尚未看到。)

　　拉杂写下,务恳多多指教,并望多多保养身体,很希望吾师在恢复健康后,对目前纷争的问题作一判断。敬祝
康健

学生杨宽敬上①

8月18日,为顾丽江、程咏蘋二位先生捐赠文物问题,先生致函上海市文化局。

要　件

　　一、兹送上顾丽江、程咏蘋两先生捐献文物函一件,请即审核并函覆。

　　二、此项捐献文物如何办理接受捐献手续,尚望迅即指示。
上海市文化局社文处

杨宽②

---

①李永圻、张耕华:《吕思勉先生年谱长编》下,第984—985年。
②上海市档案馆:《杨宽关于顾丽江、程咏蘋二位先生捐赠文物问题的文件》,档案号:B172-4-534-1。

9月，《战国史》由上海人民出版社出版，先生回忆此书的写作过程时言：

> 从五三年一月起我在复旦大学历史系兼任教授，主讲"春秋战国史"和"先秦史料学"两门课程，"先秦史料学"的重点是《尚书》的研究。因为白天工作忙，只能在晚上编写《春秋战国史》的讲义。前面提到有出版社约我写一部《春秋战国史》，作为断代史丛书的一种，这部讲义就是准备出版的。五四年夏天，文化局给我一个月休假，这是我在博物馆工作时期唯一的一次休假。原来要我到外地去避暑休假的，我改变计划，利用这一个月的时间，把战国部分的讲义作了修订和补充，写成一部《战国史》，于五五年送交上海人民出版社出版。……

> 我所以要写一部《战国史》，因为在中国古代社会历史进程中，春秋、战国之际经济上、政治上和文化上的一系列变革，是十分重要的关键，成为秦、汉以后两千多年经济和政治制度的蓝本，文化学术思想上各种流派的渊源。春秋、战国之际的社会变革，首先是从经济上开始的，由此引起政治上的变革，同时经济上和政治上的变革又进一步引发文化学术上的变革，从而掀起"百家争鸣"的思潮。[①]

录是书序言如下：

> 春秋战国间是中国历史上巨大的转变时期，无论在经济、政治和文化方面都有巨大的转变。战国时代又是中国历史上一个重要的发展时期，无论在经济、政治和文化各方面都有重大的发展。因此我们研究祖国的历史，对于这一时期的历史是有深入研究的必要的。

> 目前中国历史的分期问题正在展开讨论，对于这一时

[①] 杨宽：《历史激流：杨宽自传》，第241—242页。

期的社会性质也正在展开讨论，直到现在为止，还没有得出
一个大家所同意的结论。作者是一个刚开始学习马克思列
宁主义的小学生，理论水平很低，业务水平也不高，因此编
写出来的这部书，理论上和史料上的错误定所难免。

学术上的不同意见，是需要经过论争来取得一致的。
经过了自由的论争，才有可能"由不同之中而得出同，辨别
谁是谁非，以得出一个正确的结论"（郭沫若先生《三点建
议》）。因此，作者愿意在这部书中提出一些自己的看法和
意见，很诚恳地希望得到指教和批评。

《战国史》出版后，学术界有若干评论，录童书业、香港学者牟润
孙的评论如下：

目前国内研究战国秦汉时期历史的专题论文还很少，
成书的专著更不多，比较起来，只有杨宽先生所著的《战国
史》，是一部史料和考证相当充实正确而又能运用马克思列
宁主义观点来研究战国历史的著作。这部书在史料和考证
上毛病比较少，但还有些小疵，例如有些地方措词和行文尚
欠谨严，解释尚有问题。而在理论上则可商讨的地方比较
多些，例如杨先生认为战国时期的土地自由买卖，是和欧洲
"封建制度已被破坏，资本主义已经得到自由的时候"的土
地自由买卖差不多的（见页241）。这种说法，至少是有语
病的，因为春秋战国间的土地自由买卖是封建社会里公社
制解体的结果，而欧洲的土地自由买卖则是封建制解体的
结果，这是两种不同范畴的土地自由买卖，似乎不能并为一
谈。又如杨先生认为，"战国时代奴隶很少被使用于农业生
产"，这就是"战国时代的社会已经不是奴隶制社会"的证据
（见页77）。其实，西周春秋时代的奴隶，甚至殷代的奴隶，
也"很少被使用于农业生产"，而秦汉以后的奴隶，仍有被使

用于农业生产的,尤其是魏晋南北朝所谓"典型封建制时期",奴隶被使用于农业生产,乃是常事,反驳者如一举出史料上的证据来,简直无法回答。以上两点,是杨著《战国史》中比较可商讨的地方。因为这是一本新出版的比较充实而有价值的断代史,所以我这里略加评论。我和杨先生对于古史分期的看法,在目前已达于完全一致,但在如上所说的这类理论和史料问题上,我们的看法仍是有分歧的,我在这里提出我的意见,希望杨先生和读者们不吝指教!①

《战国史》,杨宽著。杨氏为吕思勉弟子,曾长上海市博物馆,素好疑古,持论与顾先生相近。此书初版似与《春秋史》(指童书业的《春秋史》,1946 年刊行——编者注)同时,四十四年改订重印。……其书考订战国年代,极见功力,即有关地理制度名物之考证,亦颇有足称者。②

10 月 6 日,先生参加上海博物馆美术工艺品收购委员会第一次会议,将会议记录录之如下:

　　　　上海博物馆美术工艺品收购委员会
　　　　　一九五五年第一次会议记录
　　会议时间:一九五五年十月六日下午
　　地点:上海博物馆
　　出席者:沈之瑜、陈烟桥、陈秋草(因事先退席)、朱石基、吕
　　　　　蒙、杨宽、马承源
　　会议主要内容:一、鉴别美术供应社介绍收购的竹器
　　　　　　　　　二、推选主任委员

---

①童书业:《略论战国秦汉社会的性质》,《新建设》1957 年第 8 期。
②牟润孙:《记所见二十五年来史学著作》,杜维运、黄进兴编《中国史学史论文选集》(二),华世出版社,1976 年,第 1128 页。

三、讨论征集美术工艺品的方针和方法

一、鉴别竹器

决定收购五件,因价格太贵,需要与物主洽谈。

二、推举主任委员

决定推选沈之瑜同志为主任委员,赖少其同志为副主任委员。

三、征集美术工艺品的方针和方法

讨论结果,作出下列四点决定:

1. 征集对象:包括近代美术工艺品、实用艺术品。

2. 征集办法:

(1)事先搜集资料,进行了解和联系,然后成立小组派往各地,有重点的深入民间进行征集,目前决定以福建、浙江两省为重点。

(2)采取通信方式和各地有关单位联系,根据我们的要求请他们代为征集。

(3)采取北京故宫博物院收购美术工艺品的办法,向美术供应社签订合同,逐目挑选,到年底做出决定。

3. 收购手续:所收购的工艺品,每一件的价格不超过二百元以上,可由主任委员批准,每一件价格在二百元以上的,当由本委员会讨论决定。凡派出小组去外埠进行征集,因请示有困难,在一定的价格范围内,可授权小组先决定,回来时汇报。

4. 收购标准:

(1)在民间影响很大的工艺品。

(2)艺术制作方法已经失传的工艺品。

(3)著名的民间艺人的代表作。

(4)有强烈的地方色彩的工艺品。

　　（5）已经有定评的现代艺术家作品。①

　　11月12日至12月11日，上海市文管会和上海博物馆联合举办"反对美国侵略集团阴谋劫夺在台文物展览"②。

　　是年，肃反运动中，童书业揭发先生与其组成反革命集团，先生对此回忆道：

　　　　我向来是个无党无派的人，从未参与党派有关的政治组织以及活动，没有什么政治历史问题。在一九五一年和五二年间进行"思想改造"运动和"忠诚老实"运动中，没有要求我交代一生的历史，也不用写自传上交，因此我对这场镇压反革命运动感到很轻松。没有料到，一天忽然接到童书业从山东大学寄来一封信，只有寥寥几句话，说什么他和我组成了有一个反革命集团，敦促我在运动中立即向上级坦白交代。我接信以后，一时感到很紧张，不知此中究竟怎么一回事。镇静下来仔细一想，看来患有"强迫观念症"的童书业在一些干部发动群众的逼问之下，惊慌失措致精神病发作，承认自己组织了反革命集团。有人知道他和我原是知交，进一步追问他是否我也在这个集团之内，他又承认了，于是他被迫写信给我，敦促我向领导交代。我估计山东大学历史系主持运动的干部还会向上海市文化局联系，要上级对我进行查询。

　　　　果然不出所料，次日文化局的文物处处长来到我的办公室，我知道他的来意，不等他开口，我先说已接到童书业的来信，发表了我对这个问题的看法。我指出童书业患有

①上海市档案馆：《上海博物馆美术工艺品第一次会议记录》，档案号：
　B172-4-419-61。
②陈燮、邓毅、陈克伦主编：《博物馆的文化力量：上海博物馆六十年发展历
　程：1952—2012》，第231页。

精神病,该是在运动中惊慌失措时承认他有反革命集团,才会写出这种信来,待他恢复平静,头脑清醒时肯定会自己更正。我说:"事情一定会很快弄清楚,可以请上级作调查。我过去由于上级主管的信任,没有写过自传上交,我的档案中只有一张简单的工作经历,为了便于上级的了解和调查,我准备写一篇自传上交。"这位处长当即表示同意,估计他的来意也不过如此,不便仅凭这一点马上对我进行围攻的。过了几天,我写了一篇自传上交,此后就没有来查询,估计不久童书业已经作了更正。这件事博物馆中没有人知道,但是在山东大学里已闹得大家都知晓。我事后了解到,当时童书业在紧张失控中,曾经作了书面交代,编造出了一套组成反革命集团的故事来应付,如同写小说一般,不久又作出更正的交代,声称这全是在群众追逼下编造出来的假话。

尽管童书业事件事后迅速得到更正,但是在我的档案中就留有这份反革命分子嫌疑的材料,成为不可信任的一个疑问。本来无论外宾中的国家元首还是共产党中央的首长前来参观这个博物馆,都是由我单独出来接待的,比方我就接待过印度总理尼赫鲁(Jawaharlal Nehru, 1889—1964)及其女儿英吉拉(Indira Gandhi, 1917—84,即后来也曾任总理的甘地夫人)。自从这次运动之后,情况就有些不同了。有一天上午文化局文物处处长来馆,说由于特殊原因,下午博物馆对外停止开放,只留少数共产党员管理陈列室,我因此也离开了。事后才知道,这是为了接待周恩来(一八九八——一九七六)到博物馆中参观一圈。①

童教英在其父童书业的传记中亦记到此事:

①杨宽:《历史激流:杨宽自传》,第215—216页。

审查者并未停止逼供,父亲的精神终于崩溃了,开始胡说八道,还请组织转信动员杨宽向组织交待,甚至认为越说得严重越会促使山东大学去调查,他骨子里还是相信共产党不会冤枉一个好人,但却连累了杨宽。……

"肃反"运动之雷霆从父亲头上隆隆滚过去了,1956 年父亲仍当选为第二届青岛市人民代表。但它对父亲的影响却始终没有消失。首先,它使父亲留下了终生愧疚,那就是连累了多年的朋友杨宽,父亲于 1956 年 7 月 2 日就写了更正材料,其主要内容是更正"肃反"时连累杨宽的不实之词,强调杨宽到苏北后,确实对各方说过"只抗日,不反共"之语。但父亲仍没勇气面对杨宽,甚至连道歉信都不敢写。不记得是哪一年,父亲手持一信回家,极为激动地对母亲连连说:"杨宽来信了,杨宽来信了!"笑得从未有过的开心,母亲也非常开心。后来才知道是杨宽给父亲写信,表示对父亲的谅解。

以父亲的伦理观分析,父亲 1956 年"肃反"时连累了杨宽,他是自知有错的,所以尽管杨宽事后主动给父亲写信,表示理解并声称友谊仍存,父亲也与杨宽通信,讨论学问,却始终没勇气面对杨宽。①

录是年《顾颉刚日记》《夏鼐日记》《谭其骧日记》中相关材料:

> 四月十二号星期二(三月二十):"杨宽正、蒋大沂来。"
> 四月十三号星期三(三月廿一):"杨宽等来,宴之于漪澜堂。……今午同席:杨宽正、蒋大沂、蒋天格、沈剑知(以上客)、予(主)。八元。"

---

① 童教英著:《从炼狱中升华——我的父亲童书业》,第 207、209、187 页。

四月十九号星期二(三月廿七):"杨宽正、蒋天格来。"

四月二十号星期三(三月廿八):"杨宽、蒋大沂来辞行,与之同在园中散步。"

十一月三号星期四(九月十九):"为希白写杨宽信。"①

4月15日星期五:"今日微雨。上午杨宽君领率上海博物馆诸同志来所参观。……晚间往访杨宽、蒋大沂等。"②

12月8日:"晚未出门,画图至十时,又搞年表,至十二时,仍未得妥法。钱穆与杨宽年代颇有出入,莫知适从。"③

1956年丙申　先生四十三岁

2月21日至27日,先生在京参加全国考古工作会议,《人民日报》刊有此次会议相关报道一则,节录如下:

中国科学院和中华人民共和国文化部联合召开的全国考古工作会议,于1956年2月21日至27日在北京举行。参加会议的有北京和21个省市的考古工作者、文物工作者、历史研究人员和大学的考古学教师,共180人。会议上分别听取了中国科学院郭沫若院长和文化部郑振铎副部长所作的关于考古工作的报告,宣读了考古发掘专题报告26篇,交流了工作经验,对今后的任务和努力方向,有了明确认识。大家一致认为这次会议的召开,是适时的,对考古工作的全面开展是有积极推动作用的。……

会议号召全国考古工作人员,要积极的学习马克思、列宁主义理论,批判资产阶级唯心主义思想,开展批评与自我批评,加强团结,端正学风,掌握先进技术和方法,提高思想

①顾颉刚:《顾颉刚日记》第七卷(1951—1955),第675、678、756页。
②夏鼐:《夏鼐日记》卷五(1953—1958),第151页。
③葛剑雄编:《谭其骧日记》,广东人民出版社,2013年,第42页。

觉悟和业务能力,为争取考古学在 12 年内接近和赶上世界先进水平而努力。

为了进一步学习先进经验和方法提高考古工作的科学水平,更广泛的交流工作经验,大会决定于 1957 年召开一次考古学术会议。

我们深深相信,全国考古工作者,经过这次会议,将更加紧密的团结在党的周围,在科学院和文化部的指导下,利用一切有利条件,发挥工作积极性和创造性,做好考古工作;在学术研究工作上、在对人民群众普及爱国主义教育上作出贡献。我们一定用自己的行动来迎接祖国文化建设的高潮,完成党和政府交给我们的光荣任务。①

3 月 10 日,上海博物馆接受顾丽江及其夫人程咏蘋捐赠陶瓷等文物 2441 件,中央文化部特发褒奖状②。

3 月 12 日,先生撰写《中国古代冶铁技术的发明和发展》序言。

4 月,《秦始皇》一书由上海人民出版社出版。日本学者山根幸夫编《中国史研究入门》指出:

秦始皇时期的政治,从战国时期分裂割据的各国发展为中央集权的国家,这一点有着很大的意义。杨宽的《秦始皇》(上海人民出版社,1957),西嶋定生《中国古代统一国家的特点——皇帝统治的出现》等论著都十分强调这一点。③

---

① 《第一次全国考古工作会议决议》,《人民日报》1956 年 2 月 28 日第 3 版。

② 陈燮、邓毅、陈克伦主编:《博物馆的文化力量:上海博物馆六十年发展历程:1952—2012》,第 231 页。

③ 山根幸夫:《中国史研究入门》,田人隆、黄正建、那向芹、吕宗力译,社会科学文献出版社,1994 年,第 112 页。

5月21日至26日,先生在京参加中央文化部召开的第一次全国博物馆工作会议。《人民日报》刊有此次会议报道一则,录之如下:

> "为科学研究服务、为广大人民群众服务",这是二十六日在北京闭幕的全国博物馆工作会议确定的博物馆工作方针和任务。
>
> 这次会议还明确了博物馆的性质是科学研究机关、文化教育机关、物质文化与精神文化遗存以及自然标本的主要收藏所。
>
> 文化部副部长郑振铎和副部长夏衍曾在会上讲话。他们希望博物馆工作者进一步发挥创造性、积极性,从现有水平出发,循序渐进地开展科学研究工作,为贯彻执行博物馆工作的方针任务而努力。文化部文物事业管理局局长王冶秋在会上介绍了全国现有五十个比较大的博物馆和博物馆筹备处的主要情况。会议还邀请苏联专家作了关于苏联博物馆进行科学研究工作经验的报告。①

6月,潘梓年、于光远来沪,与市委商讨加强上海地区哲学社会科学研究事宜,遂由石西民、陈其五承办,拟建立历史研究机构②。

7月11日,先生参加政协上海市委员会召集各界人士举办的"百花齐放,百家争鸣"座谈会并发言,先生言:过去一本书只要受人批评了一下,就再不能翻身了,这对学术自由讨论是有害的③。

---

① 《全国博物馆工作会议结束》,《人民日报》1956年5月27日第3版。
② http://www.historyshanghai.com/readarticle.asp? Articleid=478。
③ 《政协上海市委员会分八组座谈"百花齐放,百家争鸣"》,《新民晚报》1956年7月11日第1版。

8月上旬,上海市委与中国科学院副院长张劲夫联系,决定先建立"历史研究所筹备处"①。

8月9日,先生在上海人民广播电台上演讲对"百花齐放,百家争鸣"方针的体会及对某些学术问题的意见②。

10月,《中国古代冶铁技术的发明和发展》由上海人民出版社出版。

10月19日,位于建国西路407号的中国科学院上海历史研究所筹备处举行第一次会议,李亚农、周予同、杨宽、徐崙等出席,讨论人事、图书资料、工作步骤等问题③。

10月26日,历史研究所筹备处举行第二次会议,认为中心工作将是现代史资料的搜集与整理,尤以教会系统与工部局、海关等处的资料为重④。

11月30日,历史研究所筹备处举行第七次会议,讨论1957年的编制、预算和工作计划⑤。

12月24日,上海博物馆接受潘达于再次捐赠文物150件。

12月30日,先生参加中国史学会上海分会第四次学术讨论会,主要讨论束世澂的论文《中国封建社会土地占有形态初论》⑥。

是年,先生赴京参加"社会科学工作者十二年远景规划"会议。

是年,先生积极支持上海博物馆成立考古组,考古学家黄宣佩回忆道:

---

①http://www.historyshanghai.com/readarticle.asp? Articleid=478。

②《"百花齐放,百家争鸣",电台今起举行专题广播》,《新民晚报》1956年8月9日第2版。

③http://www.historyshanghai.com/readarticle.asp? Articleid=478。

④http://www.historyshanghai.com/readarticle.asp? Articleid=478。

⑤http://www.historyshanghai.com/readarticle.asp? Articleid=478。

⑥《上海史学界集会讨论"中国封建社会土地占有形态"》,《文汇报》1957年1月1日第2版。

1956 年 5 月 16 日，我被分配到了上海博物馆筹备处。刚进上海博物馆时，我主要从事博物馆方面的工作，先在群工部导引组，之后被安排到保管部征集组。

我之所以走上考古工作的道路，与时任上海博物馆副馆长的杨宽先生是分不开的。当时上海博物馆没有正馆长，由杨宽先生主持工作。杨宽先生极力主张，一个像样的博物馆应当设有考古部门。因此，1954 年馆领导派我参加了由国家文物局和中国社会科学院考古研究所联合举办的第三届全国考古工作人员训练班。1956 年，上海博物馆考古组成立，隶属于研究部，由我担任考古组组长。①

是年，上海博物馆组建文物整理组，并从社会上引进了专为收藏家和古董店修复青铜器、陶瓷器、竹木漆器的名手。

是年，为加强业务，恢复了筹建时期设立、后于 1953 年撤销的研究部，下设图书资料室和考古组，着重开展科学研究工作和考古发掘工作，同时成立出版组，专门负责书画类文物的复制、出版工作②。

录是年上海市哲学社会科学学术委员会筹备委员会关于建议在上海筹建历史研究所的报告一份：

建议在上海筹建历史研究所的报告

一、情况：

1. 上海历史学研究力量除学部委员李亚农外主要集中在复旦及华东师范大学，据一般评价基础较好，有一定研究水平的，在古代史方面有周予同、陈守实、吴泽、胡厚宣、束

---

① 黄宣佩口述：《我的考古之路》，《往事与记忆：上海地区博物馆、纪念馆口述访谈录》，上海辞书出版社，2010 年，第 23 页。

② 陈燮、邓毅、陈克伦主编：《博物馆的文化力量：上海博物馆六十年发展历程：1952—2012》，第 25 页。

世澂等。在世界史方面有周谷城、林举岱、耿淡如。近代史有李圣悦、陈旭麓,历史批判有蔡尚思。此外博物馆杨宽对战国史研究有一定成绩。

2.上海是帝国主义侵略中国的基地,也是工人运动的发源地,从上海的开埠和发展可以看出中国近百年来面貌的演变,因此上海过去遗留下来的资料是丰富的。例如从教会遗存资料可以看出帝国主义通过宗教的侵略史,又如前亚洲文会也遗留不少资料,现在都还没有充分利用。

3.我们曾访问周予同、蔡尚思、吴泽、林举岱等教授,大家对科学研究热情很高。迫切希望组织起来,全面规划,加强领导。根据上海的特点应着重研究近代史。此外还可以研究古代史和亚洲史。例如蔡尚思认为中国许多古书苏联史学家看不懂,希望我们自己翻成白话进行研究。如果再不翻,将来没有人看得懂了。林举岱认为亚洲史在世界史中还是薄弱环节,中国是亚洲的大国,应有责任来负担亚洲史的研究,但是这项工作很大,需要组织起来分工合作。

4.目前大学已经开展研究,但缺乏统一的组织领导和分工合作。同时研究工作的助手和条件也很差。有的人查看一下资料路上要花二三个小时,而且资料的抄写均须亲自动手,没有助理人员。

根据上述情况,我们建议年内在上海筹建历史研究所,以充分发挥历史学研究的潜在力量,并且从而提高大学历史学的教学水平。

二、建所的具体建议:

1.据一般推荐,所的领导以李亚农同志为最适宜,但是李亚农身体很弱,因此建议李圣悦(平心)、杨宽、陈旭麓负责主持筹备工作。其中李圣悦知识较渊博,和复旦二周及师大吴泽等关系较好;杨宽资格较浅,但公认研究好;陈旭麓虽然根基还不足,但很用心是个党员,可以做一些思想工作团结工作。

2. 目前我院在上海的历史学研究力量上有李亚农一人,因此研究所的建立要采取和复旦及华东师大合作的方式,由教授兼任研究员。此外,我们拟调李圣悦、杨宽、陈旭麓专职研究工作。华东师范大学中教学力量较强,估计影响不大,专职研究人员必要时仍可去兼课。

3. 为使筹建工作顺利进行,建议设立筹备处办公室,请调办公室主任一人,工作人员十人,负责具体组织工作和物质条件的筹备。

4. 请拨人员及图书经费 96000 元。①

录是年《顾颉刚日记》《夏鼐日记》《郑振铎日记》《竺可桢日记》中相关材料:

　　二月十七号星期五(正月初六):"杨宽来。"

　　二月十九号星期日(正月初八):"与厚宣到杨宽正处,未晤。"

　　二月廿五号星期六(正月十四):"杨宽来。"

　　二月廿六号星期日(正月十五):"宽正谈至二时半去。……今午同席:韩儒林、谭季龙、杨宽、李炳塽、方可畏(以上客)、予夫妇(主)。"

　　二月廿七号星期一(正月十六):"到萃华楼赴'考古工作会议'闭幕欢宴。……今晚同席:郭沫若、郑振铎(主)、王振铎、于思泊、商锡永、刘开渠、林惠祥、曾昭燏、张圣奘、贺昌群、翦伯赞、陈梦家、周永贞、唐兰、赵全嘏、高君箴、冯汉骥、

---

① 上海市档案馆:《上海市哲学社会科学学术委员会筹备委员会关于建议在上海筹建历史研究所的报告》,档案号:C43-1-2-41。

胡厚宣、徐森玉、何乐夫、王献唐、王冶秋夫妇、陈直、傅维本、马元材、张政烺、夏鼐、杨宽、郭宝钧,共十桌约百人。"

七月十六号星期一(六月初九):"为李埏写自珍、杨宽、钱海岳信。"①

3月10日星期六:"上午赴北京医院做胃病透视,为《历史研究》审阅稿子(杨宽《炼钢史料》)。"

5月17日星期四:"下午郑所长来所,新由外省视察返京。杨宽同志等来所参观。"②

四月二十四日(二):"下午三时,到上海博物馆。看他们新获的瓷器和楚器,顾佳。陈列室并无大变动,看不出其目的所在,性质如何。是艺术博物馆?是历史博物馆?所有古物,均不注出来源,有可疑者。到绘画保管室,看了不少好画。以李嵩钱塘图卷、仇英夏秋卷等为最好。近六时,出。"

十一月二十七日(二),晴,暖:"九时,到上海博物馆察看。并没有什么新的东西,排列上有问题。不注意学术、科学的价值,只是玩古董,大为无聊。"③

1月3日星期二,晨阴-6°,762mm,N by E 1,St. 10:"午后二点半在院开《中国科学史》座谈,到刘仙洲、王振铎、李涛、李俨和叶企孙、侯外庐。决定约请下列人写《中国科学史》。起初不以断代而定,分门别类,以三年为期,写好后再写编年中国科学史,指定人如下:数学:李俨、钱宝琮。气象:竺可桢。历法:曾次亮、钱宝琮。生产工具、攻守工具:

---

① 顾颉刚:《顾颉刚日记》第八卷(1956—1959),第22、23、25、26、27、91页。
② 夏鼐:《夏鼐日记》卷五(1953—1958),第212、224页。
③ 郑振铎著、陈福康整理:《郑振铎日记全编》,山西古籍出版社,2006年,第453—454、469页。

刘仙洲。天文：竺可桢、叶企孙、席泽宗。建筑：梁思成、刘士能。物理：王振铎、钱临照、叶企孙。印刷：潘光旦、赵万里、刘国钧。化学：张子高、张资珙、冯家声、袁翰青、陈国符。冶金：杨宽、周仁。生物：陈桢、石声汉、夏纬瑛、刘崇乐。锻铸：夏鼐。地质矿物：　　　陶瓷：周仁。地图、地理：王庸、侯仁之。……时间，分类史定 1956—1957 年。"

　　3 月 24 日星期六，阴。晨 763，阴，E："四点至国际书店和新华书店购书《中国科学技术发明和科学技术人物论集》一本，系三联出版，其中有杨宽所著《中国古代冶铁鼓炉和水力冶铁鼓炉的发明》。……杨宽文中提及东汉毕岚制翻车设机车以引水，见《后汉书·张让传》，这便是江南今日的龙骨车。自从汉魏以来一直利用水力鼓风炉为冶铸之用，见《太平御览》和《元和郡县志》。《东坡志林》谈及蜀中冶铁也用水排。《后汉书》李贤注云"冶铸者为排吹炭，令激水以鼓之也"。《东坡志林》也详述之（筒井用水排法）。元王祯《农书》中有水排图云。"①

录是年先生参加上海史学会事：

　　3 月 3 日："史学会召开十二年规划的史学筹备小组会议，吴泽主持。与会者初步提出了上海历史科学研究的一些中心问题，如：中国古代社会发展的历史，中国历史的阶段性和封建社会的分期，中国经济史、思想史、中国近代经济史、工人运动等。海关、工厂等都有特殊的发生发展的历史。会议将参加人员分为：中国古代及中世纪组，李亚农、蔡尚思、周予同、吴泽、章巽、陈守实、胡厚宣、徐森玉、杨宽，

---

①竺可桢：《竺可桢全集》第十四卷，上海科技出版社，2008 年，第 268、308 页。

蔡尚思为召集人;中国近代史及现代史组,李平心、陈旭麓、胡绳武,陈旭麓为召集人;世界古代及中世纪组,周谷城、耿淡如,周谷城为召集人;世界近代及现代史组,林举岱、程应镠,林举岱为召集人。各组将对长远研究课题提出要求。"

5月20日:"史学会在科学院招待所举行理事会会议,周谷城等参加。讨论今后分组活动安排:中国史方面,中心问题由陈守实、吴泽负责,通史断代史由胡厚宣、程应镠负责,专史由周予同负责,资料由杨宽、顾廷龙负责。近现代史方面,中心问题由陈旭麓负责,通史、专史由陈旭麓、蔡尚思负责,资料由陈旭麓负责。同日,史学会举行座谈会,周谷城等十一人参加。吴泽报告制定规划情况后,分小组讨论。"

8月26日:"史学会在上海博物馆举行理事会会议,周予同等十二人出席。会议确定了编委会委员初步名单:李亚农、金兆梓、蔡尚思、吴泽、杨宽、程应镠、李平心、周谷城、周予同、陈旭麓等。吸收舒新城、苏渊雷、叶玉华、徐嵩、年子敏、桂琼英为会员。同日,史学会举行座谈会,苏乾英等三十余人出席。周谷城传达8月1日沈志远召集上海市有关学会负责人会议情况,该次会议明确各学会暂由学术委员会筹委会领导。史学会是中国史学会上海分会,要争取当地党政的领导。学会今后的工作是组织史学工作者,传达党政对史学方面的政策、措施,推动学术活动。上海已决定先创办综合性学术刊物。周予同传达高教部召开的高校校长、教务长会议精神。陈旭麓传达教育部讨论文史哲教学大纲会议精神。会议讨论了百家争鸣方针与今后工作,朱鸿达、胡厚宣、顾廷龙、林举岱、周予同、胡厚宣、周谷城、杨宽等发言。"

10月21日:"史学会在博物馆举行理事会会议。李平心、周谷城、陈守实、杨宽、王造时、章丹枫、周予同、王国秀、顾廷龙、林举岱、洪廷彦、吴泽参加会议。列席的有石啸冲、尚丁。会议决定在助教中发展会员,活跃学会工作,并组织会员向《学术月刊》积极投稿。"

12 月 30 日:"史学会在博物馆举行学术讨论会,讨论华东师大历史系教授束世澂的论文《中国封建社会土地占有形态初论》,顾廷龙等二十余人参加。束世澂认为中国封建社会土地国有说并不恰当,从秦到鸦片战争前是地主土地所有制。周予同、李家骥、王丹岑、吴泽、杨宽、苏渊雷等发言。"①

1957 年丁酉　先生四十四岁

1 月 31 日至 2 月 21 日,上海博物馆展出顾丽江先生捐赠文物展,共 1500 余件文物,观众 8650 人次②。

2 月 8 日,顾廷龙致顾颉刚信中言先生将担任上海历史研究所筹备处副所长,节录是信如下:

> 上海近有历史研究所筹备处之成立,闻李亚农为所长,徐崙、周予同、杨宽副之。泉澄、懋恒、诗铭均已就研究员之聘。该所将以编印《史料汇编》及《大事志》为主要工作。③

2 月 22 日,上海史学会新理事就职仪式。会议初步商定,常务委员十三人,历史所李亚农、周予同、杨宽、徐崙名列其中;理事会主席李亚农,副主席周谷城④。

---

① 姜义华主编:《史魂:上海十大史学家》,第 404—406 页。
② 陈燮、邓毅、陈克伦主编:《博物馆的文化力量:上海博物馆六十年发展历程:1952—2012》,第 231 页。
③ 沈津编著:《顾廷龙年谱》,第 529 页。
④ http://www.historyshanghai.com/readarticle.asp? Articleid=478。

3月2日，《文汇报》邀请上海著作界、图书馆工作者及读者举行座谈会，讨论出版工作中存在的问题，先生与会，先生言：

目前出版界的工作方法，还存在着一些问题。编辑、印刷、发行分三个部门，成为三个专业，固然有它的好处。但是三个部门之间缺乏有机的联系，编辑部门不了解读者需要，发行部门又不了解书籍内容，盲目去编辑和发行，那必然会发生有滥有缺的现象。目前发行部门对每一本书第一版的需要量，心中不是十分有数，常常造成大量积压或长期脱销。对于再版要求的提出，也是计划性不强的。许多销路好的书，才会被及时的提出再版要求，销路差的书往往就不关心了，当然，好的书会受到群众欢迎，坏的书不会被群众喜爱，坏书在群众的选择下会被淘汰，这样依靠群众淘汰坏书的办法是好的。但是，科学水平比较高的专门著作，因为需要学习和研究的人少，不可能销路大的，如果我们也因为销路不大，同坏书一样去对待它，一版销完后不去再版，无疑的，这对文化科学的提高是有妨碍的。因为我们书店里，缺货的就是这些水平较高的著作，这就值得我们去深思了。

目前出版界由于工作方法上有问题，好像整个机器不太灵活。一本字数较多的著作，从审稿一直到出版，往往会东搁浅西搁浅，需要较长的时间才得出版。有分量的著作，这几年来所以出不多，或许这也是个原因吧！

有人说，目前因为纸张供应紧张，是高级读物脱销的主要原因。我认为这个理由是不存在的。科学水平较高的著作，无论销路怎样好，比起通俗读物来还是差得很远，所需的纸张在整个纸张用途中比例是很小的。我想，为了保证文化和科学的提高和发展，出版界对于高级读物的用纸量，应该划出一定数量。要做到这一点,是并不太难的。

当然,出版界能否做好出版工作,是和科学工作者和著作家们的创作劳动分不开的。我认为,科学工作者和著作家们今后不仅要努力多写作高级读物,还应写作水平较高的通俗读物,以满足出版界和读者的需要。①

3 月 10 日,上海史学会举行年会,周予同主持,上海市委负责人到会讲话②。

4 月,先生接待日本考古学家原田淑人率领的考古学代表团,这是战后日本首次前来访问的学术代表团。

4 月 6 日,中国科学院上海历史研究所筹备处填写 1957 年工作计划的说明一份,先生为高级研究员,专题研究:西周春秋的经济制度和政治制度③。

4 月 8 日,上级同意先生赴复旦大学兼职。

为同意上海博物馆副馆长杨宽去复旦大学

我委原则上同意上海博物馆副馆长杨宽去往复旦大学兼职,今后如有其他干部提出同样要求,可根据条件由你局具体掌握。④

5 月,先生陪沈从文旁听上海政协召开的"鸣放"座谈会,先生回忆道:

小说家沈从文(一九○二—八八)从北京来到上海找

①《座谈出版界当前的一些问题,著作界对改进出版工作的意见》,《文汇报》1957 年 3 月 11 日第 2 版。

②http://www.historyshanghai.com/readarticle.asp? Articleid=478。

③上海市档案馆:《中国科学院上海历史研究所筹备处 1957 年度工作计划》,档案号:B181-1-264-4。

④上海市档案馆:《关于上海博物馆副馆长杨宽拟兼任复旦大学教授的通知》,档案号:B34-2-206-3。

我，要我陪他一起到上海政协旁听这个"鸣放"的座谈会。沈从文原是"新月派"的著名小说家，当时他早已成为批判对象，因而久已搁笔，不再写小说，而在中国历史博物馆工作，改行研究古代服饰，成为我的同行了。我陪他一起去旁听，他只是旁听，不发表任何意见，我也跟着只听不说。他和我一起旁听了好多天才回北京。沈从文这次前来上海，事先没有约定，是突然来的，可能他是为了避免参加北京的"鸣放"会。据他说，他还要到上海提蓝桥监狱去探望一个朋友，看看是否可能营救出狱。我看他接连好几天在"鸣放"会上旁听，一言不发，修养的功夫很好，很是值得我学习。我认为他年纪比我大十二岁，毕竟社会经验比我丰富得多。①

沈从文在致程应镠、张兆和函中言此事及博物馆事。节录如下：

这次是来视察的。同行的约二十人，多不识，我只看文物和学校对文物应用问题，及待充实问题。(4 月 21 日致程应镠)②

我到博物馆谈了一天情况，才明白这个单位人数大得可惊，东西也收得不少，可是研究整理工作却差得很。很多人可能都宜于转到另一个机关里去干别的工作。不过到什么地方去？或者还是问题。许多人似乎都还不明白如何进行工作，减去三分之一大致还是能照常进行工作。女的人数占一半以上——七十多位，在机关干部中，实在可谓惊人。因为女的能研究的似乎只有一人，还不大明白究竟是在如何研究。最接近群众的十四个说明员，女的也占多数，

①杨宽：《历史激流：杨宽自传》，第 222 页。
②沈从文：《沈从文全集第二十卷·书信》，北岳文艺出版社，2002 年，第 151 页。

工作比小学或初中教员待遇好些,工作量却不如教员之多,一天作两次说明外还可有二三小时自由读书。困难处只是不易在业务上提高。对工作倒挺热心,惟业务上领导他们的,不能如何帮助他们,因之说明工作必停顿到一点上,不容易丰富了自己的知识,再来增加观众认识。这也正是各省博物馆面临现实情况,亟待改进的一个环节。(5 月 2 日致张兆和)①

1956 年 10 月 28 日至 11 月 3 日,沈从文亦来上海参观博物馆,沈氏在致张兆和及沈云麓信中谈及参观博物馆之观众。节录如下:

> 我们走上街本地人大致一眼即看出是外来的。博物馆参观人中即有不少这种人,衣服不如本地人整齐,头发比较长,神气有点乡乡的,可能在本省还被人尊为"首长",到大都会都生疏疏的,总是东张西望,进馆子总是看菜牌点菜,手上或者拿着过多东东西西,一切是外来干部风格。(1956 年 10 月 31 日致张兆和)②

> 我到了上海,看博物馆工作和文物资料问题。……我这次是和一个年青同事从济南、南京、苏州、上海一路停顿下来参观博物馆,学习明白情况和陈列内容、收藏现状的。在上海还看了宋元明画展,东西有极好的。上海地方大,人多,看画展也如赶场,热闹之至!至于博物馆,就近两天印象说来,同行来观摩的占相当大比例人数。每天一般观众,远不及大街上偶然发生一件什么撞车案时,短时期聚集观众之多。

①沈从文:《沈从文全集第二十卷·书信》,第 174 页。
②沈从文:《沈从文全集第二十卷·书信》,第 70—71 页。

（1956 年 11 月 1 日致沈云麓）①

5 月 2 日,上海市委召开出版界文化界座谈会,先生与会并发言。先生言:博物馆需要有长期规划,如没有注意培养博物馆工作人员,将来可能会后继无人②。

5 月 4 日,先生参加上海市委召开的知识分子座谈会并发言。先生言:上级派下来的人,有很多都是文化水平很低的新干部,培养起来,相当吃力③。

5 月 22 日至 26 日,中国人民政治协商会议上海市第一届委员会第四次全体会议举行,先生与其他学者共同提交提案一份:

案　由

为了学校教学和科学研究上的需要,建议由中央文化部主持或在中央文化部大力支持下,在上海创办全国性的历史博物馆由。

理　由

一、上海为我国大都市之一,人口众多,学校众多,文化教育工作者和科学研究工作者众多,很需要有一个全国性的历史博物馆。"上海市 1956 年到 1957 年知识分子工作纲要"第三条曾规定:"在 1957 年内充实和创办历史博物馆和自然博物馆各一所。"

二、目前全国各地出土文物在百万件以上,绝大多数堆积在库房,无人整理研究。而大中学教师和科学工作者则无法加以利用。为了解决这个矛盾,使科学资料得到充分利用,为了保存出土文物和发展科学研究,我们认为有在大都市创办历史博物馆的必要。(这些大量出土文物长期堆积在库房中,将日渐损坏。同时如此大量的出土文物,不是各地所办的地志博物馆所能容纳和整理研究的。)

办　法

一、建议在中央文化部的主持或大力支持下,按照上海的需要,将各地堆存的重要出土文物,选择一部分调拨到上海来。调拨时可把整个墓或整个遗址的出土文物连同发掘记录一起调拨,以便于整列、陈列和科学研究。

二、建议中央文化部,把上海建设历史博物馆这一工作,作为重点试验,在取得成绩后在其他大都市推广这个经验。

三、建议由中央文化部抽调各地博物馆一部分工作者来沪共同协力来做好历史博物馆的创建工作。由上海市调拨房屋和经费,并抽调必要干部,在中央指导下,进行这个创建工作。

为了完成两年知识分子工作纲要所规定的创办历史博物馆的任务,我们认为,唯有采取上述办法。

提案人签名:杨宽、叶元龙、肖纯锦、程天赋、孙怀仁、孙晓楼、勾适生、朱伯康、石啸冲、汪旭庄、吴承禧、谭其骧①

5月22日,徐森玉在《文汇报》上发表《几点声明》,谈到上海博物馆工作中存在三个问题:

关于我在宣传会议谈到上海博物馆的一些问题,有些补充意见要在此加以申明。

---

① 上海市档案馆:《杨宽、叶元龙、肖纯锦等委员关于为了学校教学和科学研究上的需要,建议由中央文化部主持或在中央文化部大力支持下,在上海创办全国性历史博物馆的提案》,档案号:L1-1-116-30。

1.关于孙位《高逸图》损坏折裂问题。当发现这问题时,曾摄有原图被损的照片。此项照片现在博物馆档案中。事实最为雄辩,可以取出核对。原图被损至今,已有数年。长期封存,其中折损的部分,自然渐就弛松平复。因之肉眼不能识别,有一部分也就不易看出。若再加以砑平,则越发不易看出。但其中折裂则依然存在。上海市博物馆也承认有了好些折纹。须知收藏古画,断不能有一点损坏。损坏一点,即已造成错误。何况有这么多的折损。至于处理此项折损,如若不再揭裱,则必须在裱纸后加贴小条,使裂损处不致折裂。除非永不打开,否则势必在原损坏处继续扩大损坏。这是常识问题。但即此常识问题,有些人亦不具备。

2.关于战国剑上编物撤去的问题。此物原为丁惠康君所藏,丁君当能说明原编物的形状。并且原编物也摄有照片,可以核对与现在情况,差别至何程度。杨副馆长发言,将这项责任推在死去干部身上。据我们所知,死去的一人,当时并不在陈列战国剑所在的一组内工作。这组工作是由蒋大沂直接经手,杨副馆长亲自领导。这编物据蒋大沂承认,是他手撤的。纵是别人撤去,若不奉蒋杨之命,亦是不敢动手的。

3.关于保管部干部被调问题。杨副馆长自己的发言,已经说明了他自己的责任。教育局虽然要干部,文化局虽然要博物馆协助,但这两局只是要人,而不是指定要某一个干部。决定派出何姓何名之人,仍由博物馆负责决定,杨副馆长口口声声说保管部训练熟了的两个人被调之后,才发生打坏明朝画一事。何以对熟练了的干部竟毫不考虑,随意决定其去留?须知对于保管书画熟练的知识,不但培养不易,把他们调到别处教书,亦毫无用处。并且这中间之一人,后来又被调回。这一个同志的又被调回,正是文化局了解情况以后才要博物馆交涉调回的。可见乱点鸳鸯谱的,不是教育局、文化局,而正是博物馆自己!杨副馆长是文物工作者、历史研究者,在这一点上,采取的却不是实事求是的态度。在他的发言中还提到前文管会堆积次品书画一万多件。须知这个所谓"前文管会",杨副馆长那时正是主任秘书。这也正是他的责任。当时既未处理,而后来美协和文管会合组的专家,已经再作鉴定,何以博物馆还不尊重,相反的却否认了这个联合的审查决定。以致不肯提出,才任其尘封的。

以上三点是事实。这些事实都是可以复案的。森玉年将八十,衰朽之躯,早无意气。只是因为生平搞的是文物工作,情感所在,不能不说,虽然说了,心中是很痛苦的。①

5 月 27 日,作为上海博物馆的负责人,先生在《文汇报》上发表《几点说明》回答徐森玉的质疑:

我读了 5 月 22 日《文汇报》发表的徐森玉老先生的"几点声明",很感谢他对于博物馆事业的关怀,但是有些事实还需要说明一下。

1. 徐老先生说:"孙位《高逸图》由于长期封存,其中折损部分,自然渐就弛松平复,因之肉眼不能识别,有一部分也就不易看出。若再加以砑平,则越发不易看出。"我们需要说明的是,这图卷在启封后,并未进行任何修整工作。将来进行修整时,自当郑重处理。

2. 关于战国剑柄上所绕的带,情况是这样的:1952 年 5月 9 日至 11 日,文管会的古物整理处举行临时性的陈列,

---

①徐森玉:《几点声明》,《文汇报》1957 年 5 月 22 日第 2 版。

招待市委参观,即发现这剑柄上所绕的带,表面已松断,且不整齐,当由一工作同志(已故)把松的部分绕紧。到分组进行正式陈列时,为了免得里层的带再松散,曾由二位工作同志把松断部分接起来绕整齐。这样的做法,为的是使表面松断的带不再散落,里面未散部分不再松散。当时领导陈列的是蒋大沂先生。当1953年这个问题提出以后,在文化局的领导下进行过了解。并不是有人弄坏或有意把它撤下来的。徐老先生说:"这编物据蒋大沂承认,是他手撤的。"蒋大沂先生既没有去撤过,也没有承认由他手撤的事。

3.关于保管部干部被调问题,确是由文化局人事部门指名来调的。徐老先生说:"这两局只是要人,而不是指定要某一个干部,决定派出何姓何名之人,仍由博物馆负责决定。"是不符事实的。至于调出去的人中间有一人调回,这是由博物馆向教育局提出请求并得到教育局同意后,才由文化局去调回的,并不是"文化局了解情况以后才要博物馆交涉调回的"。因此徐老先生说:"可见乱点鸳鸯谱的,不是教育局、文化局,而正是博物馆自己!"也是不符事实的。

4.至于文管会"次品"中挑选出来的画,我们是另放在一个库房里,并不是"任其尘封"。我们决定的处理办法是:对这些画进行防霉的措施,待经过霉季后,对这些画进行一次检查,才能送入字画库房。因为这些画在未整理挑出拨给博物馆前,作为"次品"存放,虽然经过一段时期的整理,但不免有霉菌存在。如果不小心谨慎,把霉菌带入字画库房,是不堪设想的。

以上各点,恐出传闻之误,特为说明如上。①

---

① 杨宽:《几点说明》,《文汇报》1957年5月27日第2版。

据郑重言,先生与徐森玉收购文物的观点不相同:

1952 年,上海博物馆成立。1953 年,上海博物馆又从文管会分离出来,划归上海市文化局领导,上海市文管会就成为一个管理机构,李亚农不再担任文管会主任,由徐森玉任主任。杨宽也不再兼管文管会的工作,任上海博物馆副馆长,专职于博物馆的工作。文管会和博物馆分家,在收购文物的问题上就产生了矛盾。上海市文物管理委员会下设鉴定委员会,集中了一批鉴定专家,不光是文管会收购文物要经鉴定委员会专家鉴定,博物馆收购文物也要经过鉴定这一关。当时上海市府秘书长徐平羽对杨宽说:"你们博物馆的人不懂文物,博物馆买东西,一定要送文物鉴定委员会进行鉴定。"收购文物不能哪一个人说了算,要经过专家讨论,有收购记录,这样就引起杨的不满,结果博物馆和文管会的矛盾越闹越大。由于上海是一个很大的文物市场,不只是上海市文管会在收购文物,外地的文物机构也派代表常驻上海收购文物,这是徐森玉一直认可的。他认为:文物是收藏的,也是国家的,文物市场是开放的,只要是国家文物机构,都可以来上海收购文物。……杨宽等反对上海文物市场的文物外流,这样博物馆和文管会也有矛盾。……对徐森玉的做法,上海博物馆的杨宽则持反对的态度。杨宽主张好的文物要留在上海,只能由上海博物馆收藏,而且制订了一些条款,诸如外地文物机构来上海收购文物,首先要向上海博物馆报到,收购的文物要向上海博物馆登记,要经过上海博物馆鉴定。如果是上海博物馆需要的,要扣留,上海博物馆不需要的才能运走。①

① 郑重:《徐森玉》,文物出版社,2007 年,第 154—160 页。

6月,中共上海市常委王一平兼任上海博物馆首任馆长,言行任副馆长①。

7月27日,先生参加驳斥民盟中央关于我国科学体制问题的几点意见的反动科学纲领和揭发沈志远等右派言行座谈会②。

7月29日,先生参加批判右派分子提出的反动科学纲领座谈会③。

10月9日,吕思勉在上海病逝,享年七十三岁,先生为治丧委员会委员。

10月13日,下午二时假上海胶州路万国殡仪馆公祭吕思勉。

12月18日,上海历史研究所筹备处领导讨论工作规划,奚原认为,不应该要求对古代素有研究的周予同、杨宽等"改行"而搞近现代史研究④。

是年,在反右派斗争中,上海博物馆没有打出一个右派,先生自言:

　　等到反右派斗争开始,由于人事的变动,事情发生了变化。上海的《文汇报》总编辑徐铸成(一九〇七—九一)被划为右派,编辑部改组,原文化局长陈虞孙调去当总编辑,徐平羽调任文化局局长,成为我的顶头上司。徐平羽派来一个干部当副馆长主持博物馆的反右派斗争,于是博物馆除了维持对外开放以外,全部工作停顿,全体工作人员卷进这场斗争。这个干部发动大家揭发馆中主要工作人员包括

①陈燮君、邓毅、陈克伦主编:《博物馆的文化力量:上海博物馆六十年发展历程:1952—2012》,第231页。
②《社会工作者今晨继续揭发沈志远是章伯钧的传声筒》,《新民晚报》1957年7月27日第4版。
③《沈志远开始检讨反动言行》,《文汇报》1957年7月29日第2版。
④http://www.historyshanghai.com/readarticle.asp? Articleid=478。

我在内的问题,天天开会,发动大家贴大字报,企图从中挖出一批右派分子来。好在我没有在任何"大鸣大放"的场合发表什么意见,因而没法对我下手,群众也揭发不出什么材料。他们很想在馆内主要工作人员中挖出右派分子来,我竭力防止发生这样不幸的事。我认为,这里的主要工作人员尽心尽力为创建这个博物馆而努力,今天这座博物馆在国际上很有声誉,他们都有一份功劳在内,正应该论功行赏,怎么可以把他们打成右派呢? 因此凡是群众揭发有涉及他们的问题,我总是根据实际情况加以解释,竭力为之辩护。因而运动开展很久,大会小会开了不少,大字报也贴了许多,在博物馆内一百几十个知识分子中却没有打出一个右派分子来,这在当时上海的大文化机构中是罕见的。①

录是年《顾颉刚日记》、吕思勉残存日记、《刘节日记》中相关材料:

> 九月三十号星期一(闰八月初七):"中秋夜,丕绳与予谈,谓湖帆之画能融合四王、宋元,又加以创造,故能独步一时。然聪明有余,功力尚不足,以其未经科班出身也。予因谓草桥中学出三人,湖帆之画,圣陶之文学,予之史学,皆是聪明逾于功力者,以清末民初,群不悦学,我辈皆由自己摸索而来,未得名师传授也。故圣陶之诗,富有天趣而轶出绳墨。予亦自知根柢始终未打好。丕绳云:'现在人所作历史研究文字,大都经不起覆案,一覆便不是这回事。其经得起覆案者只五人:先生、吕诚之、陈寅恪、杨宽、张政烺也。然吕先生有时只凭记忆,因以致误。陈先生集材,大抵只凭主要部分而忽其余,如正史中,只从《志》中搜集制度材料,而忘记

①杨宽:《历史激流:杨宽自传》,第225页。

《列传》中尚有许多零星材料。先生亦然,不能将细微资料搜罗净尽,以是结论有不正确者。杨宽所作,巨、细无遗矣,而结论却下得粗。其无病者,仅张政烺一人而已。'闻此心折。予之文字作得太快,故有此病,不若苑峰之谨慎与细密也。"①

六月初三(五月初六)星一:"目少愈姑写读。北宗来,玉挼来以《隋唐五代史》去。宽政来。"

八月卅一(八月初七)星六:"目不适,停写读。宽正来。"

九月廿二(八月廿七)星期:"目稍剧。宽正来。"

九月廿九(闰八月初六)星期:"宽政来。"②

三月三十日星期六天晴:"上午上课二小时。下午开推销公债会。晚草史学史一页。作函寄杨宽。"③

录是年先生参加上海史学会事:

年初:"史学会举行理事会会议,杨宽等十二人出席,讨论改选理事、《学术月刊》约稿及批准新会员等事项。"

2月22日:"史学会在高安路12弄3号举行新理事就职会议,李家骥、周谷城、张玫、徐崙、束世澂、王国秀、戴家祥、林举岱、陈旭麓、吴泽、杨宽、顾廷龙、洪廷彦、阳同、陈守实、谭其骧等出席。会议讨论章程修改问题,初步协商决定由李平心、吴泽、束世澂、周予同、周谷城、顾廷龙、李亚农、杨宽、徐崙、李家骥、谭其骧、林举岱、程天赋组成常务委员会。常务主席周谷城,副主席吴泽、李平心,秘书杨宽、程天赋。理事会主席李亚农,副主席周谷城。"

4月28日:"史学会召开理事会会议暨座谈会,程应镠、

---

①顾颉刚:《顾颉刚日记》第八卷(1956—1959),第315—316页。
②李永圻、张耕华:《吕思勉先生年谱长编》下,第1008、1012、1013页。
③刘节著,刘显曾整理:《刘节日记(1933—1977)》上,大象出版社,2009年,第426页。

陈守实、杨宽、徐崙、周谷城、顾廷龙、周予同、姚舜钦、吴泽、束世澂、戴家祥、张玫、李家骥、洪廷彦、王国秀等出席。会议通过新会员二十六人,决定每月最后一周召开一次座谈会,学术活动分组举行,由常委会领导。分组情况及各组负责人:中国古代中代组,程应镠、束世澂、陈守实;中国现代近代组,陈旭麓、胡绳武、魏建猷;世界古代中代组,耿淡如、陈祖源、韩亦琦;世界现代近代组,林举岱、朱延辉、靳文翰;亚洲史作为后备组,田汝康、张荫桐。各组名列第一位者为第一召集人。"①

1958年戊戌　先生四十五岁

1月6日,先生填写"上海史学会会员登记表"一份:

上海史学会会员登记表

1958年1月6日

姓名 杨宽　别号 宽正　性别 男　年龄 45　籍贯 江苏青浦

学　历 光华大学毕业

住　家 高安路十号(甲)　　　　　　　　　　电话 368990

办公处 南京西路325号上海博物馆　　　　　563176

　　　　浦西路六号(甲)中国科学院上海历史研究所筹备处

　　　　　　　　　　　　　　　　　　　　　373931

现任职务及所属机构 上海历史研究所筹备委员兼研究员

　　　　　　　　　　上海博物馆副馆长

前曾服务的机构	所在地	担任工作	起讫年月
上海市博物馆	上海	研究干事	1936年4月到37年8月
广东省立勷勤大学教育学院	广西	历史系讲师	37年8月到38年7月

---

① 姜义华主编:《史魂:上海十大史学家》,第406—407页。

光华大学	上海	历史系副教授	39 年 7 月到 41 年 12 月
上海市立博物馆	上海	馆长	45 年 9 月到 49 年 5 月
光华大学	上海	历史系教授	46 年 1 月到 51 年 1 月
上海市历史博物馆	上海	馆长	49 年 6 月到 51 年 11 月
上海市文物管理委员会	上海	主任秘书兼古物整理处主任	51 年 11 月到 53 年 8 月

过去有何著作（包括单行本及报刊上发表之学术论文）

《中国历代尺度考》（商务）

《战国史》（上海人民出版社）

《商鞅变法》（同上）

《秦始皇》（同上）

《中国古代冶铁技术的发明和发展》（同上）

1958 年拟从事何项研究或译著工作（请填写题目及详细计划）

西周春秋时代的经济制度和政治制度

57 年曾写成有关西周农业生产的论文两篇，一篇发表于《学术月刊》二月号，一篇发表于《历史研究》十月号[1]

2 月 20 日，蒋维乔在上海病逝[2]。

3 月 5 日，上海博物馆馆务会议决定成立"上海博物馆编审小组"和"上海博物馆收购小组"。编审小组由王一平、杨宽、蒋大沂、沈剑知、郑为 5 人组成，收购小组由王一平、杨宽、言行、蒋大沂、沈剑知、郑为、马承源、承名世、马泽溥 9 人组成[3]。

---

[1]上海市档案馆：《中国史学会上海分会会员登记表》，档案号：C43-2-289-41。

[2]熊月之主编：《上海名人名事名物大观》，上海人民出版社，2005 年，第 271 页。

[3]陈燮、邓毅、陈克伦主编：《博物馆的文化力量：上海博物馆六十年发展历程：1952—2012》，第 232 页。

3月9日,上海市哲学社会科学学会联合会成立,陈望道当选主席,先生当选为委员会委员①。

4月13日,先生参加上海哲学社会科学学会联合会召开的讨论"厚今薄古"问题座谈会并发言②。

4月14日,先生在《文汇报》上发表《坚持"厚今薄古" 发展历史科学》③。

5、6月,上海各单位干部组成"万人检查团",先生担任新成区的副组长,对此先生回忆道:

> 上海是工业生产大跃进运动的重点之一。上海市委为了推动全市大小工厂的大跃进,在五八年五、六月间就抽调各单位干部,组成万人检查团,按地区分成小组,派进大小工厂企业,主持大跃进运动。因为我是上海博物馆的领导干部,当时博物馆在南京西路原来跑马厅大厦,属于新成区,我被抽调编入新成区检查团的一个小组。这个小组是新成区的一个重要小组,组长是区委书记,我挂名为副组长,全组共七人,被分配到北京路的新丰电机厂进行工作。新成区主要是商业中心地区,工厂都不大,这个电机厂只有几百工人。
>
> 我们检查组的主要工作,先帮助工厂制定每个战役的大跃进计划,并按计划检查生产的进度;计划完成以后,要帮助进行总结经验,从中发扬先进的经验,并改正发现的缺点。当时把每一阶段的突击任务,称为一个战役。一个战

① 《上海市哲学社会科学学会联合会委员会委员》,《学术月刊》1958年第4期。

② 《厚今薄古就是兴无灭资》,《文汇报》1958年4月15日第2版。

③ 杨宽:《坚持"厚今薄古" 发展历史科学》,《文汇报》1958年4月14日第2版。

役常常是一个星期或几天。当每个战役开始,每个工人都夜以继日地积极劳动,感到疲倦就轮流地睡二三小时,在上半夜和下半夜,厨房都预备了饭菜免费供应,因此一天要吃五餐。我们这个检查组,除了区委书记因要管全区的运动,每天只能来一二小时外,所有组员都必须和工人们打成一片,因此都留在厂内帮助工作,同样地轮流睡一下,一天吃五餐。这样依靠夜以继日的劳动来增加生产,限于技术水平,既不能持久,也很难取得革新的成果。而且这样夜以继日地增加劳动时间,追求产品数量,必然影响到产品的质量,甚至生产出不合格的废品,反而造成损失。①

5月,李约瑟和鲁桂珍在来中国前曾给郭沫若去信一封,提出要会见的一些学者,信言:

　　我希望能尽多地会见中国各地从事研究科学史和工艺学等各种专业的学者。举例说,我愿访问我在陕西武功的老朋友石声汉博士(西北农学院),同样,我也希望结识些新朋友如杨宽,他最近出版了一本关于中国钢铁历史和工艺学的有趣书籍,竺可桢博士可能还记得我希望找到一位在剑桥接替王铃博士的新的合作者。②

6月1日下午,李约瑟与鲁桂珍从广州抵达北京,赴华进行三个月的考古旅行。

6月22日,李约瑟与竺可桢同机由京抵沪。与杨宽讨论中国古代冶铁史③。《竺可桢日记》与此记录不同,1958年6月15

①杨宽:《历史激流:杨宽自传》,第235—236页。
②王钱国忠:《李约瑟的故事》,河北少年儿童出版社,1996年,第105页。
③王钱国忠:《李约瑟与中国古代文明图典》,科学出版社,2005年,第268页。

日,"至济南停半小时,遇 Needham、鲁桂珍、联络局陈绿园及翻译萧潮。渠等亦于今日飞上海"①。

对于与李约瑟会面,先生回忆道:

> 我的《中国古代冶铁技术的发明和发展》一书出版后,引起了国内外学者特别是科学技术史学者的注意,英国李约瑟(Joseph Needham, 1900—95)看到这本小书,当他访问中国时特别约我到锦江饭店见面,一起谈论了半天。他很同意这本书的看法,特别着重谈论了南北朝的綦母(亦作綦毋)怀文"宿铁刀"的冶炼法和灌钢冶炼法。他特别珍视这方面研究的成果,并且向我了解当时中国学术界对于科学技术史研究进展的情况。最后他拿出东亚科学图书馆的照片,说明他们在伦敦这方面的研究条件十分优越,希望像我这样的学者到伦敦去一起从事研究,以便加快完成他的多卷本《中国科学技术史》巨著。

> 我告诉他,我是中国古代史研究者,并不是冶金史的专家,从事这方面的研究,目的在于引起各方面对这个研究课题的重视,特别希望考古工作者和冶金学者参与研究。我还告诉他,在中国很难找到能够同他合作研究的学者,因为必须熟悉中国这方面的史料,精通西方的科学技术史,还得有很好的英文基础,这样的人才很是难得。②

7月,捷克斯洛伐克鲍格洛(Timoteus Pokora)寄来《李悝〈法经〉的一个双重伪造问题》(后发表于 *Archiv Orientalni*,即《东方文献》第 27 期)的文稿并征求先生意见③。

---

①竺可桢:《竺可桢全集》第十五卷,上海科技教育出版社,2008 年,第116 页。
②杨宽:《历史激流:杨宽自传》,第 252 页。
③杨宽:《历史激流:杨宽自传》,第 248 页。

8、9月,大炼钢铁运动开始,先生被调到新成区钢铁指挥部工作,先生对此回忆道:

> 到八、九月间,大炼钢铁运动开始,新成区成立炼钢指挥部,我就被调到这个炼钢指挥部工作。因为区委书记看到过我在五六年发表的《中国古代冶铁技术的发明和发展》这本小书,认为我懂得土法炼铁炼钢。……
>
> 当时上海所有大小工厂、商店、文化教育单位,普遍都由党的书记带头参加炼钢。炼钢指挥部的主要工作,就是要从少数已经学会土法炼钢的单位中,选出比较成功的经验,让别人来学习和推广。因此我们经常要到各个土法炼钢的现场去观察,请有成功经验的单位当场演练让大家观摩学习,并印发有关这方面经验的材料,加以讲解并进行讨论。我们把这种观摩学习和讨论的活动,称为"现场会议"。如果这种现场会议开得及时和比较成功,就可以使土法炼钢的成果得到提高。同时我们搜集了不少各地出版土法炼钢的材料,选出其中较好的经验来加以推广。
>
> 当时大多数参加炼钢的单位,白天还有业务,都要等到夜晚才加班奋战。因此一到晚上,就可以看到各地所建的炼钢炉都是"热火朝天"的景象。按规定,所有参加炼钢的单位,每天半夜十二点钟要用电话向各区炼钢指挥部报告当天炼出的成果,再由各区指挥部汇报到全市的炼钢指挥部,然后在报纸上公布全市每天的钢产量。我们每天都要等到半夜十二点汇报出本区当天钢产量以后,才能回家休息。这场大炼钢铁运动直到年底才结束。①

10月,中国科学院上海历史研究所筹备处与复旦大学历史

---

① 杨宽:《历史激流:杨宽自传》,第236—237页。

系合并,拥有27名研究人员①。

10月17日,先生参加上海市哲学社会科学学会联合会召集降低稿酬标准的座谈会并发言②。

录是年《竺可桢日记》中相关材料:

> 5月22日星期四,晨晴,房中69℉,755mm:"上午九点约侯外庐、叶企孙、钱宝琮、李俨、谢鑫鹤、王振铎等谈招待李约瑟事。李于15日离开锡兰,廿九日到香港,估计月底月初到北京,将留中国二个月,要去上海、广州、昆明、重庆、贵州、甘肃、西安等地。他的英国老婆不来,但是鲁桂珍(据说是和他有肉体关系的)将随之而来,去南京看她父亲鲁茂庭。……也谈到个别访问,李约瑟会想访问李涛、杨宽(复旦)、石声汉和袁翰青。"③

1959年己亥 先生四十六岁

是年7月至1970年5月,先生辞去上海博物馆副馆长,专任上海社会科学院历史研究所副所长。

1月,先生在《文物》杂志1959第1期上发表应时文章《中国人民在炼钢技术上的成就》。

3月23日,郭沫若在《人民日报》发表《替曹操翻案》的文章,引起史学界的强烈反应和讨论。

4月,先生《墨经哲学》由台北正中书局重印,此版有蒋维乔序。1986年7月台北正中书局重印《墨经哲学》,蒋维乔序

---

①上海社会科学院院史办公室:《院事揽要:上海社会科学院大事记(1958—2008)》,第18—19页。
②《降低稿费有利于思想改造,上海社会科学界和出版界人士举行座谈》,《文汇报》1958年10月22日第2版。
③竺可桢:《竺可桢全集》第十五卷,第100页。

被删。

5月，上海历史学界讨论关于曹操的功过评价问题。

5月25日，为支援中国历史博物馆开馆，上海市文管会和上海博物馆调拨西周大盂鼎等重要文物125件①。

7月，先生为吕思勉遗著《隋唐五代史》撰写《出版说明》。9月吕思勉《隋唐五代史》出版，全书百余万字，未刊总论，且有删改，书前有批判性的《出版说明》，此《出版说明》署名"中华书局上海编辑所"，实为先生执笔，节录如下：

> 这部《隋唐五代史》，是吕思勉先生的遗著。吕先生字诚之，江苏武进人，生于1884年，卒于1957年。他一生的精力，完全放在历史研究和历史教学上。他从二十三岁起，就决心献身于历史研究工作。五十年来，曾经从头到底把二十四史读过三遍，同时还曾参考其他的历史书作考订。他早年最爱读的书，是顾炎武的《日知录》和赵翼的《廿二史札记》，他的研究历史，基本上是运用乾嘉学者的方法，每读一本历史书，每钻研一个朝代的历史，都要很仔细的排比史料，分门别类写成许多札记。这样的札记的写作，五十年来没有间断。作者的不少历史著作，就是从札记的基础上写成的。……
>
> 作者治史的立场、观点、方法，基本上是和乾嘉学者相同的。作者虽然在治史方法上，有着探求事实的愿望，虽然也曾有过向往唯物主义的历史观点的意念，但是由于他无力抵抗唯心主义的引诱，结果还是跳不出唯心主义的圈子。胡绳同志在《社会历史的研究怎样成为科学》一文（《历史研究》1956年第11期）中，曾对作者做过这样的

---

① 陈燮、邓毅、陈克伦主编：《博物馆的文化力量：上海博物馆六十年发展历程：1952—2012》，第233页。

分析：

"人们往往这样想，实际从事历史研究的人无论如何总是在探求事实，是不容易接受唯心主义的玄论的。但是事实上，探求事实的历史学家失足落到唯心主义陷坑中的情形是常有的。这里可以举历史学家吕思勉为例。吕思勉先生早年所作《白话本国史》中说：'历史者研究人类进化之沿革，而认识其变迁之因果关系者也。'这是朴素的正确的说法。他在1945年发表的一本关于《历史研究法》的小册子中，对于马克思主义的基本观点表示了赞成的态度，他说：'马克思以经济为社会的基础之说，不可以不知道。……以物质为基础，以经济现象为社会最重要的条件，而把他种现象看作依附于其上的上层建筑，对于史事的了解，实在是有很大帮助的。但能平心观察，其理自明。'（页67）但是这本小册子中有些地方，他又表现了无力抵抗唯心主义的引诱。这主要是因为他不能正确解释各个历史学家为什么对同一历史现象得到不同的认识，为什么对同一历史事实的认识会不断地有所发展，似乎永远不能达到真象。这种情形其实正足以证明历史学家必须有正确的观点和方法，并且支付艰苦的努力，才能达到对历史事实的正确认识，但唯心主义却根据这种情形宣布客观事实本来是没有的。这本小册子接受了唯心主义的解释，所以说：'一物有多少相，是没有一定的，有多少人看了就有多少相，看的人没有了相也就没有了。'（页50）'真正的客观的事实世界上是没有的。真正客观的事实，只是一个一个绝不相联属之感觉，和做成影戏所用的片子一般，不把他联属起来，试问有何意义？岂复成为事实？……其能成为事实，总是我们用主观的意见，把他联属起来的。如此，世界上安有真客观的事实？'（页51）"

胡绳同志这段分析是很透彻的。由于作者没有根本改变研究历史的立场、观点和方法,虽然支付了艰苦的努力,而不能达到对历史事实的正确认识。在他许多著作中所贯串的论点,依然是多元的唯心史观和封建的正统思想。这部《隋唐五代史》,也是如是。……

以上只是我们对这部书粗略的分析,并不能概括这书所有的错误和缺点。总之,这部断代史的指导思想,基本上是封建的正统思想,它的体例和内容,也还是没有超出封建主义的历史学的范畴。

现在我们出版吕先生这部遗著,仅是为了提供历史研究者参考之用。因为作者在史料的搜集、排比和考订上,曾经下过不少功夫,他曾经比较广泛地搜集史料,把这个时期经济上、政治上和文化上的主要情况,从浩如烟海的史料中钩稽出来,作了排比和考订。上半部政治史部分,用纪事本末体把王朝的历史作了排比和考订,也还是便于我们研究时查考。后半部叙述社会经济、政治制度、文化学术部分,原来的史料很分散,经过作者的搜集和排比,也还便于我们研究时参考。虽然作者分门别类的叙述,并不符合于我们的要求,但由于分门别类的缘故,也还便于我们检查。作者在叙述时,虽然把原有的史料,组织成了自己的一个体系,有许多地方贯串着不正确的论点,但是主要的史料来源,都注有出处,有的还有注释和考订,在我们研究时也还有一定的参考价值。

中华书局上海编辑所
1959 年 7 月①

7月,遵照上海市政府决定,历史研究所脱离复旦大学,转属

---

①吕思勉:《隋唐五代史》出版说明,中华书局,1959 年,第 1—10 页。

上海社会科学院①。

7月4日,先生在《文汇报》上发表《论黄巾起义与曹操起家》。对此文发表的原委,先生回忆道:

> 从五九年郭沫若发动替曹操翻案起,学术讨论就开始采用运动方式,讨论发起时,所有报纸刊物的编辑就积极邀稿,集中发表这方面讨论的文章,所有知名史家都必须对此发表意见,像我们这些担任历史研究所领导的人当然非写文章不可了。……郭沫若为曹操翻案,认为东汉黄巾起义是封建社会上行阶段的农民起义,不曾提出土地问题,只是为了"取而代之",以保其衣食温饱,曹操虽然打败了黄巾起义,却实现了黄巾起义的目的。我针对这个观点,在《文汇报》写了《论黄巾起义与曹操起家》,认为张角(?—一八四)创立太平道组织起义,以建立"黄天太平"来号召,"太平"是"极大公平"之意,代表了当时流亡农民的要求。曹操在镇压黄巾起义的过程中,分化和诱降了一支人数众多的青州黄巾军,编成了青州兵,他就以此起家,并未实现什么黄巾起义的要求。②

8月1日,上海市教卫工作部第157号文批复:院长雷经天,书记李培南,副院长姚耐、庞季云、副书记申玉洁;经济所所长姚耐,副所长庞季云、黄逸峰;历史所所长李亚农,副所长周予同、奚原、徐崙、杨宽;哲学所所长李培南,副所长冯契;政治法律所所长雷经天。③

---

①上海社会科学院院史办公室:《院事揽要:上海社会科学院大事记(1958—2008)》,上海社会科学院出版社,2008年,第17页。
②杨宽:《历史激流:杨宽自传》,第264页。
③上海社会科学院院史办公室:《院事揽要:上海社会科学院大事记(1958—2008)》,第17页。

　　8月5日,上海博物馆停止对外开放,全馆投入迁馆工作。

　　9月22日,上海博物馆在河南南路十六号新址重新开放。新馆陈列体系突出了各个时代的艺术主流,概括反映了中国艺术发展的历史①。

　　9月26日,正式成立上海社会科学院历史研究所。其前身是1956年筹备的中国科学院上海历史所筹备处,共有7名研究人员,基本任务是充分利用上海历史资料,进行以中国近代、现代史为主的历史研究。正式建所后,研究人员增加到70人,1960年11月又从上海革命历史纪念馆调来沈以行任副所长②。

　　11月8日,先生撰写《中国土法冶铁炼钢技术发展简史》序言。

　　11月16日,上海社会科学院召开科学研究跃进大会。政法、哲学、历史、经济四个研究所的全体同志参加,各系亦有师生代表出席。党委书记李培南、副书记申玉洁、副院长姚耐在会上讲话,12位所长、室代表和积极分子发言③。

　　12月,先生开始参加《辞海》的修订工作,先生回忆道:

　　　　五七年中华书局原《辞海》主编舒新城向毛泽东当面建议重新修订《辞海》,得到赞许,就在五九年成立《辞海》编辑委员会,发动上海以及各地一百多个大学和研究机构,调动二千六百多人参加《辞海》修订工作,我就卷进这个以运动方式进行的工作中去。这样大张旗鼓做下来的

---

①陈燮、邓毅、陈克伦主编:《博物馆的文化力量:上海博物馆六十年发展历程:1952—2012》,第234页。

②上海社会科学院院史办公室:《院事揽要:上海社会科学院大事记(1958—2008)》,第18—19页。

③上海社会科学院党史资料征集委员会办公室编:《上海社会科学院大事记(1958—1968)》,第14页。

结果是完成修订的条目很多,但质量很低、错误百出,不能采用。于是改变方针,从五九年十二月起,集中各科专家到浦江饭店(外白渡桥附近)修订,采用分科主编的责任制,规定到六〇年五月写成初稿;我负责中国古代史方面六千条目的完稿工作。六二年出版的《辞海试行本》(全十六册)历史分册中国古代史部分,就是出于我的主编。①

此前暑假,中华书局准备举行一次大规模的《辞海》暑期群众性审查会,先生与徐崙为历史科负责人②。

12月20日,在上海史学会举行的年会第二次大会上,历史所李亚农、奚原、徐崙、周予同、杨宽、洪廷彦等多名学者当选为理事③。

是年,先生填写"教职员概况表"一份,节录部分内容如下:

> 个人历史情况:小地主家庭出身,读到大学四年级,因生活困难,即在1936年4月参加博物馆工作。抗日战争前后任广东省立勷勤大学讲师一年,担任光华大学副教授与教授。抗日战争胜利后,仍回馆工作,并兼任光华教授,解放后留本馆工作。
>
> 家庭经济状况:一家六口,计有妻子一人,男孩三,女孩一,妻子卧病在床。大男孩在中学求学,二孩子在小学求学,薪水收入勉能维持生活。
>
> 个性与特长:专门研究历史科学和考古学
>
> 身体状况:健康

①杨宽:《历史激流:杨宽自传》,第262—263页。
②上海市档案馆:《中华书局〈辞海〉编辑所关于修订〈辞海〉工作计划及组织编写、审校等问题请示报告及来往文书》,档案号:A22-28-868。
③http://www.historyshanghai.com/readarticle.asp?Articleid=478。

社会关系:新史学会上海分会会员、教育工作者工会北四川区区委

工作表现:使博物馆业务逐步面向群众,逐渐掌握群众观点和劳动观点,阶级观点和历史观照,具体展开群众工作,编制"从猿到人""百年血债""太平天国"等幻灯片,主持太平天国起义百年纪念展览会,并逐步改造陈列室。

学习态度:学习方面,理论学习比较深入,学习社会发展史,曾把学习所得写成《劳动怎样创造了人》一文,发表于《科学大众》杂志。展开抗美援朝学习时,曾写《美帝向来是阴险毒辣的侵略者》发表于《文汇报》,收入教育工作者工会所编《从各方面看美帝》一书。

群众关系:在领导群众工作上,无论在馆中和展览会中都能起着积极的作用。在领导群众思想教育工作上还做的不够。①

录是年《顾颉刚日记》中相关材料:

三月五号星期四(正月廿六):"蔡尚思、杨宽、谭季龙、史筱苏来谈。"

三月十三号星期五(二月初五):"到前门饭店,访季龙、筱苏、家驹、宽正、蒙思明,并晤王树民、杨品泉、尚钺等。"

三月十四号星期六(二月初六):"到前门饭店,晤季龙、朱永嘉、厚宣。与张家驹、杨宽、史筱苏同到动物园游览,茗于牡丹亭。十二时半到莫斯科餐厅饭。"②

录是年先生参加上海史学会事:

3月1日:"史学会在科学会堂召开理事扩大会,讨论中

---

① 复旦大学档案馆:《教职员概况表》。
② 顾颉刚:《顾颉刚日记》第八卷(1956—1959),第583、587页。

国科学院历史研究所草拟的中国通史的提纲。束世澂等二十七人出席,杨宽、周予同、周谷城、朱永嘉、谭其骧、陈守实等发言。"

12月20日:"史学会在浦东举行1959年年会第二次大会,经选举,丁景唐、方行、王国秀、束世澂、刘维寅、吴泽、李亚农、李平心、李启华、沈以行、车载、周谷城、周予同、林举岱、林德明、金兆梓、姚舜钦、姚震寰、胡绳武、洪廷彦、陈希崙、陈守实、陈旭麓、徐崙、奚原、陆志仁、章巽、张玫、程天赋、程博洪、杨宽、蔡尚思、鲍文希、魏建猷、谭其骧、顾廷龙当选理事。在年会讨论会上,中国近代史组(组长徐崙、魏建猷、金冲及)、中国现代史第一小组(组长刘振海、刘宏谊、杨波洲)、中国现代史第二小组(组长林远、韩明盛、张有年)、中国古代史组(组长吴泽、谭其骧、杨宽)、世界史组(组长田汝康、林举岱、陈崇武)分别就有关专业论文进行讨论,讨论的论文有:吴泽、谢天佑《关于历史人物评价的若干问题》,陈守实《东汉后期的农民战争》《曹操与天师道》,李平心《郭沫若与甲骨文研究》、金兆梓《补后汉书食货志》,胡绳武、金冲及《关于梁启超的评价问题》,方诗铭《试论上海小刀会的组成》,夏东元《论天朝田亩制度的两重性》,陈宝琦、夏笠《目前中学历史教学中联系现实的几个问题》,历史所《虹桥人民怎样走上人民公社化的道路》,史亦群《党史教学工作必须为保卫总路线而斗争》,黄美真《上海日丰纱厂二月大罢工》,赵清、黄美真《中国近代工人运动史的分期问题》,周谷城《近代世界历史发展的趋势》,陶松云《13—14世纪英国的农村和瓦特泰勒领导的农民起义》,苏松柏《论印尼民族独立运动中的领导权问题》,田汝康《关于东南亚民族资产阶级在民族解放运动中的作用和资产阶级性质问题》。这些论文后编集出版《上海历史学会1959年年会

论文集》。当天大会通过《上海历史学会简章》,正式定名上
海历史学会。"①

1960 年庚子　先生四十七岁

2月,《中国土法冶铁炼钢技术发展简史》由上海人民出版
社出版。

2月23日,先生参加中国人民政治协商会议上海市委员会
举行的"抗议美国掠夺我在台的文物"的集会②。

2月24日,先生参加与天津京剧团导演、演员等创作人员谈
新编历史剧"文成公主"座谈会③。

3月1日,先生填写"干部简历表"一份,节录部分内容
如下:

> 何种工资标准和级别:1956 年博物馆标准三级
>
> 参加革命工作时和现在的经济状况:参加革命时在博物
> 馆工作,再加上光华大学兼课费,能够维持开支。自从 1956 年
> 评级后,提高工资,同时 55、56 两年有四本书出版,有稿费收入,
> 经济宽裕,曾购大批研究用书。
>
> 参加革命工作时和现在家庭主要成员的姓名、职业和
> 政治态度:爱人朱新华,十多年来长期有病,在家休养并料
> 理家务;大儿杨善群,去年华东师大毕业,现在兰州机械学
> 校担任语言教学;次儿杨义群,在杭州大学数学系读书。政
> 治上都要求进步。
>
> 有何特长、熟悉何种业务,有何著作和发明:研究中国

---

①姜义华主编:《史魂:上海十大史学家》,第 412、416—417 页。
②《京沪文化界著名人士分别集会,坚决拥护文化部的警告和声明,严重抗
　议美国掠夺我在台文物》,《文汇报》1960 年 2 月 23 日第 1 版。
③《上海史学界座谈越剧"文成公主"》,《文汇报》1960 年 2 月 28 日第 3 版。

古代史,熟悉考古业务和博物馆业务,著有《战国史》《商鞅变法》《秦始皇》《中国土法冶铁炼钢发展史》等书。①

4月2日,上海社会科学院举行理论工作"跃进"动员大会,参加会议的有全院研究人员500余人。市委宣传部副部长兼上海社会科学院院长杨永直讲话。党委书记李培南结合本院理论工作"大跃进"的情况,提出向全市社会科学研究单位和教学单位开始友谊竞赛的建议②。

4月中旬,上海历史学会举行学术讨论会,讨论中国农民战争与宗教的关系,先生与会并发言③。

5月,先生因修订《辞海》经常失眠,上级领导决定请吴泽一起担任主编,先生即去杭州屏风山疗养,先生言:

> 六〇年五月以后,我因为工作太过紧张压力大而罹患严重的神经衰弱,弄得通宵不能成眠,头上颞部的脉搏跳动异常剧烈,不能再做用脑的工作了。后来由上级领导决定邀请吴泽(一九一三—)和我一起分担主编责任,继续进行修订,完成的条目收入六五年出版的《辞海未定稿》。"文化大革命"后我们又继续参加修订,七九年才正式印行了新版《辞海》。

> 六〇年五月《辞海》的中国古代史条目初稿写成之后,我立刻被送到杭州的屏风山疗养院去治疗。在那里一共待了五个月,直到十一月间,因为社会科学学部扩大会议即将在北京召开,需要我前往出席,我才回到上海。期间我遵照

---

① 复旦大学档案馆:《干部简历表》。
② 上海社会科学院党史资料征集委员会办公室编:《上海社会科学院大事记(1958—1968)》,第21页。
③ 《上海史学界讨论中国农民战争与宗教的关系》,《学术月刊》1960年第8期。

医生的指示，专心休息疗养，不看书报，也不写字，只能听一些电台的广播新闻节目。同时在这里进行疗养的人分为两部分：一部分是外地来疗养的高级干部，他们中多数是北京来的，属于副部长级的，疗养中经常看他们在练习写毛笔字。也有上海来的一个复旦大学副校长陈传纲，是我认识的；后来他在"文化大革命"早期的大批大斗中自杀。另一部分来此疗养都是印度尼西亚共产党的领导干部，其中有人是因患肝炎在此隔离疗养的。那里的疗养院长常常喜欢把高级干部和外宾拉在一起打麻雀牌作为消遣，我怕传染肝炎，不敢同他们接触。经过五个月的疗养，我的健康明显好转。①

5月24日至7月10日，上海市政协召开了知识分子座谈会。参加座谈会的有270人，分成11个小组，其中高教4组、教育1组、医务1组、工程1组、文艺2组、出版新闻1组。先生被分在高教第一组，召集人为谭其骧和王惟中。组员还有：朱伯康、朱东润、孙怀仁、全增嘏、何海晏、束世澂、寿进文、李平心、李鸿寿、吴文祺、沈志远、陈守实、陈望道、周谷城、周予同、邹依仁、张汇文、赵景深、徐震堮、曹亨闻、戚叔含、褚凤仪②。

5月25日，先生言：学生提的，有的是世界观立场问题，应该虚心接受；也有的是学术上的问题，可以坚持己见，以书为纲。群众搞科研尚有待总结③。

7月2日，先生言：《顾正红传》对当前有现实意义。《五卅运动中的美帝》一文对当前服务。如果不是为了今天，就只会注

---

①杨宽：《历史激流：杨宽自传》，第263页。
②葛剑雄：《悠悠长水：谭其骧传》（修订版），广东人民出版社，2014年，第279—280页。
③葛剑雄：《悠悠长水：谭其骧传》（修订版），第283页。

意英、日帝国主义,不注意美帝。"今"摸清了才能古为今用①。

7 月和 11 至 12 月,上海社会科学院开展三反整风运动,结合本院情况,反对贪污、浪费、官僚主义②。

8 月 22 日至 9 月 1 日,在上海市委的直接领导下,上海社会科学院有关学者参加《辞海》编辑部召开的为期 11 天的《辞海》初稿审查会议。这是修订《辞海》工作以来规模最大的一次会议。出席者 400 余人,包括编委、各方面专家、实际工作者和教师。南京、杭州、合肥等外埠的修订《辞海》单位也派有 26 名代表参加。通过对《辞海》初稿的审议,逐条审订了词目(初稿),并作了相应的增删,同时还讨论、修改或重写了一些词目的解释,使编写质量大为提高,为今后修订初稿提供了范本③。

11 月 11 日、22 日和 26 日,上海复旦大学历史系中国上古中古史教研组和上海史学会曾先后举行座谈会,讨论中国历史上农民战争的特点与四种封建权力的关系问题,先生与会并发言④。

录是年先生参加上海史学会事:

> 3 月 21 日:"史学会在科学会堂举行理事扩大会议,会议讨论开展学术活动等问题,通过了新会员五人。会议决定成立学术组,在理事会领导下负责学术活动的具体组织工作,成员包括程天赋、胡绳武、陈希畲、刘振海、时进、赵宗

①葛剑雄:《悠悠长水:谭其骧传》(修订版),第 293 页。
②上海社会科学院党史资料征集委员会办公室编:《上海社会科学院大事记(1958—1968)》,第 22—23 页。
③上海社会科学院院史办公室编:《院事揽要:上海社会科学院大事记(1958—2008)》,第 31 页。
④朱建:《中国历史上农民战争的特点与四种封建权力的关系——记上海史学会和复旦大学历史系对这个问题的讨论》,《新建设》1960 年第 12 期。

颀、鲍文希、张启承、谢天佑、吴成平。为便于开展学术活动,决定按会员专长分编为五个组,各组召集人为:中国古代中世纪史组,吴泽、谭其骧、杨宽;中国近代史,徐崙、魏建猷、胡绳武、夏东元;中国现代革命史组,刘振海、林远、张有年、刘宏谊、甄宝亭、韩明盛;世界史组,林举岱、靳文翰、陈崇武;亚非史组,田汝康、吴成平、艾周昌。"①

1961 年辛丑　先生四十八岁

1 月 11 日,先生参加上海历史学会组织的百人纪念太平天国起义 110 周年的纪念会并作学术报告②。

1 月 11 日,上海社科院院党委召开全院工作人员大会,申玉洁副书记作报告,回顾总结前一阶段三反整风运动的情况,动员大家进一步投入反贪污斗争。这次反贪污运动经过发动群众,查漏洞,排问题,号召坦白检举,开展群众斗争和专题调查,于 4 月份结束③。

1 月 13 日,上海社科院院党委召开全体工作人员大会,李培南书记作报告,回顾总结 1960 年的科学研究工作,并对 1961 年的科研规划和工作安排作了布置④。

2 月 1 日,上海文化界人士举行座谈会,强烈抗议美帝国主义准备盗运我国在台湾的珍贵文物,中国人民政治协商会议上海市委员会副主席金仲华主持。沈之瑜、陈望道、徐森玉、周谷

---

①姜义华主编:《史魂:上海十大史学家》,第 419 页。
②《纪念太平天国起义一百一十周年,上海史学界集会并开展学术讨论》,《文汇报》1961 年 1 月 12 日第 1 版。
③上海社会科学院党史资料征集委员会办公室编:《上海社会科学院大事记(1958—1968)》,第 24—25 页。
④上海社会科学院党史资料征集委员会办公室编:《上海社会科学院大事记(1958—1968)》,第 25 页。

城、周予同、杨宽、郭绍虞、丰子恺、刘大杰、金光梓、王个簃等发言①。

3 月 17 日,中国戏剧家协会上海分会举办一系列文艺思想和学术讲座,历史知识讲座将从春秋战国讲到元、明、清,分十讲,第一讲"春秋战国"由先生是日开讲②。

6 月,刘大年在《历史研究》第 3 期上发表《论康熙》,引起史学界广泛讨论。

7 月 8 日,上海社会科学院人事处向中共上海市委宣传部干部处报送上海社会科学院出席该年上海市文艺座谈会代表名单:李培南、申玉洁、姚耐、庞季云、李光民、朱尚达、李润玉、宗士诚、叶芳炎、唐以尧、林政安、杨国璋、唐文章、黄逸峰、刘振东、奚原、徐崙、杨宽、沈以行、吕书云、江波、袁成瑞、葛中平、程天赋、许本怡、范秉一、褚葆一、朱崇儒③。

7 月 18 日,先生参加《文汇报》举办的有关如何在学术研究中进一步树立马克思列宁主义的学风、文风座谈会④。

8 月 24 日,先生参加《文汇报》举办的有关如何正确评价康熙及正确看待清初反满民族斗争与阶级斗争座谈会⑤。

9 月 22 日,上海社会科学院历史研究所召开本年度第三次

①《上海南京广州文化界人士分别集会,抗议美国盗运我国在台文物》,《人民日报》1961 年 2 月 4 日第 4 版。

②《推动戏剧界学习毛泽东文艺思想,上海举办文艺思想讲座》,《文汇报》1961 年 3 月 11 日第 1 版。

③上海社会科学院院史办公室:《院事揽要:上海社会科学院大事记(1958—2008)》,第 37 页。

④《树立马克思列宁主义学风文风,更好地发展社会主义学术文化》,《文汇报》1961 年 7 月 18 日第 1 版。

⑤《上海部分史学工作者举行座谈,讨论关于康熙评价问题》,《文汇报》1961 年 8 月 24 日第 1 版。

所务会议,杨宽主持。谈及古代组三位年轻人的培养问题,拟请资深人员带一带①。

9月28日,先生在《文汇报》上发表《试论"康熙之治"》。

12月13日,先生参加上海剧协举办的关于北京人民艺术剧院演出的五幕历史话剧《胆剑篇》的座谈会②。

12月21日,上海市委决定在全国范围内开展一次大规模的《辞海》试行本征求意见活动,该活动组成四个征求意见工作组分赴各地,举行座谈会和调查访问,听取反映。中路工作由李俊民、鲁平带队,队员有许铭、杨宽、程福秀、贾宏宇、汤志钧、赵书文、孙厚朴、王芝芬、陆鹤寿、金性尧、张镜人、倪墨炎等11人。从1961年12月21日出发,到1962年2月3日返沪计45天,访问了郑州、开封、兰州、西安、成都、重庆、武汉、贵阳、昆明、南宁、桂林等11个城市。通过座谈、咨询、访问,征得许多宝贵意见,满载而归③。

是年,上海社会科学院历史研究所关于"现有人员分工情况统计材料"中显示,先生负责学术批评。

历史所现有人员分工情况

参加农村人民公社工作:王钢、叶子雄、王鸿生(二个学生)

参加城市经济生活工作:徐鼎新、金曾琴(二个学生)

参加工厂技术革命并编写厂史工作:李茹辛、唐培吉、刘运承、杜庆民、叶庆俊、王光荣、简秉璇、吕继贵、罗平、张玲、袁慕荣

学术批评工作:徐崙、杨宽、程天赋、吴乾兑、汤志钧、张

①http://www.historyshanghai.com/readarticle.asp? Articleid＝483。
②《上海史学界座谈〈胆剑篇〉》,《文汇报》1961年12月15日第1版。
③张镜人编著:《张镜人》,中国中医药出版社,2011年,第325页。

启承、臧容炳、曾演新

　　教学工作：张有年、黄霞、余先鼎、沈幽贾、方晓升

　　五卅资料工作组：程天赋、顾歧山、汪绍麟（二个学生）

　　大事志工作者：王天成、齐国华、吴乾兑、倪静兰

　　辞海、上海人民革命史工作组：刘力行、方诗铭、汤志钧
（二个学生）

　　学术秘书组：曾焕章、张启承、臧荣炳

　　在北京中央政治研究室修史工作：（年内不能回所）奚
原、刘仁泽、洪廷彦、宋心伟、傅道慧、任建树

　　在革命史纪念馆帮助工作：刘福海

　　长期因病休养：李亚农

　　在北京学习：傅兰亭、沈翔①

　　是年，上海社科院历史研究所工作人员填报研究计划，其中
先生主编：《中国通史》原始奴隶社会部分十五万字（二稿）②。

　　是年，先生对《中国历史初稿》第十五章第二节"清代各族人
民起义"③提出以下审查意见：

　　一、主要优点

　　（1）该书以各族人民起义作为红线，对各个时期各族人
民起义谈得比较全面，都根据具体历史事实进行综合和分
析，贯彻了以马克思列宁主义、毛泽东思想为指导的原则。
这一节的情况也是如此。

　　（2）就这节来看，编者基本上做到了材料和观点的密切

---

①上海市档案馆：《上海社会科学院历史研究所关于现有人员分工情况统
　计材料》，档案号：B181-1-319-6。

②上海市档案馆：《上海社会科学院历史研究所三年工作规划和1961年工
　作初步打算》，档案编号：B181-1-136-18。

③指中国历史编写组：《中国历史初稿》第六册《封建社会后期》下，1960年。

结合,是在详细占有材料的基础上进行科学分析的,这种实事求是的学风,值得我们学习。

(3)编者在搜集资料工作上,曾经下了不少功夫,这一节的取材,有部分是来自方志和笔记的。因为材料搜集得比较多,在论述上就有不少特色。最值得注意的,这节对康熙年间南方各省佃农的抗租斗争和起义的叙述,这些叙述都是根据县志的。当时佃农有争取"永佃"权的斗争,有要求减租和抗租的斗争,也有校正收租的量器的斗争,而且佃农有组织"会馆"和各种组织来坚持斗争的,更有组织"田兵"来保卫佃农利益的,再进一步发展为武装起义,以打击地主。有的坚持了十多年,有坚持斗争五十年之久的。这些叙述,对我们启发很大。

(4)对清代各族人民起义,叙述得比较全面,比较有系统。从清代初期一直叙到鸦片战争前,连续不断,具体地说明了各族人民不屈不挠的英勇斗争的情况。过去讲清代各族人民起义的,往往只注意到台湾朱一贵、林爽文的起义,王伦起义,林清、李文成起义,川楚白莲教起义,而这书中的比较能全面系统的加以叙述,就高出于一般通史的著作。

二、一些具体意见

(1)对清代各族人民起义的作用,缺乏具体分析。我们不能要求对每次农民起义都能说出它的具体作用来,至少对比较大的起义如川、楚、陕白莲教起义,应该加以说明。川、楚、陕白莲教起义,坚持斗争九年之久,遍及五省,参加群众有几十万人,这是一次大规模的农民战争,应该说明其作用。同时清代各族人民起义,一直连续不断,各个阶段的农民斗争究竟起了多大作用,是应该分别来探讨的,例如康熙年间南方各省佃农普遍开展抗租斗争,这些斗争究竟起了怎样的作用,对当时历史的发展有多大影响,似乎都应阐释。

（2）对各族人民起义的叙述还不平衡。这里比较详细叙述了乾隆年间回族人民起义和乾隆、嘉庆年间的苗族人民起义，而对瑶族人民起义只字未提。在道光年间瑶族人民不断起义，有湘南赵金龙、赵文凤起义，有赵子青起义，有广东连州大八排瑶族人民起义，有广西贺县盘均华起义，这里都没提到。其他如高山族人民和汉族人民的联合起义，也谈得很少。

（3）关于天地会的起义，只叙述了台湾林爽文的起义，似乎不够，当时福州、广东等地都有天地会起义。例如1802年广东博罗的天地会起义，以罗浮山为根据地，有众万人，坚持斗争半年之久，应该提及。如果鸦片战争以前各地天地会起义不略作叙述，与近代史上的天地会起义就连不起来。

（4）明末农民战争中谈到几次重要战役，是必要的。在清代农民战争中，也应把重要战役简要叙述。关于川、楚、陕白莲教起义写得比较差，对于起义的原因谈了不少，起义经过只字未提，头大脚小。对于这样一次坚持九年、遍及五省的大起义用这样的叙述方法，似乎过于简单。这次大起义中有很多出色的战役，例如齐王氏领导的襄阳起义军，一开始，清政府就调集几倍兵力，加以围攻，企图一网打尽，结果襄阳起义军经过五个月苦战，突出重围，随即开始流动作战，分三路由湖北进入河南，由河南入陕西，强渡汉水，进入四川，与四川义军大会师。使起义的形势发展到高潮，随即将各路起义军编完番号，加以整顿，分路主动出击。接着就在川东地区取得大捷，占有整个川东广大地区，并在1798年会师于开县临江市，欢度春节。接下来，又打了好几次出色的战斗。1799—1800年间苍溪之战，通江蓝号元帅冉天元引诱大批清军入山进去,采用四面伏击办法,将清军全部歼灭。由于这个胜利,义军就强渡嘉陵江,进入川西。接下来,在江西马蹄岗发生大战,初战时,清军五路围攻,义军且战且退,退到设伏地区,顿时伏军四起,一举把清军歼灭。再战时,清军四路来围,结果陷入义军大包围圈,义军八路夹击,轮番猛攻,打得清军全部溃散。我们认为,应该加强这种战斗的叙述。既然是农民战争,就得要谈些重要战役。这些战役,在军事史上是很重要的。

(5)有些起义叙述得不具体。例如:1797—1798 年贵州布依族妇女王囊仙起义,这次起义曾围攻南笼府及永丰、捧鲊、新城和永宁、归化诸城,并攻陷册亨,激战达半年之久,起义人民死难者万余人。他们从 1797 年 4 月一直坚持到 1798 年 2 月,是有相当规模的一次起义。初稿的叙述只说:"也进行武装起义,虽然结果失败了……"好像是很快就失败的。

(6)有些叙述还不够确当。例如说康熙十三年"福建宁化留猪坑的黄通余部也攻陷了宁化城"。初读时,好像这支农民起义军的领袖叫黄通余,即以称为"黄通余部",其实并没有黄通余这个人,只有黄通这个人。这时黄通已去世,地主阶级采用诬蔑的口气,称之为"黄通余部"。现在初稿中把这个名词沿用下来,是不妥当的。

隔了一段又说:"福建宁化吉田坑的罗士宋等恢复了长关组织,称长关会,联络各佃户,进行较斗、减息斗争。"上面既没有说到"长关"组织,突然谈到"罗士宋恢复长关组织",使人看了没头没脑。其实,前面所谓"黄通余部"就是"长关"组织。这个"长关"组织起于明代末年,当时福建宁化以十六升为一桶,称为"衙桶",地主收租则以二十升为一桶,称为"租桶"。宁化留猪坑佃农为此创议"校桶",主张收租一律用"衙桶",取消"租桶",并废除逢节向地主送礼的旧例,更连接各里,把壮丁编成"田兵",分设"千总"领导,称为"长关",以抵抗官府和地主的压迫,并推黄通为领袖。1646年8月,田兵千数百人攻入宁化,打击豪绅地主一百几十家,后来,黄通被阴谋杀死,由黄冬生等继续领导斗争。所谓"黄通余部",就是黄冬生领导的"长关"组织。中间一度间断,后来罗士宋又继续起来斗争,前后坚持斗争共五十年之久。

(7)有个别的"起义",是否能称为人民起义,还可考虑。例如:乾隆二十九年的"维族人民在乌什起义"。据记载,当时布哈尔、阿富汗等国,组织同盟军攻到敖罕汗国之霍阐,乌什地方有人与阿富汗军队相勾结,于是起兵,以便接应阿富汗军队前来。如果此等记载属实,就不能称为人民起义,乃是一种叛乱的行为。

(8)有些列举的起义,不确切。如说:"嘉道年间人民的起义仍然连绵不断,计有蔡牵、朱濆、高夔、林永春、杨良斌、张丙等人领导的斗争。"这一句话有两个问题,一是列举的都是与台湾有关的起义,蔡牵、朱濆的水上武装,曾经攻过台湾,高夔以下全是台湾人民起义领袖。是不是这时只有台湾有人民起义,其实不然,除前面谈到的瑶族人民起义外,山西赵城有曹顺起义,湖南武冈有兰正樽起义,贵州怀仁有谢法真起义等。二是列举的这些人中,如高夔、林永春,只是组织起义的领袖,因为事机不密,没有"起"起来,就被镇压了,不能和"起"起义来的相提并论。

(9)关于捻党的起源问题。这里认为捻党是"清朝统治者招募的颖、汝诸州的乡勇,在压平白莲教后,回到东乡组织起来的"。这个说法是可以商榷的。我们认为捻党的起源和四川的国鲁子差不多。国鲁子是乾隆、嘉庆年间四川人民的武装斗争组织。参加的原是贫苦和破产的农民、手工业者,一般为数十人为一伙,千百人为大伙,成为国鲁子。彼此讲究团结互助,常持刀带棍,打击地主,抵抗官兵镇压。共同约定遇难时不许散伙,推举才能高的为领袖。大小金川之役,有许多逃亡的官兵和乡勇参加,便大为发展。河南、安徽间捻党的起源,也该如此。他们以几十人或一二百人为一捻,称为捻子,讲究团结互助,打击地主,逐渐发展成为反清的秘密结社。在白莲教起义失败后,白莲教受到镇压,因此,白莲教徒有参加到捻党中的,同时回乡的乡勇也有参加,使捻党逐渐强大,捻子和国鲁子一样,是贫苦农民、手工业者的自发的互助、自卫组织,逐渐发展成为反清的武装斗争组织。

上述意见,未必确当,仅供参考,并请指教。①

录是年先生参加上海史学会事:

1 月 11 日—2 月 8 日:"史学会举行 1960 年年会。会议采取各专业组分别活动的形式,共举行报告会十五次、讨论会七次,出席一千八百三十六人次,提出论文二十余篇,显示百家争鸣盛况。报告有:程博洪《古巴革命问题》、陈守实《论中国封建土地关系问题》、周谷城《评没有世界性的世界史》、章巽《古代中央亚细亚一代的地域区分》、周予同《中国经学中的学派问题》、谭其骧《历史上中原地区的水运问题》、陆志仁《学习〈目前形势和我们的任务〉的体会》、李亚农(杨宽代)《中国的封建领主制与地主制》和《周伐商汤新证》、束世澂《西周封建制探索》、李旭《试论中国古史分期的几个问题》、王国秀《美英帝国主义经济魔爪在印度》、

---

① 上海市档案馆:《上海社会科学院历史研究所杨宽关于对〈中国历史初稿〉第十五章第二节"清代各族人民起义"部分的一些意见》,档案号:C42-2-200-185。

田汝康《论印度国大党》、沈以行《工人运动史内容方面几个问题的探讨》、徐连达《关于元末农民战争的性质问题》、孙道天《论奴隶制社会的基本经济规律》、陈苏文《关于罗马奴隶制的崩溃和封建制的形成问题》、伍贻康《美德矛盾在第二次世界大战中的作用》、陶樾《〈列宁主义万岁〉对世界近代现代史教学的指导意义》、黄宣佩《上海马桥古文化遗址第一次发掘记述》等。各专业组举行了讨论会,讨论专题有:关于中国由民主革命转变到社会主义革命的问题;百家争鸣问题;西周土地制度问题;中国农民革命战争的政权问题;太平天国史研究问题;中国革命由民主革命转变到社会主义革命问题等。"

2 月 8 日:"史学会 1960 年年会至今天结束。在科学会堂举行会员大会,出席一百六十余人,由周谷城作会务报告,李平心等十二人发言。改选后的理事会由丁景唐、方行、王国秀、束世澂、刘维寅、吴泽、李亚农、李平心、李启华、沈以行、车载、周谷城、周予同、林举岱、金兆梓、林德明、姚舜钦、姚震寰、胡绳武、洪廷彦、陈希峄、陈守实、陈旭麓、徐崙、奚原、陆志仁、章巽、张玫、程天赋、程博洪、杨宽、蔡尚思、鲍文希、魏建猷、谭其骧、顾廷龙、刘振海、张铁毅、戴介民组成。"

3 月 8 日:"史学会理事会在科学会堂举行扩大会议,推举周予同为副会长,增选刘振海为秘书,推定各专业组召集人:中国古代史组,吴泽、谭其骧、杨宽;中国近代史组,徐崙、魏建猷、胡绳武、陈旭麓、夏东元;中国现代史组,刘振海、张铁毅、林远、李茹辛、郑维淑、韩明盛、甄宝亭;世界古代史组,耿淡如、郭圣铭;世界现代史组,林举岱、田汝康、靳文翰、冯纪宪、吴成平。会议还讨论了 1961 年史学会的工作。"①

---

① 姜义华主编:《史魂:上海十大史学家》,第 425—426 页。

1962 年壬寅　先生四十九岁

4 月 25 日,上海社会科学院历史研究所关于报送各研究组正副组长名单的函中,先生担任古代史组组长。

> 院长办公室:
>
> 　　自建以来,我所各研究组组长、副组长的人选均未明确决定。今后为了加强对研究工作的指导,经第四次所务会议讨论研究,提出各组长分别由奚原、杨宽、沈以行、徐崙兼任外,各组并设副组长,以协助组长工作。
>
> 　　古代史组:杨宽(兼)
>
> 　　近代史组:徐崙(兼)　　副组长方诗铭
>
> 　　现代史组:沈以行(兼)　　副组长刘仁泽
>
> 　　思想史组:奚原(兼)
>
> 　　以上意见当否,请批示。①
>
> 　　此致
>
> 敬礼
>
> 　　　　　　　　　　　　　　　　　历史研究所
>
> 　　　　　　　　　　　　　　　　　62. 4. 25

6 月,上海社会科学院向中国科学院社会科学部报送《上海社会科学院历史研究所是十年(1960——1971)工作规划》。《规划》对该所今后较长时间内的工作方针、研究任务、研究人员培养和组织领导问题,作了规划②。

---

① 上海市档案馆:《上海社会科学院历史研究所关于报送各研究组正副组长名单的函》,档案号:B181-1-174-18。

② 上海社会科学院党史资料征集委员会办公室编:《上海社会科学院大事记(1958—1968)》,第 32 页。

7月15日,先生当选为中国人民政治协商会议上海市第三届委员会委员①。

8月,为了帮助和提高电影创作人员的文学和艺术修养,上海影协先后举办了文学、诗词、历史和名画欣赏等专题讲座,应邀来讲课的包括先生、夏承焘、马茂元、郭绍虞、吴泽、程十发等知名学者②。

8、9月,先生开始对古礼进行探究。

9月2日,李亚农因长期患慢性风湿性心脏病,长期医治无效逝世,先生为治丧委员会委员。

9月5日,假上海胶州路万国殡仪馆公祭李亚农③。

9月11日,中华书局上报文化部办公厅《文化动态》,其中有一篇题为《中华书局组织编订学术论文集》的综述,分为"已故专家的论文集""今人的学术论文集""专题学术论文集、讨论集"三类。在"今人的学术论文集"下有一个详细的名单,业经得作者同意编订的有陈垣、陈寅恪、顾颉刚、马叙伦、竺可桢、梁思成、刘节、裴文中、于省吾、唐兰、容庚、胡厚宣、邓广铭、谭其骧、梁方仲、侯仁之、韩儒林、周一良、杨宽、冯家昇、游国恩、王力、周祖谟、刘大杰、夏承焘、王季思、冯沅君、陆侃如、余冠英、孙楷第、高亨等三十余人④。(编者按:先生的《古史新探》即属于此类论文集,1965年10月由中华书局出版。)

9月20日,先生在《文汇报》上发表《悼念李亚农》。

---

① 《中国人民政治协商会议上海市第三届委员会全体委员名单》,《文汇报》1962年7月15日第2版。
② 《中国电影年鉴》编辑部:《中国电影年鉴1981》,中国电影出版社,1982年,第88页。
③ 《李亚农同志公祭仪式昨举行》,《文汇报》1962年9月6日第1版。
④ 中华书局编辑部编:《岁月书香:百年中华的书人书事》第3辑,中华书局,2012年,第77页。

9月26日,上海社会科学院历史研究所所务会议决定,由杨宽负责,徐鼎新、蒋德乾配合,再增加若干人员,成立专门小组,搜集和整理李亚农的遗著①。

12月7日,上海社会科学院将本年度院机构设置、人员情况及院领导名单报送中国科学院哲学社会科学部。历史研究所副所长为奚原、徐崙、杨宽、周予同(兼)、沈以行,有古代史、近代史、现代史、思想史等四个研究组及学术秘书组、翻译资料组和办公室。全所共计81人,其中研究人员48人(高级2人、中级15人、初级31人),翻译9人,资料7人,党政干部12人,工勤5人②。

12月21日,先生参加庆祝上海博物馆建馆十周年大会并讲话③。

是年,因营养不良,先生患肺气肿和支气管炎,先生自言:

> 在三年大饥荒中,因供应缺乏,营养不足,又患浮肿病。虽然上级特别照顾,每月多配一斤豆油或菜油,上海特设的文化俱乐部每月发给十二张餐卷,每张可以供应不需粮票的一客饭和一道菜,全家一道去吃,吃两餐就用完了。后来浮肿退了,健康却长期没有好转。六二年时,走路会气喘,检查发现患了肺气肿和支气管炎,咳出的痰中带血,怕因此发生严重的肺病,于是遵照医师的叮嘱,把二十年来抽香烟的恶习戒绝了。④

是年,先生参加吕思勉遗稿的整理工作,《吕思勉先生年谱

---

① http://www.historyshanghai.com/readarticle.asp? Articleid=483。
② 上海社会科学院院史办公室:《院事揽要:上海社会科学院大事记(1958—2008)》,第47页。
③《上海博物馆集会纪念建馆十周年》,《文汇报》1962年12月22日第2版。
④ 杨宽:《历史激流:杨宽自传》,第328—329页。

长编》的编者李永圻、张耕华言：

> 顾颉刚先生于1957年底，发倡议整理吕思勉遗稿，并拟请杨宽负责主持遗稿整理工作。后迟至1962年3月，中华书局上海编辑所发起整理出版吕思勉遗稿，由出版社社长李俊民致函约请杨宽、唐长孺、汤志钧、李永圻、吕翼仁等到上海编辑所商议工作，该所陈向平、胡道静、杨友仁①等亦参加讨论。会议议定，组成吕思勉遗著整理小组，整理费用由家属负担。由于工作量巨大，吕翼仁又邀请了吕思勉的学生陈楚祥、陈祖釐（式圭）两先生参加协助。至1963年，即整理好《文字学四种》《史学四种》两稿，交中华书局上海编辑所，《吕思勉读书札记》也于1965年整理完毕。②

是年，上海社会科学院历史研究工作人员填写了该年研究计划、今后七年研究计划、今后十年研究计划，其中先生与王天成负责中国农民战争史专题研究③。

是年，为了帮助上海社科学院历史研究所青年人员有步骤地学习史学理论和史学方法，从是年第二季度至次年年底学习《史记》，先生主讲，方诗铭、汤志钧辅导。又为帮助青年人员学习史学理论和史学方法，拟组织专题报告，其中先生主讲"考古学"。此外，周予同主讲、洪廷彦辅导《文史通义》，周予同讲"史料目录学"，吴文祺讲"文字学"，顾廷龙讲"版本学"，王欣夫讲"校雠学"，徐崙讲"年代学"，束世澂讲"职官"，谭其骧讲"历史

---

① 杨友仁（1918—2007），江苏昆山人。1943年毕业于光华大学中文系，曾任职于上海古籍出版社、上海书店、上海文史研究馆馆员，著有《吴江金松岑先生行年与著作简谱》等。
② 李永圻、张耕华：《吕思勉先生年谱长编》下，第1035页。
③ 上海市档案馆：《上海社会科学院历史研究所1962—1968年工作规划草稿》，档案号：B181-1-336-20。

地理学"①。

录是年先生参加上海史学会事：

1月13—14日及20—21日："史学会在科学会堂举行1961年年会，按中国古代史、近代史、现代史、世界史四个组，分别举行讨论会和报告会，参加会员共一千人次，此外还有南京、杭州、苏州等地史学界的同志也来参加会议。中国古代史组的报告有：李平心《关于史学史的几个问题》，束世澂作《孔子〈春秋〉》，吴泽《魏源的变异思想和历史进化观点》，张家驹《论康熙之治河》，朱永嘉《关于清初历史和明末社会问题》，李旭《论康熙在历史上的作用》，陈守实《关于秘密会社的一些问题》，徐连达《李密的失败与阶级关系》，谭其骧《历史地名的史料意义》，张若玫作《论宋江起义与梁山泊》，刘伯涵《农民战争中农民军的组织形式问题》，谢天佑《西汉农民起义中的皇权思想》。中国近代史组的报告有：夏东元《论包世臣的货币主张》，王明枫《关于中国买办商人的一些问题》，魏建猷《海盐与镇江抗英战争》，胡绳武、金冲及《论黄兴》。中国现代史组的报告有：周子东《关于五四时期马克思主义与反马克思主义的斗争》，项立岭《从陈独秀早期的言论探讨其右倾机会主义思想根源》，顾歧山《"非基督教运动"简述》，郭绪印《九一八事变后国内阶级关系的变化和党的抗日民族统一战线政策》，沈以行《中共成立前共产主义小组在上海工人中的活动》的报告，胡刚、徐国华《列宁民族和殖民地问题提纲初稿的基本思想》。世界史组的报告有：郭圣铭

---

① 上海市档案馆：《上海社会科学院历史研究所1962年—1963年基本训练辅导计划（草稿）》，档案号：B181-1-336-50。

《论世界史的体系问题》，朱延辉《关于世界史体系的一些问题》，周谷城《中世纪阿拉伯帝国的国际地位》，黄瑞章《意大利城市国家的形成与内部矛盾》，耿淡如《关于批判资产阶级史学》，郭圣铭《史学史的对象与任务》，曹增寿《试论外国史学史分期的标志》，李季谷《大月支人与贵霜帝国问题底探讨》，韩亦琦《张骞、班超通西域的时间、路线与中亚诸国之关系》，林举岱《十七世纪英国资产阶级革命时期的爱尔兰民族起义》。讨论会的议题有：中国史学史编纂中的若干问题，章炳麟的评价问题，马克思主义早期在中国的传播问题，清初反满斗争的性质与康熙评价问题，外国史学史编纂中的若干问题，张骞评价问题，中国现代革命史教学中的几个问题。21日下午举行会员大会，选举了新一届理事会：丁景唐、方行、王国秀、刘振海、刘维寅、朱永嘉、沈以行、束世澂、李亚农、李平心、李启华、车载、时进、吴成平、吴泽、陆志仁、陈希嵩、陈守实、陈旭麓、林举岱、林德明、周谷城、周予同、金兆梓、洪廷彦、胡绳武、姚舜钦、姚震寰、耿淡如、顾廷龙、徐崙、奚原、章巽、张玫、张家驹、张铁毅、程天赋、程博洪、杨宽、蔡尚思、鲍文希、戴介民、魏建猷、谭其骧。"

3月3日："史学会举行理事会会议。会议推举周谷城为会长，周予同、奚原、李平心、沈以行、吴泽为副会长，程天赋、刘振海、胡绳武、陈希嵩、姚震寰、洪廷彦为秘书。各组召集人：中国古代史组，吴泽、谭其骧、杨宽。中国近代史组，徐崙、魏建猷、胡绳武、陈旭麓、夏东元。中国现代史组，蔡尚思、刘振海、张铁毅、林远、郑灿辉、刘宏谊、韩明盛、甄宝亭、张有年。世界古代史组，耿淡如、郭圣铭、韩亦琦。世界现代史组，林举岱、田汝康、靳文翰、冯纪宪、吴成平。会议安排了 1962 年学术活动。"①

1963 年癸卯　先生五十岁

2 月至 3 月，上海社会科学院哲学所、经济所、历史所、政法所、国际问题所先后制订十年(1963—1972)科研工作规划(草案)，并上报院部批准②。

3 月 25 日，上海社会科学院党委召开各研究所党员所长(或副所长)会议，讨论各研究所的十年(1963—1972)科研工作规划(草案)，上海市委宣传部副部长兼上海社科院院长杨永直参加了会议，他在讲话中对十年科研工作规划(草案)以及社科院培养什么样的人才问题提出了意见③。

3 月 28 日，上海社会科学院历史研究所填报 1963—1972 年哲学社会科学重要研究项目表，录与先生相关材料如下④：

哲学社会科学十年(1963—1972 年)重要研究项目表

研究项目	目的和主要内容	开始和完成时间	主持单位和负责人
西周、春秋史专题研究(论文集)	对西周、春秋时代社会经济、政治、军事上的重要制度和措施，分别具体而有系统的研究，写成若干	1963—1972 年	杨宽

①姜义华主编:《史魂:上海十大史学家》，第 431—433 页。
②上海社会科学院党史资料征集委员会办公室编:《上海社会科学院大事记(1958—1968)》，第 33 页。
③上海社会科学院党史资料征集委员会办公室编:《上海社会科学院大事记(1958—1968)》，第 33—34 页。
④上海市档案馆:《上海社会科学院历史研究所填报的 1963—1972 年哲学社会科学重要研究项目表(反动史学批判)》，档案号:B181-1-336-84。

研究项目	目的和主要内容	开始和完成时间	主持单位和负责人
	论文。目的在于有助于进一步探讨古代史分期问题和我国古代社会的发展规律及其特点。		
西周史（专著）	吸取上述专题研究对制度方面的探索的成果，加以融会贯通，并对西周时代的重要历史事件和历史人物作出分析和评介，更吸收考古上的成就，然后综合写成西周史的专著。	1965—1970 年	杨宽
整理注释古本竹书纪年辑证	王国维《古本竹书纪年辑校》只是根据朱右曾著作略作补订，存在不少缺点。本书重新辑录古本竹书纪年的原文，并总结前人研究成果，加以提高，写成考订疏证。	1963—1965 年	杨宽
辞海	历史词目的编写和修订	工作要求和步骤，须按照"中华书局辞海编辑所"的统一布置进行	周予同、徐崙、杨宽、方诗铭、汤志钧、吴绳海、吴乾兑

5月中旬，根据中央和上海市委的要求，开展增产节约和

"五反"运动。上海社会科学院参加运动的共有579人。其中行政干部99人,研究人员306人,图书资料人员106人,勤杂人员68人。在上述人员中共有共产党员230人。院党委还制订了开展"五反"运动的计划(草案)。《计划》称,运动暂定两个月,分四个阶段进行:一、深入进行以阶级和阶级斗争为中心内容的社会主义教育;二、充分发动群众,集中力量开展反浪费斗争;三、深入开展群众性反对贪污盗窃、反对投机倒把的斗争;四、总结经验,进行思想建设和组织建设,健全制度,巩固运动的成果。为了加强对运动的领导,院、所均成立"五反"领导小组。院的"五反"领导小组,由李培南、申玉洁、姚耐、李光民、李润玉、葛中平、华明之、袁成瑞、沈以行、唐文章等10人组成,下设办公室,由李光民任主任。院部各处、室的"五反"运动,由机关党总支统一领导①。

10月下旬,先生、周予同、徐崙代表上海社会科学院历史研究所赴京参加中国科学院哲学社会科学部委员会召开的第四次扩大会议。

10月26日上午,中国科学院哲学社会科学部委员会扩大会议在全国政协礼堂开幕,郭沫若主持,周扬作长篇报告。会议一直持续至11月16日。10月30日下午,国务院总理薄一波作关于经济形势、三年调整、增产节约等方面报告。11月4日,林默涵谈"修正主义的文艺"。11月5日,宦乡讲"修正主义的帝国主义论"。11月6日,艾思奇批判"修正主义的哲学"。11月8日,邓拓谈历史研究面临的任务。11月9日,上午黎澍谈"苏联修正主义的历史学",下午钱学森报告当代自然科学与工程技术的发展。11月11日,潘梓年报告学部工作,上海组讨论学部规

①上海社会科学院党史资料征集委员会办公室编:《上海社会科学院大事记(1958—1968)》,第34—35页。

划。11 月 13 日下午,国家主席刘少奇在中南海怀仁堂作了"在更大范围内反对修正主义"的报告,指出要以反修为纲,带动马列主义和各方面的学习工作,反对外国修正主义,防止国内发生修正主义,提高人民的觉悟。11 月 16 日,大会闭幕,郭沫若主持,吴玉章作简要讲话,周扬作总结报告。他继续强调"以反修为纲,带动学术工作,反对修正主义,重新学习马列主义"的口号①。

12 月 6 日,上海社会科学院历史研究所召开全所大会,传达11 月的学部会议精神。杨宽传达周扬的报告,徐崙传达刘少奇、黎澍、邓拓的报告。所领导决定,今后的科研、调查工作都要以反对修正主义为纲,认真学习马列主义、毛泽东思想②。

是年,上海社会科学院历史研究所各研究组提出对十年规划和年度规划的意见,录与先生相关材料如下:

各研究组对所的十年规划和年度规划的意见

古代史组

1. 年度规划中关于"先秦史专题研究"项目,本年度开始,主要是结合对本组一部分去年研究人员的培养,着手辑证《古本竹书纪年》的历史资料。此项工作由杨宽同志负责指导和掌握,徐鼎新、蒋德乾、王修龄三同志参加。

2. 十年规划和年度研究项目中关于"古代上海历史资料"项目,原来准备将这项任务分别交给各断代史小组,但恐各小组不能与其具体研究项目结合起来而无法落实,因此,又重新作了安排,决定由杨宽同志负责领导这项工作,建议图书资料室组杨康年同志参加。并认为目前应迅速地拟制出卡片的规格要求,与上海各图书馆、博物馆、文管会、

①葛剑雄:《悠悠长水:谭其骧传》(修订版),第 305 页。
②http://www.historyshanghai.com/readarticle.asp? Articleid=483。

文史馆等有关单位取得联系,收集有关资料,善于积累一套资料卡片,以便今后进一步搜索和研究。①

录是年《顾颉刚日记》中相关材料:

十月廿五号星期五(九月初九):"周谷城、周予同、谭其骧、杨宽正来。"

十月廿九号星期二(九月十三):"五时到北京饭店,上七楼饭。与余道辛、曹杰谈。到四楼访陈望道、周谷城、周予同、杨宽谈。九时归。"

中国科学院哲学社会科学部委员第四次扩大会议学科分组名单(摘要):"……历史一组(四十人):刘大年、梁寒冰、周谷城、范文澜、张稼夫、徐嵩、吴泽、胡华、戴逸、邵循正、周一良、杨人楩、齐思和、刘导生、姜克夫、黎澍、刘桂五、丁名楠、程西筠等。历史二组(三十九人):翦伯赞、杨永直、徐中舒、包尔汉、邓拓、郑天挺、杨宽、谭其骧、周予同、蔡尚思、黄云眉、韩儒林、谷霁光、唐长孺、蒙文通、白寿彝、贺昌群、宁可、林甘泉、郦家驹等。历史三组(五十人):尹达、葛震、翁独健、吴晗、侯外庐、夏鼐、谷苞、杨东蓴、唐兰、金灿然、丁树奇、尚钺、邓广铭、叶企孙、林耀华、傅乐焕、白天、东光、熊德基、顾颉刚、胡厚宣、杨向奎、张政烺、田昌五、姚家积、徐旭生、郭宝钧、黄文弼、苏秉琦、夏康农、秋浦、冯家昇、侯方岳、方国瑜、钱宝琮、严敦杰、王忠等。"

十一月十一号星期一(九月廿六):"到北京饭店,听潘梓年报告学部工作,自三时至四时。上七楼,开小组会,讨论各所制度,自四时半至五时半。与厚宣同饭。访周谷城、

———————————

①上海市档案馆:《上海社会科学院对历史研究所关于各研究组对十年规划和年度规划的意见》,档案号:B181-1-336-103。

予同、杨宽、谭其骧。"

十一月十六号星期六（十月初一）："到北京饭店，参加学部会议闭幕式，听吴玉章、周扬、郭沫若发言，自九时至十二时。在北京饭店进午餐。在大厅待。一时许上车，到中海怀仁堂后摄影，晤毛、刘两主席，周、陈两总理。……学部此次扩大会议，集合各大学校长、各省宣传部分、科学院社会科学各部分负责人及有名学者，凡四百八十人，以反修为主，兼及十年科学规划，讨论三星期，然而问题万千，此一短时期如何讨论得了也。"①

录是年先生参加上海史学会事：

3月23—31日："史学会在科学会堂举行1962年年会，年会期间，共举行大会一次、报告会五次、讨论会二十三次、出席者共二千零六十五人。23日上午的会员大会上，周谷城作会务报告，吴泽作《坚持马克思主义的阶级观点与阶级分析方法，开展历史科学研究》的报告。江浙地区也有代表参加年会。年会期间，各专业组分别举行报告会和讨论会：中国古代史组的报告会有：束世澂《论古代东方的所有制及阶级社会的形成》，郭庆昌《关于忽必烈汉化问题的分析》，胡道静《我国古代学发展的基本情况和最近发现的古农学资料概述》，刘炳福《司马迁的政治思想》，吴泽、黄丽镛《魏源〈海国图志〉研究》，袁英光《徐鼒正统主义史学思想》，朱永嘉《谈历史科学、历史编纂学与历史哲学的相互关系问题》，程应镠《四世纪初至五世纪末中国北方坞壁略论》，朱维铮《府兵制度化时期西魏北周社会的特殊矛

---

① 顾颉刚：《顾颉刚日记》第九卷（1960—1963），第754、756、758—759、765、767—768页。

盾及解决》，刘精诚《拓跋族早期的社会发展与均田制的产生》，李旭《论八旗制度》，樊树志《宋代役法简论》，李德清《金代的赋役制度》，张家驹《南宋的赖文政起义》，谢天佑《论朱元璋转化及其建立政权的性质》，汪槐龄《论蔡牵部海上武装的性质》，陈守实《历史科学的新任务》，朱永嘉《顺康间清政府与江南地主阶级的矛盾斗争》，姚舜钦《刘邦与孔子》，徐德嶙《论唐代前期新旧派斗争中土地所有制问题》，杨宽《"贽见礼"新探》，郭若愚《从几件有关蔡侯的新资料论寿县蔡墓蔡器的年代》，章权才的《礼的起源和本质》。中国近代史组的报告会有：魏建猷《关于共进会修改同盟会纲领问题》，蔡尚思《康有为的社会政治理论——大同思想》，夏东元《李鸿章"和局"观》，陈匡时《陈天华思想发展的道路》，陈旭麓的《论"史论"》。中国现代史组的报告会有：张锡麟《第三次国内革命战争时期美帝国主义拉拢自由主义者的阴谋及破产》，叶枝感、叶锦涛《从五四时期的阶级动态看五四运动的性质》，李星和肖国风分别作《试论五四运动的革命性质》的报告，杨九皋《九一八事变后中国民族资产阶级的政治动向》，季平子的《越界筑路和会审公廨两问题的由来及其与五卅运动的关系》，徐同甫《八一三抗战中上海工人反对国民党压制抗日群众运动的斗争》，项立岭《论"中美棉麦借款"》，刘宏谊《目前中共党史教学中贯彻理论联系实际的几个问题》，马洪林《试论上海工人三次武装起义的历史教训》，陆志仁《关于帝国主义与一切反动派都是纸老虎问题》。世界史组的报告会有：周谷城《世界历史重点转移论》，李风《谈谈当前研究非洲史的重要意义》，王国秀《英东印度公司掠夺印度百余年的罪恶活动》，庄锡昌《谈谈布勒斯特和约》，吴成平《马克思论民族革命》，郭圣铭《启蒙时期欧洲的史学》，陶松云《十九世纪俄国的欧洲史学家》，王养冲《评价法国资产阶级历史综合派》，李季谷《呎哒大帝国的发展》，陈祖源《论中世纪基督教异端与农民起义》，冯纪宪《论（美）亨利·克莱对拉丁美洲政策》。中学历史教学组戴介民作《历史教学中的史论结合》报告。"①

1964年甲辰　先生五十一岁

1月，上海社会科学院院部和各研究所认真学习、传达、讨论中国科学院哲学社会科学部委员会第四次扩大会议的精神和周扬同志所作题为《哲学社会科学工作者的战斗任务》的报告。根据这次会议提出的哲学社会科学工作者"必须积极投入反对现代修正主义的斗争，研究当代革命的经验和问题，并在现实斗争中不断改造自己，真正做到和工农群众相结合"的精神，重新考虑下一步的工作，各研究所对1963—1972年的十年规划作了必要调整②。

1月24日，上海社会科学院历史研究所召开本年度第一次所务（扩大）会议，周予同、沈以行、徐嵛、杨宽等参加。会议强调应以中国近现代史研究为主，重视总结中国革命经验，坚决反对现代修正主义③。

1月30日，先生在《文汇报》上发表《参加实际斗争与历史科学研究》，节录如下：

　　最近我参加了中国科学院哲学社会科学部委员会第四次扩大会议，受到了深刻的教育和很大的鼓舞。我更加体

①姜义华主编：《史魂：上海十大史学家》，第438—439页。
②上海社会科学院党史资料征集委员会办公室编：《上海社会科学院大事记（1958—1968）》，第37—38页。
③http://www.historyshanghai.com/readarticle.asp？Articleid＝483。

会到,社会科学工作者深入实际斗争的重要。因为深入实际斗争,既可以改造思想,还可以提高科学研究的分析能力。作为历史科学工作者,同样应该如此。……

粗看起来,历史工作者研究的是历史上的问题,参加当前的实际斗争,好象无法和自己的科学研究相结合,好象无助于科学研究水平的提高。其实不然,大大的不然。历史是劳动人民创造的,我们研究的是劳动人民的历史,只有深入工农群众中去,和群众一起参加斗争,才可能真正认识到劳动群众的伟大创造能力,进一步认识清楚劳动群众在历史发展过程中起着决定性的推动作用;只有热爱今天的劳动群众,才能歌颂历史上的劳动人民,从而写出革命的科学的历史著作。历史是以阶级斗争和生产斗争作为发展动力的,我们研究的主要是阶级斗争的历史,其次是生产斗争的历史。如果自己一点没有阶级斗争的实际锻炼,一点没有革命人民的思想感情,不但不能了解今天的阶级斗争的实际,同时对历史上的阶级斗争必然也缺乏分析的能力。如果自己一点没有生产实践的实际经验,一点没有生产上的知识,"四体不勤,五谷不分",既不可能懂得今天的生产斗争的实际,也不可能分析好历史上生产斗争的情况。我过去曾经研究过我国炼铁炼钢的历史,写过这方面的作品,最初由于根本没有这方面的实际经验和基本知识,对许多史料缺乏分析能力;在一九五八年大炼钢铁的运动中,在一个炼钢指挥部中参加了四个月的工作,在和群众一起总结先进经验时得益很多,因而对这方面的研究工作提高了分析能力。这点我体会较深。总之,只有参加实际斗争,了解了今天阶级斗争和生产斗争的实际,才能更深入认识昨天和前天的情况,更好地掌握和总结它的发展规律,做好我们的历史研究工作。

同时,我们必须投入反对现代修正主义的斗争,投入意识形态领域中的兴无灭资斗争。积极参加反对现代修正主义的斗争,从学术战线上批判现代修正主义的资产阶级思想的各种表现,是当前形势下哲学社会科学工作者的重要任务。现代修正主义者正用歪曲历史、篡改历史的手法,替现代修正主义的政治路线制造理论根据,我们历史工作者必须粉碎他们的进攻,在斗争中使马克思主义历史科学得到新的发展,并在斗争中锻炼自己。

我们今天处在伟大的社会主义的时代,建设社会主义强大国家的三项伟大革命运动正在轰轰烈烈地开展,为所有的人民开辟了发挥自己一切聪明才智的最广阔的天地。我们必须积极参加三大革命运动,重新学习马克思列宁主义,重新学习毛主席著作,从而把历史科学研究推向新的高峰,积极地为无产阶级的革命事业作出应有的贡献。①

5 月,先生撰写《古史新探》序言。

9 月 16 日,先生当选为中国人民政治协商会议上海市第四届委员会委员②。

9 月 17 日至 27 日,中国人民政治协商会议上海市第四届委员会第一次全体会议举行,先生受邀参加,作"关于当前史学战线上的一场思想斗争——李秀成的评价问题"的报告,节录如下:

我热烈拥护陈丕显主席所作的政治报告,完全同意金仲华副主席所作常务委员会的工作报告。现在来谈一下当前史学战线上思想斗争的情况,并连带谈一些体会。

①杨宽:《参加实际斗争与历史科学研究》,《文汇报》1964 年 1 月 30 日第 4 版。
②《中国人民政治协商会议上海市第四届委员会全体委员名单》,《文汇报》1964 年 9 月 16 日第 2 版。

目前我国史学战线上，正在展开一场激烈的论战，就是关于李秀成问题的论战。所讨论的中心问题，是应该怎样对待李秀成的投降变节问题，并涉及到怎样才是真正总结阶级斗争历史经验的问题。目前这场论战，对方阵线分明，针锋相对，是当前国际国内尖锐复杂的阶级斗争在史学领域内的一种反映。

　　……

历史科学研究的目的，在于阐明阶级斗争的历史发展规律，总结阶级斗争的历史经验，用来指导革命实践和教育群众、教育后代，历史科学是一门政治性很强烈的科学，具有鲜明的阶级性和党派性。在历史著作中歌颂什么样的人和反对什么样的人，是以什么精神来教育群众，在群众中树立什么样的榜样的问题，这在对立斗争的各个阶级间，是各有其标准的，各有其需要的。唯有正确总结阶级斗争的历史经验，才能符合无产阶级的需要；如果歪曲阶级斗争的历史经验，总是适应反动阶级的需要。试问"苦肉缓兵计"的设计者，在当前国际国内尖锐复杂的阶级斗争形势下，如此大力鼓吹投降的策略，积极为投降变节分子辩护，到底是适应谁的需要呢？由此可以清整地看出，这场激烈的论战，正是当前国际国内尖锐复杂的阶级斗争在史学领域内的一种反映。

这是值得我们史学工作者躬自反省的问题。李秀成的投降变节，亲笔用黑字写在白纸上，十分清楚，一目了然，自从罗尔纲先生在1951年公布《李秀成自传原稿》以来，已有十多年了，多年来有三个省、市，五个出版社以各种铅印、影印的版本，出版过这份李秀成自白书，附以各种注解和说明，向读者大量推荐它，为什么我们都长期以来视而不见呢？为什么长期以来辨别不出这个大是大非呢？为什么长期以来还有人跟着罗尔纲先生跑，把李秀成作为革命英雄向群众宣传呢？直到这场激烈的论战展开,许多同志才如梦初醒,回头再来看看李秀成的历史著作,就感到十分触目惊心。长期以来,我们不能辨别这个大是大非,显然是由于我们缺乏政治识别力,立场还是摇摆不定。从此可以看出,我们史学工作者积极改造自己的思想的重要性,重新学习毛泽东思想的重要性,参加实际斗争的重要性。

从上述李秀成问题论战的情况来看,在我们历史学界存在的问题是很严重的。为什么有人在别人提出批评之后,还要坚持错误,而且变本加厉？为什么有人看到"苦肉缓兵计"已经站不住脚,还要找寻其他种种理由来为李秀成辩护呢？为什么所提出的辩护理由又是如此十分荒谬呢？这不仅是个治学方法问题,而是个立场、观点问题,为谁服务的问题,根本是世界观的改造问题。

这次论战正在继续进行,讨论还将进一步深入。真理总是在战斗中发展起来的,无疑的,通过这场论战,我们的历史科学水平将会大大提高,社会主义的理论阵地将更加发展和巩固。我们必须参加到这场论战中去,通过斗争来锻炼自己,改造自己。①

10月16日,《解放日报》发表上海师范学院历史系《周谷城是怎样为秦桧、张邦昌翻案的——评周谷城〈中国通史〉宣传"民族投降主义的反动观点"》。

10月17日,先生在《文汇报》上发表《必须正确总结农民战争的历史经验——关于李秀成问题讨论中的一个根本问题》。

11月15日,《解放日报》发表罗思鼎《周谷城历史观的面面

---

① 上海市档案馆:《关于当前史学战线上的一场思想斗争——李秀成的评价问题》(杨宽在上海市政协第四届第一次全体会议上的发言稿),档案号:L1-1-309-110。

观》,认为周谷城的历史观是建立在柏格森主义基础上的一种腐朽历史哲学。

11月21日,先生在《文汇报》上发表《评周谷城先生的"生存竞争"历史观》,节录如下:

> 最近史学界对周谷城先生的历史观点展开了讨论,许多同志对周先生提出了严正的批评。从周先生在解放以后所发表的历史著作来看,其中确实存在着一系列重大的原则性问题,必须作进一步的讨论。因为通过这个讨论,可以在史学领域内分清不少大是大非问题,有助于我们历史科学水平的提高,可以更加发展和巩固我们社会主义的理论阵地。
>
> 在周先生近几年来所发表的历史著作中,以两部通史最有系统(即《世界通史》和《中国通史》的修订本)。从他的《中国通史》修订本来看,是以"生存竞争"历史观,作为其理论的基础的。我认为,这就是周先生史学思想的病根所在,周先生许多重大的错误观点,往往和这种"生存竞争"历史观一脉相通,而且是这种错误的历史观的进一步发展。现在想就这方面提出一些看法来参加讨论,可能对周先生找出病源,改正错误,亦有所帮助。……
>
> 特别需要指出的,周先生长期以来宣扬的这种"生存竞争"历史观,就是社会达尔文主义,是资产阶级社会学的一个流派,自从它诞生以来已有一百年的历史了。这种"生存竞争"历史观的特点,就是把具有社会生活的人类和一般生物等同起来,否认马克思列宁主义所阐明的社会历史发展规律,妄图以生物界的自然规律来解释社会现象,认为阶级斗争和一切战争就是"生存竞争"在人类社会里的表现形式。达尔文曾受马尔萨斯人口论的影响,认为食物的增加

速度落后于生物繁殖的速度,因而生物的"生存竞争"主要
是为了争夺食物和生存空间;社会达尔文主义者就据此认
为,人类的一切战争起因于人类的生物的天性,起因于生活
的要求,主要为了争夺优良的自然环境和生存条件。达尔
文曾认为"弱肉强食"和"适者生存"是生物"生存竞争"中
的自然选择作用,社会达尔文主义者又据此认为,在人类社
会中也有同样情况,只有"强者"和"适者"才能在人类社会
的"生存竞争"中生存和繁衍,否则就不免灭亡。

社会达尔文主义者这样以生物界的自然规律,代替人
类社会的发展规律,把阶级斗争和一切战争都说成起因于
争取生存条件,说成"生存竞争",就是为资本主义剥削压迫
劳动人民和帝国主义侵略奴役殖民地人民提供伪科学的根
据。妄图通过这种对科学的捏造,把资本主义社会的阶级
压迫和剥削说成正当行为,把帝国主义的对外侵略和掠夺
说成正当行为;把被剥削、被压迫人民的遭受苦难说成是
"自然选择"的必然现象,把被压迫民族的遭受侵略奴役也
说成是"自然选择"的必然现象。这种学说,混淆了正义战
争和非正义战争的区别,抹杀了人民革命战争和民族解放
战争的正义性和革命性,替进行侵略和压迫的战争制造正
当理由;妄图麻痹被压迫民族和被压迫人民的阶级意识和
革命斗志,诱使被压迫人民放弃一切革命斗争,屈服妥协,
忍受种种压迫和奴役。这种学说,对侵略者、压迫者来说,
是鼓励他们去侵略压迫;对被侵略者、被压迫者来说,是诱
使他们去屈服投降。这种"生存竞争"历史观就是这样和民
族投降主义思想、阶级合作论一脉相通的。

十分明显,这种学说反映了反动的资产阶级的本性,符
合于侵略者和压迫者的需要。所以在帝国主义出现之后,
这种学说就被帝国主义者广为传播,大加利用,作为推行侵

略政策和战争政策的"理论依据"。众所周知,希特勒就曾借口"生存空间"受到限制,发动了第二次世界大战。目前美帝国主义者也在利用这种学说,为它对黑人的种族歧视辩护,为它的侵略政策和战争政策辩护。

这种学说也符合于革命叛徒和修正主义者的需要。例如德国社会民主党的特尔伏曼,就是个狂妄的社会达尔文主义者;革命叛徒考茨基也曾在他的著作中鼓吹这种反动学说,来和马克思列宁主义相对抗。

我们不禁要问,周谷城先生在我国社会主义革命和建设的时期,在《中国通史》修订本中如此有系统地贯串着"生存竞争"历史观点,究竟适应谁的需要呢?

周谷城先生在解放以前的许多历史著作中,因为根本站在资产阶级立场,存在有这种鼓吹"生存竞争"的错误观点,本来是不足怪的。严重的问题是,为什么直到今天,周先生这种错误观点依然原封未动,根本没有改变呢? 为什么还要坚持错误,继续大肆宣扬呢?①

12 月 24 日,上海社会科学院历史研究所安排 1965 年上半年研究工作,其中先生与李楚书负责批判周谷城的反动史学观点②。

录是年《顾颉刚日记》中相关材料:

十二月十号星期四(十一月初七):"抄杨宽《伯益考》入文,并加按语,约写三千五百字。"③

---

① 杨宽:《评周谷城先生的"生存竞争"历史观》,《文汇报》1960 年 11 月 21 日第 4 版。
② 上海市档案馆:《上海社会科学院历史研究所 1965 年上半年研究工作重点》,档案号:B181-1-336-115。
③ 顾颉刚:《顾颉刚日记》第十卷(1964—1967),第 176 页。

《顾颉刚古史论文集》中有对先生《伯益考》的评介,录之如下:

　　杨宽《伯益考》:"《史记·秦本纪》本于秦史,乃独存其祖先之神话,所谓'女脩织,玄鸟陨卵,女脩吞之,生子大业。大业……生大费……佐舜调驯鸟兽,鸟兽多驯服,是为"柏翳"。……大费生子二人,一曰大廉,实鸟俗氏。……大廉玄孙曰孟戏、仲衍,鸟身人言',可见益在传说中为玄鸟之后裔,其本人又能调驯鸟兽,其后又有鸟俗氏而鸟身人言,其与鸟之关系若是其密切也。《尧典》亦云:'帝曰:"畴若予上下草木、鸟兽?"佥曰:"益哉!"帝曰:"俞!咨益,汝作朕虞。"'《汉书·地理志》并云:'伯益知禽兽。'而《后汉书·蔡邕传》云:'柏翳综声于鸟语。'是益不仅能'调驯'与'知'鸟兽而已,且能'综声于鸟语'也。《孟子·滕文公上篇》云:'舜使益掌火,益烈山泽而焚之,禽兽逃匿。'孟子言益焚山泽,驱禽兽,与诸书言益调驯鸟兽者虽不同,而其职在治理鸟兽则一也。……按《汉书·百官公卿表》云:'䖏作朕虞。'应劭曰:'"䖏",伯益也。'颜师古曰:'"䖏",古"益"字也。'《伪古文尚书》'益'作'䖏'即本此。而《说文》云:'"嗌",籀文作"䖏"。'据此,'益'古或写作'嗌','嗌''咽'同声,《说文》'"嗌",咽也',《尔雅》郭注'江东名"咽"为"嗌"',盖'咽''燕'古同音通假,'臙脂'或作'胭脂'可证也。'嗌'古作'䖏',与'燕'古作'䘊'(见《燕化钱》)类同,'嗌''燕'实亦一字耳。《说文释例》云:'伯益之名,或本取"嗌"义而借用"益"字也。''嗌'与'燕'既本为一字,而益之传说又多与鸟类有关,并为玄鸟之后,而玄鸟即燕。《诗·玄鸟》云:'天命玄鸟,降而生商。'又《长发》云:'有娀方将,帝立子生商。'《吕氏春秋·音初篇》则云:'有娀氏有二佚女……帝令燕往视之,鸣若嗌嗌("嗌嗌"旧作"谥隘",此从《玉烛宝典》改正),二女爱而争搏之,覆以玉筐;少选,发而视之,遗二卵北飞。……'玄鸟即燕,而'鸣若嗌嗌',据此益足证'嗌''燕'同字,'燕'像其形,'嗌'则后出之形声字耳。案玄鸟又名'乙',亦作'鳦',《说文》云:'"乙",玄鸟也,齐、鲁谓之"乙",取其鸣自呼。'燕'取其鸣自呼'则为'乙乙','乙乙'当即'嗌嗌'……又'益'又作'嗌',则'益'之即燕,明证实多也。考《吕氏春秋·勿躬篇》云'羲和作占日,尚仪作占月,后益作占岁',而《山海经》谓'羲和者,帝俊之妻,生十日'(《大荒西经》);'帝俊妻常羲,生月十有二'(同上);'共工生后土,后土生噎鸣,噎鸣生岁十有二'(《海内经》)。顾颉刚《尚书研究讲义》因云:'从羲和之生十日而作"占日"、常仪之生十二月而作"占月"之例推之,则后益即"噎鸣"。……'然则后益何以得称'噎鸣'耶?曰:'噎''嗌'乃声之转,扬雄《方言》云:'"癎""嗌",噎也,楚曰'癎',秦、晋或曰"嗌",又曰"噎"。''噎鸣'即取义于燕之'鸣若嗌嗌'也。'益'之与"燕",二而一、一而二而已。益之传说盖即出于'燕'之神话耳。……玄鸟,古人或释为燕,或释以凤。《楚辞》……'凤鸟受诒'(《离骚》)当即'玄鸟致贻'(《天问》),则玄鸟即凤鸟也。……玄鸟本东方民族所崇拜,《吕氏春秋·仲春纪》及《礼记·月令》云:'是月也,玄鸟至,至之日,以太牢祀于高禖。'《礼记·月令》疏云:'娀简狄吞凤子。'凤子即凤卵也。……凤之神话化者,更或谓其人面、鸟身。《大荒北经》云:'……有神九首、人面、鸟身,名曰九凤。'案古神中人面、鸟身最著者为句芒,《海外东经》云:'东方句芒,鸟身、人面,乘两龙。'……句芒在《月令》中为春神,而玄鸟亦以春分至,句芒实亦玄鸟之神也。……案《左》昭公十七年传云:'我高祖少暤挚之立也,凤鸟适至,故纪于鸟,为鸟师而鸟名:凤鸟氏,历正也;玄鸟氏,司分者也(凤鸟即玄鸟,此分化为二,《左传》记载较晚之故也)……'益、喧鸣即燕,亦即凤鸟,益占岁,喧鸣生岁,故凤鸟亦为历正也。秦与淮夷等之祖先神本为鸟神,其所以鸟身、人面者,盖以其已人格化。神话中之神每多人格化,其像身类鸟兽而首作人形,中、外各民族多然。"

按益本是鸟夷族所奉的祖先神,他的鸟身可从这一名的古文作"𪀉"即"燕"看出,他的鸟声可从"帝命燕往视之,鸣若嗌嗌"和他又名"喧鸣"看出,他的神职可从仲春祀玄鸟于高禖和生岁十二看出。岁是岁星,即木星,约十二年一周天,古人分天为十二次,因把它作为定年岁的标准,而有"喧鸣生岁十有二"之说,也就有了凤鸟氏为历正之说。古代治历明时,本为耕田作好准备,使一切种植不失其时,试看郯子所述的少皞氏以鸟名官,历正、司分、司至、司启、司闭,在历法上多么井井有条,就可以知道益这一神除了主管人间的生育而降卵之外,还管着农业生产,这本是人类生存最重要的两个项目,不是鸟夷族所专有;不过这一族既以鸟为图腾,便尽把初民的幻想寄托给鸟形的神灵而已。在农业生产方面,周人自有其神灵叫做后稷,从《诗经》的《雅》《颂》里看,渭水流域的农业是够发达的,在武王克殷和周公东征以后,后稷当然随着周室的分封诸侯而取得了合法的全国性的农神的地位,喧鸣生岁之说就几乎被压抑得看不到了,因此益的任务被局限在调驯鸟兽方面,而有《尧典》虞官之说。杨氏这文,发掘古典资料,大体上恢复了当时的神话面貌,给我们认识了鸟夷族的宗教概况。①

①顾颉刚:《顾颉刚古史论文集》卷十(下),中华书局,2011 年,第 946—949 页。

录是年先生参加上海史学会事：

　　6月23日："史学会在科学会堂举行讨论会,吴泽等十四人出席,讨论杨宽等撰《评苏联科学院主编〈世界通史〉中有关中国农民起义问题》一文。"①

1965年乙巳　先生五十二岁

　　1月16日,上海社会科学院历史研究所召开全所大会,杨宽主持,周予同谈参加全国"人大"会议(1964年12月27日—1965年1月4日)的情况及个人态度,特别介绍周总理九万多字的报告②。

　　6月12日,上海社会科学院200余人下乡参加社会主义教育运动,分两批出发。第一批赴金山、奉贤、宝山等县,第二批赴金山和松江等地。

　　7月31日,上海社科院历史所向院部报告上半年研究工作情况。上半年参加农村四清运动30人,留所25人。完成书稿《五卅运动》(初稿)10万余字,《国棉二厂厂史》(初稿)第一、二、五、六章,发表文章11篇,翻译外文资料54万余字,完成五卅运动史料汇编第一卷③。

　　夏、秋间,先生被派到靠近陈坊桥镇的一个生产队主持四清运动。先生对此有详细回忆：

　　　　我和一般工作队员一样,手提简单的行李包,从上海徐家汇乘长途汽车直达陈坊桥。从此我白天在这个生产队做运动中的清查工作,一日三餐是在公社的食堂里吃的,晚上

---

①姜义华主编：《史魂：上海十大史学家》,第443页。

②http：//www.historyshanghai.com/readarticle.asp? Articleid=483。

③上海社会科学院党史资料征集委员会办公室编：《上海社会科学院大事记(1958—1968)》,第48—49页。

就住在公社图书馆楼上的一间宿舍中。工作队员的权力是
很大的,从进入这个生产队以后,除了生产照常由队长主持
以外,从上到下都要听从工作队员展开各项清查工作和召
开各种会议,包括批判会和斗争会。这是我生平第一次主
持一个单位的政治运动,因为我在上海博物馆、上海历史研
究所参加的政治运动,都是由党员主持领导,我是无权过问
的,常常处于被动地位和挨批的境地。

　　我非常小心谨慎地在这个生产队中主持四清运动。
不少工作队员为了表现自己主持运动的成绩,常常组织召
开批判会和斗争会,闹得轰轰烈烈。我极力防止运动发生
偏差,依运动所规定的政策,按部就班很细致很认真地进
行,不随便召开批斗会。按规定,要依靠贫、下中农的支
持,从群众中挖出过去运动中漏划的地主、富农、坏分子
以及反革命分子,要发动群众揭发反动言论而加以批
判,要清查地主、富农的"反攻倒算"行为,要精算所有生
产队的账目而查出贪污、盗窃以及多吃多占的事,分别
予以处分或加以教育,从而达到"四清"的目的。我因此
按照这些要求,到各家去访问了解,在晚上召开各方面
的调查问题的会议。我感到所有农民生活依然很穷苦,
生产上都很勤劳,对待上级宣布的政策方针都十分尊重,
态度都是很老实而诚恳的。我在这个生产队主持四清运
动有五个月之久,没有清查出什么可以称为"阶级斗争"
的问题来。①

　　10月,《古史新探》由中华书局出版。由于当时的政治形
势,此书差点未能出版,先生回忆道:

①杨宽:《历史激流:杨宽自传》,第286—287页。

　　当我写成《赘见礼新探》一文发表在《中华文史论丛》第五辑时,已是六四年六月,这时思想领域的大批判已经在全国开展,眼看大规模的政治运动将要到来,因此急急忙忙把《古史新探》一书修订编辑完成送到出版社,到六五年十月由北京中华书局出版,如果再迟些就不可能出版了。因为到十一月,作为"文化大革命"序幕的姚文元《评新编历史剧〈海瑞罢官〉》就发表了,我这样一本探讨古代礼制的书怎么可能出版呢? 正因为这时重大的政治斗争即将爆发,人们已无心钻研什么故纸堆中的学问,《古史新探》的印数只有三千册,成为我的著作中印数最少的一种①。幸而香港有翻印本(嵩华出版事业公司),因而在外国容易见到我这本书,反而在国内很难看到。②

编者按:此书在香港和台湾地区共有三个版本。在香港由嵩华事业有限公司出版,有作者署名。在台湾有两种翻印本,翻印本中有空缺和删改的地方,且皆无出版社、出版时间。一种为灰色封面,无作者名字;一种为白色封面,右下角署作者名字。

　　录杨华、香港学者章群对此书的评论:

　　马克思主义的新史学兴起以后,礼制的研究有了更为广阔的视野,尤其是越来越多的甲骨文、金文得到定释,越来越多的地下实物和遗迹得到发掘,使礼制的研究纳入了一个更为科学的范畴之内。几十年来,史学家们从"三礼"("四礼")之中或考证典章制度,或勾勒社会结构,或阐发政治伦理,或研究生活细节,或对证器物,或检索职官,礼学

---

① 先生记忆有误,《古史新探》非印刷最少者,《中国土法冶铁炼钢技术发展简史》印刷最少,仅印 2500 册。
② 杨宽:《历史激流:杨宽自传》,第 281—282 页。

真正成为史学。……杨宽先生六十年代出版的《古史新探》中一系列阐释古礼制的文章,上自氏族社会下至秦汉之际,实物与文献互证,穷本索源,史论结合,不愧为以新方法研究古礼制的发凡起例之作。①

中共统治以来,历史方面的专门之学,至少有三种不同的面貌:一是利用旧材料,套上马列主义,杨宽的《古史新探》,就是一个例子,该书以清人凌廷勘《礼经释例》为本,用马列主义加以新的解释,无论如何,假如对"礼"素无研究,总不能写成此书。二是对旧书加以笺注,《资治通鉴》和若干部正史的标点、注解,是其中一例,向达的《蛮书校注》也是这一类。三是用自己的专门之用,对历史现象加以说明。②

《顾颉刚读书笔记》中有"凉山彝族贵族之家支制度"条目言及此书中相关内容,录之如下:

杨宽《古史新探》(页五七—五八)引凉山彝族的奴隶贵族情况云:

少不得是牛羊,缺不了是粮食,离不开是家支。

他们的宗法制度叫"家支"制度,每个家支之下分为"支""小支(房)""户"等,都用父子联名的系谱作为线索来贯串的。每个家支有数目不等的头人,按习惯法处理家支内外纠纷,重大事件处决于家支会议。这种家支组织,目的在维护本家支的利益,对本家支成员要保护其自命血统"高贵"的等级地位,帮助其进行统

①杨华:《先秦礼乐文化》,湖北教育出版社,1997年,第7—8页。
②章群:《专门之学和考古工作——中共的历史研究工作》,《中国学人》(香港新亚研究所出版),1977年第6期;后收入章群:《中共早期的历史研究工作》,学海出版社,2000年,第105页。

> 治。……凉山彝族奴隶主在没有统一政权下，就是依靠家支制度来巩固贵族组织，对奴隶进行统治的。……很明显，家支制度就是实行奴隶主专政的工具。

按此可以借来说明中行说所谓"匈奴虽乱，必立宗种"之理由，亦可说明夏以前已进入奴隶社会，特在家支制度下进行统治，至夏乃有大体上之统一政权耳。其用父子联名的系谱作为线索来贯串，犹南诏君主之"阁罗凤—凤迦异—异牟寻"也。此种现象，当为我国西南部少数民族所同具，特见于记载者鲜耳。①

11 月上旬，先生参加姚文元《评新编历史剧〈海瑞罢官〉》校样讨论会，对此回忆道：

> 当时我正被派到松江县的陈坊桥人民公社，充当农村四清运动的工作队员，和上海社科院党委书记李培南同住在陈坊桥公社图书馆的楼上。《文汇报》是在会议前一天用电话通知李培南，要我隔天上午赶回上海，下午到北京路的文化俱乐部参加这次讨论会，讨论的是什么文章事先没有讲明。
>
> 当我赶到这个讨论会场时，才看到姚文元这篇批判文章的校样，整整一大版。出席者共十多人，大家当场认真阅读这篇文章。当时我完全不了解姚文元写这篇文章的背景，也不了解吴晗写这个历史剧的动机和目的，只是认为吴晗原是明史专家，现在他写作有关明朝的历史剧了。我没有看过《海瑞罢官》的剧本，只是从姚文元批判内容来看，似乎剧本的主题思想有不符合历史真实性的地方，

---

① 顾颉刚：《顾颉刚读书笔记》卷十三，第 335 页。

这在学术上是可以商讨的。但是姚文元这篇文章不是认真在学术上进行商讨，而是要从政治上加以打击，特别是末段把海瑞勒令乡官退田联系到六一年的"单干风"，很明显是诬害吴晗。

主持这天讨论会的是《文汇报》总编辑陈虞孙。当讨论会一开始，我就第一个发言，除了指出这个剧本的主题思想有不符合历史真实性的地方，可以进行学术讨论以外，主要是针对姚文元的文章末段提出了下列五点修改意见：

（一）明代海瑞勒令乡官退田，和六一年有人主张从人民公社退田的"单干风"，性质上根本是不同的两回事，不应该牵强比附，扣上政治上的帽子。

（二）文章末段的批评，不符合当前所提倡的"百家争鸣"方针，学术上的讨论应该实事求是，不应该随便和政治上的问题联系起来。

（三）评论古代史的文章，特别评论新编历史剧，不适宜随便指责为"借古讽今"。如果这样随便指责别人"借古讽今"，以后谁再敢发表古代史的论文，谁再敢新编历史剧演出，这对今后的学术研究和文艺创作的发展都不利。

（四）吴晗不是一个无名小卒，既是著名的明史专家，又是北京市的副市长，发表这样的批评文章，将对学术文化界震动很大，在社会上的影响也不好。

（五）希望考虑到发表这篇批评文章的效果和影响，应该对这篇文章的末段重新斟酌和改写，或者发表时删去末段。

在我之后，多数人的发言也是对末段有意见，但是说话比较婉转，没有像我那样直截了当。最后由中华书局上海编辑所正副主任李俊民和陈向平发言……他们两位都是党员，我听了之后才恍然大悟，感到自己的政治嗅觉不灵，所提意见可能太率直了,但为学术界的前途设想,是应该提出意见的。①

11月10日,《文汇报》以整版篇幅刊载姚文元《评新编历史剧〈海瑞罢官〉》。

12月31日,先生以上海社会科学院历史研究所副所长的名义参加《文汇报》举行的《关于〈海瑞罢官〉的自我批评》座谈会。参加座谈会的还有周予同(上海社会科学院历史研究所副所长)、周谷城(复旦大学历史系教授)、蒋星煜(上海市文化局剧目工作室)、谭其骧(复旦大学历史系主任)、刘大杰(复旦大学中文系教授)、李俊民(中华书局上海编辑所主任)、束世澄(华东师范大学历史系教授)、魏建猷(上海师院历史系主任)、张家驹(上海师范学院历史系副主任)、徐德嶙(华东师范大学历史系教授)、陈向平(中华书局上海编辑所副主任)、陈守实(复旦大学历史系教授)、李平心(华东师范大学历史系教授)、朱金城(中华书局上海编辑所编审),共15人②。

关于此次会议,先生有一些细节回忆:

> 十二月三十一日《文汇报》编辑部又在北京路文化俱乐部召开史学界和文艺界人士的座谈会,讨论吴晗的《自我批评》,一共邀请十五人,大体上和上次参加讨论姚文元文章校样的人相同。先后共有十二人发言,李平心等三人未发言。上海社科院历史研究所应邀出席的仍然是两个副所长,就是周予同和我。……
>
> 在这次座谈会上,我吸取上次参加会议的教训,没有第

---

① 杨宽:《历史激流:杨宽自传》,第294—296页。
② 《上海学术界部分人士座谈吴晗的〈关于海瑞罢官的自我批评〉》,《文汇报》1966年1月7日第4版。

一个发言,这次轮到周予同。周予同的发言很是激动,他说的话不多,但是说得很直截了当。他除了对今后如何进行深入讨论提出意见以外,还说:"现在我们自己对自己的历史文化遗产倒不大注意了,敌人美帝国主义拼命在研究明史,日本也很注意中国史的研究,甚至组织唐玄奘的研究会,将来要研究中国封建社会的历史,只好取材外国资料了。……吴晗的自我批评文章,我看了。吴晗我是熟的,他很爽直,文如其人,有错就认了,他的认错不是假的。但文中有些奇怪,反右倾怎么会联想到海瑞上面去的?他的政治敏感性到哪里去了?吴晗是好人,是'清官',但是他的政治敏感性大有问题。"

我听完他的发言,就感到他将闯下大祸了。他不了解当前这场政治斗争的严重性,他说吴晗的政治敏感性大有问题,其实他自己的政治敏感性也没好到哪里。……

当座谈会结束时,没有说明这次座谈会上的发言记录要在报上发表。六六年一月五日下午,我收到了《文汇报》编辑部送来的发言记录校样,是准备七日发表的。我就想到上述周予同的发言,如果公开发表,就会闯下大祸,一旦发动一场政治运动,马上就会成为靶子,这样一个年老的学者怎能受得了?我想不出什么办法来挽救他,一直考虑到晚上,才打电话给一位党员副所长徐崙,扼要地告诉他周予同发言的主要内容,并且指出,这个发言若在报上公开,将来运动中的冲击必然不得了,我希望他设法向《文汇报》编辑部疏通一下,删去或修改那些为吴晗辩白的话。当时历史研究所共有四个副所长,除了周予同和我以外,还有两个副所长是党员,即徐崙和沈以行。徐崙接到我的电话后,就去找沈以行商量,然后向《文汇报》提出请求,结果被拒绝。《文汇报》编辑部宣称他们执行"放"的政策,要刊登各种不同意见的发言。①

是年,先生致函童书业:

丕绳兄:

前一个时期,此间运动很紧张,回家休息也很匆促,你来的信,粗粗看毕了,还没有细读。你说所写《春秋左传考证》,已完成第一卷,好得很。希望你继续努力,特别是春秋时代的各国经济制度和政治制度,有许多地方,都需要作深入的考究。

拙作《古史新探》论文集,已出版,已寄上,想已收到。希望你细读一下,多多提出意见。因为我还想继续把这方面的论文写下去,出"续集"。出版社也希望我能早日把"续集"写出。"续集"打算继续探究西周春秋时代的各种制度。"礼"的方面也准备再作些探索,目前尚无具体规划,希望你提出意见。

你看,这样研究的一条路,对不对头。也希望你发表意见,因为这样的可靠史料、三礼以及少数民族史方面研究成果结合起来,前人还没有作过深入细致的探索,我以为,大有可为……②

录是年《顾颉刚日记》中相关材料:

十二月廿一号星期二(十一月廿九):"点杨宽《赘见礼新探》。《古史新探》第一次点讫。……杨宽正君在抗战前读书光华大学已著声誉。抗战八年,在家埋头研治战国史,将此一时期零断之史料得系统化。近作《古史新探》,更用马克思主义贯串西周、春秋之史料,解决许多问题,读之使

①杨宽:《历史激流:杨宽自传》,第300—303页。
②童教英:《从炼狱中升华——我的父亲童书业》,第282页。

我自惭,期于学步。"①

录是年先生参加上海史学会事:

　　11月25日:"上海社联及所属史学会,就姚文元发表的
《评新编历史剧〈海瑞罢官〉》一文举行座谈,杨宽、丘日庆、
赵景深、严北溟、吴泽、束世澂、程应镠、沈起炜等社会科学
界人士五十余人参加。在座谈会上,对姚文持不同意见者
认为,姚文是从政治出发的,批判过头,《海罢》戏并不是毒
草,讨论中还涉及历史人物和农民战争评价等问题。"②

①顾颉刚:《顾颉刚日记》第十卷(1964—1967),第378—379页。
②姜义华主编:《史魂:上海十大史学家》,第444页。

卷三　1966—1978 年

1966 年丙午　先生五十三岁

　　3 月 5 日,上海社联邀请部分老知识分子开了一次关于"让步政策"问题的座谈会,到会的有吴泽、束世澂、苏乾英、严北溟、张家驹、吴斐丹、伍蠡甫、杨宽、丘日庆、李旭等十余人。会上五人发言,会后社联又访问了两人。七人中,张、严、束坚持认为封建统治者能够对农民"让步",吴斐丹认为政治上没有"让步",经济上有"让步"。吴泽虽然强调要从政治上考虑问题,应坚决驳斥"让步"的骗局,但也不能否定"让步"的存在,只有苏、杨不同意历史上有"让步"的事实。杨宽言:"让步""改善"等等现在变成习惯用语了,连范文澜的《通史简编》也有此提法。他认为:其实所谓"让步",不过是统治者重建封建秩序、引诱农民归田的一个策略。轻徭薄赋对地主是有利的,因为"赋"是地主纳的。明初,江南一带田地变成皇田,租税是很重的。(杨宽在《海瑞罢官》问题讨论开始,是反对姚文元的观点的,后来怕受人批评,反反复复,随机应变。)①

　　4 月 10 日,《人民日报》发表《吴晗同志反党反社会主义反马克思主义的政治思想和学术观点》,关于《海瑞罢官》的学术讨

──────────
①上海市档案馆:《中共上海市委宣传部关于〈海瑞罢官〉问题讨论的〈情况反映〉第 1—25 期》,档案号:A22-1-942。

论被政治化。

5 月 16 日，中共中央发出《通知》，成为"无产阶级文化大革命"运动正式开始的标志。

5 月 28 日，上海市委宣布成立上海社会科学院"文化革命领导小组"，由陆文才等三人组成，负责人为陆文才①。

6 月，上海社科院历史研究所里有人贴出先生对姚文元提出五点意见的大字报，揭发两年前上海文化局副局长请吴晗在国际饭店吃饭，邀先生作陪事。后先生被关进牛棚，直到 1968 年 11 月到"五七干校"劳动为止，先生对此回忆道：

> 当时受审查的人有两种，一种被认为罪行严重而必须立即交代的，夜间留在牛棚不准回家。另一种被认为罪行较轻，夜间准许回家。我属于后一种，每天上午八时进入牛棚，直到晚上九时或十时交当天的"思想汇报"之后，才准回家。……
>
> 在当年狂热学习毛泽东思想的运动中，有些短的篇章是要背诵的，如所谓"老三篇"（《为人民服务》《愚公移山》《纪念白求恩》），许多青年都能朗朗上口，但是我们这些年龄较大的人，记忆力正逐渐衰退，即使短篇也不容易背熟。有一次我被拉出去，责令当场默写《愚公移山》，结果错脱了不少字，就被指责为抗拒学习毛泽东思想。……
>
> 对于每个被关进牛棚的人的审讯、调查、批斗，分别有专人负责，后来就分别设有专案小组。一个专案小组组长对于一个被批斗者操有生杀之权。每天晚上，每个被批斗者必须写一份几百字的"思想汇报"给专案小组，等于交代当天思想动态。我的"汇报"经常受到训斥，说是空洞无物，

---

① 上海社会科学院院史办公室：《院事揽要：上海社会科学院大事记（1958—2008）》，第 59 页。

不暴露真实的思想。因为我家离开工作地点较远，每天晚上九点或十点以后，要接连乘两路的公共汽车，又要步行很长一段路，回到家中已是深夜。但是为了了解当前运动发展的趋势，还要翻阅家中早已准备好的当天报纸以及各个"造反派"组织的小报。当时沿街小摊上可以买到的各种小报很多。……

　　进了牛棚后我和几个所谓"牛鬼蛇神"一起，被罚作体力劳动，经常去除草、扫厕所，有时还要被押出去"监督劳动"。有一天，我那个专案小组组长指责我认罪的态度不好，要罚我去做重体力劳动；他已经和外滩码头搬运轮船货物的工人联系好，由他押我去帮忙搬运轮船上货物。原来这艘货轮运来了一整船生铁块，每块约重三四十斤，要从船舱中把一块块生铁搬到起重机的那只大斗中，以便起运到岸上的卡车中。幸而我当时健康情况还好，一共参加这样搬运生铁块的重劳动三天，还能勉强支持。那几天就在码头旁的工人食堂中吃饭，有一天晚上还要留我在食堂里看码头工人所开的批斗会，说是要我多学习，看看这些被斗者认罪态度是怎样的。……

　　我没有坐过监牢，但是这样长期被关在牛棚里，我感到精神上比坐监牢还要痛苦，不但所受政治、经济上的压力很大，群众运动的冲击一波又一波，精神上也十分紧张，常常遇到各式各样意想不到的折磨。不但在大大小小的批斗会上要忍受种种虐待和侮辱，遇到审讯和调查也要忍受低人一等的罪犯的待遇。不但要接受专案小组的审讯，也还经常遇到外来的专案调查组的查问；本地或外地来的专案调查组常向我调查过去同学、同事、朋友的历史情况。当他们把我看作"牛鬼蛇神"而查问时，常是气势汹汹、杀气腾腾的。因而在牛棚里，不但要被迫写下数不清的所谓"罪行"

的交代,还要写下外来调查组查问的书面报告。每天晚上更要绞尽脑汁,写成几百个字"认罪"的"思想汇报"上交,穷年累月所写的交代和逐日的汇报,如果编辑起来可以印成厚厚一大册,可惜都不准留底而没有保存下来。①

6月2日,《横扫一切牛鬼蛇神》和《北京大学七同志一张大字报揭穿一个大阴谋》发表,在上海社会科学院内引起反响②。

6月6日,上海社科院参加城乡"四清"运动的人员纷纷返回院部参加"文化大革命"运动③。

6月13日,上海社科院各所召开大组会进行面对面的揭发批判。揭发批判对象为:哲学研究所李培南,经济研究所姚耐,历史研究所徐崙和沈以行④。

6月27日,根据上海市委"文化革命"工作队上海社会科学院队委会"简报(三十七)"记载,全院近期排队情况如下:全院参加"文化大革命"共568人(其中社会科学院512人,社联56人),左派共118人,占全院总数20.4%;中间群众397人,占70.2%(其中左115人,占20.1%;中中204人,占36.3%;中右78人,占13.7%);右派53人(其中包括已列为重点和一般对象21人)⑤。

7月,上海社科院各单位进行了第二次政治排队,历史研究

①杨宽:《历史激流:杨宽自传》,第310—315、320页。
②上海社会科学院院史办公室:《院事揽要:上海社会科学院大事记(1958—2008)》,第59页。
③上海社会科学院党史资料征集委员会办公室编:《上海社会科学院大事记(1958—1968)》,第54页。
④上海社会科学院院史办公室:《院事揽要:上海社会科学院大事记(1958—2008)》,第60页。
⑤上海社会科学院院史办公室:《院事揽要:上海社会科学院大事记(1958—2008)》,第61页。

所、哲学研究所、国际研究所又作了第三次政治排队。根据"政治排队的情况与问题"统计,这次排队与第一次排队比较结果如下:(一)左派队伍增长较多,由原有的113人增长到146人,加上中左84人,合计230人,占干部总人数的44.7%。(二)中间群众(包括中左、中中)由原有274人降到247人,显示出向两极分化的趋势。(三)在排队的标准上,各单位掌握不完全一致,特别是表现在对左派、右派的掌握上偏严偏宽①。

7、8月间,"文化大革命"进入疯狂阶段,先生常陪斗。先生回忆道:

> 当时历史研究所中,周予同早已被复旦大学的红卫兵揪去大批大斗,我们三个副所长和一个党总支书记,则被放在一起批斗,有时集中批,有时一个一个来,几乎无日无之。有一次集中批斗结束后,还被拉上卡车,戴着大牌子立在卡车上,一路敲锣打鼓,沿着淮海路、南京路等大街缓慢地行进,游街示众。②

8月10日至9月23日,在这一个半月时间里,上海社会科学院主要根据党的八届十一中全会《关于无产阶级文化大革命的决定》(简称《十六条》)的精神,经过"反复酝酿",选举产生了院、所"文革小组"。在"文革小组"领导下,建立了"红卫兵"组织,对一些同志进行了抄家,"扫四旧",成立"牛鬼蛇神管理小组",对他们训话,进行监督劳动等活动。③

8月26日下午、27日上午,上海社科院和社联全体工作人

------

① 上海社会科学院院史办公室:《院事揽要:上海社会科学院大事记(1958—2008)》,第63页。
② 杨宽:《历史激流:杨宽自传》,第313页。
③ 上海社会科学院党史资料征集委员会办公室编:《上海社会科学院大事记(1958—1968)》,第55页。

员在科学会堂联合召开所谓"揭发批判李培南同志的大会"①。

　　8 月 30 日至 9 月 10 日，上海社会科学院（包括社联）77 名干部家被搜查，其中本单位"红卫兵"去搜查的有 34 家，外单位去搜查的有 43 家。以单位分：经济研究所 24 家（本单位搜查 14 家，外单位搜查 10 家），国际研究所 14 家（本单位搜查 7 家，外单位搜查 7 家），院部机关 17 家（本单位搜查 2 家，外单位搜查 15 家），历史研究所 13 家（本单位搜查 6 家，外单位搜查 7 家），哲学研究所 5 家（本单位搜查 3 家，外单位搜查 2 家），社联 4 家（本单位搜查 2 家，外单位搜查 2 家）。在查获的物品中，以金银珠宝、图书资料、日记本、照片等为多②。先生家亦被抄过，先生自言：

　　　　当时住在高楼的人家，如果没有人指引，抄家的运动就比较少些。我家住在高楼，是由历史研究所"造反派"所派的三人过来搜查。我主动打开大橱的橱门，让他们看银行的存单，虽然存款数目很小，也被他们带走；再打开写字台的抽屉，让他们把我正在用的笔记本带走。我家中本来没有字画和古物，所有图书没有检查。从此银行存款被冻结，直到"文化大革命"结束才归还，很长一段时期只发给三分之一的工资作为生活费。当时他们来我家搜查的主要目的，一是来找所谓"变天账"，就是指所谓打算复辟资本主义的证据，想抄去未发表的文稿、信稿以及笔记，从中找到反党、反社会主义、反毛泽东思想的言论，以便进一步对我批斗。其次他们是要抄去全部银行存单和财务，以便在经济上对我施加压力。幸

---

①上海社会科学院党史资料征集委员会办公室编：《上海社会科学院大事记（1958—1968）》，第 55 页。

②上海社会科学院院史办公室：《院事揽要：上海社会科学院大事记（1958—2008）》，第 64 页。

而我早有准备,没有被抄到什么"变天账"。①

9月,根据"上海社会科学院无产阶级文化大革命情况汇报参考提纲"(二)揭发出来的情况看,院、所十五个主要党内领导干部中,"走资本主义道路"的有6个(李培南、姚耐、黄逸峰、徐崙、沈以行、冯契),另外有6个问题较多、错误较严重,目前性质尚无肯定,有1个长期生病休养,只有2人(陆文才、李润玉)继续参加运动的领导工作。被揭发出来的资产阶级反动"权威"主要有:周予同、杨宽、孙怀仁、王惟中、丘日庆。全院揭发出来的主要问题,归纳起来有:(1)竭力诋毁毛泽东思想,疯狂地攻击毛主席;(2)恶毒地攻击和反对无产阶级"文化大革命";(3)顽固地执行资产阶级、修正主义的办院办所路线;(4)反对市委领导②。

9月3日,先生好友陈梦家自缢身亡。

9月26日至27日,上海社科院历史研究所举行全所大会,揭发批判徐崙③。

11月初,上海社科院院内陆续出现"造反"组织,从院部机关到哲学所、历史所、经济所、国际所,共成立12个战斗小组④。

11月9日,上海社科院继续召开所谓"批判资产阶级反动路线誓师大会"。市委"文革"小组成员徐景贤到会表态,"热烈支持批判'资反路线'"⑤。

---

①杨宽:《历史激流:杨宽自传》,第317页。
②上海社会科学院院史办公室:《院事揽要:上海社会科学院大事记(1958—2008)》,第66页。
③上海社会科学院院史办公室:《院事揽要:上海社会科学院大事记(1958—2008)》,第65页。
④上海社会科学院党史资料征集委员会办公室编:《上海社会科学院大事记(1958—1968)》,第56页。
⑤上海社会科学院党史资料征集委员会办公室编:《上海社会科学院大事记(1958—1968)》,第56—57页。

12 月 13 日至 16 日,上海社科院全院召开第三次揭批"资反路线"大会,着重"批判"杨永直、蓝瑛、张洁、李润玉等同志①。

1967 年丁未　先生五十四岁

12 月 20 日,全国各地掀起"清理阶级队伍运动",上海社会科学院"革命造反党部"及各所"造反队",确定"清队"领导人。当时社科院共有工作人员 512 人,据不完全统计,在"清队"中被批斗的有 144 人,被抄家的有 139 人(包括自己上交某些物品),隔离审查的有 24 人②。

是年,先生父亲受到迫害,患病倒下,不久去世。因失去自由,先生未能回乡料理丧事③。

录是年《谭其骧日记》中相关材料:

> 8 月 7 日:"早赴静园书场出席批辞海斗石西民大会,被斗者石西民、杭苇,在台陪斗者周谷城、徐崙、杨宽、姚耐、孔怀仁、白彦、鲁平及洪某。十时许结束。"④

1968 年戊申　先生五十五岁

1 月 8 日,先生好友童书业病逝。

3 月,上海社科院经济所、哲学所、历史所先后成立"三级结合革命领导小组"⑤。

---

①上海社会科学院党史资料征集委员会办公室编:《上海社会科学院大事记(1958—1968)》,第 57 页。
②上海社会科学院党史资料征集委员会办公室编:《上海社会科学院大事记(1958—1968)》,第 61 页。
③杨宽:《历史激流:杨宽自传》,第 321 页。
④葛剑雄编:《谭其骧日记》,第 98 页。
⑤上海社会科学院党史资料征集委员会办公室编:《上海社会科学院大事记(1958—1968)》,第 62 页。

4月10日,上海社科院历史所党总支书记吕书云在隔离审查期间因受污蔑和连续迫害而两次自尽,幸及时发现,自杀未遂①。

7月9日,上海社科院历史所古代史研究室副组长、上海史学会秘书长程天赋(女),因受迫害,身心受到严重摧残,在家上吊自尽②。

11月,先生到奉贤"五七干校"接受改造。

12月29日,上海社会科学院除部分调"市革委会"及"市革委会"地区组工作外,其余人员被编入"市直机关五七干校六兵团",到奉贤"市直机关五七干校"参加劳动学习。至此,上海社会科学院的建制被撤销。在"文革"初期的二年多中,全院共有职工512人,被立案审查、批斗的有144人;被抄家的139人;被隔离审查、拘留、判刑的共有24人;被迫害致死的有4人③。

是年,先生被当作"反动权威"进行批判。

1969年己酉   先生五十六岁

是年,先生继续在奉贤"五七干校"参加劳动学习,先生自言:

> 奉贤五七干校设在奉贤县(今上海市奉贤区,临杭州湾)沿海的荒地上,是一个开垦荒地、播种棉花的农场,一共建有东西向的五横排泥墙草屋以及一所用作大会场的大草屋。五横排草屋的中间一横排,用作厨房和大食堂;前后各

①上海社会科学院党史资料征集委员会办公室编:《上海社会科学院大事记(1958—1968)》,第62页。
②上海社会科学院党史资料征集委员会办公室编:《上海社会科学院大事记(1958—1968)》,第63页。
③上海社会科学院院史办公室:《院事揽要:上海社会科学院大事记(1958—2008)》,第69页。

两横排用作集体宿舍,每横排有四间长方形宿舍,每间宿舍密集地排列有上下两层的竹床。市委机关干部和原上海社科院工作人员是首批分派来此参加劳动的。所有参加劳动的人都是按军队的连、班组织编制,要过和军队一样的集体生活并集体参加劳动。整个原历史研究所工作人员编成一个连队,集中住在一个宿舍,但是被批判审查的人,是被带去"劳动改造"的,另外和社科院其他研究所被批判审查对象一起住在另一个宿舍里。

我是六八年十一月随着历史研究所工作人员一起到这所干校的,成为受群众监督的劳动改造者,直到七〇年五月复旦大学通过上级把我借调去工作为止,一共在这所干校"劳动改造"了一年半的时间。在这一年半的劳动改造中,仍然被看作"牛鬼蛇神",专案小组随时可以找去审讯,连队随时可以组织大小的批斗会,只是每天晚上赦免了写"思想汇报",每晚九时以后即可上床睡觉。

痛苦的是,自从关进牛棚以后,我因不断受到打击,不久神经衰弱症复发,严重地失眠,常常通宵不能入睡,因而每夜必须吃安眠药。我来到干校,随身带有一小瓶安眠药,不久被发觉,看管者怕我吃安眠药自杀,把整瓶药给搜去,因此我一到晚上,尽管劳动得很疲劳,还是不能入睡,在高层的竹床上翻来翻去,东想西想,感到痛苦万分,前途茫茫。曾想到有些人所以自杀,因为感到只有自杀一途可以解脱精神上、肉体上的痛苦,但是不少自杀者被说成"畏罪自杀",从此无可辩白。到干校两三个月以后,由于劳动过于疲累,晚上逐渐能入睡了,但是看管者对我还不放心。半年以后,我就奉命搬入历史研究所连队的集体宿舍,看来是为了便于大家就近监督。……

我在干校不但要在群众监视下小心翼翼地生活着,还要在群众监督下十分艰苦地"劳动改造"。这里的农业劳动,是开垦沿海荒地、种植棉花,本来就是重活,对于我这样一个老知识分子,尤其感到辛苦。这里的土壤所含盐碱的成分较多,要播种棉花,需要加深开垦,多施"绿肥"。我们没有耕牛,全靠双手开垦,使用的是铁搭和铁铲。使用铁搭,也就是耙,先要双手用力把它高高举起,再用力向下把四个铁齿深深地插入土中,然后更用力地把土块从底下翻起。我童年时常见附近农民这样子劳动,但是我的手臂没有这样大的力量,使不动铁搭。因此我只能使用铁铲,和古人一样使用"耒""耜"的垦耕方法,紧握把柄将铁铲插入土中,再用脚踏在铲的肩上,用力加以"推"和"发",从而把土块掘起。就是我在《古史新探》所讲西周农田的垦耕方法(第八——一〇页)。整天使用这方法开垦荒地,手掌上就起水泡,一直到长上"老茧";常常汗流浃背不说,一到晚上休息就感到腰背胀痛,但还是要继续不断地进行开垦。

为了改良土壤,开垦时,需要把草根翻到底下,还需要到小河里去捞水草,运来填入土里。因此我被几个青年一起带到小河里捞水草。我童年看到附近农民捞水草,是用小船带着竹竿做成的工具,把水草从河里卷上来放到船里。这时我们没有船,也没有特制的捞水草工具,就是人要站到河边的浅水中,用长竹竿把水草捞到岸上来。有一天天气较冷,我站到较深的河水中,感到冷水冲到肚脐,立即造成急性腹泻的病。我到干校的医疗室去看病,医生看到我是"牛鬼蛇神",只给了几粒药片了事。尽管由于腹泻,体力不支,还是没有得到休息,要照常去参加劳动。原来医疗的待遇是有严格等级的,上海最高级的医院是华东医院,是高级干部和知名专家学者治疗的地方,我因为长期担任博物馆和历史研究所的主管工作,从五十年代起就得到这个方便;

自从关进牛棚以后，就被分配到一般医院治疗，而且受到"牛鬼蛇神"低人一等的医疗等待遇，使我想到过去不少人被打入右派之后不久就病死，这也该是原因之一吧！

我参加开垦荒地的劳动不久，连队工具间里面所有劳动工具包括锄头、铁搭、铁铲、扁担、粪桶、小车等，都交给我管理。因此每天整个连队劳动结束归来，别人都可以休息了，我还有繁重的清洁和整理所有工具的工作要做。

等到棉苗成长，就忙于用锄头除草，接着又要施肥，主要用粪便和牛粪作为肥料。离开干校二里路程有一所大的"乳牛棚"，那里养有几十头乳牛，成为我们所需牛粪的来源。整个干校经常派大批人员拖着一系列小车前往载运牛粪，送到田间施肥。我们这些"牛鬼蛇神"常常被当作搬运牛粪的主要劳动力，先要把牛粪装进粪桶，再把粪桶装上小车，用人力从乳牛棚拉到田间施肥。我看到"乳牛棚"很是宽敞而清洁，所有乳牛都很活泼，养得胖胖的，为的是要挤取它们的牛奶，而我们这些"牛鬼"被关进所谓牛棚之后，天天受尽侮辱和虐待，实际待遇还不如这些乳牛呢！

冲击不断，身体健康每况愈下

等到棉花有收获，整个连队每天所采得棉花就交给我处理，于是我又增加了晒棉花和保管棉花的工作。每天清早我要清洁场地，把新采得棉花摊开，让太阳晒干，等到夕阳西下，又要把棉花装好麻袋。这项工作直要等到棉花全部收获上交出去才结束。所有棉花是全体历史研究所工作人员集体劳动的成果，我是很认真地做好这项保管工作的，清早常常因搬运棉花而弄得满身大汗，衣衫全部湿透，如同大雨淋湿一样。等到太阳上升，在强烈的太阳下劳动，湿透的衣服又被晒干，斑斑的汗痕留在衣衫上。几乎在棉花收获季节我天天如此，习以为常。干校没有浴室，收工以后没法洗澡,只能用面盆以冷水洗擦,也没有时间去洗衣衫,只能继续穿着汗湿了又晒干的衣衫。在整个连队里,我是被作为"牛鬼"而在这里"劳动改造",和"革命群众"在这里"劳动锻炼"是不同的,因而劳动特别繁重。当时人们把专家学者称为"精神贵族",认为过着养尊处优的贵族生活,因而不能好好改造思想,必须认真地体验劳动人民的生活,过好这个不怕脏、不怕累的"劳动关"。

我们在五七干校,除了自己在海边开荒、种植棉花以外,遇到附近农村的"双抢"季节,还要去参加抢收和抢种的紧张劳动。我感到最艰难的一种劳动,是赤着脚到水田里去插秧,既要插得深度得当,又要插得很均匀而整齐,同时还要注意到水田中经常出没的一种长而扁平有环节的小虫,叫做蚂蟥(亦称宽体金线蛭),它会很快速地爬上大腿,咬伤皮肤而流血,时常咬得两脚鲜血淋漓。

我在五七干校的劳动非常认真,尽管不断增加我的劳动量,我还是勉力地完成。所有一起劳动的"革命群众"都一致承认我的劳动态度是好的,但是对我的政治压力始终不肯放松。按规定每个月有四天可以回到上海家中休息,但是其中有两个月不准我回家,要我留在干校写所谓"交代"。实际上他们早已找不到什么问题要我交代的,但是还要凭空施加压力。同时他们也早已找不到什么借口来对我进行批判,但是仍然千方百计要加以批判;在干校曾经对我开过多次小的批判会和一次大的批判会。不过这时的批判会已经成为一种虚张声势的演出,群众实际上已感到厌烦了。①

---

① 杨宽:《历史激流:杨宽自传》,第 322—323、325—328 页。

1970年庚戌　先生五十七岁

5月,为了完成毛泽东交代编绘《中国历史地图集》的任务,先生从五七干校被调到复旦大学历史学系,在历史地理研究室参与编绘《中国历代地图集》,先生对此回忆道:

> 我被分配到的编绘工作,就是第一册夏、商、西周、春秋、战国时期的地图。当时有位青年学者钱林书(一九四一——　)协助我,他很用功,工作踏实,所有第一册上的地点,都是经我作好地名的考证之后,由他仔细画上地图的。我们所负责的这些地点中,只有春秋时代部份清代学者如顾栋高(一六七九——一七五九)等曾画有详细地图;至于杨守敬所编的《战国疆域图》,是依据程恩泽(一七八五——一八三七)、狄子奇《国策地名考》而来,只是《战国策》的地名图。因此春秋、战国的地图,需要在清代学者已有成绩的基础上加以补充改正;至于夏、商、西周的地点,就需要广泛搜集资料,经过详细考订而设计编绘。
>
> 当我从五七干校调到复旦大学的时候,汉代以下的地图编绘工作早已完成了许多相关资料汇编,并有所考证修订;但是先秦部分因为需要依据古文献和甲骨文、金文,难度比较大,长期没有作什么准备。这时突然把我调来,要我主持这项工作,并且要和汉代以后各代的地图同时突击编绘成功,对我说来,压力是比较大的。还好我比较熟悉先秦的史料以及前人对于先秦地理的考订,还能勉强地着手进行,经过三个季度的努力,总算能够与汉代以下地图的编绘工作齐头并进,到七一年三月已经基本完成;七四年曾出版内部试行本,接着经过修订,到八二年就正式出版了(地图出版社)。

　　与此同时,北京的中国社科院历史研究所正在修订郭沫若所主编的《中国史稿》,他们打算编一册作为《中国史稿》参考用的历史地图(即一九八一年地图出版社印行的《中国史稿地图集》)。他们先派一位青年学者来我们研究室"取经";"取经"是当时惯用的一个名词,意思是一起学习而从中吸取已有的成功经验,原来使用于工厂的生产方面,这时就使用到学术研究方面了。关于《中国史稿》先秦部分的修订工作,历史研究所派定由李学勤主持,因此李学勤在七二年秋天就专程前来"取经",要求查阅我们所搜集的资料以及所作的考订,特别要求查阅西周地图上每一个地名的考证,因为这是新编先秦地图中的关键部分。我们为了合作做好编绘历史地图的工作,毫无保留地提供了我所作考证的稿件。①

钱林书亦有专文回忆先生,节录如下:

　　……先秦图稿,除原始社会遗址图外,其他均由我们单位负责。听说以前曾请章巽先生编过春秋、战国图。章先生是位著名的中国古代中西交通史专家,也曾出版过历史地图。但是我始终未见过他为《中国历史地图集》编的春秋、战国图,也没有见过他写的有关文字考释。只看到过杨守敬《历代舆地图》中《春秋列国图》及《战国疆域图》上有用不同颜色墨水笔所做的"V""O"等的符号,估计这是章先生为改绘杨守敬《历代舆地图》时准备的初稿,其后可能因身体不好,故未能再按新要求编成图稿。于是就调杨宽先生来主持编绘这一时期的历史地图了。……

　　他是位十分著名的先秦史专家,发表过许多在学术界

---

①杨宽:《历史激流:杨宽自传》,第331—333页。

有重大影响的论著。我当学生时，就曾拜读过他著的《战国史》，留下了很深的印象。当时杨先生正在奉贤"五七干校"，他调来后，领导让我配合他的工作。跟他熟识后，才知道他是一位和蔼的长者。当时在军宣队、工宣队的领导下，他与我们同吃同住同编图。在工作中，我尊重他，在他的教导下，我得益匪浅。他也常听我的意见，使图精益求精。我们配合得很好，相处十分融洽。

由于杨先生熟悉先秦史料及前人对先秦地理的考订，因而在他的策划设计下，很快制定出了夏、商、周、春秋、战国图的体例，迅速展开了全面的工作。经过半年多的努力，到 1971 年上半年，我们图组的图稿已基本完成。

1974 年《中国历史地图集》八册内部本出版，是八开本的。第二年又出了十六开本，也是内部本的。其中第一册，是由中国社科院考古研究所主持编的《原始社会遗址图》及我们所编的商、西周、春秋、战国四个图组的图幅。而夏代仅有《传说中的夏》一幅，作为附图放置在《商时期全图》幅的左下角。

当时这样处理的原因有二：一是当时史学界，还有比较多的学者认为商代是确切的，有甲骨文为证，而对夏代尚有疑虑。如范文澜主编的《中国通史简编》修订本第一编"目录"标题中就有《夏代传说》及《假说的夏代遗迹》二节，其文曰："夏代文化遗址，迄今还没有得到确实的证明。但龙山文化层在仰韶之上，殷商之下，却是确然无疑的事。"又说："本节所说，只是一种假设，合事实与否，有待于更多的地下发掘。"二是我们所画的夏代地图，依据的主要是《古本竹书纪年》(辑本)、《世本》等战国以来的传说，实际上也不能真正代表真实的夏代。所以只能作为夏代传说的地图而附于商图之中了。

　　内部本出版以后,在受到国内有关学术界热烈欢迎的同时,读者及编者也发现存在着不少缺点和错误。于是在谭先生的领导下,我们对整个《图集》进行了必要的改正修订及增补。先秦部分,杨先生提出改《传说中的夏》为《夏时期全图》。

　　为什么要进行这样的改变? 主要由于当时在讨论商代以前考古发掘遗址中,许多学者都肯定此中有夏文化遗址的存在。特别是在对二里头文化遗址的讨论中,从地层叠压关系和放射碳素断代的数据来看,它晚于属父系氏族社会时期的河南龙山文化,而早于二里岗期商文化。又因其文化遗存分布地域与夏人活动地域相一致,所以越来越多的学者把它列为夏文化。另外当时的教科书也都从夏代讲起。于是我们想根据《诗经·商颂》《左传》《古本竹书纪年》《世本》《史记·夏本纪》等有关夏代史料及有关夏文化遗存绘出夏代图,将夏作为正式朝代名,来替代《传说中的夏》图。

　　我们这一想法,向主编谭其骧先生汇报,很得他的赞同。于是我把这意见写信转告中国社科院考古研究所。他们是负责原始社会遗址图的编稿的,并请他们把史学界多数人认为夏文化的遗址从原始社会遗址中删去。不久,考古所的同志回信说:关于夏时期问题,经夏鼐所长及有关同志反复考虑,认为原图名《传说中的夏》还是比较好的。从考古学的角度看来,夏文化的探索虽然取得了较大进展,但毕竟尚未得到确认。考古学界存在较大分歧,没有办法上图。在原始社会图幅中,暂时也没有办法删。如龙山文化晚期,绝对年代可能晚至夏代,有人甚至把它当作夏文化。断然删掉,既不妥当,又有实际困难。因为现有的研究状况并未达到明确区分的地步,仍在深入讨论之中。他们所说,不无道理。

　　我即把考古所回信给了杨宽先生。杨先生认为:考古所从考古的角度慎重考虑此事,是可以理解的。但现在学术界认为有夏代分歧不大,唯夏在何处有不同意见。所以像我们这样的《历史地图集》,如不画一幅夏代图,恐不妥当。商量结果,我们还是想搞夏代图,其文化遗址,我们只画目前史学界比较公认的二里头文化遗址。

当时谭先生正在北京开会,我把考古所的意见及我们的想法写信告诉了谭先生。不久谭先生回沪后告诉我:他在京拜访了夏鼐所长,讲了夏图的事,并把我的信给夏老看了,最后夏老也就同意了我们的意见。于是在 1989 年出公开本时,就有了《夏时期全图》附《安邑、帝丘附近》扩大图。杨宽先生虽然于 2005 年 1 月 9 日(此有误,先生逝世时间为 2005 年 9 月 1 日——编者注)在美国迈阿密家中安然去世,但他在中国史学界的地位及为《中国历史地图集》第一册中的夏、商、西周、春秋、战国图的编绘所作出的贡献,将永远值得我们怀念。①

是年,经过两年半的牛棚生活和一年半的劳动改造,先生的支气管炎经常发作,但在当时的处境下,根本无法得到好的治疗。

1971 年辛亥　先生五十八岁

3 月起,先生与上海师范学院历史系张家驹一起通读已标点的《宋史》,先生对此事回忆道:

> 标点《二十四史》的工作,原来也是毛泽东交办的,这时

①钱林书:《杨宽先生与〈从传说中的夏图〉到〈夏时期全图〉》,邹逸麟、周振鹤主编,中国地理学会历史地理专业委员会《历史地理》编辑委员会编《历史地理》第 21 辑,上海人民出版社,2006 年;后收入上海市历史学会编:《上海史学名家印象记》,上海人民出版社,2012 年,第 234—236 页。

由周恩来决定继续进行，并且指定由顾颉刚"总其成"。我们先听到这个传达，接着就分配给北京、上海等地的历史学工作者标点。上海分配到《旧唐书》《新唐书》《新五代史》和《宋史》等。我被分配为《宋史》标点的"通读"，就是要把已经标点校勘好的各卷《宋史》通读一遍，如发现有缺点或错误，再加校正。《宋史》有四百九十六卷，是《二十四史》中卷数最多的，不是一个人可以"通读"，因此请上海师范学院历史系的张家驹一起"通读"。他研究宋史，是通读《宋史》标点的合适人选。从此他每天到复旦大学历史系来，坐在我的对面，共同做好这方面的工作；他每天准时前来，工作很是认真。……

　　我从事《宋史》标点的"通读"工作有半年之久，主要通读了《宋史》的《本纪》部分以及一部分的《礼志》。①

作为主事者的朱永嘉回忆此事时言：

　　1971年毛主席批示同意标点二十四史的工作，上海要负担相应的任务，5月18日，我去找了谭其骧先生，给他看了中央的文件，上海要分担相应的任务，复旦义不容辞要挑重担，要他有这个思想准备。后来确定复旦参加《旧唐书》《新唐书》《宋史》的标点工作，于是分三组，每组七个人，《旧唐书》由谭先生通看，《新唐书》由邹逸麟通看，《宋史》由杨宽通看，而《宋史》实际上是上海师院张家驹先生负责的。②

---

①杨宽：《历史激流：杨宽自传》，第338—339页。
②朱永嘉：《在求真中求是——纪念谭其骧诞辰一百周年》，复旦大学历史地理研究中心编《谭其骧先生百年诞辰纪念文集》，上海人民出版社，2012年，第124页。

参加标点《宋史》的汤志钧①对此回忆道：

> 那个时候什么都停了。因为毛主席讲要标校二十四史，所以《宋史》要标点，怎么想到上海的呢？他们找来找去的，觉得上海师范学院里的张家驹，过去写过宋史里面几个人物的传记，所以让他做，他们没想到张家驹又找到了我。中华书局的赵守俨跟我很熟的，这样，就叫我们两个人负责了。我对宋史没有研究。这样我就去搞《宋史》了，和他们合作，搞了几年，专门是标点。历史所里还有几个人也参加了，后来他们不搞了。接着我又到了复旦，和杨宽做《宋史》的定稿工作。复旦我去了好几次了，这一次去的时间很长。……
>
> 杨宽和我是非常要好的朋友。那个时候，我和他一起在复旦，我们每天赶到复旦去上班，一路上就讲讲话。后来杨宽就不回来，留在复旦了。②

5月6日，先生参加复旦大学召开的《杨图》编绘工作会议。此次会议原确定夏鼐和军宣队员前往参加，出发前一天，郭沫若要夏鼐协助接待即将到来的日本历史学家井上清等一行，临时由王世民顶替。王世民回忆当时情形时言：

> 记得那次会上"左"的气氛很浓，会议由复旦历史系的军宣队和造反派主持，与会人员围坐在长桌周围，谭其骧、杨宽等先生坐在后排。会上讨论到具体问题，往往是主持人回头厉声一呼："谭其骧，这件事你来说说。"③

---

①编者曾于2015年1月14日去信汤仁泽，请其代问父亲汤志钧是否保存有与先生的书信，汤仁泽回复：来往书信肯定有，只是经过历次运动未保存下来。

②戴海斌、沈洁：《汤志钧先生访谈录》，《史林》2014年增刊。

③王世民：《值得纪念的会议》，《历史地理》第21辑，上海人民出版社，2006年。

是年,先生开始为复旦大学工农兵学员讲授中国通史的先秦部分,先生言:

当时复旦大学历史系要我向工农兵学员讲授中国通史的先秦部分,要按社会发展史的程序进行教学。我因此编写成了一本讲义,分为三个部分:中国原始社会历史提要、中国奴隶社会历史提要和中国封建社会开端——战国时代历史提要,共约十万字。主要讲的是社会经济和政治的变革过程以及重大的历史事件。关于文化方面,我没有在这本讲义中提到,因为学员要求,我临时用三个小时,对孔子作了分析。我认为孔子在当时经济政治变革过程中,他的经济和政治的主张是属于保守派,例如春秋后期鲁国废除井田制的"籍法"而改用按亩收税的办法,当季康子要实行征收田赋时,孔子还是主张用周公所制定的"籍法"(《国语·鲁语下》)。又如春秋后期晋国铸造铁鼎,公布刑书,把成文法典公开,将按法典判刑,孔子又加以指责,认为这是破坏了贵贱的秩序(《左传》昭公二十九年)。但是我认为,孔子在文化教育上是有重大贡献的,他开始聚徒讲学,开创了儒家学派,发挥以"仁"为中心的学说,引发了此后"百家争鸣"的学术思潮。

到这个学期结束时,在历史系全体师生的总结大会上,有一个学员上台对我这个学期的教学作了很详细的批判,认为我对孔子肯定得太多,这仍然是资产阶级复辟思潮的一种反映,还认为我的讲法仍然是学院式的,旁征博引得太多,用革命的道理来阐释太少,不足以鼓励大家革命的热情。我对于这个批判只能忍受。①

---

①杨宽:《历史激流:杨宽自传》,第340—341页。

对此,《复旦大学志》记载:

> 从 1970 年起,复旦大学共招收 6 届工农兵学生,总数达 5000 余人。当时进校学生文化水平参差不齐,有的仅有小学、初中程度,学习期间政治活动频繁,受批判"智育第一"的影响,专业课程被削减很多。如物理系根本不设理论课,只教 96 学时的电工。历史系不设世界古代、中古史课程,几千年的中国古代史也只搞几次讲座。①

先生及门弟子魏承思在《南方人物周刊》上发表《我的史学启蒙老师》回忆先生对他学术研究上的帮助与影响,节录是文如下:

> ……上世纪 70 年代中叶,我从苏北农村回城,进了上海师范大学中文系的师资培训班。原先培训对象是高中生,因我所在的农场高中生人数不足,我这个未上完初中的知青也被选上。班上的同学都是原上海重点高中的学生。看到他们侃侃而谈各种学问,我自愧不如,于是就如饥似渴地读书。那时读书涉猎极广,但主要兴趣是在中国古典文学。毕业后去一所中学教书,教了两年语文,因为没人教历史课,我就自告奋勇转了行,兴趣也就转到了中国古代史领域。先是在学校图书馆找了一本民国年间出版的"中国史",书是用文言文写成的,编撰方法却是现代教科书的体裁。我想,钻研此书既学了历史,又可以提升自己文言文的程度。所谓钻研,就不再是一般地阅读,而是从头到尾抄一遍。
>
> 此时,听说杨宽教授在复旦大学讲授战国史。我托友

---

① 复旦大学校志编写组:《复旦大学志》第 2 卷(1949—1988),复旦大学出版社,1995 年,第 53 页。

人搞到一张旁听证。整整两年,每星期去旁听两个半天的课,从教书的中学来回骑 3 个小时的自行车。后来在那里还旁听了徐连达的隋唐史和樊树志的明史。正式听课的都是工农兵学员,他们是来"上大学,管大学,改造旧大学"的,对专业并无兴趣。反而是我这个旁听生经常缠住杨先生请教各种问题,后来又开始通信请益,就此成为他的及门弟子。

杨先生劝我不必花死功夫去抄写,还说研究先秦史必须有点考古学基础。先生自己十分重视运用考古资料研究历史。他的著作《西周史》引用的考古资料之丰富,令人叹为观止。1972 年山东临沂银雀山出土一批西汉竹简,杨先生在 1979 年对《战国史》作了第一次重大修订,推翻了自己以前的许多重要结论。1973 年在湖南长沙马王堆汉墓中出土了一批帛书,内容涉及战国至西汉初期政治、军事、思想、文化及科学。杨宽教授研究发现了帛书中《战国纵横家书》的重大史料价值。秦王朝是中国历史上第一个中央集权的统一王朝,但历史短暂,遗留的文献资料极其有限。1975 年湖北省云梦睡虎地秦墓竹简出土。杨先生高度重视这批考古资料,撰写《云梦秦简所反映的土地制度和农业政策》,为秦代史的研究填补了空白。

以往的历史学和考古学泾渭分明,杨宽教授可说是把古文献和考古资料相结合的先行者。遵照杨先生的指导,我就放弃了抄书,开始通读《资治通鉴》,并拜在上海博物馆一位孙老先生的门下学考古和文物鉴定。后来我运用敦煌和吐鲁番文书籍账等考古资料研究唐代家族制度也是受到杨先生的影响。

1984 年,杨宽教授因遭家变,被迫赴美国定居。这反而使他有了一个宁静的环境潜心学问,连续出版了许多著作,并留下一部呕心沥血写成的自传。杨先生出国后,我失去了和他的联系。后来自己也云游四海,保存下来的那一沓杨先生的珍贵书信也遗失了,颇为可惜。①

录是年《谭其骧日记》中相关材料:

> 9月21日:"上午老教师学习班,谈落实政策,系中主办,王耀忠主持,苏松柏、姚、钱二师傅参加,参加学习者周(谷城)、陈(守实)、苏(乾英)、程(博洪)、靳(文瀚)、杨宽及余七人。今上午谈对"文化大革命"认识。下午工作,至三点王耀忠谈备战。"②

1972年壬子　先生五十九岁

1月,专案小组对先生的审查结论是:反动学术权威,敌我矛盾作人民内部矛盾处理,先生对此回忆道:

> 我是被复旦借调来的,组织关系还在上海社科院,每个月的工资是要到社科院总部去领的。这时复旦要我留在历史系担任教学工作,于是申请把我的组织关系调过来。我原来被作为"反动学术权威"关在牛棚两年半,又被带到五七干校"劳动改造"一年半,借调到复旦的时候没有为我作出结论。这时要把我正式调到复旦来,原来审查我的专案小组就必须为我作结论了。七二年一月上海社科院通知我去听取结论,我就奉命去听了。写成文字的结论是:"反动学术权威,敌我矛盾作人民内部矛盾处理。"同时还口头教训我说:"这是宽大处理,要认真改造,否则将重作处理。"过

---

① 魏承思:《我的史学启蒙老师》,《南方人物周刊》2011年第16期。
② 葛剑雄编:《谭其骧日记》,第168页。

去被扣留的银行存单,这时重新归还给我。①

5月,先生参与编写《秦始皇》,后此书署名为"洪世涤"发表,先生言:

> 自从七一年九月十三日发生林彪乘飞机叛逃而坠机死亡的事件以后,接着就开展"批林整风运动"。从七二年元旦起,新闻界文化学术界的气氛有些转变,报刊言论开始注意到生产、发展经济和文化、教育等议题。《文物》《考古》《考古学报》从这年起复刊,郭沫若主编的《中国史稿》开始重新修订。
>
> 正在这个学术空气略为浓厚的时候,上级宣读了一系列毛泽东近几年来的"最高指示"。……
>
> 接着这个历史地理研究室的党支部就接到上级领导布置的一个写作任务,就是要以毛泽东这个指示为中心,来写一本通俗的《秦始皇》小册子,认为这是头等重要的政治任务,要集中力量"突击"完成,送交出版社"突击"付印出版。支部书记当即亲自带头,组成一个五人突击写作小组,商定集体商讨、分工写作的方法,并且多次着重讨论了如何突出"最高指示"对秦始皇所作的政治分析,阐明秦始皇焚书坑儒,是镇压那些制造奴隶主复辟舆论的反革命知识分子的革命行动。因为我曾写过一本《秦始皇》的小册子,熟悉这方面史料,被拉进这个五人突击小组。当时由一位青年党员负责主导这件事,这本小书写成以后用"洪世涤"的名字发表也是他的主意;"洪世涤"是"红史地"的同音字,表示这是红色的历史地理研究室的集体写作。
>
> 这本小书按照计划,经过不到一个月的时间就写成了,

立即由党支部送交上海人民出版社突击付印,并派出一位
青年的编写者到印刷所看校样。印刷所里就有人提醒说:
"像这样集体奉命突击写成的政治通俗读物要当心,将来一
旦政治上形势发生变化,就会成为政治问题,会牵连到参与
写作的人。"他回来谈到那个人的话,我感到这是今后可能
发生的事。当我奉命加入这个集体写作小组时,我也曾从
中政治上考虑过,但在这种政治形势下,拒绝参加是不可能
的,何况我正处于"一批二用"的境地中;因此当负责主导的
党员决定使用"洪世涤"这个化名发表时,大家一致赞成,我
也赞成。也有人主张要写一篇"小序"或"后记"用来记述
具体写作经过,但大家感到很难下笔,因而没有写。①

8 月 15 日,杨荣国受朱永嘉邀请来复旦大学作"评法批儒"
的报告,先生对此回忆道:

> 广州中山大学哲学史的教授杨荣国(一九○七—七八,
> 共产党员)突然来到上海复旦大学作批判孔子的学术演讲,
> 学校领导召集全体师生在大礼堂集中听讲,对他极为尊重。
> 接着他就轮流到各地去演讲,并发表了一篇批判孔子的文
> 章。……在他演讲中没有说明"批孔"的政治目的,我听了
> 也想不明白。当时我和历史系的教授们奉命接待他,我曾
> 当面向他请教,当前"批孔"与政治的关系怎样,他不作正面
> 回答,我也就不便追问。②

秋,先生代替复旦大学一名党员教授赴《解放日报》社传达
杨荣国"批孔"的讲话精神,先生自言:

> 《解放日报》社就来邀请复旦大学历史系派一位教授,

---

① 杨宽:《历史激流:杨宽自传》,第 341—343 页。
② 杨宽:《历史激流:杨宽自传》,第 346—347 页。

对《解放日报》的几百个通讯员,作传达杨荣国"批孔"讲话的辅导报告,既要传达杨荣国"批孔"讲话的精神,又要依据历史事实加以通俗的说明和解释,以便一般通讯员能够理解。历史系党支部书记因此与那位长期讲中国思想史专门"批孔"的党员教授约定,由他去作辅导报告。可是到预定作报告的前一天下午,那位专门"批孔"的党员教授突然自称有病而不能前往,急得历史系党支部书记无法可想,因为《解放日报》社早已发出通知,不可能临时改变日期。后来这位书记向我求援,我说:"他是批孔专家,著有批判中国传统思想的专著,是最合适的。我从来没有写过评论孔子的文章,没有作准备,我不能担当这个任务。"这位书记再去向他请求,仍然没有答应,于是再三向我请商,我只能勉为其难,连夜去作报告的准备。我就根据杨荣国的"批孔"讲话,参照历史事实,向《解放日报》的几百个通讯员作了通俗的解释,并当场解答了听讲者的问题。只是他们所提出的一个重要问题:"当前为什么要批判孔子?"我无法解答,我只能说我没有听到杨荣国说明这点,无可奉告。①

　　冬,上级送来杨荣国即将发表文章的校样,要复旦大学古代史教授提修改意见,先生所提意见并未被采纳,先生言:

　　　　七二年冬天,上级又送来杨荣国即将发表的文章《春秋战国时期思想领域内两条路线的斗争——从儒法论争看春秋战国时期的社会变革》的校样,要我们几个古代史教授提出修改意见。从题目来看,把"儒法论争"看作"两条路线的斗争",很明显,是用来比附当前"文化大革命"中所说两条路线斗争,这是上级授意写的政治文章,并非自发地进行学

---

① 杨宽:《历史激流:杨宽自传》,第 347 页。

术讨论,因此不能从学术角度来提修改意见。但是我认为,杨荣国把"儒法论争"解释为复辟和反复辟的斗争,解释为维护奴隶制和反对奴隶制的斗争,竟然把商鞅变法令中"僇力本业耕织,致粟帛多者,复其身"的"复其身",解释为解放奴隶,是违反历史事实的。"复"的本意是免除徭役,并非解放奴隶。例如秦始皇把三万户迁到琅邪台,"复十二岁",就是免除徭役十二年。当时我提了这个修改意见,但是后来杨荣国这篇文章发表在七二年第十一期《红旗》上,并没有采纳我所提意见。后来参加修订《辞海》,我为此特别对"复"字作了这方面解释,见于七九年出版的《辞海》第四七六页。①

录是年《谭其骧日记》中相关材料:

1月15日:"下午一点校门口集合赴市革会统战小组在延安路200号召集之传达中央重要文件大会,本校参加者共十三人:陈望道、苏步青、谈家桢、卢鹤绂、卢于道、全增嘏、王福山、陈守实、刘大杰、李振麟、杨宽、吴文祺及余。同济五人:谢、余调梅、冯纪忠、吴景祥、朱宝华。全体参加者二百数十人,由王洪文、徐景贤、冯国柱、吴若岩四人主持。传达后王、徐二人讲话,至七点多始散会。"

3月15日:"上午看杨宽所撰《秦始皇》提意见。"

5月16日:"下午学习,三点吴师傅及系姚连长陪同新华社记者来室摄影,目的为在国外宣传落实知识分子政策。摄入者余及杨宽、周维衍、王天良、牟元珪、钱林书七人,至四点许方毕。"

10月12日:"下午1:30校车出发,赴市革会出席座谈会,谈学习研究方面有何打算,安排存在什么问题和困难,

---

① 杨宽:《历史激流:杨宽自传》,第348页。

及学术讨论问题,出席者郭绍虞、刘大杰、漆淇生、胡曲园、陈守实、周谷城、蔡尚思、杨宽、程博洪、刘佛年、吴泽、冯契、赵超构、林举(此字不清)岱、张家驹、曹融南十七人,吴瑞武主持,朱永嘉参加,五点三刻结束。"

10月13日:"上午讨论《红旗》杂志所组杨荣国《春秋战国时期思想战线上两条路线斗争》一文,吴瑞武主持,出席者刘大杰、胡曲园、另一哲学系教中国哲学者、陈守实、杨宽、蔡尚思、胡绳武、陈旭麓等,十点余结束,十一点回家。"①

1973年癸丑 先生六十岁

1月2日,朱永嘉向谭其骧等人布置了为毛泽东作注释的任务,要求谭其骧为全部注释把关②。

4月,长江流域文物考古工作座谈会邀请先生与谭其骧参加,复旦大学党委批准他们出席,但还有一位研究室负责人与之同行,以便监督③。

5月18日,复旦大学校党委讨论原有的27位全国人大代表、市人大代表、全国政协委员、市政协委员的去留问题,同意其中21人继续担任。他们是:陈望道、卢于道、谈家桢、周谷城、谭其骧、卢鹤绂、苏步青、谷超豪(以上为全国人大代表或全国政协委员);周同庆、刘大杰、王福山、全增嘏、漆淇生、李振麟、吴文祺、陈守实、杨宽、李鸿寿、夏炎德、龚清浩、陈文彬(为市人大代表或市政协委员)④。

---

① 葛剑雄编:《谭其骧日记》,第174—175、178、182、192、193页。
② 葛剑雄:《悠悠长水:谭其骧传》(修订版),第363页。
③ 葛剑雄:《悠悠长水:谭其骧传》(修订版),第351—352页。
④ 复旦大学百年纪事编委会:《复旦大学百年纪事(1905—2005)》,复旦大学出版社,2005年,第312页。

8 月 31 日,谭其骧校阅先生所作《石鼓文》注释。由于韩愈《石鼓歌》涉及先秦的《石鼓文》,而先生是先秦史专家,所以专门请先生注出初稿①。先生言:

> 当时复旦大学历史地理研究室就曾接到不少注释的任务。有一次他们选出了唐代韩愈一篇谈论《石鼓文》的诗歌作注释,因此他们要进一步为《石鼓文》作通俗的注释,这个任务就派到我头上了,我因此费去不少时间。这种法家著作的注释,据说最重要的用处,是便于中央高级干部阅读,因此要印高级纸张的大字本。……我做好《石鼓文》的注释,没有留下最后写定的底稿,我认为上交印出以后可以给我一本的,岂知上交后就无音讯,印出后也没有留给作者一本,因为只有中央的高级干部才有资格阅读这种大字本呵!②

9 月 26 日,先生在《文汇报》上发表《孔子是造反派还是保守派?》,关于此事的原委,先生自言:

> 《文汇报》编辑部听到我曾在《解放日报》社作过报告,也来要求我写文章,这就使得我无法推辞。我经过考虑,觉得在这时写篇文章应付一下,还是上策。因为这时杨荣国掀起这个浪头,并没有明确点出有什么政治目的,可以尽量纳入学术讨论的范围以内,不牵涉当前政治斗争。我写了一篇文章,题为《孔子是造反派还是保守派》,发表在七二年(应为七三年——编者注)九月二十六日《文汇报》上,着重评论孔子在经济方面反对鲁国改用征收田赋的办法,而主

①葛剑雄:《悠悠长水:谭其骧传》(修订版),第 367 页。
②杨宽:《历史激流中的动荡和曲折——杨宽自传》,时报文化出版企业有限公司,1993 年,第 322—323 页。

张恢复原来井田制的"籍法",同时批评孔子在政治方面反对晋国公布成文法典和按法典来判刑的办法,而错误地认为这是破坏了贵贱的等级秩序。这是依照我原有看法来写的,唯一差别是,我没有在这里依照我原来肯定孔子在文化上有许多重大贡献的立场,因为先前工农兵学员已经批判我对孔子肯定太多,头上又还戴着"敌我矛盾作人民内部矛盾处理"的"紧箍咒",如果我在这个上级准备要开始"批孔"的时候还如此肯定孔子的话,将立刻成为批斗的对象。①

11月,先生《商鞅变法》由上海人民出版社重印。先生赠书顾颉刚:"颉刚同志指正。杨宽。"②

是年,先生与复旦大学刘大杰、谭其骧等人被确定为第四届全国人大代表。

谭其骧、刘大杰、杨宽三位复旦大学教授同样是人大代表,在代表团中的待遇还是有很大区别。刘大杰也是"爱国人士",但当时也是一位典型,并担任上海代表团副团长,所以王洪文的小兄弟陈阿大、黄金海、马振龙等对他和杨宽都称为"老刘""老杨",对谭其骧却敬而远之,客气地称为"谭先生"。在会议期间,这些人经常要老刘、老杨请客买香烟买酒,说教授工资这么高,钱多,因是自己人而无所顾忌;却从来不敲谭其骧的竹杠,这倒省了不少事。③

先生对"老杨"是这样解释的:

我奉命借调到复旦大学来以后,先到历史地理研究室

---

① 杨宽:《历史激流:杨宽自传》,第347—348页。
② 俞国林:《顾颉刚旧藏签名本图录》,第146页。
③ 葛剑雄:《悠悠长水:谭其骧传》(修订版),第376页。

向军宣队和工宣队报到;他们命令我今后一面工作一面参加运动。为了参加运动和接受改造,夜间仍然不准回家,要留宿在历史地理研究室中,只准星期日回家。因为我曾经在历史系兼课,这里的工作人员都认识我,有些还是我的学生,多数人按照旧习惯对我尊称"先生",谁知被工宣队的张师傅听到了,就对此大发议论,认为对我这样正要"改造"的人不配称"先生",只能直呼其名,或者称为"老杨";从此有些人就不敢招呼我,或称我"老杨"而不再称"先生"了。①

1974 年甲寅　先生六十一岁

1 月 5 日上午,复旦大学的正副教授按事先通知集中到一二三七教室,主持人宣布立即进行考试,试卷是本校各科的入学试卷,包括政治、语文、数学、物理、化学。政治考试的内容有党在社会主义时期的基本路线、毛主席讲话原文及其发表时间地点、列宁论帝国主义的特点、"鞍钢宪法"、三大纪律八项注意,语文有《红楼梦》《三国演义》《水浒传》《西游记》《儒林外史》《天问》《资治通鉴》《论衡》《聊斋志异》等的作者及写作时代等②。

1 月 25 日,江青在首都体育馆召开"批林批孔"动员大会,拉开"批林批孔"序幕。

2 月 29 日,复旦大学召开"批林批孔"大会,要求全校师生"联系对'文化大革命'的错误态度进行批判,联系修正主义教育路线回潮进行批判,联系教育革命中新生事物成长过程中的斗争进行批判"。所谓批判"修正主义教育路线回潮",实际矛头影射攻击周恩来③。

---

①杨宽:《历史激流:杨宽自传》,第 330—331 页。
②葛剑雄:《悠悠长水:谭其骧传》(修订版),第 352 页。
③复旦大学校志编写组:《复旦大学志》第 2 卷(1949—1988),第 51 页。

5月15日，先生《韩非"法治"理论的进步作用》发表在《文汇报》上，先生回忆此文发表过程时言：

> 紧接着(七二年冬——编者注)，《文汇报》编者又来约我写这方面的文章。我不愿意像杨荣国那样写鼓吹"儒法斗争"是当时两条政治路线斗争的文章，为了应付起见，从学术的角度，写了一篇《韩非"法治"理论的进步作用》，就是后来我在新版《战国史》中所讲韩非为了实现统一而制定的三点法家政策(四三二—四三三页)。这篇文章不讲政治上两条路线斗争，不符合他们的要求，被压了很长时间，一直拖到七四年才发表在五月十五日《文汇报》上。从此我认为，对于"批孔"和鼓吹"儒法斗争"的浪潮已经应付过了，报刊编辑来约稿，我就可以一概推辞了。①

6月，根据江青在天津提出的研究儒法斗争史的主张，复旦大学在"批林批孔"中又进行加强"理论队伍"建设和注释"法家著作"②。

7月至8月，先生赴京参加法家著作注释工作会议，对此会议，先生有详细回忆：

> 这个全国性的法家著作注释工作会议，是一九七四年七、八月间在北京前门饭店召开的，整整开了一个月。召开会议的通知上，说明这是奉毛泽东的指示而召开的。我接到通知，就去和一个有政治经验的朋友商量。那位朋友认为，既然表面上是个学术性质的讨论会，讨论法家著作的注释，法家起源于战国时代，作为研究战国史的学者是他们不会轻易放过的，何况通知上又说是按毛泽东指示而召开的。

①杨宽：《历史激流：杨宽自传》，第349页。
②复旦大学校志编写组：《复旦大学志》第2卷(1949—1988)，第51页。

那位朋友还认为,作为一个学者必须把它作为学术会议去参加,不牵涉到政治问题,要按照历史事实,确是法家的表示赞同,不是法家的保持沉默,这样就不会出什么问题。我认为这个应付办法不会留下什么祸根,就依据这个原则去参加了。

我原来对当时北京、天津一带鼓吹儒法斗争史的情况并不了解,到北京参加这个会议后,才知道上个月江青带着大队人马到天津主持召开儒法斗争史报告大会的实况,以及江青率领随从人员访问天津市宝坻县的小靳庄一带农民的经过,并且从天津来的代表那里得到一份江青在天津所讲儒法斗争史的详细记录的油印本,我才对江青等人要尽力鼓吹儒法斗争史的目的有了初步的认识。……

参加这次法家注释工作会议的有一百几十人,著名学者有冯友兰、杨荣国、赵纪彬(共产党员)、高亨等。杨荣国原是最早"批孔"和鼓吹"儒法斗争"的带头人,冯友兰曾参加六月江青天津之行的行列。冯友兰、杨荣国、赵纪彬三人都是向来研究中国哲学思想史的。高亨向来做古书的注释工作,包括先秦诸子的注释,这年他正有《商君书注释》一书出版。据说武汉大学教授唐长孺(共产党员)正在北京,曾被邀请到中南海对高级干部讲儒法斗争史多次,因过于紧张疲劳,健康欠佳,只能来参加临时的座谈会。还听说北京历史研究所的杨向奎(共产党员),前一个时期曾被林彪请到家里讲历史,引起了一些麻烦。……

在第一次的座谈会上,我就坐在冯友兰旁边的位子上,主持会议者首先请他发言,他已是七十六岁的高龄,看来头脑还很清楚,说话的声音却很低,我坐在他的旁边,连一句话也没有听清楚。我看他作较长的发言很吃力,想不到他还会成为江青的随从人员一起到天津参与一千多人的鼓吹儒法斗争史的大会呢！高亨也有七十四的高龄，来参加这种长期讨论的会议也很费力的。……

会议的主持者很是清楚的，不可能在这个会议展开真正的学术讨论和分析，如果认真展开讨论和分析的话，他们原先编造出来的一套儒法斗争史就根本站不住脚，许多被他们定为法家的人都无法认定。因此他们早已拟定好一张法家的名单及其著作目录，只要求从这些著作中挑选出有代表性的篇目来准备作注释。一个月的会议，主要是分组讨论每本著作中哪些篇目宜作注释。因为不少人对这些著作不很熟悉，就要预先翻阅，作些准备，然后讨论，因而进行很是缓慢。最后拼凑成一份所要注释的许多著作篇目，加上一些说明，作为会议的总结文件，送请毛泽东审阅批准施行。最后这个文件曾印发给我们带回家中，文件的卷首印有一行红字，说明已经由毛主席审阅批准施行。

按照惯例，全国性的重要会议在北京召开，中央的首长要接见出席代表。一九六〇年我参加社会科学学部扩大会议，毛泽东曾在中南海接见并一起摄影。这次会议由中共中央政治局的首长集体接见，包括邓小平、江青、张春桥等人。接见时，年老代表坐在前排。当时邓小平没有讲话，讲话最多的是江青，无非鼓吹儒法斗争史，最后她讲到了新发现的吕后玉玺，认为相当重要，而且追问现在在哪里，希望快拿来看看。……

这次会议决定由《文汇报》开辟一个专栏，每星期出一期，专门刊登鼓吹儒法斗争史和吹捧法家的文章，《文汇报》立即照办了。这方面的编辑多次约我写文章，我始终没有动笔。①

---

①杨宽：《历史激流中的动荡和曲折——杨宽自传》，第323—326页。

对此会议,参加者之一冯友兰亦有些许回忆:

> 到了北京以后,紧接着又参加了法家著作注释工作会议。我那时候身体还没有复原,只参加了一些的大会,小组会都没有参加。……

> 在会议闭会的那一天,当时的政治局又接见了。还是江青讲话最多,她还说,可以在报刊上另开一个专栏,发表对于评法批儒持不同意见的文章。这不过是说说而已,后来并没有实行。接见以后,会议就闭幕了。在闭幕后回北大的路上,我对大批判组的一位负责人李家宽说:"我以为还有个闭幕式哩。"他说:"政治局接见就是最隆重的闭幕式。"①

12月27日下午,上海的第四届全国人民代表大会代表集中在延安西路200号,先生为代表之一。市委书记、市革命委员会副主任马天水作简短讲话后,分六组学习中共中央关于召开第四届全国人大的30号文件。晚饭后组织看电影《渡江侦察记》。

12月28日下午,上海市人大代表开大会,市革委会常委陈阿大、马振龙、黄金海分别谈上海工交、轻工业和财贸方面的"伟大成就"和"大好形势",晚上分组座谈。

12月29日下午,上海市人大代表大会,黄金海发言,农民出身的市革委会委员龚丽琰介绍农业和郊区的成就,市革委会常委朱永嘉谈文教卫生展现的"大好形势"。

12月30日下午,上海市人大代表大会,革命样板戏京剧《海港》剧组演员李丽芳谈文艺战线大好形势,市革委会常委、市外办主任冯国柱谈国际大好形势。晚上看电影《第七届亚运会》。

---

① 冯友兰:《三松堂自序》,人民出版社,2008年,第165页。

12月31日早上,上海全体人大代表赴延安西路200号验血,量血压,检查身体。

1975年乙卯　先生六十二岁

1月2日下午,上海市委统战小组负责人王阿牛在泰兴路原文化俱乐部主持座谈会,第四届人大代表中的爱国人士谈学习《元旦社论》的体会。

1月5日,全体人大代表下午二点报到,五点半进入锦江饭店,八点在小礼堂开会,宣布纪律:不许打电话,不许通信,不许会客,活动范围限锦江南路至小礼堂,文件不准抄录,不准带回宿舍,公共场所不准谈会议内容;每天七时半早饭,八时半至十一时半小组学习,十二时半中饭,下午二时半至五时半小组学习,六时晚饭,晚上七时至九时自学、看报,十时熄灯。

1月6日,上午读宪法、修改宪法的报告和政府工作报告,下午谈体会,晚上自学。

1月7日,上下午继续讨论宪法、修改宪法报告和政府工作报告。晚上看电影《杂技英豪》。

1月8日,上下午小组讨论政府工作报告。

1月9日,大会发言,宗教界爱国人士吴耀宗、冯国柱谈新旧宪法对比。

1月10日,上午发言者歌颂"文化革命"大好形势。下午休息,晚饭后看电影《我国第一颗原子弹爆炸成功》《国庆颂》。

1月11日,凌晨二点专列开车离开上海。

1月12日,凌晨二时专列停靠北京永定门车站,代表们被送进京西宾馆。上午十一时,在京西宾馆开上海代表团全体会议,由市革委会常委金祖敏宣布会议纪律。

1月13日,上午十时,马天水主持会议,提名王秀珍为上海代表团团长,金祖敏、冯国柱、刘大杰、吕美英为副团长。又通过了大会主席团名单,宣布分组名单、大会时座位、上车时次序等事项。八时半举行大会,朱德主持,张春桥作修改宪法报告,周恩来作政府工作报告。

1月14日,下午三时开小组会。

1月15日,下午小组讨论,晚上十点江青来到京西宾馆接见全体上海代表并讲话。

1月16日,上午十一点,上海代表团举行大会,说明将要讨论的两个名单(国家领导人、人大常委会委员)是由党的十届二中全会提名的,传达张春桥对各代表团提出的对修改宪法报告意见的说明。下午通过两个名单,小组继续发言。五时半,王洪文到会,根据名单一一点名询问,七点散会。

1月17日,下午四点三刻吃晚饭,然后乘车去人民大会堂,晚八时十分开会。通过宪法及修改宪法报告、政府工作报告,投票进行等额选举,不到一小时全部结束。

1月18日,中午十二点半宣布解除保密,代表们可以与外界联系。下午参观故宫,晚上看革命京剧《平原作战》。

1月19日,上午参观北京重型电厂,下午游览天坛,晚上集体购物。

1月20日,上午参观北京维尼龙厂,下午游览动物园,晚上看革命现代芭蕾舞。

1月21日,上午参观北京汽车制造厂,下午游颐和园,晚上欣赏音乐舞蹈。

1月22日,下午参观首都体育馆。

1月25日下午,上海代表团回到上海。

1月28日,下午两时,上海市革委会在文化广场召开大会,马天水传达人代会情况,代表发言。

1月29日,下午复旦大学召开大会传达第四届全国人大会议精神,六位代表相继发言①。

3月12日,为了隆重纪念孙中山先生逝世50周年,上海市革命委员会和各界人士瞻仰了中山故居,先生在列②。

4月,先生《论战国时代齐国复辟的历史教训》发表在《历史研究》1975年第2期。

臧克家1975年5月13日致函邓广铭言:

> 《历史研究》第2号(1975)想已看过。
>
> 我对重要论文,全读了。《论李商隐》③一文,未能说服我。
>
> 杨宽同志的文章,我觉得写得有水平。他系上海的教师,各处发表东西甚多。④

7月15日,先生致函马曜:

> 马曜同志:
>
> 承嘱对大著《庄蹻》一文提意见,总的看来,论证周详,很有新见。有两点,我认为比较重要,提供参考:
>
> (一)这文认为庄蹻为楚将,不见战国诸子,乃出于司马迁的臆造,并认为《荀子·议兵》所说庄蹻"善用兵",也指他"起而为乱",这点似乎可以讨论。荀子对答赵孝成王、临武君问"王者之兵",先论齐之技击、魏之武卒、秦之锐士的强弱,认为这都是"干赏蹈利之兵"。接着就论到"招近(延)募选,隆势诈,尚功利"是"盗兵",而以"齐之田单、楚之庄蹻、秦之卫鞅、燕之缪虮(乐毅)"等"世俗之所谓善用

①葛剑雄:《悠悠长水:谭其骧传》(修订版),第370—381页。
②《上海、南京、广州、武汉各界人士分别举行仪式,隆重纪念孙中山先生逝世五十周年》,《文汇报》1975年3月14日第1版。
③此文指梁效、闻军:《论李商隐的〈无题〉诗》,《历史研究》1975年第2期。
④臧克家:《臧克家全集》第十一卷,时代文艺出版社,2002年,第54页。

兵者"为例,认为他们都是属于"盗兵"一类,"未及和齐也"。而五霸"皆和齐之兵",但还不是"王者之兵"。从上下文来看,庄蹻这个"善用兵者",只能是指楚的将军,否则"招近募选……"等话,很难解释,不可能把一个农民起义军领袖夹在战国将军中一起评论。至于《荀子·议兵》下文谈到"庄蹻起,楚分而为三四",是讲楚国的兵"其所以统之者非其道",以至遭到大失败,等到庄蹻起义,就无法控制楚国,弄得"楚分而为三四"。两处谈到庄蹻,并不是一个意思,似乎不能混为一谈。

(二)这文说庄蹻提出了"乱者能言治"的革命纲领,是根据《论衡·本性》的。《论衡·本性》这段话,是驳陆贾有关人性的理论的,从上下文来看,王充之意,是说性恶者也能做到伪"善"。"故贪者能言廉,乱者能言治",是说"贪者"也能虚伪地"言廉","乱者"也能虚伪地"言治",下文举出跖、蹻为例,是对跖、蹻的诬蔑。似乎不能认为这是庄蹻的革命纲领。

以上两点,关系比较大,提供参考,未必正确。

文中论到庄蹻反复辟斗争的作用和对秦国统一的作用,评论得都很确当。关于庄蹻入滇的时间和路程的考证也都很确当,都很赞同。

杨宽
1975.7.15①

8 月,先生向吕翼仁借吕思勉藏书数本,录所借书目如下:

杨宽正先生借书目录

　《水经注》(后借)

---

①《上海复旦大学杨宽同志来信》,《思想战线》1975 年第 5 期。

《韩诗外传》二册　光绪刻本

《公孙龙子》一册　中国书店印本

《尹文子》一册　中国书店印本

《弟子职集解》吕自校补合一册　式训堂丛书本

《日知录校记》一册　龙沐勋刻本

《尚书大传补注》一册　清代刻本

《读子卮言》二册　商务排印本

《诸葛忠武志》六册　清代刻本

《广舆记》十六册　清代刻本

《孔子改制考》六册

《新学伪经考》八册

《历代史论》十六册　会文堂石印本

《清史列传》七十七册(缺51、52、53三册)　中华书局本

《广仓学窘丛书》三十四册(缺《古本竹书纪年辑成》一册,缺《今本竹书纪年疏证》一册)

8月14日,毛泽东在同一位教师谈话中讲到:"《水浒》这部书,好就好在投降。做反面教材,使人民知道投降派。"江青、姚文元利用此事,在报刊上掀起一场"评《水浒》运动",影射攻击周恩来、邓小平等中央领导人。复旦大学在9月连续召开了三次大型讨论会,评论《水浒》,批评投降派①。

11月,先生在《红旗》杂志1975年第11期上发表应时文章《农民起义有这样的"规律"吗?》。

11月4日,先生在《文汇报》上发表《驳斥〈水浒〉研究中的阶级调和论——评宋江投降是"农民的局限性"的观点》。

11月12日,先生参加上海市革命委员会和各界人士纪念孙

①复旦大学校志编写组:《复旦大学志》第2卷(1949—1988),第52页。

中山先生诞辰 109 周年活动并瞻仰中山故居①。

　　录是年《夏鼐日记》中相关材料：

　　　　1 月 13 日星期一："（下午）8 时半由朱德同志宣布开会，代表名额 2885 名，实到 2851 人，符合法定人数。然后由张春桥同志及周总理作《政府工作报告》，仅念首尾数段以省时间。8 时 55 分即完毕散会，抵家已近 10 时。休息后都睡，但因为兴奋久久不能入睡，睡后做梦。"

　　　　1 月 17 日星期五："（下午）6 时半各代表团入场，8 时大会开始，由朱德同志及吴德同志主持，朱德同志宣布开会，今天应到代表 2864 人，实到代表 2850 人，符合法定人数。然后以举手表决方式一致通过新《宪法》及《关于修改宪法的报告》，又批准《政府工作报告》。接着吴德同志宣布大会进行第三项议程，选举第四届人大常委会正、副委员长及委员和任命国务院总理，并说明选举和任命的办法，乃由到会代表进行投票。投票后由监票人收集票数与到会人数相符合，宣布这次投票有效。这时已 8 时 50 分，代表们退出会场到休息室休息。然后到国宴厅用点心，实则一大砂锅的杂碎，还有冷盘和点心，主食为大米饭及小米粥，还有蜜桔，10 人一桌。用餐后返休息室，遇及上海代表团的谭其骧、杨宽等，广东的商承祚。10 时 40 分重新开会，宣布投票结果，朱德同志为委员长，董必武同志等 22 人为副委员长，常委还有 144 人，共 167 人。周恩来同志为总理。宣布后，掌声不绝。又以举手表决方式，一致同意邓小平同志等 12 人为副总理，以及国务院各部部长和各委员会主任，代表们

_____

① 《北京、上海、南京、广州、武汉各界人士分别举行仪式，纪念孙中山先生诞辰一百零九周年》，《文汇报》1975 年 11 月 13 日第 1 版。

又鼓掌。最后朱德同志宣布大会胜利闭幕,到会代表高呼‘伟大领袖毛主席万岁’,长时间热烈鼓掌,庆祝这次大会开成了团结的大会、胜利的大会。代表们分区陆续退场,这时已 11 时。"①

1976 年丙辰　先生六十三岁

1 月,先生与谭其骧、陈旭麓和洪廷彦在江湾五角场吃饭②。

2 月 25 日,中共中央决定点名批评邓小平。

2 月 28 日,上海市革命委员会文教组负责人来复旦大学,督促贴出点名批评邓小平的大字报。在校党委会的布置下,校园内出现一大批点名诬陷邓小平的大字报,并对外开放,市内外来校参观这类大字报的有五十余万人次,产生了极坏的影响。此后,校党委会组织了一系列所谓批评邓小平错误的会议③。

3 月 12 日,先生参加上海市革命委员会负责人和各界人士纪念孙中山先生逝世 51 周年仪式并瞻仰中山故居④。

7 月 7 日,先生妻子朱新华去世,先生回忆道:

> 我家所属的"里弄居民委员会"突然把我的妻子叫去审问,说有家属揭发她是地主,勒令她交代罪行。尽管她竭力为自己辩白,指出这是诬告,还是纠缠不清,多次逼迫交代。本来我被关进牛棚以后,她多次被历史研究所的造反派叫去审查,精神上压力很大,这时斗争的矛头直接对到她的身上,她的忧郁症就严重起来。一天里弄干部突然来察看我

---

① 夏鼐:《夏鼐日记》卷七(1964—1975),第 469、470、471 页。

② 洪廷彦:《洪廷彦史学文存》,中华书局,2012 年,第 346—347 页。

③ 复旦大学校志编写组:《复旦大学志》第 2 卷(1949—1988),第 52 页。

④《北京、上海、南京、广州、武汉各界人士分别举行仪式,纪念孙中山先生逝世五十一周年》,《文汇报》1976 年 3 月 13 日第 1 版。

的寓所,她惊惶万分,因为一旦被诬害成地主,就要没收所有财物而"扫地出门"。她这样长期忧忧急急,病情开始恶化,到一九七六年二月,她感到身体非常疲乏,我陪她到医院检查,发现颈上淋巴肿大,肺癌已经扩散到颈上来了。这真是晴天霹雳! 我隐瞒她的病情,在家照料、护理她,经常陪她去寻访医师,服用各种药物都无效,接着又服用从远处找来的"丹方",也无效验。我始终不让她知道已患癌症,还多方设法安慰她,希望能够减轻些病痛,但是肺癌扩展迅速,四五个月就扩散到了脑部,不断发生剧烈的疼痛。在无可奈何的情况下,得到亲戚的帮助,把她送进一所医院,靠不停地注射麻醉剂止痛。我日夜陪着她,晚上就睡在她病床旁的小榻上侍候,这样拖延了一个多月,她终于在七月七日挽救无效而离开人间。①

据先生的儿子杨善群给编者的信中说,先生曾这样对他说过:"我有现在的成绩,与你母亲的功劳是分不开的。"

11 月 12 日,先生参加上海市革命委员会和各界人士纪念孙中山先生诞辰 110 周年活动并瞻仰中山故居②。

12 月,先生与日本史家西嶋定生相见,此后先生与西嶋定生结下很深的友谊。先生言:

"文化大革命"结束之后,我首先见到的日本学者是历史学家西嶋定生(一九一九—九八)教授,他于七六年十二月参与东京大学第一次访华代表团来到上海。此后他多次前来访问,八〇年六月来访那次,承蒙他邀请我前往日本讲

---

① 杨宽:《历史激流:杨宽自传》,第 361—362 页。
② 《北京、上海、南京、广州、武汉各界人士分别举行仪式,隆重纪念孙中山先生诞辰一百十周年》,《文汇报》1976 年 11 月 13 日第 1 版。

学,发表关于中国坟丘墓如何发生、发展变化及其特征的见解,我欣然接受……

承蒙西嶋教授的好意,预先约定,待我回国(时为一九八一年二月间,先生前往日本参加"探索日中古代文化接点"学术研讨会后——编者注)把讲稿整理补充后,即寄到日本,准备译成日文出版,经过协商,书名定为《中国皇帝陵的起源和变迁》。这书在西嶋教授指导下,由其爱弟子尾形勇教授和太田侑子小姐译成日文,于当年十一月由日本专门出版考古书的学生社出版。这样以未刊的讲稿先译成日文在日本出版,日本学者认为是中日文化学术交流中的创举。①

先生对另一位日本史家天野元之助回忆道:

五十年代最早和我通信的日本学者,是中国农业史专家天野元之助(追手门大学名誉教授,一九〇八—八〇)。因为上海博物馆藏有几件殷周青铜农具,引起了他的重视,特为来信询问。此后就经常通信,直到他患病去世为止。遗憾的是,他两次访问中国,预先来信约定见面,都没有见到。第一次正当"文化大革命"开始的时候,当他到达上海,我接到通知时,行动已失去自由;第二次正当"文化大革命"结束不久,因我家庭发生变故,暂时躲藏在朋友家中,他的来信我没有及时看到。②

1977 年丁巳　先生六十四岁

2 月 24 日至 3 月 4 日,先生赴京参加全国度量衡图录会议。

---

①杨宽:《历史激流:杨宽自传》,第398—399 页。
②杨宽:《历史激流:杨宽自传》,第398 页。

3月12日,先生参加上海市革命委员会和各界人士纪念孙中山先生逝世52周年活动并瞻仰中山故居①。

香港学者牟润孙通过新华社报道,得知先生参加孙中山纪念会,由此撰有《谭其骧与杨宽》,节录是文如下:

> 据新华社消息,出席上海孙中山纪念会的人士中有谭其骧、杨宽两教授。
>
> 我对于这两个人均有所认识,借此机会一谈。……
>
> 杨宽是光华大学毕业,吕思勉的学生,解放前作上海博物馆馆长,对于古器物素有研究,著有《战国史》,利用《竹书纪年》考证战国年代,纠正钱穆的错误,颇为史学界人所称赞。解放后,他用唯物史观研究中国古代史,出版了一部《古史新探》,对于我国奴隶时代的礼制许多问题,作了精密深刻的剖析,说明了古代奴隶社会的射礼宴飨之礼、学校制度等等,使人们了解古代奴隶主剥削阶级所行的"礼"的内容是些什么。从而明白了孔子为什么以"诗、书、礼、乐"教学生,进一步也可以说明了"儒家"的本质是什么。我不能说杨宽的古史研究在理论上没有缺点或推论没有错误,但以孤陋寡闻的我来看,杨对古史研究的成就对于我们了解古代社会的需求,有很大的帮助,是无可否认的。②

7月27日,先生与陈荷静缔婚。对如何与陈氏认识、结婚,先生回忆道:

> 我寄居在朋友家中,生活不安定,饮食不正常,加上精

① 《北京、上海、南京、广州、武汉各界人士分别举行仪式,纪念孙中山先生逝世五十二周年》,《文汇报》1977年3月13日第1版。
② 原刊《新晚报》,1977年3月19日,署名"水子";后收入牟润孙:《海遗丛稿二编》,中华书局,2009年,174—175页。

神上刺激太重,胃病变得严重,慢性支气管炎经常急性发作,剧咳不停,并伴有发热症状,满面愁容而精神恍惚。亲戚朋友们见了,都认为必须及早安定生活,好好护理,才能使健康逐渐恢复。有些朋友提出警告,认为应该及早解决生活安定问题,否则长期纠缠下去,一旦胃窦炎变成胃癌,就难以治疗了。他们还建议我设法组织新家庭,以便有人照料生活和护理身体,才能安度晚年。

当时亲友们纷纷介绍可以作为晚年伴侣的对象,都不符合我的理想。有一位朋友提醒我说:"你记得三年以前为嫂夫人诊治过的陈荷静医师吗? 她心地仁慈,尚未出嫁,若能娶到,就很幸福了。"还说要陪我去拜访,试试看。我们约好一个星期日,一起登门拜访。她的家世代医师,全家是虔诚的天主教教友;母亲毕业于苏州师范学校,非常注重子女的家庭教育,是一位贤妻良母,已故世十多年了。她和父亲住在一座楼房的三楼上,为了安全,在从二楼到三楼的楼梯上装有楼梯门;住处有两间卧室和一间会客室。当我们前往拜访时,承蒙她的父亲诚恳地接待,接着每个星期日我都前往拜访。

她比我小十七岁,容貌端正美丽,性情温柔,确是德才兼备,难能可贵,并且十分孝顺父亲。她发现我的来意,当面表明是终身不结婚的,但他的父亲很热忱地接待我,允许我在星期日前往拜访。当我每次谈到婚姻时,她终是表示不结婚的。……

陈医师只知道哭泣,她的父亲天天劝导她同意结婚,最后为了爱护我,她愿牺牲自己,就答应了,当了我和她父亲的面说:"如果结婚,仍然一定要保持我的童贞。"我当着她父亲的面,立刻向她说:"我可以保证,我为了爱护您,我会尊重您的宗教信仰,保持您的童贞。"三个人一起谈好,她走进卧室去失声大哭了一场。从此以后,我始终遵守我的诺言。

接着我就向复旦大学方面请求出一张同意我和陈医师结婚的证明,以便向女方户籍地的结婚登记处申办结婚手续。不料党委书记认为我是知名人物,必须调查清楚女方,才能给出证明。三个星期后我才得到答复,说经过调查,女方的人很好,这才发给我证明。

一九七七年七月二十七日,我到陈家,伴陈医师按照规定,到结婚登记处请求登记结婚;当时女方单位的同意结婚证明已经拿到。登记处接待的工作人员,认为手续上必须向我居住地区的公安局派出所了解我的情况,当场就打电话联系,放下电话就显出为难的样子说:"我不能替你们办结婚登记,据说你的儿子不同意。"我就据理力争:"结婚是我自己的权利,没有人可以干预。"再经过登记处的工作人员认真考虑之后,终于发给了我们各一份结婚登记证。

婚后,因为我无处安居,就住在陈家,她真心真意地爱护我,随时随地照顾我的生活和健康,使我多年的慢性支气管炎得以痊愈,健康有了好转,从此可以重新开始作学术研究了。①

是年,先生先后与三个儿子脱离父子关系。

是年,先生主持编纂《战国会要》。

录是年《夏鼐日记》《顾颉刚日记》中相关材料:

2月24日星期四:"上午赴科学会堂,参加度量衡图录讨论会。上午开幕式,由计量局刘达局长讲话,然后由别的同志分别讲话,刘局长因有事先行退席,其余续谈,我主张

---

① 杨宽:《历史激流:杨宽自传》,第364—366、367—368页。

先应有一个凡例。下午继续讨论,由计量局顾处长主持会议。外地来的有上海的杨宽、马承源,广州商承祚,北京的有二十余人,故宫唐兰、杨伯达、罗福颐、巫鸿,历博王振铎、史树青,北大俞伟超、朱德颐、裘锡圭,历史所张政烺、李学勤、马雍,地理所黄盛璋,考古所我和王世民,文物出版社阎清,计量局顾懋森、丘隆、丘光明、孟昭行、汤冠英等同志。"

2月25日星期五:"下午返科学会堂,讨论尺度部分。"

2月26日星期六:"今日继续讨论度量衡图录的尺度部分。晚间有电影晚会,为《广州杂技团访澳》及《南海长城》。"

2月27日星期日:"上午开始量器部分,先由孟同志介绍概况,然后逐件讨论。"

2月28日星期一:"上午集体至故宫及历史博物馆,参观及鉴定这两处收藏的古代度量衡器。中午我至所中,知道下午汇报会延期,我返家换衣,仍赴会堂。"

3月1日星期二:"上午继续讨论量器部分,10时起讨论权的部分。下午赴所,本想参加所中汇报,到所中才知改为全所大会。……散会后,我回科学会堂。晚间观电影《反击》及《三进山城》二片。"

3月2日星期三:"继续讨论权的部分。晚间集体乘车至北太平庄总参防化部队礼堂,观电影《猛垅沙》,是62年拍摄的旧片,彩色都已变色了。"

3月3日星期四:"整天讨论前言部分。"

3月4日星期五:"上午总结,取座谈方式,大家谈了些意见,最后由刘达局长作总结发言。"

3月5日星期六:"上午杨宽、马承源及商承祚同志来,坐谈一会,由王世民同志领他们去参观安阳小屯 M5 的标本。"①

①夏鼐:《夏鼐日记》卷八(1976—1980),第80—82页。

十一月廿四号星期四(十月十四):"德融来谈批判四人帮事,知周一良作《再论孔丘其人》文,讥讽周总理,特罪最重。又谓杨宽与'罗思鼎'关系多,在沪亦大受批判。"①

1978 年戊午 先生六十五岁

5 月,署名"复旦大学历史系中国古代史教研室"的《先秦史讲义》油印本为先生编印②,录是书目录如下:

中国通史讲义目录(先秦部分)

第一章 原始社会

第一节 原始群时期

一、劳动创造了人——中国猿人的出现

二、原始的生产和生活

三、原始人群向氏族社会的过渡

第二节 氏族公社制社会的形成和发展

一、氏族社会的形成

二、各地区氏族部落社会生产的不平衡发展

三、黄河流域母系氏族社会的发展与繁荣

四、黄河流域及长江流域的母系氏族社会

第三节 私有制、阶级的出现和原始公社的解体

一、父家长制家庭和私有制的产生

二、氏族贵族的形成和奴隶制的出现

三、由"禅让制"到"世袭制",氏族民主制解体与国家的产生

第二章 奴隶社会

第一节 奴隶制社会的初期(夏至商之盘庚)

---

①顾颉刚:《顾颉刚日记》第十一卷(1968—1980),第 514 页。
②此事细节由钱林书告知,特此致谢! 编者亦在先生手稿中看到此讲义。

是年,获准出新版《战国史》。

录是年《夏鼐日记》中相关材料:

　　12月30日星期六:“上午,《辞海》编委会史地组杨宽、吴泽等同志来访。”[1]

———————

[1]夏鼐:《夏鼐日记》卷八(1976—1980),第262页。

卷四　1979—2005 年

1979 年己未　先生六十六岁

元旦,先生撰写修订版《战国史》前言。

2 月 1 日,先生撰写修订版《战国史》后记。

9 月,《辞海》1979 年版正式出版。《辞海》中先生的研究成果对通俗史书的编写提供了帮助,如:

第二个是《中国成语故事》连环画中的《箪食壶浆》。《资治通鉴》《战国策·燕策》《东周列国志》,均说子之是个野心家,阴谋篡位。说燕昭王原是燕王哙的太子姬平。而 1979 年版《辞海》中有关词目的说法,却与之相反。《辞海》上说:"(子之)任相国时,办事果断,善于监督考核臣属。燕王哙三年哙让给君位……后四年太子平和将军市被等人起兵叛乱,被他打败杀死。"又说:"燕昭王名职,燕王哙的庶子。公元前 311—前 279 年在位。原来流亡在韩。子之三年齐攻破燕国,哙和子之被杀,他被赵国护送回国,公元前 311 年即位。"经了解,这是根据复旦大学杨宽教授近年来研究的新成果写的。为了慎重,我们设法阅读了杨宽教授增订修改即将出版的《战国史》清样,看到了关于这个问题所引用的原始资料,确是持之有据,言之成理,便用学术界研究的新成果,编写这则成语故事,给了读者以新的、正确的知识。①

1980 年庚申　先生六十七岁

6 月,先生在上海与西嶋定生相见。

7 月,《战国史》修订版由上海人民出版社出版。次年《人民日报》刊有是书消息一则:

> 上海人民出版社最近出版了杨宽的《战国史》新版,这是作者在该书 1955 年版的基础上修订改写的。它对战国史研究中的某些问题汇集了大量资料,作了认真的考证,进行了有益的探讨。
>
> 新版《战国史》增加了篇幅,对春秋战国时期的农业、手工业和商品经济的发展,社会制度的变革,七国的兼并和秦的统一等问题进行了深入研究,并对有关史料作了整理和考订。最后三章,着重探讨了战国时代的"百家争鸣"和文化、科学思想的发展。新版《战国史》充分利用了解放后考古工作中的成果,对一些问题阐述得比较全面,是一部资料翔实的断代史著作。②

1987 年 12 月 25 日,胡志祥在《文汇报》上发表《杨宽与战国史研究》,节录如下:

> ……杨先生 1955 年著初版《战国史》,但二十五年后的增订版,篇幅从 280 页猛增至 600 余页,不仅大量补充了二十多年中战国研究的新成果,而且改变了对古史分期问题

---

① 中国出版工作者协会:《1983 出版研究年会文集》,山西人民出版社,1984 年,第 376—377 页。

② 郁乃尧:《杨宽〈战国史〉新版出版》,《人民日报》1981 年 5 月 18 日第 5 版。

的看法,为了弄清这个问题的来龙去脉,杨先生不仅对战国历史,而且对这前后的西周春秋和秦汉社会历史分别作了研究,并着重研究了西周春秋时期的农业生产,以及生产关系和社会阶级结构,并涉及当时的重要制度,如井田制度、乡遂制度、宗法制度、学校制度等等,为了弄清这些制度的性质及其源流,他又进一步对维护这些制度的"礼"进行了新的探索,对籍礼、冠礼、大蒐礼、乡饮酒礼、射礼和贽见礼分别作了有系统的探研,先后写了十四篇论文,汇编成《古史新探》一书。通过这番研究,杨先生才确认春秋战国之际的转变是从奴隶制转变为封建制。从这里我们可见一位老学者精益求精、锲而不舍追求科学真理的赤诚之心,也反映了杨先生治学一大特点:功底扎实,学风严谨。

杨先生年轻时曾隐居三年,在故乡上海青浦白鹤江镇潜心研读和编集古史资料,其精通先秦典籍,如数家珍。读过杨先生论著的人往往会发现,他的专著是建立在其专题性论文基础上的,他几乎对组成锁链的每一环节都细加锤打。所以这链条就显得异常精致、坚固。为解决战国史料年代的紊乱,杨先生曾做《战国史料编年》,对一些重要的历史事件和历史人物作了必要的考证,仅 1946—1947 年就先后发表了十八篇考证文章。杨先生还有一段时间专门从事编绘先秦历史地图的工作。这一切均使杨先生的战国史研究以史料翔实,考证严密,引证丰富而饮誉史学界,《战国史》当之无愧地被推为研究这段历史的首选之书。

杨先生对甲骨文、金文、简牍、帛书均能运用自如,于青铜器、陶瓷、漆器等亦有专文。战国时代是我国历史上科技和生产力飞跃发展时期,杨先生对其中起着关键作用的冶铁技术发展的研究,倾注了巨大精力,先后写成了《中国古代冶铁技术的发明和发展》《中国土法冶铁炼钢技术发展简史》《中国古代冶铁技术发展史》三部专著。八十年代初,杨先生又致力于陵寝制度研究,其成果结集为《中国古代陵寝制度史研究》,其中主体部分率先译成日文在日出版。

杨先生不仅注意文献和文物的相互印证,而且还注意运用民族学、神话学等知识来不断推进自己的研究,上述《古史新探》一书就利用摩尔根对易洛魁人的研究成果,以及我国西南少数民族的调查资料来对先秦社会作比较研究。

博深的学识,宽广的视野,使杨先生在战国史研究中总能独具慧眼,另辟蹊径,显得游刃有余。杨先生在古史研究上的杰出贡献,已引起日本、美国等汉学家的关注,先后邀请杨先生赴日、赴美讲学。让我们遥祝杨宽先生学术青春常驻,笔力永健。①

蒋天枢撰写一文与先生探讨《战国史》中部分观点,朱浩熙在《蒋天枢传》中言:

蒋天枢读杨宽的《战国史》一书,认为其中的观点大可商榷。比如,作者书中写道:"在公元前306年(楚怀王二十三年),楚国乘越国内乱,把越国灭亡了,把江东改建为郡。"蒋天枢认为这种说法与历史不符,就在与唐兰的信中谈了自己的看法。想不到,二人看法不谋而合。唐兰回信说:"杨宽论法家的文章确有可批之处。"

蒋天枢打算写一篇楚灭越的文章,从正面恢复历史的真面目,也结合批驳杨宽的观点。唐兰信中极表赞同和支

①胡志祥:《杨宽与战国史研究》,《文汇报》1987年12月25日第4版;后又收入施宣圆主编:《中华学林名家访谈》,上海文汇出版社,2003年,第46—47页。

持,说:"你要写一篇楚灭越的文章,好极了,复旦是否出刊物,如需找地方发表,我这里也可以想办法。"

　　不久,蒋天枢写好《"楚灭越在怀王二十三年"平议》的论文,寄唐兰老友教正。征求意见后,蒋天枢经修改才寄外地刊物。不久,文章发表在西北师范大学《文史学林》杂志上,后被作者的一位学生收入《论学杂著》一书。

　　其实,蒋天枢同杨宽也是朋友。之所以写这篇文章,主要是学术论争。蒋天枢看不惯那种曲学阿世的不良文风。但是,这并不一定能够为对方所理解。一次,谈到这篇文章,蒋天枢不无遗憾地说:"想不到,一篇文章得罪了一个朋友!"①

1986 年 9 月,《战国史》增订本上下两册由台北谷风出版社出版,录其封皮广告语:

　　旧版《战国史》出版于 1955 年,发行之初便以资料详实仰重学林。二十年来,作者杨氏仍不断在这个范畴内探索,再加上考古文物的重大发现,史料更加丰富,于是作者乃加以辑录与修正,于 1979 年,出版新版《战国史》,呈现战国史的完整全貌。因此新版《战国史》在史实资料、文物考古、内容份量上,较旧版《战国史》更具研读价值。

录台湾地区学者李冕世对是书的评价:

　　杨宽著《战国史》——这部书在 1986 年已由台北谷风出版社重新排版,分上下两册印行,在台湾书肆中已可购得,作者杨宽是在大陆上老辈的著名古史学者,在抗战以前,即撰有《中国上古史导论》一文(收入《古史辨》第七

―――――――――――

① 朱浩熙:《蒋天枢传》,作家出版社,2002 年,第 209—210 页。

册),颇受当时史学界的的注意……到 1955 年作者先编辑了一本《战国史料编年》一书,然后才写了一本二十多万字的《战国史》,由上海人民出版社印行,到 1965 年,他又写了一本《古史新探》(香港嵩华出版事业公司翻印,台北已有翻印本),对两周的"礼制"作了深入的探讨,到 1969 年中考古文物的大量出现,战国期的史料更形丰富,又加以搜集与整理,将原来已出版好的《战国史》予以增补和修改,比原有的篇幅和内容,增加了一倍以上,可说是目前唯一完整而充实的一部战国史;在这部书的前言里虽然他表示:"当时我不能解决的最大关键问题,就是古史的分期问题。"杨宽踟蹰于马列主义对历史看法固定的格局中,无法超脱,最后他不得不认为战国期是"由封建的领主制转变为地主制"的时期,避免用"奴隶制转变为封建制"或"不发展的奴隶转变发展的奴隶制"的说法,其心情之矛盾与痛苦已流露出来,他增补的材料很多,最多的是战国期科学与技术的资料,特别是冶铁炼钢、农业、医学、天文、历法以及对物质结构和运动的探讨等,修订中对于历史地理那部份也作了很大的修改和补充;书前绘印了四大份地图,可充分帮助我们对书本内容的了解。全书分十二章:第一章绪论,第二章春秋战国间的农业生产的发展,第三章春秋战国间手工业和商品经济的发展,第四章春秋战国间社会制度的变革,第五章战国前期各诸侯国的变法运动,第六章封建国家的机构及其重要制度,第七章七强并立的形势和战争规模的扩大,第八章合纵连横运动和封建兼并战争,第九章秦的统一,第十章战国时代的"百家争鸣",第十一章战国时代的科学和科学思想的发展,第十二章战国时代文化的发展。资料来源,每一章节均有详细附注,最后附有"战国郡表""战国封君表""战国大事年表"将史记资料作了大幅修正。战国史册,秦火之后,前人已怨叹史料缺乏,茫昧无征,经过杨宽的努力探索,战国的真实面貌,大致可以重现于世。作者虽然采取的是"经济史观"……在其丰富的资料中,已使人耳目一新,我们现在能有机会读此书,除了感谢政府给习史者的方便外,实在不宜轻易放过这本书。①

10月,陈荷静应邀前往美国担任医师,期间和先生保持着密切联系,无论工作怎么繁忙,每周都会写信给先生,告知她的工作和生活情况。

12月25日,顾颉刚在北京逝世。

录是年《顾颉刚日记》中相关材料:

> 八月十五号星期五(七月初五):"杨宽正自沪来,将至佛山。"②

1981年辛酉　先生六十八岁

2月,方诗铭、王修龄著《古本竹书纪年辑证》由上海古籍出版社出版。是书由先生指导搜辑史料,先生言:

> 原来我另有一个编著《古本竹书纪年辑证》的研究计划,由我指导徐鼎新、王修龄、蒋德乾三位一起搜辑所有古书上引用《古本竹书纪年》的资料,列入历史研究所的总计划。到六五年早已把资料搜辑齐备,并且编排了次序,只因所有人都参加农村的四清运动,没有时间编写案语。接着"文化大革命"爆发,七○年以后,我调离历史研究所,所有

---

①李冕世:《近人所著有关中国上古史的一些专书简介》,《成功大学历史学系历史学报》1987年第13号,第432—433页。
②顾颉刚:《顾颉刚日记》第十一卷(1968—1980),第730页。

搜辑资料全部由王修龄保管,我不再过问。①

2 月 12 日,先生赴日访问。

2 月 14、15 日,先生参加"探索日中古代文化接点"学术研讨会。

2 月 17 日下午,先生在东京大学做题为《中国古代陵寝制度的起源及其演变》的演讲。

5 月 13、14 日,为了加强与作者直接联系,征求学术界的意见,以便总结经验,办好杂志,《社会科学战线》杂志在上海召开两次部分作者座谈会,先生被邀与会并发言②。

6 月 16 日,先生填写"干部履历表"一份:

干部履历表

单位 复旦大学历史系　职务 教授　姓名 杨宽

现名 杨宽　性别 男　出生年月 1914 年 2 月

曾用名 宽正　家庭出身 地主　本人成分 职员

现有文化程度 大学以上　民族 汉　工资级别 国二

原籍 上海市青浦　出生地址 上海

身体健康状况 胃窦炎、肺气肿

何时何地参加革命工作 1949 年 5 月上海解放后

参加工作时家庭经济状况

　　　自从 1936 年参加工作以后,本人及小家庭即与地主大家庭分开,依靠工资维持生活。

何时何地何原因受过何种处分 无

懂何国和何种少数民族语言,熟悉程度如何

---

① 杨宽:《历史激流:杨宽自传》,第 282 页。

② 《本刊在沪召开部分作者座谈会》,《社会科学战线》1981 年第 4 期。

早年学习过英文与日文,今已荒疏。

有何特长和专业技术,熟练程度如何,有何著作和发明创造

专长于先秦史研究与文物考古工作,重要著作有:

(1)《吕氏春秋汇校》(与蒋维乔等人合撰,1937 年上海中华出版)。

(2)《中国历代尺度考》(1938 年上海商务出版,1955 年修订再版)。

(3)《中国上古史导论》(1941 年收入《古史辨》第七册上编,开明出版)。

(4)《战国史》(1955 年上海人民出版社出版,改写本 1980 年出版)。

(5)《中国古代冶铁技术的发明和发展》(1956 年上海人民出版)。

(6)《中国土法冶铁炼钢技术发展简史》(1960 年上海人民出版)。

(7)《古史新探》(1965 年北京中华书局出版)。

发表论文有一百五十篇左右。

(8)《中国古代陵墓的起源及变迁》(在日本讲学的讲稿,日文翻译本,即将由日本学生社〔出版社〕出版)。

家庭主要成员姓名、职业和政治情况

爱人情况

姓名 陈荷静 出生年月 1931 年 5 月 政治面貌 进步
家庭出身 职员 本人成分 职员 文化程度 高中
现在何处任何职务 家务

其他成员情况

子女早已独立成房,分开居住。长子杨善群现在兰州大学历史系,次子杨义群现在浙江大学数学系,三女杨珊群现在杭州建筑技工学校,幼子杨师群原在上海新华书店

工作,现到上海师范学院历史系继续求学,亦已结婚成家。

国内外主要社会关系的姓名、在何地从事何种职业及其政治情况,过去和现在的关系如何

　　杨宓,胞弟,现在松江第五中学担任校长,解放前原为地下党员

　　王松涛,弟媳,现任松江第五中学教师,党员

　　杨安,堂兄,原任上海中国中学副校长,现已退休

　　杨宏,堂弟,原任上海枫林中学语文教师,现已退休,从事写作

　　以上四人,略有来往。

参加革命前后履历

起止年月	在何地区何部门	任何职	证明人
1936 年 4 月—1937 年 8 月	上海市博物馆艺术部	干事	盛公木(特伟)
1937 年 8 月—1938 年 8 月	广东省立勤勤大学教育学院文史系	讲师	黄廷柱
1938 年 9 月—1939 年 8 月	上海光华大学历史系	代课教师	吕翼仁
同上	上海湘姚中学	教师	吕翼仁
1939 年 9 月—1941 年 12 月	上海光华大学历史系	副教授	赵善诒
1942 年 1 月—1945 年 10 月	隐居青浦家乡为齐鲁大学国学研究所编书		杨公度、杨宓
1945 年 10 月—1945 年 12 月	上海鸿英图书馆史料部	主任	承名世
1946 年 1 月—1949 年 5 月	上海市立博物馆	馆长	承名世、胡菊
同上	上海光华大学历史系	教授	赵善诒、沈延国
1949 年 6 月—1951 年 10 月	上海市立博物馆	馆长	
同上	上海光华大学历史系	兼任教授	
1951 年 11 月—1952 年 11 月	上海市文物管理委员会主任秘书兼古物处处长		

1952 年 12 月—1959 年 6 月	上海博物馆	馆长
1953 年 12 月—1956 年 8 月	复旦大学历史系	兼任教授
1959 年 7 月—1970 年 5 月	上海社会科学院	历史研究所 副所长
1970 年 5 月—	复旦大学历史系	教授

现在家庭住址　上海永康路 109 弄 5 号①

11 月,《中国皇帝陵的起源和变迁》由日本学生社出版。此书日译本序言由西嶋定生撰写,后记由尾形勇撰写,节录序言、后记如下:

日文译本序

……去年(指 1980 年)6 月,我到中国访问的时候,在上海,对早就相熟的复旦大学历史系教授杨宽谈起这一情况,并且请托他,如果得到访问日本的机会,希望能够发表关于这个问题的见解。杨宽教授欣然立即着手这方面的研究;同时教授的访日事宜,也因东京大学东洋文化研究所各位先生的特别关心和全日本航空股份公司的赞助,而得以实现。今年 2 月 12 日,杨宽教授来日访问。同月 17 日下午,在东京大学东洋文化研究所,作了题为《中国古代陵寝制度的起源及其演变》的讲演。当天,因为下了一夜的春雪,气候很不好,但仍有六十多位研究人员前来听讲。本书就是教授为这个学术讲演准备好的超过三万字的手稿的译本。讲演时,因限于时间,只讲了原稿内容的提要(作者按:这个提要用《中国古代陵寝制度的起源及其演变》的题目,已发表于《复旦学报》社会科学版 1981 年第 5 期,《新华文摘》1981 年第 12 期曾全文转载)。出版时,改用现在这样

―――――――――

① 复旦大学档案馆:《干部履历表》。

的书名,是征得教授的同意的。

　　本书内容以皇陵为重点,从而纵观了中国坟丘墓的发生及其演变过程。所涉及的年代,上起春秋、战国,下至明、清,达二千几百年。它的特色,不仅叙述了皇陵的形态和规模,而且详尽地阐述了相关的祭祀制度及其相应的设施。原题以"陵寝制度"为研究对象,原因就在于此。……

　　杨宽教授是当代中国古代史研究者中著名的老前辈。正如本书附录的教授经历、主要著作目录所示(作者按:日文译本附录有"著者介绍"),他的研究生涯已长达半个世纪。我初闻教授的大名,是在第二次世界大战刚结束的时候,从此以后一直从他的著作中受到教益。特别是1976年12月,我参加东京大学首次访华团访问上海之际,得以初次会晤教授。此后每次访华,都得到了会面的机会,有时还被准许到复旦大学去听教授的讲课。由于这样的机缘,我从自己的兴趣出发,向这位著名的博学之士请教中国坟丘墓的历史,其结果,竟蒙教授允许,把他的研究成果首次在日本公开发表,就不能不认为这是很难得的学术上的恩赐。

　　对于坟丘墓的起源和演变,在中国,也是刚开始研究的。与杨宽教授访日的同时,以中国社会科学院考古研究所副所长王仲殊为团长的一行也来到日本,于2月14日、25日两天,在东京举行了与日本学者合作的专题学术讨论会。我就是这次讨论会的参加者之一,在会上听到了有关中国坟丘墓的新知识。讨论会的内容不久将刊印。至于杨宽教授这次发表的研究成果,是和讨论会无关的,完全是独立研究的结果,自成体系的。像这样综观中国皇陵起源及其演变的有系统著作,是迄今不曾见过的。因此把它作为单行本翻译出来,提供广大的日本研究者,是一件极有意义的事。杨宽教授愉快地答应了这个请求,并特意在原稿上

补充了内容,并对书中图版等方面作出了切实可行的指点。……①

日文译本后记

这里译出的是杨宽先生的新作。如其原来题目《中国古代陵寝制度的起源及其演变》所示,是以"陵寝制度"这个几乎无人问津的课题作为其研究的焦点的。也可以说,这是对"中国皇陵发达史"这样一个宏伟主题,作了详尽的论述。

这本书将使我们了解到:所谓"陵寝",就是使得被安葬的皇帝过着与生前一样的日常生活,生活在陵墓旁侧附设的一群建筑里。表面看来似乎与现世皇帝统治丝毫无关的"陵寝",通过在那里举行的各种祭祀仪式,实际上成为当时用来维护统治秩序的一个侧面。作者从透彻地解释文献资料入手,加上左右逢源地运用遗迹的调查报告和新出土的考古资料,再现了令人瞠目的崭新的历史画卷,从中可以看到作者运笔的美妙。据说附着汉高祖刘邦灵魂的生前衣冠,每月要从陵寝搬出来到宗庙去游历一番。像这样一望而知是荒诞无稽的故事,在作者的妙笔之下,也被注入生气而作出了新的解释。……

本书的特色,还在于对古代"礼"的研究领域的强烈关注。如果轻率地断定礼制和祭祀制度跟社会经济丝毫无关,只是当政者玩弄的虚假设施,往往就不可能探究清楚历史的真相。为了克服这种倾向,对作者重视"礼"的研究方法,是应该予以必要的注意的。本书着重揭示"礼"的背后所隐藏的历史作用的方法,是与作者原来企图超脱"疑古"的立场是一致的。这样,我们就可以从本

----

①杨宽:《中国古代陵寝制度史研究》,上海古籍出版社,1985年,第1—3页。

书中看到贝冢先生所说的"新释古派"（杨先生自称为释古派）的朝气蓬勃的景象。与本书相关的,作者另有一部名著《古史新探》（中华书局 1965 年版）,主要收集关于宗法、宗庙诸制度以及"冠礼"等古礼的详细精密的研究成果。该书的序言就已表明了作者的观点:"要对西周、春秋时代的各种制度作比较深入的探索,就无可避免地要涉及到古'礼'的研究范围之内,涉及到古'礼'如何探索的问题和礼书上的史料如何利用的问题。"……①

《文汇报》刊有此书简讯一则:

〈本报讯〉去年,复旦大学杨宽教授应东京大学邀请赴日进行学术交流。访日期间,杨宽所作的《中国陵寝制度的起源及其演变》学术报告,现已译成日文,改名为《中国皇陵的起源和变迁》,最近由日本学生社出版。

我国历代帝王的陵墓数量之多,规模之巨大,属世界上罕见。杨宽不仅对战国以后到明清为止二千多年来的陵墓起源和演变,从各个方面作了系统的探讨,还从社会的历史变革、政治形势的变化以及礼制的变迁等方面来探讨陵寝制度演变的原因。过去考古学界只是对某一时代、某一陵墓作发掘和研究。现在杨宽运用大量文献和考古资料相结合的办法,首次对历代帝王陵园历史的变迁作出较系统、全面的考察,引起日本史学界和考古工作者极大的兴趣和反响。②

11 月 3 日至 10 日,堪培拉"科学发掘资料在考古学和历史

①杨宽:《中国古代陵寝制度史研究》,第 95—97 页。
②李孔怀:《中国皇陵从何起源? 杨宽有关著作引起日本学术界重视》,《文汇报》1982 年 1 月 8 日第 2 版。

研究中的应用"学术讨论会由澳大利亚国立大学太平洋研究院
远东历史部著名的冶铸史家、古文字学者巴纳教授发起和主持
召开,先生受邀参加。①

1982年壬戌　先生六十九岁

1月,先生撰写《吕思勉史学论著前言》,该文分别置于上海
古籍出版社1982年9月《先秦史》、1983年2月《秦汉史》和
1983年8月的《两晋南北朝史》书前,节录如下:

> 吕思勉先生(1884—1957),字诚之,江苏武进(今常州
> 市)人。毕生专心致力于历史研究和历史教学工作,对于中
> 国古代史研究作出了卓越的贡献。他的一生,是学而不厌、
> 诲人不倦的一生;又是刻苦钻研、勤奋著书的一生。在现代
> 我国著名历史学家中,他是读书广博而重视融会贯通的一
> 位,又是著作丰富而讲究实事求是的一位。五十年中,先后
> 著有两部中国通史、四部断代史、五部专史和其他多种史学
> 著作,都很有学术价值,素为国内外史学界所推重。……
> 吕先生并努力于断代史的研究,先后写成《先秦史》
> (1941年开明版)、《秦汉史》(1947年开明版)、《两晋南北
> 朝史》(1948年开明版)、《隋唐五代史》(1957年上海中华
> 版),共约三百万字。他认为,当时对各个时期各方面的史
> 料缺乏系统的整理和考核,要在短时期作出通贯全局的综
> 合和分析还很困难,为了实事求是起见,把每部断代史分写
> 成前后两部分:前半部是政治史,按历史顺序编排;后半部
> 是社会经济文化史,采用分门别类的叙述办法。由于史料
> 过于分散,需要从浩如烟海的典籍中披沙拣金地钩稽出来,

---

①华觉明:《堪培拉纪行》,《中国科技史料》1982年第3期。

作者在这里是化了极其艰巨的劳动的。但是这些书在资料的运用上也还有不足之处，就是没有利用新发现的考古资料，没有能够使地下史料和纸上史料密切结合起来。

《先秦史》在运用史料上的缺点比较突出，它没有能够依据甲骨文、金文以补文献的不足。但是作者在选择重点和分析问题上还是有其卓见的。在政治史方面，着重抓住各个阶段主要政治斗争作为贯串的线索。在社会经济和政治制度方面，注意于分析各种制度的起源和变化，其中有不少精辟的见解。例如讲到贵族内部的选举，"其初盖专取勇力之士"，"观乡大夫既献贤能之书，复退而行乡射之礼，可见古者专以射选士"；"古之选举，其初盖专于乡，以其为战士所治之区也"。这些论断，指出了先秦贵族尚武的本色，其所谓"贤"原先是指勇力。再如说："刑之始，盖所以待异族"，"古以兵刑为一"，古代掌刑之官称为"士"或"士师"，"士者战士，士师者士之长，其初皆为军官"。"髡即越族之断发，黥即文身"，"其初盖俘异族以为奴婢，后则以本族之犯罪者，亦以奴婢而侪诸异族，因以异族之所为饰者施之"。这样追溯刑法的起源，既有论据，又符合社会历史发展的规律。

《秦汉史》是与《先秦史》相互衔接而又独立成书的。由于作者对《史记》、两《汉书》、《三国志》所下的功夫很深，对于这个时期各方面历史的叙述和分析，十分扎实而有条理。作者认为这段时期内，就社会组织来说，新莽和东汉之间是一大界线，从此豪强大族势力不断成长，封建依附关系进一步加强，终于导致出现长期割据分裂的局面。此书把两汉政治历史分成十一个段落，既作了全面的有系统的叙述，又能抓住重点作比较详尽的阐释。对于社会经济部分，叙述全面而又深入。作者根据当时社会的特点，把豪强、奴客、门生、部曲、游侠作了重点的探讨。同时又重视由于社会组织变化而产生的社会特殊风气,对于"秦汉时的君臣之义""士大夫风气变迁"都列有专节说明。对于政治制度和文化学术部份,分成许多章节作了细致的论述,其中不乏创见。作者认为神仙家求不死之方,非尽虚幻,不少部分与医学关系密切,诸如服饵之法、导引之术、五禽之戏,都有延年益寿的功效。至于道教的起源,当与附会黄老的神仙家、巫术家有关,当时分成两派流传:一派与士大夫结交,如于吉之流;一派流传民间,如张角的太平道和张修的五斗米道,两派宗旨不同而信奉之神没有差别,道教正是由于这两派的交错发展而形成。

《两晋南北朝史》又是与《秦汉史》衔接而独立成书的。这是中国史上最错综复杂的一个阶段,政治上长期分裂,许多民族大迁移,政权的变动又十分频繁,阶级矛盾和民族矛盾交错复杂,记载这段历史的典籍分散而繁复。吕先生花费很多精力,把历史发展线索整理得井井有条,成为他所著四部断代史份量最大的一部。这时社会经济虽然在动乱中不断遭到破坏,还是曲折地得到发展的。吕先生对于这点是十分注意的,"农业"一节指出"东渡以后,荆扬二州,农业大盛"。"工业"一节讲到了百刚(钢)刀、宿铁刀(采用灌钢冶炼法制成)、指南车、千里船等等的制造。所有这些都为唐宋时代经济繁荣和科学发展准备了充分条件。随着经济的发展,生活方式也有很大改进。"饮食"一节指出这时烹饪之法日渐讲求,开始成为技艺,晋代何曾著有《食疏》,北魏崔浩著有《食经》。"衣服"一节指出这时服装大有变化,古人以上"衣"下"裳"作为礼服,把连接"衣""裳"的"深衣"作为便服,"袍""衫"就是从"深衣"变化而来;这时开始以"袍""衫"为礼服,反而把上"襦"下"裙"作为便服。所有这些对于唐宋以后的生活方式有着深远的影响。两晋南北朝的文化学术，虽然受到宗教和玄学思想泛滥的影响，但是经学、史学、文学、美术、自然科学还是有重大成就的，这为唐宋文化的高度发展奠定了基础。关于这方面，此书也作了详细的阐述。……

我们为了适应当前史学界深入开展研究的需要，决定把吕先生史学著作汇合成为总集出版，称为《吕思勉史学论著》。现在先重印四部断代史，其他著作也将陆续刊布。为了保存原著的本来面目，采用了影印和原纸型重印的办法，除改正个别错别字以外，不作更动，标点也一仍其旧。书中沿袭旧史书上的名词如"封建""革命"等等，显然和今天常用的意义不同，我们也未作改动。书中沿用过去正史上四裔传的用语和观点以及对外关系的用语和观点，也都保持原样。希望读者阅读时注意。

4月，先生和青年党员老师刘根良以及日本留学生太田侑子、高木智见四人前往西安、洛阳、巩县等地考察。

在西安考察时，先生在陕西师范大学历史系演讲，史念海主持①。

5月24日，先秦史学会成立。该会的主要任务是举办先秦史方面的学术讨论会、报告会、座谈会，交流研究动态，向出版部门推荐会员的研究成果，开展国际学术交流活动等。该会设有理事长、副理事长、顾问及理事。理事长为徐中舒，先生连续三届当选为副理事长。

6月1日至10日，教育部和农牧渔业部在南京召开了部署高等学校文、史、理、工、农五个学科六个专业的研究生培养工作

①张世林主编：《想念史念海》，新世界出版社，2012年，第103页。

经验交流会。参加中国古代史专业会议的有北京大学、北京师
范大学、中国人民大学、复旦大学、华东师范大学、南开大学、吉
林大学、东北师范大学、山东大学、武汉大学、四川大学、厦门大
学、南京大学十三所高等学校代表,先生代表复旦大学参加
此会。①

6月16日,先生致函吴泽:

吴泽同志:

　　我于11日回沪,会上制定三个文件已打印出来,想必
已寄给您。

　　关于《吕思勉先生的史学研究》一稿。吕翼仁曾誊清并
用复印纸复印一份,昨日到吕翼仁家中,找出复印本,有些
字迹不清楚,尚须描绘,刻正由她加工描绘中,我将于22日
前往取来(乘到复旦上课之便),再于23日或24日寄给您。
不知是否来得及付印? 如果急于需要,我处有原稿可以寄
给您,但原稿不及誊清稿清楚。如急用,请用电话(375677)
通知。如不急,则请待23或24日寄出。

　　关于《吕思勉史学论著选集》,刻正由吕翼仁准备中,并
拟从旧杂志复印,再加挑选,力求能够代表吕老师著作的精
华。顺致
敬礼

杨宽

82. 6. 16②

7月,姜俊俊向上海古籍出版社提交拟将先生《中国古代陵

---

①中央民族学院科学研究处:《科研工作文件汇编》第2辑,1983年,第
216页。

②此函由华东师范大学胡逢祥提供原件复印件,特此致谢!

寝制度史研究》列入发稿计划报告一份。

关于杨宽撰写的《中国古代陵寝制度史研究》

复旦大学历史系教授杨宽去年应邀去日本讲学,讲学期间作了题为《中国皇帝陵的起源与变迁》的报告。杨回国后,日本学者即将杨的报告译成日文出版了(杨没得到稿酬)。

杨宽收到日本赠送的日文版书籍后,就主动和我社联系,认为今后国内需要这方面资料时反而要依靠进口;其次国外对中国皇陵墓葬的情况十分感兴趣,每年有许多英、法等学者来上海旅游考察,并拍摄大批照片在国内发表。考虑到有关中国古代陵寝制度方面的学术著作,目前国内还是空白,可以出版,以后还可以出口部分,但又因日本已有译本出版,国内若要再出版,必然要在内容上作新的补充和调整,除印刷技术、纸张方面多受到限制以外,质量要超过日本版方才有价值。杨宽谈了自己的修订计划以后,郭群一同志已向总编室打过招呼。

现在修订稿已交来,全书分三编。

第一编:为日本讲学稿即日文译本内容,但对日文本内容有所修订,作了两条追记,换了一幅插图,约5万字。

第二编:关于古代陵寝制度若干问题的探讨,全都是新加的,约5万字。

第三编:是有关研究论文二篇,附表六张,全部是新加的,约5万字。

今年四月份杨宽又化了二十多天的时间,到西安、咸阳、洛阳等地实地考察,拍摄了许多照片,其中有许多是从未发表过的。这次在日文本基础上更换和补充了新的图照。经过这样修订整理,无论在数量上或质量上都大大超过日文本了。

　　杨宽对先秦、秦汉素有研究，对古代墓葬制研究也有多年，是目前国内比较权威者之一，出版他的著作是有一定影响的。现在稿件图照已全部交齐，稿名为《中国古代陵寝制度史研究》，内容从先秦至明清的有关陵寝制度考释，稿件脉络清楚，有较高的学术价值。拟考虑列入发稿计划，请室、社领导同志核示。①

7 月 19 日，先生在《光明日报》发表《顾颉刚先生和〈古史辨〉》。

8 月，《吕思勉读史札记》出版。《吕思勉先生年谱长编》的编者李永圻、张耕华言：

　　此书在六十年代前期即已整理完成，因"文革"而出版中断。"文革"结束后，出版社一度不知书稿的下落，后由编辑姜俊俊先生在出版社的书库中寻得……先生史学论著《先秦史》、《古史辨》第七册（上、中、下，与童书业合编）是年影印出版。二十世纪八十年代先生部分遗著、遗稿的整理出版，杨宽先生出力最多，各书的出版前言，均由杨先生执笔撰写。②

　　8 月 15 日，先生列出吕思勉 1983 年计划出版的著作，并完成《中国社会史》《中国近代史三种》的出版说明，后《中国社会史》出版说明置于《中国制度史》前，《中国近代史三种》未按计划出版，节录《中国近代史三种》出版说明手稿如下：

　　《近代史三种》是吕思勉先生史学论著之一。包括《中国近代史讲义》《中国近世史前编》《日俄战争》三种。《日俄战争》曾于 1928 年出版单行本，其余两种都是未刊的

---

① 此报告由姜俊俊提供原件复印件，特此致谢！
② 李永圻、张耕华：《吕思勉先生年谱长编》下，第 1045—1047 页。

讲稿。

吕先生毕生从事于历史研究和历史教学工作，主要用力于中国古代史的研究，著有两部中国通史、四部断代史和多种专门史，作出了卓越而巨大的贡献。同时也还重视近代史的探索，《近代史三种》就是他早年探讨近代史主要成果。他认为，"研究历史当略古详今"，"历史知识信莫贵于现世矣"（《中国近代史讲义》第一章）。因为近代是我国人民不断反抗帝国主义者侵略的时期，又是历史上的重要转变时期，而且是个伟大的转变时期，这个转变"迄于今而犹未已"（《中国近世史前编》第一章）。当时作者编写这些近代史的著作，目的就在于大声疾呼，唤起大家进一步抵抗侵略，并重视这个历史上的伟大转变，努力加速完成这个伟大的转变。

《中国近代史讲义》，是作者早年在上海光华大学讲授中国近代史的讲义，只编到"清之亡及民国成立"为止。主要论述西方帝国主义者对我国不断扩大侵略和压迫和我国广大人民不断反抗这种侵略和压迫而进行斗争的具体过程，同时进一步分析了清政府本身腐朽反动、招致了外力侵略的原因。例如其中第十二章专门分析了鸦片战争失败的原因，"一曰朝政之非"，"二曰兵力之不振"，"三曰士大夫之虚骄，不能知己知彼"，又不能实事求是等等。所有这些原因的分析，不一定都是恰当，只是作者当时的一种见解。他之所以要分析若干重要对外事件失败的原因，无非想从中找到历史教训，以便作为今后行动的借鉴。

《中国近世史前编》的写作，稍后于《中国近代史讲义》，分析比较深入。他着重写了早期近代史中两个重要方面，一方面英俄等帝国主义者对我国进行了穷凶极恶的侵略,而另一方面是我国人民对当时的腐朽反动的封建统治者进行了轰轰烈烈的反抗斗争。作者认为如"太平天国""捻军"那样的反抗斗争,是民族主义的革命行动,是依靠民间秘密结社来组织和发动起义的。也常利用宗教作为组织手段的,因为宗教本为结合下级社会以谋革命的工具,"轰轰烈烈的行为,转多出于下级社会中人"。他还把这种依靠秘密结社组织起义革命的行动,追溯到元代末年的白莲教起义、清代康熙年间朱一贵起义以及天地会的创始等等。

《日俄战争》曾作为《新时代史地丛书》的一种,1928 年10 月由商务印书馆出版。这部著作,虽然写的是日俄两国之间爆发战争的起因、经过及其结果,但是这场战争确是中国近代史中重要的研究课题。因为战争是由于两国争夺侵略我国的果实而爆发的,战场主要在我国东北,而战争的结果,是进一步扩大和深化了对我国东北的侵略。日本因为战胜俄国,除了夺取俄国侵略我国东北已得的权利以外,更进一步在东北攫取了大量殖民地特权,造成了两国瓜分了我国东北的权利的局面。种下了此后日本扩大对我国侵略的祸根。作者明白指出,当时"俄罗斯以侵略为是者也,日本之为国,军国主义之国家也,亦军阀执政之国家也"。侵略是出于他们的本性,必须随时随地提高警惕。

本书为了保存作者的原意,《日俄战争》即用 1928 年商务刊本印行,其余两种即用作者原稿付印,未作任何修订,前后论点有不一致的地方,亦未作统一,尚请读者注意。

吕思勉史学论著编辑组
1928 年 8 月 15 日

8 月 16 日,先生致函吕翼仁:

翼仁学长：

全部稿大体翻阅一过，经考虑，明年准备出版之稿，可以有下列六种：

一、《中国民族史》

二、《中国社会史》（即《制度史》）

三、《近代史三种》

四、《先秦学术概论》（原名《理学纲要》）

五、《宋明理学概要》（拟改名为《宋明理学纲要》，使与《先秦学术概论》一致）

六、《吕思勉论学集》

上述六种中，只有一、四、五是现存的，其他三种都要加工。看来，《近代史三种》加工不多，只须少数部分加新标点（目录、出版说明已写好）。拟请两位加标点，以便马上交出版社，这样可以先交出四部。《中国社会史》（目录、出版说明亦拟好），只是大部分未有新式标点，我试标了四页，很是费时。而且需要有一定水平的人才能标点，否则要标错，影响质量。如果自己找得到人，自己找人标点，如果找不到，费用由出版社安排。请出版社找人，可能不要拖很长时间。但一定要找有水平的人，以保证质量。标点中出现的问题，请校正者记录一下，以便研究处理，以保证质量。

《中国民族史》

《先秦学术概论》

《宋明理学纲要》

一、三书保持原样，所有附录仍旧，虽然有些条目与《读史札记》雷同，但为了保持原样，仍然照旧。有少数条目不见《读史札记》的，也不再收入《论学集》，这样比较合适。

二、如果影印，希望与四部《断代史》的开本相同，与整个史学论著可以成为一套。

　　《论学集》比较费时,目前正在考虑。同时要待老杨翻印的送来,翻印文章中,可能有些札记中已有,例如《匈奴文化索引》,可能就是札记中论匈奴文化的几篇。我意,必须保证质量,不收理论文章中涉及现实政治部分的,以免发生意外,并使这部书可以永久流传。这是最重要的。

杨宽

1982.8.16

8月20日,先生致函吕翼仁:

翼仁学长:

　　前由珊群送上《中国社会史》稿中"赋税"一章缺22页,现在发现第25包中,有同样的"赋税"下半章(只有半章),其中有22页,可以补缺。同时,该下半章有些错脱字有校正,可以校正原稿之误,可惜只校14—27页,27页以后未校正。该包中又有"钱币"一章的下半章(都只有宋以后部分,原是留下写宋史时参考的)。该下半章也有校正错脱字处。看来这些油印本上错脱字不少,标点时,希望能校正错脱字,不能校正而读不通者,希望记录下来,以便研究校订。

　　目前正在编《论学集》,看来标点校正工作量也不小。即便已发表之文,标点也不统一,有的有括号,有的没有括号。《三国史话》拟改题为《三国史讲话》,《宋代文学》拟改题为《宋代文学概论》,一律编入《论学集》。计划《论学集》卷首为《蒿庐论学丛稿》,把有些论文之类编入,卷末为《蒿庐史札》,把所有未编入《读史札记》的札记编入。这两部分都需要加工。中间把《史学四种》(加上一种)、《群经概要》、《经子解题》、《三国史讲话》、《中国政治思想史十讲》、《宋代文学概论》、《文字学四种》,依次编入,可以编成一大部《论学集》。

理论文章拟尽量不采用,包括《大同释义》。因为《大同释义》所讲的"大同"是《桃花源记》的境界,所讲社会历史分为"大同、小康、乱世",亦与社会发展史的五个阶段不合,抵触太大。其他主张有关改革的文章,亦有问题。《论学集》只单纯地论学术为主,较为稳安。这样可以传之后世。

目前还在考虑如何选取论文和札记。

连日太热,秋老虎来了,尚望珍摄。

我还想写一篇报道,讲《吕思勉史学论著》将分期出版,送请《中国史研究动态》发表。最近得《中国史研究》编辑部函,谓前写论文,已看过校样,9 月底定可发表。

杨宽
82.8.20

8 月 22 日,先生参加在复旦大学举行的清末民初中国社会学术讨论会的开幕式并讲话①。

10 月,先生《中国古代冶铁技术发展史》由上海人民出版社出版。是书获得上海市哲学社会科学院科学优秀成果奖(1979—1985)、1986 年著作奖、1989 年 11 月"首届全国科技史优秀图书荣誉奖"。

11 月 3 日,先生致函吕翼仁:

翼仁学长:

来信收到,能办成故居事,极好。

希望积极进行《论学集林》的出版工作,加工完成后,希望明年出版社付印,机不可失。

---

① 晓夏:《中外学者欢聚复旦校园讨论清末民初的中国社会》,《文汇报》1982 年 8 月 26 日第 2 版。

　　《出版说明》读后,有何修正意见,请考虑一下。同出版社接洽时,说明卷首要加几页照片。一、吕师本身像,二、故居门口摄影,三、沪寓书房摄影,四、《白话本国史》第一版封面(或其他早期出版有代表性书的封面)摄影,五、早期或有代表性的文稿照片,六、史书上圈点、眉批照片一页(以上选有代表性)。这方面希望搜集、挑选一下,以便选定(写好简要说明,附在照片之下),正反面共六页,印成三张,尽可能选有代表性的,可以作为永久纪念。因为只有这本书上,合适用这样一套照片,印在卷首。要求制版清楚、印刷精美。好在页数不多,出版社应该可以同意。如有必要,我可专程往出版社与他们商量决定。

　　专颂

近安

杨宽

11. 13

　　如果古籍不愿意,可以由上海人民出版,如果故居照片拍得不合用,是否托人另拍,力求照片上像样。半身照片亦必须选最有代表性的。如果有早晚期不同合适照片,选早晚两张亦可,注明拍摄年月。

　　12 月 16 日至 19 日,《中国文化》编委会和联合国教科文组织《人类科学文化史》中国编委会,共同邀请国内部分学者在复旦大学举行中国文化史研究座谈会,先生与会①。

　　12 月 21 日,先生参加上海博物馆纪念建馆三十周年座谈会并发表讲话。

　　是年,先生主持《战国会要》一书的集体编纂工作。

―――――――――

①《中国文化史研究学者座谈会纪要》,《中国文化研究集刊》1984 年第 1 辑。

是年,先生第一次也是唯一一次招研究生。其弟子高智群回忆道:

> 杨宽先生在复旦大学历史系执教多年,他是粉碎"四人帮"、高校恢复招生以后,历史系唯一一个为本科生上课的老教授,那时他已经六十多岁,身患胃病,到复旦上课要倒两部公交车,十分辛苦。记得当时他以《战国史》增订版作为教材,用带有浓重青浦口音的普通话讲课。在老先生里面,他的口才属于中流,但学问是极好,听他讲课,犹如咀嚼橄榄,由涩变甜。1982 年,他第一次也是唯一一次招研究生,我和王贻樑、姚平有幸成为门下弟子,另外,他还带高木智见、太田侑子两位日本留学生。我们印象中的老师,生活简朴,经常穿的衣服是洗得有点发白的咔叽中山装。他不讲究饮食,家中常见的"滋补品",不过是普通的红枣赤豆汤。他喜欢在看书的时候,桌上放上一碟南瓜子,此外似乎没有什么其他嗜好。……
>
> 学习上他要求我们掌握古文献、古文字、考古资料,熟悉经典作家社会形态理论,通晓人类学知识。为了打好我们的古器物学基础,他特地请著名青铜器专家马承源先生在上海博物馆为我们专设《中国青铜器学》课程。老师做学问向来都是亲自动手,身体力行,就连借阅资料也从来不要我们帮忙,希望我们专心学习,迅速成才。①

录是年《夏鼐日记》中相关材料:

> 12 月 8 日星期三:"晚饭后返家,阅杨宽同志寄来的《复旦学报》,其中有他所写的秦汉陵墓调查一文。"

①高智群编,杨宽著:《先秦史十讲》,复旦大学出版社,2006 年,第 454—455 页。

12月29日星期三:"写信复杨宽同志。"①

1983年癸亥　先生七十岁

年初,先生接到第31届亚洲、北非人文科学会议的邀请。

2月7日,上海市人民政府决定成立上海古籍整理出版规划小组,小组第一次全体成员和顾问会议是日举行,先生被聘为顾问②。

4月13日,先生当选为上海市政协第六届委员会委员③。

4、5月,先生带领研究生考察历代重要都城遗址。对于此次考察,先生弟子姚平言:

> 大学毕业之际,我打算考复旦大学历史系杨宽教授先秦史研究生。戴先生(指戴家祥——编者注)非常赞同,并特地致书杨先生,为我美言。当时考研并无推荐信一说,戴先生提拔后生之情可谓挚诚矣。杨宽先生特别强调史料与考古并重,这也对我的学术价值取向有极大的影响。我在探索每个课题时,总会想到考古资料。1983年春带我们研究生考察古代遗址,先北上山东、河北,再西进河南、陕西,又南下湖北,行程近两月,所见遗址遗物无数。一路上聆听杨先生回忆史学同好、畅谈治学心得,亲身感受他对史学的倾心投入,至今想来仍有自己不配做一个史学研究者之感。④

---

① 夏鼐:《夏鼐日记》卷九(1981—1985),第199、203页。

② 《本市古籍整理出版规划小组成立》,《文汇报》1983年2月7日第2版。

③ 《政协上海市第六届委员会委员名单》,《文汇报》1983年4月13日第2版。

④ 王希、姚平:《在美国发现历史:留美历史学人反思录》,北京大学出版社,2010年,第399页。

先生另一位弟子高智群回忆道：

> 1983年4、5月间，他带我们到山东、河北、河南、陕西、湖北考察先秦古代都城，一路风尘仆仆、马不停蹄，经常和我们共宿一屋招待所，同挤火车硬座厢，从来不要求地方文物部门特别款待。每到一地，他不是考察实地，就是应邀做学术演讲，晚上还要看资料，思考问题，非常珍惜时间。记得旅途中有位学生晚上看世乒赛决赛，没有整理考察资料，便受到他严厉的批评。①

5月21日至26日，为了实施"国民经济和社会发展第六个五年计划"中哲学社会科学的各项任务，全国历史学科（包括古代史、近代史、世界史）规划会议在湖南长沙召开，全国各地有关专家学者160余人出席，先生与会②。

8月29日，先生赴东京参加第31届亚洲、北非人文科学国际会议，提交论文《先秦、秦汉之际都城布局的发展变化和礼制的关系》。会后，在京都大学人文科学研究所作《商代制度》的讲演③。

8月，先生为《吕著中国通史》撰写"出版说明"，1992年8月，华东师范大学出版社出版的《吕著中国通史》就采用此稿，将"出版说明"改为"前言"，节录如下：

---

① 高智群编，杨宽著：《先秦史十讲》，第454页。
② 周年昌：《有关建国以来三次历史学规划制订情况的回忆》，中国社会科学院老干部工作局编《人民共和国是一切胜利之源——中国社会科学院庆祝新中国成立60周年离退休干部征文选集》，世界知识出版社，2009年，第155—156页。
③ 杨宽：《先秦、秦汉之际都城布局的发展变化和礼制的关系》，《第31届亚洲、北非人文科学国际会议论文》，1983年，共10页，此复印本藏于台北"中央研究院"傅斯年图书馆。

　　这部《吕著中国通史》是吕思勉先生史学论著的一种。吕先生先后曾著作两部中国通史：前一部称为《白话本国史》，1923 年 9 月由商务印书馆出版；这部《吕著中国通史》是抗日战争时期上海成为"孤岛"的时候，适应当时大学教学的需要而编写的。由于当时出版条件的艰难，上册于1940 年由开明书店出版，下册拖延到 1944 年才由开明书店出版。

　　这部书针对当时上海大学文科学生学习上的需要，没有采用一般通史的体例。全书分上下两册，上册分门别类地、有系统地叙述了社会经济制度、政治制度和文化学术的发展情况；下册分章按时代顺序有条理地叙述了政治历史的变革。作者认为当时上海流行的通史著作，虽然在叙述理乱兴亡的过程中，夹叙一些典章制度，但是往往缺乏条理系统，上下不够连贯，使初学者摸不清头绪，不能构成系统的历史知识。特别是大学文科的学生，他们正需要有系统的历史知识，以求进一步的钻研，因此就有采用这样特殊体例来编写通史的必要。在今天看来，这种体例的中国通史，对于初学者还是有一定用处的，它对帮助读者初步掌握中国历史的各个方面，特别是社会经济、政治制度以及学术文化等系统的历史知识有很大的好处。……

　　作者这部书写成于抗日战争期间，上海成为"孤岛"的时候，因此书中叙述中国历史上民族之间的斗争时，十分强调汉族对于所谓异族的反抗斗争。这是要请读者注意的。这书最后一章，题为《革命途中的中国》，作者以"大器晚成"这句成语，预祝革命必将成功。同时指出民族前途是光明的，应该有一百二十分的自信心。作者果断地说："悲观主义者流，君歌且休听我歌，我歌今与君殊科。"最后引梁任公所译英国文豪拜伦的诗："难道我为奴为隶,今生便了? 不信我为奴为隶,今生便了。"作为全书的总结。作者在这一章中强调当时革命前途的重要问题是"不在对内而在对外",认为"非努力打退侵略的恶势力,决无可以自存之理"。

　　书中有些地方沿用旧的术语,和今天我们通用的术语含义有所不同,例如所说"封建时代"和"封建社会"。"封建"是指分封制,"封建时代"是指春秋以前贵族推行宗法的分封制的阶段,诸如此类,在此不一一列举了。尚请读者留意。

10月7日至17日,先生赴洛阳参加由洛阳市文化局、《人文杂志》、宝鸡市文化局、宝鸡师范学院主办的西周史学术讨论会。这次会议是建国以来第一次西周史学术讨论会,参会的有全国14个省市的史学和考古工作者76人①。

11月,先生为吕思勉《论学集林》撰写出版说明。该书于1987年12月由上海教育出版社出版,节录出版说明如下:

　　这部《论学集林》,内容包括吕思勉先生以下六种著作:(一)《蒿庐论学丛稿》,(二)《经子解题》,(三)《史籍与史学》,(四)《宋代文学》,(五)《三国史话》,(六)《蒿庐札记》。……

　　本集所收辑的《蒿庐论学丛稿》,是已刊和未刊的学术论文的结集。《蒿庐札记》与已刊的《吕思勉读史札记》同样性质,其中小半在报刊上发表,大半是最近从原稿整理出来的。至于《经子解题》《史籍与史学》《宋代文学》,都是为了指导青年学习而陆续写作的。《经子解题》《宋代文学》

———————————

① 宝才、玉良:《西周史学术讨论会在陕西宝鸡和河南洛阳举行》,《光明日报》1983年12月21日第8版。

都曾出版于 1931 年,《史籍与史学》曾在三十年代用作大学的讲义,没有发表过。《三国史话》曾作为文化社丛书的一种,1940 年由开明书店出版。……

　　总的来说,这部《论学集林》,只是吕先生论著的一部分,但是内容比较丰富,涉及的面比较广,其中既有与别人进行学术讨论和发表自己见解的作品,又有许多依据自己的治学经验,教导人们如何进行学习的著作,更有象《三国史话》那样的通俗读物。就指导人们阅读古书的方法来说,涉及经、史、子等部分。就所论的学术内容来说,既有对专题的探讨,又涉及到文学史、思想史等各个方面。尽管这些著作,均作于二十年代到四十年代,有其一定的局限性,还是很有参考价值的。

《论学集林》最初计划还包括《中国政治史九讲》和《中国医学概论》,有先生已拟好的前言,后未按此计划出版,录前言如下:

　　《中国政治思想史九讲》,是在大学所作学术演讲的记录,代表着吕先生对政治思想史的一些看法。例如先秦诸子,吕先生认为他们的理论,都是依据过去某一时代的思想,结合时势需要而发展形成的。因为"凡是思想总不能没有事实做根据的"。儒家所愿望的"大同",就是从原始的农业共产社会的思想发展形成。原始的"君"即是部落酋长,可以说是"总管理处的首领",理应为人民办事。原始的"王",所谓"天下归往谓之王",原是部落联盟的首领,是由各部落共同推举产生的,因此他有责任矫正一些部落的失政,制止或处理部落之间存在的纠纷。儒家的民贵君轻的理论,君王禅让和征诛暴君的学说,推行"王道"和"仁政"的主张,都是针对当时某些君王的虐政和霸道而提出来的。

至于道家,所想望的是黄帝的社会,于是主张绝圣弃智,无为而治,这是一种倒退的主张。作者因此断定儒家是当时的左派,而道家是右派。这种独特的见解,是有一定的参考价值的。

《中国医学史概说》,是一部很有特色的医学史著作。先生早年曾经钻研古医书,用功医道,因而能够对中国医学史从古到今,作出概括而系统的论述。不仅对古代重要医书作了重点分析,而且对于后世医家研究古医书的成就以及所作进一步发挥,也分别作了评述;对于宋代和明清两代医学的发展,医家的成就,就叙述得更为详备。既对历代的脉学、本草学、针灸学作了系统的阐释,又对医学中各种科目作了分门别类的说明,包括对女科、幼科、疡科、咽喉科、眼科、伤科、脚气、霍乱、痧胀、鼠疫、虚劳等,还兼及推拿、导引和调摄的治疗方法,更旁及江湖方技。虽然篇幅不大,却能条理分明,十分周到。①

吕翼仁将《中国医学史概说》手稿中模糊部分请先生校正。

1984年甲子 先生七十一岁

3月25日至27日,《中国文化史丛书》工作会议在上海召开,先生与周谷城、谭其骧等应邀赴会,会议讨论丛书编写原则、选题和作者队伍的组成②。

5月,先生应美国大学邀请做短期讲学。

5月19日,复旦大学历史系教授杨宽赴美国迈阿密大学

---

① 李永圻、张耕华:《吕思勉先生年谱长编》下,第1072—1073页。
② 淮安市文史资料委员会编:《淮安文史资料》第19辑《淮安名人》下册,第396页。

讲学半年。讲学题目为"中国秦朝及战国时期历史"。①

同时,先生向复旦大学申请退休,准备移居美国迈阿密。对如何移居美国以及赴美后与妻子陈荷静的生活,先生言:

> 我在一九八四年五月应美国这里的大学邀请,前来作短期的讲学。与此同时,我就向上海复旦大学申请退休,移居到迈阿密海滨休养和治疗。按照中国新的规定,年满七十的教授应该退休,加上我患有慢性病,需要疗养,因而得到主管批准,并发给"光荣退休"的证书。迈阿密终年气候温暖,原是美国人退休以后休养和避寒的圣地。……我的妻子已应邀在美国一所医院担任医师,因工作成绩优异,医院为她申办了永久居住证,因而我连带地获得永久居住证。我的妻子负担我的全部生活,并悉心照顾我的健康。

> 她工作之余亲自烹调各种富于营养而适合老年人的特殊饮食,对我体贴入微的照顾,使得我身体强健起来,心情愉快,无忧无虑,生活中充满种种乐趣,让我得以欢度幸福的晚年。

> 七十岁我移居美国大西洋迈阿密海滨,早晨在海滩上打太极拳,夕阳西下在河畔散步、喂海鸥、喂金鱼,在大自然壮丽宁静的美景中心境舒畅。②

12月16日,先生致函吕翼仁:

翼仁学长:

> 时间过得真快,来到此间,不觉已经半年了。久疏问

---

① 中国史学会《中国历史学年鉴》编辑部编:《中国历史学年鉴1985》,人民出版社,1985年,第238页。
② 杨宽:《历史激流:杨宽自传》,第402、372、413页。

候,甚为悬念。

目前讲学之事已告结束,因患高血压常头晕,不适宜作长途飞行,正静待康复中。

吕师著作出版,想必又有进展。估计《隋唐五代史》当已出版,未知《先秦学术概论》已出版否?《论学集林》已付印否?

以前请永圻(指李永圻——编者注)兄托芝加哥陈君带来美国的红枣、玫瑰花和围巾,三月前已经收到。既麻烦陈君远道带来,又花去寄费,十分感激,请代为感谢。

现在想到一事,请帮助。以前交给上海古籍出版社的拙作《中国古代陵寝制度史研究》一书,临行前,已看到校样(共 260 多页),并已改正了错字,正待出版。原拟 10 月或年底出版,未知已出版否?请便中问一下姜俊俊同志,如果已出版,请代定五十册精装本,请古籍出版社派人送到雁荡路 18 号 47 室,敝寓中有人留守,送到时回单上可以叫他盖上我的图章,以便分送国内外诸同行。

此间中文报纸上,曾看到梁隐在香港做寿的报导,最近又看到他纪念孙中山诞辰的文章。

永圻兄前,请代为问候。敬祝

新年愉快

杨宽

1984 年 12 月 16 日

1985 年乙丑 先生七十二岁

2 月,《中国古代陵寝制度史研究》由上海古籍出版社出版。

5 月,吕思勉《中国制度史》由上海教育出版社出版,该书出版前言为先生执笔,录之如下:

　　《中国制度史》是吕思勉先生史学论著之一。全书把我国历史上重要的社会经济制度和政治制度,分成十七个题目,自古到今,作了概括而系统的论述。初稿写成于二十年代,称为《政治经济掌故讲义》,后来曾加修订,改称为《中国社会史》。其内容其实不仅包括各种重要社会经济制度,还包括各种重要的政治制度。其中《婚姻》《宗族》《国体》和《政体》四篇,曾分别用《中国婚姻制度小史》《中国宗族制度小史》《中国国体制度小史》和《中国政体制度小史》的书名,于1929年由上海中山书店作为单行本出版。后来这几种单行本又曾出合订本,称为《史学丛书》,1936年由上海龙虎书店出版。其余十三篇,则均为未刊稿。现在依据原稿编辑整理付印。

　　我们学习和研究中国历史,必须具备各种重要社会经济制度和政治制度的系统知识,否则就不可能比较深入理解历史发展的具体过程,更不可能作系统的探讨和研究。过去的许多通史,往往对这方面注意不够,不能使读者系统地了解各种重要社会经济制度和政治制度的源流和变化。过去一些断代史,往往着重于一代典章制度的论述,而未能同上一代和下一代连贯起来论述。本书把社会经济部分,分成农工商业、财产、钱币、饮食、衣服、宫室、婚姻和宗族等八个题目,政治部分又分成国体、政体、户籍、赋役、征榷、官制、选举、兵制和刑法等九个题目。这样分成十七个题目,作概括而系统的论述,很便于读者了解各种重要制度的源流和变化。

　　我国古代历史学家,从来重视典章制度的论述和探讨,不但正史中有"志"一类记述制度的篇章,同时也还有记载一代典章制度的专著如会要、会典之类,更有通贯各代的著作如《通典》《通志》《文献通考》之类。这些著述史料非常丰富,卷帙十分繁重,初学者很难从中对各种重要制度整理出一个系统的线索来。而且古代这些史书,都是准备给封建统治者参考研究的,和今天我们需要参考研究的,有很大的距离。吕先生这部著作,包括各种重要社会经济制度和政治制度的历史,很符合我们今天参考研究的需要。

这部书写成于二十年代,当然存在一定的局限性。每篇论述每种制度的结语,有些地方也是依据当时情况说的,尚希读者注意。

8月,陈汉平在《自学》杂志1985年第8期上发表文章《老先生为何行窃》,指责先生《西周王朝公卿的官爵制度》剽窃了他未发表的毕业论文《西周册命制度研究》。

11月12日,先生致函吕翼仁:

翼仁学长:

许久没有问候,想必近况佳胜。去年12月曾上一函,承蒙学长与永圻兄先后回覆,甚为感激。

上次信上,谈到患高血压常头痛头晕等等,经检验,断定是心脏病,至今尚在不断医治与疗养中,想必逐渐能康复。

吕师遗著出版工作,当续有进展。《论学集林》不知已有着落否? 甚为悬念。

目前有三件事,想请学长与永圻兄帮助:

(一)拙著《中国古代陵寝制度史研究》平装本已出版,并已销行国外,据有关日本友人来信,此书在日本反应极好,认为内容丰富,印刷亦佳,很感到满意。请便中告知姜俊俊同志,此书对中日两国间学术上的交往作出了贡献。上次曾请学长告知出版社,送此书精装本五十册至雁荡路18号47室敝寓。想必精装本不久可出版,一定照送。想便中请问一下,此书稿费如何领取为妥?目前复旦的工资,每月由此间寄一张请代领的便条到上海亲戚处,由那位亲戚拿了这张便条以及领工资的图章,并随带他的工作证到复旦财务科领取。是否也可用这一办法,请出版社通知稿费数字,由此间出具收据寄到上海亲戚处,由那位亲戚拿了收据,带了图章以及他本人工作证到古籍出版社财务科领取。如果这一办法还认为不够好,应该如何较好,请学长代为商定。因为很快便到年底,想必出版社年终要结账,必须了结这类的事。如果由学长代领,是否方便?

(二)上海辞书出版社,有一本中型的《中国历史辞典》(约五百万字),名义是个主编,原来计划1984年年底付印,一年后出书,估计此时或稍后可以出版,请关心一下,如果此书出版,请写信来通知,以便与出版社联系。

(三)有一件想不到的事竟然发生了。北京出版的《自学》今年第八期,刊出北京历史研究所刚毕业的研究生诽谤我的文章,满纸是捏造和谩骂,诬蔑我剽窃了他的"毕业论文"中东西。此人素不相识,仅在"西周史学术讨论会"上见过,当讨论他的文章时,曾坦率地指出他的治学方法不科学。想不到现在竟会写出如此恶毒捏造和诽谤的文章。我已写成驳斥文章,送到复旦,复旦早已把此事上告到中央宣传部,不知《自学》为什么事先不和复旦联系,竟然胆敢刊登如此恶毒诽谤的文章?又不知北京历史研究所的领导了解之后,如何了结此案?我的驳斥文章,理直气壮,要求领导上认真严肃调查与处理此案件。因为作为学术工作者,学术是他的第二生命,不容许随便诽谤与诬蔑。听说上海《报刊文摘》曾摘要,而且此人还把《自学》上的文章剪下,加上诬蔑的批注,分别寄送到各地学术单位,我不知道他这样做法,将来如何收场?如果关于此事,听到有什么情况,请告知。北京历史研究所中是否有熟人,请探听一下。这一研究所究竟这样做的目的何在?有什么背景?《自学》又是为了什么?目前复旦正等待领导上对此案件进行调查与处理。

此间中文报纸报导,说复旦经济系伍丹戈自杀,情况不详。

近年来很少与外间通信,便中请多多指教。

永圻兄前,请代问候。敬祝

健康

杨宽敬上
85.11.12

1986 年丙寅　先生七十三岁

2 月,先生在《自学》杂志 1986 年第 2 期上发表《为什么要如此诽谤》,反驳陈汉平的指控。

2 月 20 日,先生致函吕翼仁:

翼仁学长:

去年 11 月曾上一函,为了一些事,请求帮助联系或了解,学长为此费去了许多精力,甚为感激。自从诽谤案件发生,消息传开,就避免与外界接触,免得与人议论此事,造成节外生枝。曾长期不与此间学校方面联系,而学校中管理通讯事务的人又有调动,新来的人不熟悉。最近去问询,才知道有些上海来信,全部被退回,估计学长来信也被退回,不胜遗憾,抱歉之至。

最近得上海校方转来通知,《自学》将发表拙作的反驳与辨白的文章,但已删去一些字句或段落,加了"编者按"。前曾写成《为什么如此恶毒诽谤》一文,寄送到系里,请求全文发表,不作删节,并且注明:"如要删节,影响内容,宁可勿发表。"本来《复旦学报》于1月份将发表,恰巧系主任有事到北京,与《自学》直接谈判,《自学》表示愿意刊登辩白反驳的文章,但要删去一些为条件,并愿加上"编者按"表示"歉意"。因打电话联系不上,系里已经同意如此做法,并认为问题已解决。在这以前,曾去信到系里,认为《自学》事先不核实,发表时又加按语,作为"头一回"鸣不平,并以此号召"大家都来鸣不平",《自学》有不能逃避的责任。诽谤者将此文章剪下或复印,加上指名道姓的批注,分寄到不少文物单位与研究单位,如何消除在这些单位的影响,是个重要问题。诽谤者的导师在文后附有"说明",加重了诽谤的"份量"。如果他见此诽谤文章而附加什么"说明",亦有一定的责任,如果别有原因,亦应重新"说明"。并且强调指出:希望全文发表反驳文章,不作删节,此乃解决这一案件的第一重要步骤。

现在《自学》声称"原有责任者已调离",学校方面对此表示满意,并同意删去我文章中批评《自学》,并指出负有严重责任的字句。目前,能待我文章发表后,再看看各方面反应如何,再定如何办法了,不知北京历史所如何表态?

关于上海古籍出版社稿费,承蒙联系和帮助解决,极为感激,我上海亲戚已与他们取得联系,并已通知如何办理代领,我已按照来信照办。此间有个学生,从图书馆中借来影印的《逸周书分编句释》一书,用原稿影印,共五百页,系道光年间上元人唐大沛定稿,原藏"中央图书馆"。此书不失为一佳作,国内未有人见过,我认为上海可出复印本。已寄一《序录》和样张给姜俊俊同志,如果出版社需要,我可请人到图书馆中复印,费用可由我支付。正待她有回信转交我的亲戚。

我有关稿件之事,未了的,尚有两处,一即上次谈到上海辞书出版社的《中国历史辞典》,二即与沈延国兄合作《吕氏春秋集释》一书,北京中华书局已把此书列入《新编诸子集成》中,并在一些出版物中宣布,或者某些书的末尾列入将来出版的目录中。目前还不知中华书局是否已付印。目前成问题的,陈奇猷与此相同的《吕氏春秋校释》一书已出版,如果我在的话,应该调回该稿,与陈书作一比较,再加工,使超过陈著,再出版。但此事工程很大,全书一百几十万字,很不容易办。而且我此时亦无此能力,只能待出版再说了。北京中华书局亦曾见到陈著,曾有意请双方合作,并成一书,陈不允许,我们也感麻烦。结果北京中华书局留我们的稿而不取陈稿,但是陈稿争先出版(因上海学林出版社新办,接此稿件,很快出版)。如果有关这方面有什么消息,亦请告知,并请注意。

《光明日报》编辑的《中国历代历史家传》一书,共三册,已出版。原来他们征求我意见,要我写一篇汉代著名历史家的传记,我未允,当即请以老师的传记加入。即用发表在《中国史研究》上文章,略加补订,想必已见到。

想必吕师的专著出版工作很有进展,唯一没有能够及时出版的《论学集林》,不知落实否?甚为悬念。

我来此间,不与外界接触来往,与此间各大学著名学者间亦未通信,外界的消息甚隔膜。听说有些历史考古界老学者去世,东北的于省吾于前年去世,北京的夏鼐于去年去世。上海方面的情况也不清楚。上海几个大学的情况,此间中文报纸很少谈到。纽约消息较灵,那儿华人多,中文报刊很多。此间僻处东南沿海,消息不灵。

最近接到转来通知,说系里有三个人,即谷老(指周谷城——编者注)、谭老(指谭其骧——编者注)与我,"不搞退休"。言下之意,其余的人都搞退休。不知是否一些大学

又在搞退休了？原来"文革"后，有些人搞退休，如我系的章
巽退休，后来又请回来，重新要他带研究生（中西交通史），
是否现在又退休了？目前又否新的政策？原来规定，教授
年到70，即可退休，如果自愿继续工作，而学校又极需要，亦
须申请上级批准。曾有公文发布，"政协"曾发表，学校当局
则秘而不宣，以便掌握。

上海辞书出版社中型《中国历史辞典》，约五百万字，原
定我是主编，其他还有副主编多人。我现不在上海，某些人
可能要争取这个主编，甚至可能取消原定计划。但是，这是
本将大赚其钱的书，必然会出版，一切待它出版后再说，不
便目前去探听什么。如有消息，亦请告知。

敬祝新年健康、幸福。

永坼兄前，请代问候。

杨宽敬上

2/20,1986

4月10日，先生致函吕翼仁：

翼仁学长：

三月二十日大函，敬悉。

承蒙在这以前，连写两信，均被退回，又蒙永坼兄托人
带信，亦未收到。学长们为此费去许多精力与时间，十分抱
歉，极为不安。

自从《自学》发表诽谤文章，已引起许多麻烦。《自学》
发行量很小，但发生这类的事，十分引人注目，消息会不胫
而走。海外知识分子对此特别敏感。《自学》上的文章，是
香港友人剪寄来的，同时又有友人从纽约来信问及，并转寄
来纽约《中报》发表评论"姚迁一案"的文章，题为《从一件
新冤案……》。南京博物馆长姚迁因被人诬为剽窃（刊登报

刊)造成错案,而导致自杀,继而又平反。此事在国内恐怕无人注意,在海外,却引起不少波澜,纽约的中文大报为此发表较长的评论文章。在这种情况下,辨白而要求上级处理的文章,就不能写了。文章不仅批评指责诽谤者,更针对《自学》这本杂志而发表。现在复旦反而与《自学》直接谈判,同意《自学》发表此文,肯定会删去文中指责《自学》的字句,据闻将加上"编者按",将轻描淡写地表示歉意。并声称原负责者已调离,以此推卸责任。据说,上海《报刊文摘》亦将摘要发表此文。在此鞭长莫及,事已如此,只能待发表以后看各方反映再说了。

曾蒙多次与小姜(指姜俊俊——编者注)商谈,帮助商量请人代领稿费手续,以及了解一些情况,十分感激。

小姜办事认真,十分出力。拙作因有日文译本,中文本必须讲究些。本来"上海人民"争着要出,怕它办不好。此次由小姜办理,办得很出色,日本友人亦很满意,已再三向小姜表示谢意,并请他向出版社领导致意。

沈延国学长有《逸周书集释》一稿在小姜处,此间所见《逸周书分编句释》稿本复印本,国内学者均未见到(共五百页),如果沈书出版,是应注补充,或同时刊印的。此纯以"学术"考虑,并不希望因此得到任何报酬,已回复小姜了。影印古书有年度计划,是否适合目前需要,亦待出版社考虑。如今延国兄逝世,深感悲痛。看来他的《集释》稿已出版无望了,因为无人会再帮他出书了。《吕氏春秋集释》旧稿,北京中华早已接受,并已预付了部分稿费(延国兄早已收到),目前问题是,全书一百几十万字,要看校样改正错字,或略作修改,十分困难了。

吕师遗著续有出版,开明版《中国通史》上册,闻亦已付印,并改名为《文化史》,很是高兴。

　　上次所说《中国历代史学家传》出版时，已改名为《中国
史学家评传》，原为《光明日报》约稿，现改由私人主编，共收
八十多人，其中近现代二十七人，共分上中下三册。吕师一
文刊于下册近现部分。此文即《中国史研究》上已发表的，
最后一段作了些修订补充。由中州古籍出版，郑州"新华"
发行。分平装精装二种（下册平装 3.50 元，精装 4.60 元），
估计郑州有售。吕师一文，排在近现代二十七人中，份量加
比重是合适的。老汤（指汤志钧——编者注）在此有《章太
炎》一文，比较简短。

　　来信说到伍丹戈是病死的，将写信告知日本友人。日
本名古屋大学一教授，曾来复旦一年，治明史，与伍感情甚
好，伍去世时，曾专程到上海送丧。去年见到上海《民主与
法制》中刊登有关伍的文章，极有感触（并复印一份寄来），
问及临终实况。纽约某中文报对此报导失实。纽约有中文
日报十多种，都篇幅很多，内容庞杂，立场各不相同，甚为
复杂。

　　永圻兄前，请代问候。

　　荷静问候，敬祝

康健

　　　　　　　　　　　　　　　　　　　　　　杨宽

　　　　　　　　　　　　　　　　　　　　　四月十日

6 月 21 日上午 10 时，神父为先生洗礼，先生成为天主教教
友。先生自传初版（1993 年）未提及此事，新版（2005 年）对此事
有详细说明，录之如下：

　　天主奇妙的安排、引导我，内心的催迫让我去寻求祂，
我开始虚心学习，潜心研究天主教的道理，并且阅读了各种
宗教的书籍，互相参考。在潜心研究和祈求让我寻求得到

一个真正宗教信仰后,终于辨别认出了天主教会是一个正统教会,她具有四个标记:(一)在天主教会中,信理是一,礼仪是一,治理是一,这是"至一"的标记;(二)在天主教内,列品圣人非常多,而且有许多寻求圣德的团体存在,这是"至圣"的标记;(三)天主教会普及各地,这是众所周知的,是"至公"的标记;并且(四)她是从宗徒传下来的。

一九八六年,也就是我七十二岁那年的六月二十一日上午十时,在迈阿密一座建于百年之前的大教堂里面一座圣母小堂,一位耶稣会本堂神父方济各·培瑞兹—乐伦纳神父(Fr. Francisco Perez-Lerena)给我付洗。翌日早晨八时在另一座大堂里,也是耶稣会的伯多禄神父(Fr. San Pedro)为我行奉献弥撒,给我领受第一次圣体。

我原来是无神论者,转变成为一个罗马天主教教友,心中充满平安神乐,凡途经一座天主教圣堂,我必进圣堂祈祷片刻;每一个星期日到圣堂望弥撒,恭领圣体。……

至于十多年前所写的《自传》中,为什么我不将这一段我已经受洗成为天主教教友的事实写出来呢? 当时我有太多的忧虑:十几年前大陆出版事业管制得很紧,我尚有系列著作等待上海人民出版社陆续出版,如《西周史》《战国史》《战国史料编年辑证》《古史论文选集》《中国古代陵寝制度史研究》《中国古代都城制度史研究》等,我担心我会因为信仰天主的关系影响出版。现在,感谢天主宽恕我,连最后一本《中国冶铁技术发展史》亦已重版,完成了我一生著作的出版,让我可以轻快地于新版《自传》中补写进去这段因缘。这是天主对我最大的恩惠,让我能够在此自讼罪愆。①

————————

①杨宽:《历史激流:杨宽自传》,第413—415页。

1987 年丁卯　先生七十四岁

3 月 17 日,先生致函御手洗胜:

御手洗胜先生史席:

去年 12 月 19 日大教,承蒙王孝廉教授寄来,因由上海转来,收到较迟,迟覆为歉。

欣悉先生将于 1988 年 3 月退休,并将出版退官《纪念论文集》作为隆重纪念,承蒙邀约写一论文参与,深感荣幸,自当应命。

承蒙先生对于早年拙作《中国上古史导论》高度评价,认为在学思上山高海深,愧不敢当。四十年来虽然远隔重洋,未曾来往,然而在学术上志同道合,密合无间,这确是万分难能可贵的。我们学术上的成就,将万古长青,我们学术上的隆情厚谊确是山高海深的。

我早已从上海复旦大学退休。1984 年应美国邀请,来此讲学,目前讲学已告一段落。此间气候温暖,冬季如春,海滨景色尤其优美,而且空气新鲜(因是游览地区不设工厂),正是老年人休养的好地方,西欧各国人来此休养者甚多。因此打算暂住一段时间,一面借此休养,一面抽些时间逐渐修补未完成的稿件,希望生平著作事业能有比较圆满的结果而长流人世间。

便中望多多赐教,敬颂

著安

杨宽敬上

1987.3.17①

---

① 文中先生致御手洗胜、王孝廉函皆由日本西南大学王孝廉提供,台湾东吴大学鹿忆鹿帮助复制,特此致谢!

3月17日,先生致函王孝廉:

孝廉先生史席:

2月20日大教,由上海转来,收到较迟,迟覆为歉。

我早已从上海复旦大学退休。1984年应美国邀请,来此讲学,目前讲学已结束。此间气候温暖,冬季如春,海滨景色如画,空气新鲜(因是游览区不设工厂),正是老年人休养的好地方,因此打算暂住一段时间,一面借此休养,一面抽些时间逐渐修补未完成的稿件,希望生平的著作事业能有比较圆满的结果。

欣悉御手洗胜博士将于1988年3月退休,并将出版《御手洗胜博士退官纪念论文集》。承蒙邀约写一篇论文参与这一隆重纪念,深感荣幸,自当应命。

御手洗胜博士有关古代神话有系统的大著,承蒙于1984年赐寄到上海,当时因急于准备到美国讲学,未及仔细拜读,深为遗憾。顷已嘱上海家中,连同先生惠赐的大著《中国神话诸相》一起寄到此间,以便仔细拜读。

承蒙两先生对早年拙作《中国上古史导论》高度加以评价,御手洗胜博士认为"在学思上山高海深",愧不敢当。我们在学术上成为终身的知己,我们学术上的友谊确是"山高海深"。

最近正在整理修订《西周史稿》,将在两周史中选取重要题目,写成论文,送呈参与纪念,不知合适否?

便中望多多赐教。敬颂

著安

杨宽敬上

1987.3.17

5月1日,先生致函王孝廉:

孝廉先生道席：

4月16日大教,拜悉。

为御手洗胜先生退休纪念的拙作,自当7月10日以前寄送您处。

早年拙作《中国上古史导论》,是初次上大学讲台时匆促写成,当时在广东勤勤大学执教,学校临时迁居广西梧州广西大学的山上,校中藏书极少,草写此稿时,有时仅凭过去读书笔记和记忆,因此引文出处不免有错,引文内容亦难免有误字。后来交上海开明书店收入《古史辨》第七册,未及一一校正。前几年上海古籍出版社重印,本拟加以校正,因事忙,没有及时做好。原拟写《中国古代神话研究》一书,后来因工作变更,重点在于做好博物馆事业,未再进行。

大驾如能于今年10月来到旧金山,并能前来此间会晤,竭诚欢迎。旧金山在美国西南沿海,迈阿密则在美国东南沿海,从旧金山到此间正好经过美国整个南部,如能会晤,可以畅谈一切,十分欢迎。

敬颂

著安

寄到上海敝寓的大著,不知是航空快件还是慢件,上海敝寓目前无人留守,暂时信件由邻居代收,可能遗失。又及。

杨宽

1987.5.1

6月6日,先生致函姜俊俊：

俊俊同志：

上次请陈泮深同志送上的拙稿《逸周书分编句释出版

前言》，匆忙中漏脱两个字，第8页第9行：

　　　　屈万里《读周书世俘篇》（台湾省出版《庆祝李济
　　先生七十岁论文集》）

"李济先生"上脱去"庆祝"两字，请便中代为补上，请多麻烦。

杨宽
6月6日①

6月19日，先生致函姜俊俊：

俊俊同志：

　　6月6日来信收到，承蒙关心《自学》这一事件，很是感激。

　　《逸周书分编句释》能全部印出，很好。所写前言，多蒙费神誊清，十分感激。文中提到《李济先生七十岁论文集》，脱去"庆祝"两字，上次寄上一信，请补上，又麻烦你了。那篇前言，虽然早已胸有成竹，断断续续还是写了好久，才写成的。

　　我目前在此地，不接受国内外任何单位的约稿，郭群一同志想要我写五条文化史条目，十分抱歉，请代向郭同志表示歉意。而且，由于历代度量衡制的变化，是个十分具体复杂而细微的问题，我目前手边没有具体资料，无从下笔。

　　辞书出版社原定出版中型《中国历史辞典》，原来准备附有简要、具体、能够实用的表格等，如《中国历代户籍人口与垦田数字表》。关于中国历代度量衡变迁的各种具体数字的表格等，我化去不少精力与时间编成的。有科学的依

_____

①文中先生致姜俊俊、上海古籍出版社函皆由上海古籍出版社姜俊俊提供原件复印件，特此致谢！

据,有具体的数据,可以用来推算各个时代的度量衡。现在他们不付印,大概另有打算,我正考虑,要求他们把我的写稿,包括所有表格,全部退还给我(原来我们是把这些表格看作可以吸引读者的手段的)。

《战国会要》当然应该与其他会要体例一致,经济部分归入《食货志》很好。

写得很草率。

杨宽

6.19

8月13日,先生被聘为上海市地方志编纂委员会顾问①。

8月下旬,西嶋定生赴美参加"日美史学会议",会后专程前往迈阿密住处拜访先生,期间两人探讨当时正在研究的学术问题和《中国古代都城的起源与变迁》日版的翻译出版事宜。

11月,《中国古代都城的起源与变迁》日译本出版,西嶋定生作序,尾形勇撰写后记,节录是序如下:

> ……全书的主要观点是,从周初在洛阳营建成周的城郭以后,中国古代都城的基本结构为:(一)由小城和大城(即郭)两部分组成,小城是君主的宫殿及统治机构——官衙的所在,大城中则居住着士兵、庶民、被征服者,并分布着制铜、制铁等的作坊。(二)西汉长安城以前,小城多设在大城的西南隅,东向;东汉洛阳城以后,小城多位于大城的中央,南向。(三)这个变化,反映了从"坐西(南)朝东为尊"的以家为中心的礼制,到"坐北朝南为尊"的君臣关系礼制的转变。(四)北魏洛阳城及唐代长安城的布局结构是这一

---

① 《关于上海市地方志编纂委员会组成人员名单的通告》,《上海市地方志编纂委员会成立大会会刊》,1987年,第21页。

转变的延续和发展。

　　杨宽先生的这一观点,最初是在 1983 年 9 月东京召开的第三十一届亚洲北非人文科学国际会议上发表的(Yang Kuan:The Relationship between the Developing Changes of Layout of Capital Cities and Ritual in the Pre-Qin and Qin-Han Periods),由于受会议发言时间的制约,只介绍了内容的概要,但是,学术界非常希望能在日本公开刊行这崭新见解的全貌,杨宽先生也应允了,于是,决定将该书作为前作《中国皇帝陵的起源与变迁》的续篇,仍由学生社出版。杨先生归国后不久,就寄来了十万多字的手稿,题为《中国古代都城的起源和发展》。

　　这份手稿与先前的发言内容相比,不仅考察的范围显著扩大,而且所涉及的地方无不有详尽的论证。首先,杨宽先生参照考古学成果,考察了都城的起源,一直追溯到商代之前;并且还推断,商代的都城制度是一种陪都制,这与历来认定的一代一都的观点是迥异的。接着,将考察的目标转到成周洛阳营建中所出现的小城大郭连结方式上,随后又结合以西方为上位而东向的“坐西朝东”礼制,探讨了春秋战国时期中原各国的都城。

　　对秦都咸阳和汉都长安的考察,称得上是本书最为精彩的两章,其全新的观点和周密的论证显示了作者独步于这一领域的气势。

　　关于秦都咸阳,作者确认其遗迹因渭水泛滥而被湮灭,但他用两个方法“复原”了它。一个方法是依据文献进行推论,即战国时代的张仪仿照咸阳形制营建了蜀的成都,其结构方式就是大城和小城相连结,由此可以推定,成都的祖型——咸阳也是采用小城大郭相连结方式。另一个方法是从秦始皇陵的现存形态来推论。皇帝死后的陵墓一般是仿照生前的都城建造的。以现在所见秦始皇陵的围绕坟丘的二重城墙为小城，那么，在它的东面一定存在着包括现已发现的兵马俑坑在内的广大的外郭部分。如果秦始皇陵确是秦始皇生前模仿都城咸阳建筑的话，那么，咸阳的构造也定是小城大郭东西相连的都城形式了。

关于汉都长安，尽管人们已通过典籍记载和考古调查基本了解了它的城墙环绕形态及内部的宫殿布局，但是杨宽先生还是在这个基础上提出了更大胆的新见解。历来的看法是，汉长安城的整体布局就在现在还残存着的城墙之内，而杨宽先生认为，现存城墙只是小城部分，他运用了当时的文献及其它材料，推断在这个小城的东北部和北部还有大郭部分。根据这个推断，我们不难设想，包括着内城（小城）、外郭的汉长安城的规模在当时是多么的宏伟壮丽！

杨宽先生的这些新见解，也成了解决历来存在着的疑点的钥匙。正如书中所指出的，据《汉书·地理志》记载，元始二年（公元 2 年），长安的户口统计数为 80,800 户，246,200 口。现存城墙东西、南北（不规则）各长 6 公里余，城墙内的面积大约为 36 平方公里，而且其三分之二以上为宫殿、宗庙和官衙所占，因此，城内根本就不可能有这么多人口居住的余地。然而，若设想城墙之外还有外郭部分的话，那么按传统，郭内才是庶民的居住区，在那里容纳这么多人口是并不困难的。

作者在新手稿中指出，这种小城大郭、坐西朝东形式的都城结构到汉魏洛阳城有了一大变化，这就是由"坐西朝东"变为"坐北朝南"，而郭这一部分则由位于内城东侧或北侧，变为分布在东、西、南三面，这是与礼制的变化相对应的，其一就是从正宫到南郊圜丘进行郊祀仪礼时的出幸卤簿，但决定性的因素，还是皇帝南面而坐、会见群臣朝贺的元旦朝仪（元会仪），即大朝会。

三面有郭、坐北向南的都城布局形成之际,其内城部分与北墙是相接的,直到唐长安城才完成宫城部分与皇城部分的分离。沿着这样的方向,就可以把中国古代都城的起源和发展,与君权扩展的关系,在同一条发展线索上,整体地、同步地进行理解了。……

本书是一部充满了创见及其论证的著作,我想,在或仅有论证而没有创见、或仅有创见而没有论证的论著为数不少的当今学术界,本书带来的效果将是巨大的。……①

11月11日,先生致函姜俊俊:

俊俊同志:

许久未通音讯,想必近况佳胜。

多年来健康欠佳,对不少事没有照顾到,甚至连那样严重的诽谤案,长期没有理会。直到最近,看到陈某的"书"居然出版,罪证彻底暴露,从此可以真相大白,于是动笔写《申诉》与《罪证》两文,正式向上级领导申诉,并请学术界公断,必要时还可进行"刑事起诉"。这样的人写这样的书,居然堂皇出版,国外学者大为惊愕,但可用作罪证,对解决此案大有好处。9月间,安阳的国际商史讨论会上,陈某竟然乘机把他的诽谤文章散发给美日等国学者,他们当场就提出种种疑问,使领导上处境尴尬。这是陈某自寻末路。自从《申诉》与《罪证》二文发出后,收到的回信很多,都表示愤慨与支持,说明学术界自有公论。据闻社会科学院对此案早作调查,并作出正确的结论,但处分太轻,只是"停学一年",而他的论文居然出版,于是更为猖狂。北京历史研究所的具体领导同志,在安阳的会

---

① 杨宽:《中国古代都城制度史研究》,上海古籍出版社,1993年。

议上，找到复旦参加的同志，托他向我表示歉意。说明正在准确作进一步处理中。此一案件，曾引起国外学术界的愤慨。最近我在此间收到美日两国学者来信，都对此表示关切，并作慰问。最令人痛心的是，山东大学王仲荦先生在他看到陈某诽谤文章时，十分愤慨，中午拍案大怒，晚上竟中风而离开人世。最近山东大学教授还有来信谈及此事而表示愤慨而痛心的。

我的《中国都城的起源与发展》日文一本，本月初刚出版，我仍想拜托你，按照我原定计划，出版《中国古代都城制度史研究》一书，版式与前书相同，作为姊妹篇。但不知你最近工作忙否？能抽出时间审校我的稿件否？又不知出版社能立即编入计划否？目前我国出版条件有否改进，能较为迅速否？为了便于你请社中领导早日做出决定，我写了一信给你社领导，请您带去商议，很希望能以同样版式由你社出版。前书出版后，国内外学术都反应很好，有的还杂志发表评介（如《中国社会科学》）。日本学者尤其感到满意，很希望早日作出决定。

我已于去年退休批准，可以毫无牵挂而在此休养了。有关都城的著作是早就写成的，只是作了些补充修订。近年正在起草的《西周史稿》一书，过去只写成三分之一，三分之二还是笔记性质，至今尚未写成有系统著作，有待于健康正常后进一步完成。上次送上翻印唐大沛《逸周书》稿，未见出版，甚为悬念。如有困难而不能出版，请即退还，甚望能够出版。社中领导与诸位同志代为问候。

敬祝学业进步，工作上取得更大成就。

复信麻烦您，仍请永康路 109 弄 5 号陈泮深同志转交。

杨宽

1987. 11. 11

12月26日,先生致函姜俊俊:

姜俊俊同志:

前上一函,谈有关《都城史》一书出版事,想已收到。此书书名,为了销路好些,可以取消"古代、研究"四字,题为《中国都城制度史》,与内容也符合。目前正在把原稿与日文译本对校,补写插图说明。日文译本的序文、跋文已请一个学生译成中文,以便早日把稿件全部寄上。为了争取早日出版,想改变初衷,把稿件航空寄到上海。

顷从上海传来一消息,说有一个中学教师,写了一篇一万多字的文章,对我所写《申诉》与《罪证》二文有所商榷,已投寄到上海《学术月刊》,不知确实否?我与《学术月刊》的谢宝根(谢宝耿——编者注)同志久疏通信,想必他近况很好。我想请你有便打个电话给他,说我向他问候,并请你从旁了解一下,如果确有此事,将如何处理,如果真要刊登的话,应如何料理。据我估计,《学术月刊》专登学术文章,这种根本不是什么学术讨论,是不会刊登的。因为这是一件诽谤案,我把二文寄给上海市委宣传部之后,该部有回音,说已转请社会科学院处理(中央宣传部也早已有回信,说正在转请社会科学院处理)。《学术月刊》当然没有必要牵涉这个问题。如果真有其事的话,估计《学术月刊》会郑重考虑的。为小心起见,还是请您帮助探听一下,并代为致意。

十分麻烦您,因为我不清楚是否确有其事,不便直接写信给谢同志,请代向谢同志致意。敬祝

新年如意

杨宽

1987.12.26

如果《学术月刊》要登与我商榷的文章,那末,他必须首先刊登我的二文。

为争取早日出版,将把稿件航空寄到上海,只能费去昂贵的航空费,上次航空寄上《逸周书》那本复印稿,已是相当昂贵的美元,此次稿件要重一二倍,将很昂贵。

1988 年戊辰　先生七十五岁

1 月,先生撰写上海古籍出版社版《中国古代都城制度史研究》序言。

2 月 2 日,先生致函姜俊俊:

姜俊俊同志:

1 月 15 日来信,收到。

多谢您的帮助。上次所说中学教师中有人写文章讨论的事,是我的一位在上海教育学院当讲师的学生所听来的传闻,该是传闻失实,根本没有此事。承蒙特为此事与谢宝耿同志联系并面谈,了解情况,多方关注,极为感激。

《逸周书分编句释》出版前言,承蒙特为誊清交给《论丛》发表,极好。文章名称亦很妥帖,钱伯城同志前请代致意道谢。所编目录,我已仔细看过,这样依内容按卷数分编,编成目录方便读者,是需要的。我没有说什么意见。现将原目录归还。至于眉批,看来还是取消为好,因为大部分不清楚。

《中国都城制度发展史》稿,想必已收到。如果审阅时,发现有错脱或其他问题,请写信告知,我在此留有原稿,请写明页数行数,马上可以查到答复。

目前此稿只有卷首图版尚待解决,要等日本方面寄照片来。等待照片寄来,我即加上《说明》寄上。只是想增补宋人张择端《清明上河图》图卷中描写东京"城门口街市"
和"虹桥街市"部分,关于这方面,待将来寄上照片时,一起
作好"说明"。日文译本想必不久即可收到。敬祝
新年愉快

杨宽

1988.2.2

10月,先生致函姜俊俊:

姜俊俊同志:

　　前接来信,说明因有要事,推迟审阅拙稿,七八月后即
可续审,不知进度如何? 图版制作如何? 何时可以付排?
近阅此间中文报纸,都谈国内纸价飞涨,印工亦贵,学术著
作定数降低,常常赔钱,出版社因而推迟出版。未知拙稿进
行如何? 甚以为念。

　　此乃我晚年重要著作,上编已出日文译本,在日本很受欢
迎,因此与《陵寝制度》一书为姊妹篇,日本由同一出版社出
版,且为同一风格,日本友人亦很希望中文本早日出版,亦是
同一风格,因而日文译本一出,即飞速写信给您问讯,接着即
航空寄出全稿。我本来在国外可以出中文本,而且出版较快,
印刷亦精美,纸张可较好。因我考虑到,《陵寝制度》既由你
社出版,由您审校负责,此书亦同样处理为妥,因为在国际学
术界上,观瞻所系。这是我不从经济方面考虑,而从国际学术
界的情况来考虑的。因为年龄已高,平生以学术研究为主,国
际上有许多学者知道的。日本学者西嶋定生曾为此专程到美
国来访问,假出席美日史学家会议之便,到美国洛杉矶,再从
美国西海岸乘飞机横越整个美国,来到此地美国东南海滨,盛
情十分使我感动。因此此书中文本必须出得像样才好。想必
在克服困难,努力完成审稿及付排工作,未知图版进行如何?

下编图版已制作否？甚以为念。如果限于国内经济形势，无法争取早日付排和出版，望即告知。

最近翻阅原稿，在一处请麻烦改正：

原稿第 436 页 13 行—16 行

13 行：亲坊南(或作睦亲坊口)，有一种作临安府洪桥子南

14 行：河西岸陈宅书"措铺"，又有一种作临安鞔鼓桥南河西岸陈宅书籍铺的

15 行：桥和鞔鼓桥都是西河上的桥，该是另外两家陈姓所设的书籍铺

16 行：陈起父子所刊唐人诗集很多，王国维推定明刊十行

请按照以上红字改正，请接信后，即在原稿上更正，很是重要(以前判断恐不确)。

据说国内风气大变，大家都经商图利。出版社谋求经济效益，当然十分重要。

如果稿件正在努力进行，如有什么问题待解决，并望告知，甚以为念。

写得很匆促。敬祝

工作顺利

杨宽

1988. 10

12 月 12 日，先生致函姜俊俊：

俊俊同志：

11 月 21 日来信收到。

承蒙为拙作《都城史》一稿下了不少功夫，又承为出版作了不少努力，极为感激。承蒙你社编辑会多次讨论继续留用，深受爱护，尤其是您在会上力争，更为感激。但是这是大势所

趋,目前国内经济情况所决定的,不是少数人的主观努力可以克服的。目前此稿尚未付排,你社尚未因此受到经济上的损失,如果付排,可能仍然积压,不可能及早出版,反而造成难以解决的问题。我经再三考虑,决定特请贵社领导同志将拙稿退回,已写成一信,特请陈泮深同志送交你社领导。送交之前,当即送请您先看。当然首先要征得您的同意。务肯您同意。

拙作《论西汉长安》一文,誊清后承蒙代为校勘,费去许多宝贵时间与精力,极为感激。对于拙稿《都城史》,想必早已化去不少精力,内心深为感激。此次决定收回原稿,出于不得已,务恳原谅。

承蒙为《学术月刊》上发表论西周官制文章专门去了解,极为感激。此文虽然表面上无恶意中伤的话,但引用诽谤者所作的某一论断,骨子里仍为诽谤者张目,用心不良。写这篇文章的人,对古代史尚未入门,缺乏常识,所引史料也都不正确,甚至引用东晋人伪造的《伪古文尚书》来作证,其中常识性错误甚多。不值得一谈,徒然浪费笔墨与时间,稍有常识的人,一目了然。新年快到,敬祝

工作顺利

杨宽

1988.12.12

12月12日,先生致函上海古籍出版社:

上海古籍出版社领导同志:

目前国内出版事业不景气,印刷纸张费用飞涨,而学术著作销路下降,出版必然赔本。国外报刊对此多次议论,并深感不安。我对此十分理解此中原因。

拙作《论都城制度发展史》一稿,承蒙你社几经编辑会讨论,继续留用,深受爱护,极为感激。但经我仔细考虑,觉

得应该乘此付排之际,恳求将原稿收回,仍请陈泮深同志代
为领回。事出不得已,尚请原谅。待将来出版事业复兴,要
是出版学术著作时,倘有新著完成,仍当请求贵社出版。

专此提出恳求,务恳许允为荷。此致
敬礼

杨宽

1988. 12. 12

是年,应许倬云邀请,先生前往匹兹堡大学历史系讲演。
2014年编者致函许倬云,询问是否和先生有书信往来,许倬云回
复道:

谨覆:

接读大函,询问杨宽先生与我之间的通信。承蒙他老
人家不弃,曾来匹大讲演。彼此之间,信函不多,主要是通
电话。有过几次信件,惭愧之至,于我退休时,请学生帮忙
清理研究室,却因人多手杂,有一抽屉资料,不知下落。后
来清点,发觉这一批数据,乃以友人通信为主。昨日询问老
秘书,她以为杨先生的信件,当是在遗失之列。

不能报命,更觉愧对故人。

祝好

许倬云①

谨启:

一点补充,杨宽先生与我的书信来往,其实不多,主要
在安排他访问匹大与讲演。

我向他老人家请教有关学习与研究,几乎都是经过电
话讨论,比较有往复问答,也可以逐步深入。我自己获益匪

---

①2014年9月5日许倬云致编者邮件。

浅,可惜没法留下记录。

因此,缺少我们之间的来往信件,损失不大,倒是当时没做电话录音,十分可惜。

祝好

许倬云①

2014 年 9 月 6 日,编者再次致函许倬云,请教如为先生作一《编年》是否有学术意义,许倬云回复道:

谨覆:

杨宽先生在两周研究贡献极大,尤其《战国史》,纲举目张,乃是划时代的著作。杨先生,因为家庭问题分心和出国,整体而言,其学术活动的时段,不是很长。作一编年,排列他的著作,应可以显示他的研究方法及课题转移过程。

我觉得应当做,也值得做。

祝好

许倬云②

《家事、国事、天下事——许倬云先生一生回顾》中记载许倬云言:

后来我看到了杨宽的《战国史》,觉得写得比我(指《中国古代社会史论》——编者注)好,也更为详细,但他是叙述性的,没有升华到理论层次。③

---

①2014 年 9 月 6 日许倬云致编者邮件。
②2014 年 9 月 7 日许倬云致编者邮件。
③陈永发、沈怀玉、潘光哲访问:《家事、国事、天下事——许倬云先生一生回顾》,南京大学出版社,2012 年,第 232 页。

1989 年己巳 先生七十六岁

1 月 7 日,先生致函王孝廉:

孝廉教授赐鉴:

许久未通音讯,甚为思念。想必近况佳胜,学术工作与研究想必有很大的进展。

去年秋间先生前往大陆少数民族地区调查神话传说,想必收获甚丰,当时因时间局促,未能通信问候。想必关于少数民族神话传说的研究,将得到丰硕的成果,特此预为祝贺。

去年先生回台期间,曾请托先生向正中书局与商务印书馆代为接洽有关拙作的版税问题,曾费去先生宝贵的精力和时间,极为感激。事后,曾写信给两个书局的经理,说明情况,请求办理。曾先后得到回信,两书局都需要先寄五十多年前所签契约的复印本,此点无法照办,因为大陆上经过历次运动,此种契约当然无法保存到现在。而且据商务印书馆来函,四十年来拙作只印过一千册,为数不多,因此就没有必要再多此一举,此事只能作罢了。

先生前往大陆访问,想必遇到许多同行的学者,了解许多学术界的情况。近年来大陆因经济改革未见成效,反而引起极大的通货膨胀,物价飞涨,影响到出版工作,今后大陆上学术著作的出版看来将大大减少,将直接影响到学术研究的进展。

便中请多多赐教。御手洗胜教授前请代问候。特此恭贺新春

杨宽

1989.1.7

1月12日,先生致函上海古籍出版社:

上海古籍出版社领导同志:

上月下旬曾请姜俊俊同志转呈一函,想已奉达左右。

贵社多年出版工作,对学术界贡献极大,这是有目共睹的,素所钦佩。近年来由于经济改革未能达到预期的成效,造成出版事业的不景气,致使学术著作积压不能出版,这种情况是为我们学术工作者所理解的,为此请求把拙作《中国都城制度发展史》一稿即日退还给我,仍由原经手人,我的亲戚陈泮深同志领回。关于此点,前函已说得很明白,想必定能允许。

我们这些学术工作者,往往只从学术发展着想,两年多前,我曾推荐出版重印唐大沛《逸周书分编句释》稿本。为了发展学术,我愿意代为复印,不要酬劳,并由我付出复印费用,曾请姜俊俊同志请示贵社领导,经复函,表示赞许,我当即请人快印,并航空立即寄出,但两年多时间很快过去,至今尚未见音讯。在当前的情况下再请重印,当然是不现实的,因而前函不再提它。令人遗憾的是,昂贵的复印费用与航空寄费白白化费,原来的一片好意尽付东流。幸而贵社未曾为此制版而积压,未曾造成经济损失。正是有鉴于此,拙作《都城史》一稿,请求即日退还。

拙作《都城史》一稿,此时请求退还,是顺理顺章的事。想必定能许允。此稿虽曾请姜俊俊同志请示领导而同意接受出版,但并未签有契约,因而按理是可以请求退还的。此稿虽然留在贵社已有多时,但至今尚未付排,尚未因此而造成任何经济上的损失。既然不能及时出版,此时退还拙作是合乎情理的。何况作者是贵社的老作者,彼此素来有深厚的友谊,此时退还作者,正是妥善解决的办法。免得以后更长时期的拖延,弄得成为僵局而难以解决,甚至造成不愉快。

　　以上所说可能是多余的。务恳将拙作《中国都城制度发展史》一稿,即日退还给我,仍由陈泮深同志领回。不胜感盼。

　　此致

敬礼

杨宽
1989.1.12

2月22日,先生致函姜俊俊:

俊俊同志:

　　先后两信,都已先后收到。

　　承蒙为我稿费去不少宝贵的时间与精力,现在不能付印而需要退稿,事出不得已,这是国内大势所趋,不能责怪任何人,这是我很理解的。我之所以急于要退稿,免得拖延在那里。将来拖得时间长了,更感到为难,至于退稿手续需要如何办理,这是容易办的。

　　承蒙为我稿经过努力,这是很感激的。今后尚望多多联系。

　　图稿如能将日文改换成中文,当然很好。我想请您便中帮助一下,上次我送上"上编插图"部分,其中"图1"请查原书,改成中文,"图7"请代查原文加以改正,"图22"请按《文博》原文改成中文,"图23"请按《考古学集刊》改成中文,"图27"请按《考古学报》改成中文,"图28"请按《考古学报》改成中文,"图29"日文图例请改成中文,"图47"采自《　　》,《考古》1963年……请代为查篇名。……总之,我原稿上有许多地方请查原书之后改正的,想必早已全部查对而加以改正。为此,想麻烦您,请您把改正稿送给我,我非常感激。这样可以免得我再另外请人代为查书再改正了。

多谢您的帮助。

敬祝

新年快乐

杨宽

1989.2.22

此信写得很匆促,很草率,因急于寄信。

6月,中华书局计划出版先生与沈延国合著的《吕氏春秋集解》,先生回忆此书的撰写过程时言:

《吕氏春秋汇校》的编写,原是为了用作《吕氏春秋集解》的底本的,因此《集解》的工作是和《汇校》的工作同时进行的。原来我们的分工是:我担任《十二纪》部分,赵善诒担任《八览》部分,沈延国担任《六论》部分,由蒋维乔总其成。后来赵善诒自己另有研究计划,只担任了《八览》的汇校工作,因此,《八览》的集解工作,前四览划归给我,后四览归沈延国,进度因而拖延下来。《吕氏春秋集解》由我和沈延国两人完成,已是抗日战争爆发之后,出版发生困难。四四年顾颉刚在四川担任齐鲁大学国学研究所主任,由他列为研究所的专著,送到上海开明书店准备出版,由于通货膨胀,纸张和印刷费飞涨,这部书稿的分量很大,估计销售会有困难,乃长期压着没有出版。五十年代初期,开明书店合并到青年出版社,这部书稿被转送到了北京中华书局。接着因为沈延国个人在政治上受到冲击,这部书稿自然不能出版。

沈延国大学毕业后到苏州章氏国学会工作,抗日战争期间他在蒋维乔主持的诚正文学社(由光华大学文学院改名)工作和教书。抗日战争胜利后,光华大学复校,他担任副训导长兼教授。五十年代初期在镇压反革命的运动中,他被告发"参与破坏学生运动",于是被作为历史反革命分子管制起来,降级调到市东中学做图书管理员,直到退休为止。他退休后回到了苏州家中。这部《吕氏春秋集解》因此搁在中华书局不能出版,顾颉刚曾写了一张便条,希望我到中华书局领回,我怕会引起麻烦,没去领回;后来由沈延国领回苏州家中。

　　到了"文化大革命"沈延国也没能幸免,这部书稿被人抄去带走,幸而不久又找回来,但已有些散失,由沈延国重新补全。"文化大革命"结束之后,沈延国的"反革命罪行"得到平反,书稿重新被中华书局要回,列入一套新的诸子校释丛书中。这部字数达一百万左右的合作写成的稿件,是半个多世纪前早已完成的,因为多灾多难,长期不得出版,幸而还能保全,由中华书局于八九年六月付印,可惜沈延国已经因病去世,见不到它的出版了。①

《顾颉刚读书笔记》中有关于《吕氏春秋集注》"集解工作"条目,录之如下:

　　抗战中,某君贻书云:"沈延国、杨宽正等三人合编《吕氏春秋集注》,弟在沪见其稿之一册,大抵搜罗似较许维遹为广,而谨严不如。此等集解工作,本贵搜罗,不贵断制。若条条要自发见解,自为断制,转有'强不知以为知'之病,不如只陈别人说法,待读者之自择。因各家亦只就自己所知者言之,故较可靠。今编者欲就各家说法一一判断是非,

---

岂非甚难。今沈延国等此书，不学王先谦而学孙诒让，不悟学诣与工夫均不逮也。若能将此书再加删削，庶可少病。惟此层殊难，若命编者自下此层工夫，则编者本不自知疵累何在。若另托一人为之，此非学力较深，又肯费去数月光阴，细心为之不可。"

颉刚案，此论甚是。集解之体有二种，一为王先谦式，即以剪刀浆糊将各书汇集为一书，其最大成就即为丁福保之《说文解字诂林》，编者只有搜集排比之劳，不必自下己意，而对于读者却甚有参考之作用。其一为孙诒让式的，即遍览各书，自下己意，由博返约，便于读者。此事为之甚难，作者非博通群学，有长时间之研究工夫不可。孙氏袭其父衣言之荫，能不事生产，一心治学，积四十年之力，对于《周礼》《墨子》二书作一总结。《周礼正义》一书，过于浩博，闻遍读之者只黄侃一人；至《墨子间诂》则卷帙不多，读之者固甚便也。惟定论亦不能急就，《经》上下、《经说》上下，今当改写者已甚多矣。他日必有将《周礼正义》简缩，《墨子间诂》放长者，我虽不可见，固可作预言于此也。①

6月26日，先生致函王孝廉：

孝廉教授道席：

先生5月25日大函，敬悉。承蒙拙作二本旧书，与原来出版者接洽，并取得圆满结果，示知两书局地址及总经理姓名，不久当即写信给两处接洽办理。为此先生费去了宝贵的时间和精力，极为感激。

曾见此间中文报纸，据说大陆物价飞涨，近年纸张原料涨价，生产不足，纸张价格暴涨，已造成出版事业的危机。

---

① 顾颉刚：《顾颉刚读书笔记》卷十四，第39页。

不知这一消息正确否。

　　多年来不了解台湾出版界的情况,前上一函,拜托先生联系,仅凭个人的设想,不知可能否? 先生在百忙之中,将为此费去宝贵时间与精力。

　　十分感激您的帮助,专此,敬颂

著安

杨宽

6 月 26 日

7 月 21 日,先生致函王孝廉:

孝廉教授赐鉴:

　　许久未通音讯,想必近况佳胜。

　　自从去年您前往大陆少数民族地区调查神话传说之后,可曾再次前往大陆? 上次您来信,说大陆上的问题很多,知识分子的生活和处境都很困难。……最近我对大陆情况了解不多,因为国内的来信,都避免谈及此事。不知先生与国内学者的联系如何? 便中请多指教。

　　专此,敬颂

著安

杨宽

1989. 7. 21

1990 年庚午　先生七十七岁

　　5 月 20 日,先生为李绍崑《墨学十讲》撰写序言,节录如下①:

---

① 编者曾于 2014 年 8 月 6 日致函李绍崑询问是否保存有与先生来往信件,李绍崑回复:我的通信均保存在美国家里,据说:杨宽先生已在美国逝世,特此奉告! 又案:李先生已于 2014 年 11 月 5 日去世。

当1988年10月,绍崑教授决定应邀前往讲学的时候,曾寄来所拟定的《墨学十讲》的题目征求意见,我曾回给他这样一封信,以答雅意:

"10月16日大教,敬悉。

先生于8月间到北京、天津等地讲学,对国内思想史之研究,必然大有启发,起着很大的促进作用。明年5月又将应邀前往南开作'墨学十讲',将是学术界一件大好事,将使国内思想史研究者大开眼界,广开思路。

所拟'墨学十讲'题目很全面。墨子是我国思想史上第一个全面发表其治国平天下主张的,而且是身体力行的,既有理论而又重实践的。墨子对政治、经济、社会、宗教、科学、文化、教育、军事等方面,都有其独特的主张,都是有其一贯的宗旨的,而且墨者是一个有组织而行动的学术性团体。过去国内学者讲墨子的,往往强调他重视劳动生产以及节约方面,因此十讲中似乎需要加节用与经济一讲。过去国内不少人认为墨子及墨者代表小生产者,我是不同意此说的,但是在先秦诸子中,他确是十分重视经济作用的。他很重视发展经济,不仅目的在于'刑政之治''人民之众',而且在于'国家之富'。

《墨经》中最为人注意的,其中有科学思想以及力学、光学、几何学方面的内容;同时最为人反对的,就是近人对《墨经》的随意校释。过去陈寅恪对冯友兰《中国哲学史》的审查报告(见于陈的文集中,上海古籍出版社出版),就曾抨击当时人对《墨经》随意校释的风气,批评得很厉害。我亦曾反对把《墨经》解释得过于现代化。《墨经》应是一部有系统的著作,近人不顾上下文,抽出其中字句,或者重新加以编排(如谭戒甫所作《墨经科学译注》那样),重新随着自己的需要,加以附会解释,确是有许多过于现代化的地方。我认为,只能把《墨经》上下篇(连同《经说》),分成段落,参照上下文,领会其中真意。

《墨学十讲》,希望将来能出版,使没有听到的,也能看到。并望早日出版,先睹为快也。"

写到这里,我要补充说明一下。我之所以推重墨子是我国思想史上第一个全面发表其治国平天下主张的,因为在他以前,孔子的学说只见于他的言行录《论语》之中,孔子没有发表过系统的论文,而墨子书中,既有墨子的言行录如《耕柱》《贵义》《公孟》《鲁问》等篇,更多的是系统地阐明治国平天下主张的政治论文。孔子弟子使用表达当时流行口语(采用"也""呼""焉"等语助字)的新文体写成记录孔子言行的《论语》,墨子更进一步,第一个用这种新文体写成了许多政治论文,写得逻辑性很强,这是当时文学改革中的创举,此后诸子纷纷效法,用这种新文体写成著作,这样就开创了"百家争鸣"的局面。因此我认为,墨子在中国文学史上也应有其重要地位。

当二十年代和三十年代,墨学研究曾经盛极一时,对《墨经》的校释成为一时风尚,校释《墨经》的著作如雨后春笋,出版有十多种。我曾经于三十年初期参加墨学的讨论,发表过多篇文章,四十年代初期我又发表了《墨经哲学》这本小书,因此我与墨学研究,从青年时期以来就有因缘。现在看来,我当时的一些看法还是很粗浅的。上述信中所提到的陈寅恪教授和谭戒甫教授,都是我早年所熟悉而尊敬的学术界前辈。陈寅恪是一代史学的大师,曾经对当年人们对《墨经》校释做过很厉害的评论,他在《冯友兰中国哲学史上册审查报告》(收入《金明馆丛稿》第二编)中,指出当时人校释《墨经》的大病是:"今日之墨学者,任何古书古字,绝无依据,亦可随其一时偶然兴会而为之改移,几若善博者呼卢为卢,喝雉为雉之比,此近日中国号称整理国故之普通状况,诚可为长叹息者也。"这确是值得我们从事校释《墨经》的人引起十分警惕的,包括我在内。我曾经发表过《墨经科学辨妄》(收入《中国语文学研究》,中华书局1930年版)和《论晚近诸家治墨经之谬》(《制言》第29期,1936年)两文,检讨当时《墨经》校释中存在的问题。当陈寅恪教授于1949年1月从北京南下,路过上海,转乘海轮时,我曾登上轮船送行,这时他两眼的病情已很严重,只剩下微弱的光感,从此一别就没有再见面,直到他在十年动乱中病死。至今我常常怀念他。这些只是旧话重提。

最近接到绍崑教授来信,说他这部大著快要出版,承蒙他邀约写一篇序文,我十分高兴接受这一邀约。承蒙他立即把原稿寄来,看到他对近人不同见解,旁征博引,的确可以大开眼界,广开思路。同时他在评论别人见解和阐明自己创见的过程中,的确分析得很精辟。不少思想史的学者认为墨子学说的中心思想是"兼爱",而绍崑教授却认为墨子的中心思想是《天志》,因为墨子认为"兼爱"出于《天志》。不少学者认为墨子的缺点是唯心主义世界观,宗教思想太浓,讲究《天志》和《明鬼》,而绍崑教授却认为墨子"法治"的政纲就出于《天志》,正是他政治思想的精粹所在。他认为二千多年来儒家之所以得到独尊,就是因为儒家讲究"人治",正符合历代君王独裁的需要;而墨家之所以一开始就被君王讨厌,就是因为墨家讲究"法治"而不重"人治",反对君王世袭制度,主张统治者必须兼爱兼利人民而不是剥削压迫人民。这是个很精辟的创见,我十分赞同。

历代君王都是讲究"天命"的,都自以为"真命天子"。"革命"这两个字的原始意义,就是顺从"天命"的变革。历代君王的改朝换代,从来都被看作"天命"变革的结果。周武王讨伐商纣,口口声声说是奉上帝之命去讨伐多罪的"独夫",这是顺从天意。周武王说:"上帝之来,革纣之命,予亦无敢违大命。"(《逸周书·商誓》)。周武王为了克商,曾在盟津地方召集诸侯会盟,所作盟誓称为"大誓"或"大明"("明"是"盟"的假借字),一再宣称伐纣是奉"天命",并且指出"天命"出于民意。墨子在《天志》《非命》等篇文章中曾一再引用"大誓"和"大明"证明《天志》的确实存在。可以说,这是墨子《天志》的思想渊源。然而必须指出墨子所讲《天志》的内容,完全出于墨子的创造。可以说这是当时神学上的一次重大革新。

《墨子·法仪篇》认为百工从事必须用规矩,治天下和治大国必须依照法仪,而法仪是天意所决定的,因而他说:"然则奚以为治法而可? 故曰莫若法天。"《墨子·天志》的上中下三篇结论是相同的,特别是中下两篇的长篇大论,最后都归结到以《天志》作为法仪。墨子所讲的法仪,就是人类社会的共同的公正法则。他认为这种公正法则是天赋的,是神圣的,出于天意的大公无私、兼爱兼利和光明普照。这就是《法仪篇》所说的"天之行广而无私,其施厚而不德,其明久而不衰,故圣王法之"。这种天赋的人类社会共同的公正法则,包括大国和小国之间的友好共处原则,大家和小家之间、强弱之间、众寡之间、诈愚之间、贵贱之间的友好共处原则。这种共处原则,墨子称之为"兼",所以说:"兼者,处大国不攻小国,处大家不乱小家,强不劫弱,众不暴寡,诈不谋愚,贵不傲贱。"(《天志》中篇)墨子所说的天赋法仪,最重要的是司法的公正原则,这在墨子称为"善刑政"。他说:"观其刑政,顺天之意,谓之善刑政;反天之意,谓之不善刑政,故置此以为法,立此以为仪。"(《天志》中篇)墨子所说的天赋法仪,在伦理道德上的公正法则就是兼相爱而交相利。

墨子这种天赋法仪的政治主张,应该和十七、十八世纪西方思想家所提倡的天赋人权的政治人权的政治主张类似的。西方思想家所倡导的天赋人权的主张,认为任何人生来都享有神圣不可侵犯的天赋人权,包括生存、自由和追求幸福的权利;墨子则认为天赋的法仪就规定有神圣的人类社会共同的公正法则,应该兼相爱而交相利,任何人不该受到攻击、侵犯、劫夺和欺诈。但是两者的结果大不相同,西方这种天赋人权的主张,不断得到发扬光大,1689年英国国会据以制定《人身保护令》和《权利法案》;1776年美国的《独立宣言》和1789年法国的《人权宣言》都宣布天赋人权的神圣不可侵犯。到1948年联合国通过《世界人权宣言》更进一步宣称任何人均享有各种自由以及劳动权和其他经济的、社会的、文化的各方面权利;并且设立人权委员会主管这事。说明这种天赋人权主张的影响深远和作用巨大,已经成为全世界、全人类共同的法则。至于墨子的天赋法仪的主张,秦汉以来因为受到专制独裁者的排斥而消声匿迹了。

墨子认为当时人民有"三患":饥者不得食,寒者不得衣,劳者不得息(《墨子·非乐》上篇);同时认为国家应该做到"三务":国家之富,人民之众,刑政之治(《墨子·尚贤》上篇和《节葬》下篇)。他所有的政治主张,都是为了解决人民的"三患",达到国家的"三务"。要达到国家的"三务",首先要解决人民的"三患"。要解决人民吃不饱、穿不暖和劳苦不得休息的"三患",必须解除造成"三患"的根源。这个根源,墨子称为"别","别者,处大国则攻小国,处大家则乱小家,强劫弱,众暴寡,诈谋愚,贵傲贱"。墨子提出天赋的神圣的"兼"的法仪,就是为了从根本上改变这种"别"的根苗,要采取措施来改造这个"别"的世界,从而顺从《天志》创建一个新的"兼"的世界。因而他要取消当时贵族的世袭特权,主张不分贫富、贵贱、远近、亲疏选拔人才，"虽在农与工肆之人，有能则举之"（《墨子·尚贤上》），做到"官无常贵，而民无终贱"。因而他反对一切攻击、侵犯、劫夺和欺诈的行为，极力反对"不与其劳，而获其实，已非其有而取之"（《墨子·天志》下篇）。因而他主张依据天赋"法仪"进行治理，而反对"人治"，因为他看到"天下之为君者众，而仁者寡，若皆法其君，此法不仁也。法不仁，不可以为法"（《墨子·法仪》）。因而他提倡"兼爱"的伦理道德，主张兼相爱而交相利，"有力相营，有道相教，有财相分"，从而解决人民的"三患"，进而创建国家的"三务"，由此建立一个人民没有"三患"的新社会，建立一个做到"三务"的新国家。这是多么崇高的理想啊！这就是墨子学说的伟大的宗旨所在。

有人看到墨子主张"尚同"，主张"一同天下之义"，"上之所是，必皆是之"，认为他主张专制独裁，甚至诬蔑他鼓吹法西斯统治。其实，墨子的"尚同"主张，不是别的，就是为了统一奉行天赋的"法仪"，就是为了保证这个神圣的人类社会共同的公正法则的贯彻执行。墨子所要"一同天下之义"的"义"，就是他所说"天欲义而恶不义"的"义"（《天志》上篇），所说"义果是天出"的"义"（《天志》中篇和下篇），也就是说"以天为法"的"法仪"（《法仪》篇）。所说"一同天下之义"，就是统一奉行这个天赋的人类社会共同的公正法则。所说"上之所是，必皆是之"的"是"就是这个统一的公正法则，不是当时任何国君的意志，因为在他看来，当时"为君者众，而仁者寡，若法其君，此法不仁也"。因而他认为天子、国君都必须统一于这个神圣的公正法则，正是他为了反对当时国君的专制独裁和横行不法的行为。正因为如此，墨子所主张的"尚同"，不但下自乡长、家君，上至天子、诸侯，都必须选举最贤者担当，一层层的执政者都必须"一同天下之义"，而且天子必须"又总天下之义,以尚同于天"(《尚同》下篇)。墨子这样主张统一奉行共同的公正法则,正是为了反对专制独裁的统治,积极推行民主的统治,所以墨子所说的"尚同",主张"上下情通,上有隐事遗利,下得而利之;下有蓄怨积害,上得而除之"(《尚同》中篇);主张"上之为政,得下之情","明于民之善非","得善人而赏之,得暴人而罚之"。而且他十分重视广泛听取下面群众的意见,要使群众的耳目帮助在上者的视听,"一视而通见千里之外","一听而通闻千里之外",他认为只有这样广泛听取群众意见,才能明白群众的是非,做到赏罚分明,"使天下之为寇乱盗贼者周流天下,无所重足者"(《尚同》下篇)。他还认为刑罚的目的在于"沮暴",如果不通下情,"上下不同义,上之所罚,则众之所誉",就不足以沮暴(《尚同》中篇)。他指出这点非常重要,"治"必须在"民主"基础上进行,才能真正的贯彻执行。

绍崑教授这部大著,精义很多,我所领会到的只是其中一小部分,而且他的许多论点足以发人深思,很有现实意义。人类社会的历史正在不断地进步发展,从野蛮走向文明,从专制走向民主,从人治走向法治,国际间和平共处原则和人类社会共同的公正法则正在经过建立而不断完善中,我们由此回顾二千多年前的墨学,就更显得它的伟大,此中现实意义是十分深长的。

杨宽

1990 年 5 月 20 日

写于美国迈阿密海滨①

5 月 26 日,先生致函王孝廉:

---

①李绍崑:《墨学十讲》,水牛图书出版事业公司,1990 年,杨序第 1—10 页。

孝廉先生:

　　许久未通音讯,很是想念。

　　我最近应西嶋先生之约,正在写一本《自传》,将由他主持译成日文,其中有个问题,想要谈到,请您指教。

　　最近读到刘起釪《顾颉刚先生学述》第292页讲到:"象日本史学界曾经荡漾过'尧舜禹抹杀论',那是他们当时作为军国主义者的御用文人所别有用心提出的,怀有'墟人家国'的隐衷,与科学研究不可同日而语。"吾在《中国上古史导论》中,曾列举白鸟库吉这方面的主张,作为科学研究而提出的,我所读白鸟库吉的著作很少,请您指教,对这一问题,应该如何加以辨白。刘起釪是顾颉刚晚年所作尚书研究的助手。他的著作是前两年寄来的,我未细读。今日翻到,感到他这样的说法,究竟有什么确实根据? 这是需要明辨的。必须把"学者"与"御用文人"作出严格区别。因为我所读日本学者的书不多,请您指教。

　　专此,敬颂

著安

杨宽

1990.5.26

1991 年辛未　先生七十八岁

　　3月,先生撰写《历史激流中的动荡和曲折——杨宽自传》序言。

　　8月,先生将明清刻本古书及学术著作 1246 种、5611 册捐赠给上海图书馆①。

---

①杨宽:《历史激流:杨宽自传》,第423页。

1992 年壬申　先生七十九岁

5 月 22 日,先生致函王孝廉:

孝廉先生:

　　许久未通音讯,甚为悬念。

　　顷接大教,十分高兴。拙作《自传》已全部写成,全书共十章,约二十五万字。书名拟是《历史激流中动荡的曲折的经历》。承蒙台北时报出版公司愿意出版,这是先生大力推荐的结果。稿件复印本想即航邮寄给您,请惠示邮寄稿件确切地址,当即寄上。并请指教。

　　来信谈及上海博物馆的事,下次先生如有雅兴前去参观,当即写信推荐,想必乐于热忱招待参观。最近上海出版《上海七百年》一书,其中谈到我创建上海博物馆工作的事,说明至今尚未忘记我。

　　专复,顺颂

著安

杨宽

1992. 5. 22

6 月 29 日,先生致函王孝廉:

孝廉先生有道:

　　6 月 14 日大教,敬悉。

　　承蒙先生与吴继文先生已经接洽好出版拙作《自传》的事,非常感激,已尊嘱将全部复印稿于本月 27 日作航空邮件寄给继文先生。先生所提修改书名意见极好,已照尊意改定为《历史激流中的动荡和曲折——杨宽自传》。

　　此稿为我晚年用力之作,根据我一生的切身经历分析了这个历史激流过程中惨痛而深刻的历史教训。相信在先生与继文先生的大力主持下,此书定能成为一部装璜印刷精美而流行的读物。

便中尚望多多指教,即颂

道安

杨宽

1992.6.29

7月,先生将善本古籍 28 种 408 册捐赠给上海图书馆。1991 年和 1992 年两次捐赠中重要的有元刻本《山堂先生群书考索》前集、后集、续集、别集(64 册)、明刻本《风俗通义》、《河防一览榷》、《丹铅总录》、《宣和博古图录》、《两汉博闻》、《白孔六帖》、《艺文类聚》、《初学记》等,清代嘉庆年间张海鹏据宋本校勘的《太平御览》(102 册,此书木版刻成后印刷不多,即遇水灾,因而传本稀罕)、光绪年间黄以周晚年硃笔圈点批校本人著作《礼书通故》定本(32 册)、清刻本《四虫备览》(4 册)①。

1993 年癸酉　先生八十岁

1月1日,先生致王孝廉贺年卡一张:

王孝廉教授:

恭贺新禧。

一九九三年元旦

杨宽敬贺

来信早已收到。尊嘱寄往北京之签名,已照办。拙作回忆录已与时报出版公司签订合同,承蒙推荐,极为感激。

2月,先生撰写《历史激流中的动荡和曲折——杨宽自传》

①杨宽:《历史激流:杨宽自传》,第 423 页。

后记。

8月,《历史激流中的动荡和曲折——杨宽自传》由台湾时报出版社出版。李绍崑撰写是书评论一篇,节录如下:

> 杨宽先生是一位当代中国的史学家。四十年前我已久仰了他的大名,因为他对《墨经》的研究慧眼独具、洞见殊多,令我非常钦佩,而在个人有关墨学的著作中不时也引用了他高见。
>
> 十年前,偶读上海版的《文汇副刊》,始知杨教授仍旧健在,而且已移居来美。承《文汇》的牵线,我们得以直通音讯,而逐渐成了学术上的忘年之交。
>
> 今年初春是杨老八十初度的良辰,台北中时出版部印行了一册《杨宽自传》,名为《历史激流中的动荡和曲折》。最近承杨先生寄赠了一册,并嘱读完之后,撰写一篇书评之类的文字。抚心自问,虽属忘年之交,而非史学专家,焉敢在史学家之前班门弄斧?
>
> 但是,在我读过了这部四百多页的《杨宽自传》之后,我才知道,作者以史家之笔写完了他的亲历之事而外,也写尽了中国知识份子所尝过的人生之酸甜苦辣痛,因此他封面上就给读者作了会心的交代:"在备受折磨后,史学家而写自传,观照的便不只是一己生命的曲折,而且是民族历史与史学史互相纠缠的命运。"换句话说,他所写的也是你和我的命运,因此我在读完了全书之后也不自禁地要写出我自己的回响。
>
> 《杨宽自传》的内容,除了自序、后纪和附录之外,正文总共分为十章,大凡四百余页。在其自序中,作者告诉了我们他在撰写自传的两个动机:朋友们希望他写自传,因为他"一生努力于中国文化事业的建设和中国的历史研究工作,

所经历的正是中国现代史上政治、社会、文化发生重大变革的关键时刻,能够系统地回忆而写出来,其学术价值将不下于学术专著"(P9)。

此外,作者之所以要写这部自传,是因为"至今许多学者所写的自传都对政治运动避而不谈",而他自己呢,"我参加历次政治运动比较全面,参加的时间长而深入,亲身受到冲击和折磨的次数多,使我逐步认识到历次政治运动前因后果及其真相和本质。因此我要在这里,根据自己亲身的经历和体会,对历次政治运动作出具体的分析,这是我们十分惨痛的历史教训,应该牢牢记住,并告诉全世界的人民"(P11)……

杨宽不是西方的基督徒,但他却娶了位东方虔诚的天主教徒为妻,也许他受到了陈女士的潜移默化,因此他们在晚年所表现的重风亮节,实在已踏上了"超凡入圣"的不归路。这条路不是西方人走出来的,而是我们东方的中国人老早就走过了的!1989年6月我应南开大学之邀,作一系列的专题演讲"墨学十讲";次年由台北水牛出版社出版,杨宽先生赐写了一篇长序,他赞许了我的主张,认为墨子的中心思想是《天志》。没想到他在自传中还引述了这一段往事。他又说:"墨子所说出于天志的法仪,就是神圣的人类社会共同的公正法则,出于天意的大公无私、兼爱、兼利和光明普照。"(P382)

今天的杨氏夫妇正生活于"兼爱、兼利"的圣域之中,正沐浴于佛州阳光的"光明普照"之下,杨先生满意地写道:"我的妻子负担我的全部生活,并悉心照顾我的健康,现在我心情舒畅,身体比以前健康,过着一个幸福的晚年。"(P376)

幸福的寿星,祝您时时舒畅!动荡停止了,是一片宁

静;曲折扭转了,乃平坦的大道。幸福的寿星,祝您永远
健康!

1993.12.8 于宾州爱大①

12 月,先生《中国古代都城制度史研究》由上海古籍出版社
出版。《文汇报》刊有此书出版信息一则,录之如下:

　　上海古籍出版社新近出版著名历史学家杨宽教授的
《中国古代都城制度史研究》,该书与 1985 年出版的杨著
《中国古代陵寝制度史研究》是关系密切的姊妹篇。可以
说,历代君王陵园中陵寝的布局与规格,常常是依据生前所
居住都城的格局来设计的,研究陵寝制度就必须研究都城
制度,而研究都城制度时,又必须将它与陵寝制度结合起来
探讨,两者是相辅相成的。

　　按照本书作者的观点,中国古代都城制度的发展历史,
可以分为前后两个阶段:前一阶段从先秦到唐代,是封闭式
都城制度时期。后一阶段从北宋到明清,是开放式都城制
度时期。所谓封闭式都城制度,指的是都城中的"郭"里有
封闭式的居民"坊里"制度和集中贸易的"市"的制度。"坊
里"和开门设店的"市",四周都筑有围墙,门户都设有小官
管理,早晚定时开闭,夜间不准出入。到了晚上,坊门、市门
紧闭,大街上不准通行,城内还有严密的警卫设施。到了唐
宋之际,都城制度开始从封闭式转变成开放式。这时,都城
中出现了许多新的经营日用品的"行"或"市",旧有的封闭
式集中的"市",逐步为新的行市和街市所代替。这一时期,
由于社会经济的发展,人口的急剧增长,出现了许多街市、

---

①李绍崑:《历史激流中的动荡和曲折——评介〈杨宽自传〉》,《鹅湖月刊》
　1994 年第 19 卷第 12 期。

酒楼、茶坊,组成了全国性的商品市场。居民区与商业区连成一片,大街小巷的交通网逐渐形成,代替了旧有的封闭式街坊结构。原来的封闭式都城制度逐步转向开放式的都城制度。

　　日本东京大学名誉教授西嶋定生对本书作者的研究成果给予很大的肯定,他在为本书所作的序言中称:"这是一部充满了创见及其论证的著作。"这部著作是"基于都城的平面布局发展与礼制及政治史相关联这一新观点,实证地、综合地阐明了中国古代都城制度的发展历史"。

　　本书在上海出版以前,曾有日文译本由日本学生社出版。全书分上下两篇,共二十四章,约四十五万字。从距今五六千(年)前仰韶文化时期的氏族村落的出现,作为城市的萌芽,也可说是都城的起源开始,直至清代北京的布局结构,作了系统而详尽的阐述,不仅对了解中国古代都城的发展变化,而且对研究中国历史、地理、礼制与风俗等都有很好的参考价值。[①]

录刘永华对此书的评论:

　　遗憾的是,日本的中国史研究者中,尚无人对元会仪进行考察。

　　对此问题曾进行过较为深入研究的,是中国的杨宽。杨氏在其著作《中国古代都城制度史研究》(上海古籍出版社,1993年)中,考证了原始社会至唐代中国都城制度的发展,发现西周至西汉"坐西朝东"的都城布局,在东汉以后转换为"坐北朝南"。杨氏认为这种从东西轴向南北轴变化的

―――――――――

①郭曼曼:《杨宽教授推出新著〈中国古代都城制度史研究〉》,《文汇报》1994年7月17日第7版。

原因与礼制有关,因此从南郊祭天之礼的制度化和元会仪的大规模化中去寻找线索。杨氏认为,针对国君的大朝之礼出现于中央集权体制趋于形成的战国时期。统一的秦帝国成立后,遂将之作为元会仪,使其更加隆重。其后,这一隆重化的趋势得以持续,至东汉时达到顶点,对都城布局予以决定性影响。

杨氏对规模日益庞大的元会仪的内容和目的进行了考察,指出:元会仪在尊崇"皇帝之贵"的同时,还明确了群臣的序列;群臣和宗室向皇帝朝贺、"上寿";并通过郡国上计(年度报告)的形式对全国各地一年间的情况予以检查、考核,以达到强化中央集权体制的目的,具有重要的政治意义。

对于杨宽氏的议论,基本上可以认同,但有几个地方是错误的。〔原注:例如,杨宽称:"东汉明帝把这种元会仪搬到光武帝的原陵上举行。"(198 页)但上陵礼是比照元会仪而举行的另外的仪式,《续汉书·礼仪志上》对两者也做了明确的区分。另外,书中还指出:皇帝在元会仪上接受郡国上计文书(199 页);但隋唐以后,郡国上计与元会仪分开,设有户部主管上计(200 页)。上计文书的受理、管辖,东汉时形式上归司徒府,实际上由尚书执掌,自三国至隋唐时期一直如此。《大唐六典》卷 2"吏部尚书考功郎中"条引《汉官仪》云"曹郎二人,掌天下岁尽集课",之后详记唐代以前考课郎中的沿革。上计吏参加元会、拜谒皇帝是事实,但尚无史料可以证明皇帝在元会仪上接受郡国上计文书、检查、考核地方行政之事的存在。〕①

---

① 刘永华:《中国社会文化史读本》,北京大学出版社,2011 年,第 175 页。

9月23日,先生致函王孝廉:

孝廉先生尊鉴:

　　许久未通音讯,时在念中,想必近况佳胜。

　　拙作《自传》中文版,承蒙先生爱护,推荐给时报出版,吴继文先生精心为之付排,6月中旬即寄来校样,6月底已校毕寄回。据校对先生平信,预定于7月出版。不知何故,延搁下来,至今未有回音。吴继文先生上次曾来信,谈及他到日本,曾见御手洗胜先生,谈及拙作《自传》之中文本与日文译本皆将于本年出版。御手洗胜先生极为高兴,正等待出版阅读。但最近吴先生未有信来,最近曾寄至时报一信,亦未见答复,想必先生与吴先生经常有联系,可能他因公出差,不在出版公司。不知有消息否?

　　拙作《自传》日文译本已由我的一位日本留学生全部译成,因东京大学希望加上译注,译者又费时加了译注,因而拖延时间较长。最近正由西嶋定生教授在审定之中。据东京大学有关方面审阅译稿后,评价很高。原拟今年年内出版,不知能及时出版否?因为目前还有人希望增加译注,因为其中谈及的事,有些日本读者不容易了解,但又感到译注太多,篇幅太多,也不合适。总之,正在努力争取快速出版中。

　　目前我正在编写一部过去未完成的旧作。

　　专此,敬颂

著安

杨宽
1993.9.23

10月4日,先生致函王孝廉:

孝廉教授赐鉴:

　　前几天寄上一函,因时报出版公司无消息,曾向先生请教。

顷接时报出版公司,寄来初版两千册版税二千一百卅三元支票,说明该书已经出版,待接到寄来新书时,当即奉上请指教。

承蒙爱护关心,极为感激。

专此,敬颂

著安

杨宽

1993.10.4

1994 年甲戌　先生八十一岁

12 月 8 日,先生致函王孝廉:

孝廉教授道席:

许久没通音讯,想必今年前往长春调查民间传说,收获必丰。近年这方面的研究工作正蓬勃发展,估计这门学问的发展,前途正未可限量,前程十分远大。

最近收到上海人民出版社来信,寄来一张"合同"性质的"委托书",希望我签订。声称台湾一家出版社,要在台湾出版原来上海出版的一些著作,印所谓"繁体字本"发行,包括我的《战国史》一书在内。我已退回这张空白的"合同"兼"委托书"。我说:此书 1980 年所印第二版,至今已有十五年,需要补订改编,重出新版,将由我自己交台湾的出版社发行,不必再经上海的出版社代表我签订合同。但来信与所附委托书上都没有写明是台湾哪一家出版社,因为他们想加以垄断。

我在前信谈到,我正在补充修订旧作《战国史料编年辑证》一书。此书从二十多岁时,即开始编著,因为内容紊乱繁复,长期未能定稿,只用作自己著作《战国史》一书之资料汇编。如今加以统一定稿,并将近三十年来新发现之史料编入,更作较为精细之考订。估计出版之后,将成为治战国史必读之书。此书按年所编史料,上继《春秋》《左传》,下讫秦之统一,共二百四十多年,附有编年之考证,并有关于史料真伪之考订,纠正了《资治通鉴》以来所有这方面著作之错误。可以说,此乃继《春秋》《左传》之后一本研究"战国史"的"经典"著作,将有传世之史料价值。目前我正在进一步依据此书,修订《战国史》,使《战国史》作为最后一种"定本"而出版,称为"增定本"的《战国史》。

上海人民出版社出版我的《战国史》,先后印两版,共印刷十多次,共出平装本四万多册,精装本一万多册。平装本最后一次印刷是 1980 年 7 月,印数已达"40500"册。闻香港有三家小书店印"盗版"不知印多少册。我在 1980 年第二版印出后,未再与上海人民出版社签订合同,他们无权再印。我想,此书为我几十年来用力之作,亦是印数最多之作,最后出一本"增定本"是十分必要的。

我希望能在台湾出增定本《战国史》,同时出版这部规模较大的《战国史料编年辑证》,使两书相辅而发行,估计《战国史》销路不会小的(因为十多年来已未重印),此书原来已发行很广,学术界普遍知道此书。《战国史料编年辑证》一书销路当然不及《战国史》,但有研究价值,有永久使用之价值。我恳请您向台湾出版界探听和推荐,希望有一家较大的出版社能够出版这两书,这是我晚年所想完成的一件大事。多谢您对我所作的帮助。

我原有编辑出版我全部学术论文全集的计划,总共大约有一百七八十篇长短的文章,但目前尚无暇及此。

我的《自传》日文译本,因为"译注",再加上"东京大学出版会"郑重其事,到目前,第一次校样刚印出来。最近翻译此书的我的日本学生(现任山口大学教授)到上海"我的家乡"去拍摄照片,以便作日文译本的插图,他为此专程到了上海去一个星期。看来日文译本要比中文本厚一些了。待出版,我将请我的学生直接寄给您。请您指正。专此,敬颂

冬安 恭贺新年

杨宽

1994.12.8

1995年乙亥 先生八十二岁

2月21日,先生致函高木智见:

高木同学:

承蒙寄来我需要的文章,对我帮助很大。我从84年来到美国以后,国内杂志只有《文物》《考古》《考古与文物》《文博》等四种,请亲戚每期从上海寄来,其他杂志都没有看到。现在我的《战国史料编年辑证》已经基本写成了,大约有七十万字。目前还在做补充修订工作。

郭沫若的那篇考释,他刚写成,我就在他家中看到过,他认为诅楚文三石,"巫咸文""大沈厥湫文"是真,"亚驼文"是假,我是赞成的。他的解释和考证我不同意。我认为,当时秦、宋等国,都流行"巫师"的"巫术",大战前,当由"巫师"咒诅敌国君主,这是一种"巫术"。过去"彝族"有这种巫术,战前,由"巫师"祷告天神,咒诅敌人首领,并扎草人写上敌人的姓名,一面咒诅,一面打击。战国时宋国仍用这种巫术,我在《战国史》509页注解中谈到,没有加以发挥。秦国也是如此,秦王便用"宗祝"诅咒楚王,正当大战之前,

"宗祝"是宗庙之祝,秦的祖庙在雍(即今凤翔),秦祭祀天神之祠也在雍,所以"宗祝"在雍举行"咒诅"。《古文字研究》上那篇"献疑"的文章,所提四点可疑,我认为,不能成立,这是他不理解这是巫师的巫术,唐宋间的文士是不可能杜撰出咒诅"巫术"的。"巫咸"是"巫师"崇拜的天神,是上通天庭的。"大沈厥湫"在"朝那湫"(今甘肃平凉县西北),据说是"龙"的潜居之渊,龙即"句龙",是后土之神。诅楚文所以先在雍,在"巫咸"神前咒诅,又到"朝那湫"旁,在"大沈厥湫"神前咒诅,就是要上通天庭,下通地宫(龙宫)。所有咒诅之辞,就是把楚王说成"桀""纣"一样的暴君,并不是事实。看来齐国亦有这种巫术,"宋王偃"被说成和桀纣一样,看出原本出于齐的咒诅。("大沈厥湫"这个神,看来就是因为"龙"潜居渊中,祷告的刻石要沉入水中,因而神名"大沈厥湫"。)

《大美晚报·历史周刊》上的文章,已经从上海图书馆中查明,共有三十七篇,现把目录寄上。另外《中国皇帝陵之起源与变迁》论文目录,第65条以后,注明有十四篇文章发表在顾颉刚主编上海的《益世报》"史苑"周刊上(上次误写为天津《益世报》"史学",也请亲戚到上海图书馆去查证),因为图书馆藏报有残缺,只查到八篇的目录,其中有一篇,连载三期,另外六篇没有查到,因为报有残缺,别处是不容易找到的。

现在我要请您复印:《文物》1976年9期上发表的《云梦睡虎地4号秦墓出土的两封木牍家信》的全文,两封家信不长,我这里只有84年以后的《文物》。

另外我要找刘向《列女传》这书中有关战国史的资料,刘向《列女传》共七卷,共记一百多名妇女,不知其中有多少战国时人。我现在所知的,只有二人,一是倒数第

二代赵王(赵悼襄王)之倡后,二是秦攻破魏之后,所谓
"节义"的公子乳母。如果容易买到的,请代买一册寄来,
估计书不厚,字数不多。如果买不到,复印的话,只印此中
战国时人。

　　我现在想不到其它可以补充的资料,不知你看到近年
发表的文章中有重要资料否?

　　十分麻烦您,我很高兴的,这部青年时代开始编写的
书,如今补充完成了。为了力求完美,还想作些补订。

　　敬祝

健康快乐

杨宽

1995.2.21

　　上次承蒙寄来中华书局出版的何建章《战国策注释》上
册有很多缺页,缺427—458页。①

3月4日,先生致函王孝廉:

孝廉教授:

　　去年冬天,承蒙马昌仪教授寄赠的《选粹》早已收到。
看了之后十分高兴,这是一本继往开来的选集。去年11月
间,又承蒙她来信(我早回复信给她),告知有关这门学科的
发展情况,并且告知今年4月台北将召开一次中国神话传
说研讨会,大陆将有不少学者前往参加,您亦前往。我很高
兴,这门学科,看来随着形势曲折的发展,将要蓬勃地兴旺
起来。我久不写这方面的文章,对这方面久已生疏,现在兴
来,写成了《秦诅楚文所表演的诅和巫术》一文,先将文稿寄
给您,请您指教,请看看此中有什么不妥地方否? 我想把这

———————

①文中先生致高木智见函皆由日本国立山大学高木智见提供,特此致谢!

样文章,投寄历史考古方面刊物发表可能作用不大。如果台湾有论文集或者杂志适合发表的,请转交给他们发表。如果台湾不合适发表,我想请在会上交给马昌仪教授带往大陆发表,请代为作主。

　　我上次拜托您的事,承蒙请托吴继文先生,并将信转交给他,他于1月12日已有信来,说《战国史》出版没有问题,定稿后寄去,即可安排出版,至于《战国史料编年辑证》一稿要提供进一步资料,尤其是字数。我已寄去《序言》与《编著凡例》。我所说的"总字数"是"七十万字",这是我初步估计的,因为前后所用稿纸不同,原来是没有用印好稿纸,而是写在白纸上,字比较大,可能实际数字,不过五十到六十万。我想您在会上会见到吴继文先生,我很希望《战国史》和《辑证》由一个出版社出版,如果"时报"能将书先后出版再好也没有了,这是我所希望的。如果"时报"出版《辑证》有困难,不知台湾别的出版社能够出版否,如"联经"等。我固为不熟悉台北出版界,请您多多帮助接洽。上海的"人民""古籍"两家出版社是欢迎出版的,但是《战国史》,我已回绝,《辑证》也不便交他们出版。因此希望都能在台北出版,如果"时报"有困难,"联经"方面是否可能?《辑证》一书是我十分用力之作,在学术上具有重要的价值的,不同一般的资料书,此中有许多重要的考订,解决许多历史上的重要问题。

　　请便中向吴继文先生问候与商讨,在会上请代向马昌仪教授问候。

　　专此,敬颂

撰安

杨宽

1995. 3. 4

3 月 15 日,先生致函高木智见:

高木同学:

今天看到纽约的《世界日报》,上海"刘海粟美术馆"即将开放,刘海粟是去年去世了(九十九岁去世),生前把收藏古字画三万多件,自己作品六百多件全部捐献,从而上海市当局创立了这个美术馆。我在自传中文本 291 页 7—11 行,谈到刘的事,说他上海和南京两处有家,上海家中字画全部红卫兵抄出焚毁。这是事实,刘是著名的大画家,既划为右派,也诬害为反革命份子,"文革"时当然要"抄家",是逃避不了的。大概因为他早已划为"右派",反"右派"斗争一般是不抄家的。他因为既是画家,又是著名收藏家,他的一部分收藏品曾在商务印书馆出过书的,因此他早已把许多主要精品转移到别处秘密保藏起来,留在家中的只是次等品,他在家中被抄之后,所以在公园里到处告诉人家,就是让大家知道他已抄过家,免得再到别处去搜查。既然是这样情况,恐怕有人看到我的自传,要说我是"造谣",上海当局也可能要如此说。因此我的自传这段话,必须要加以补充说明。

我考虑,中文本 291 页第七行第一句"抄家中文物受到损失确是很大的"下,加一句:"只有个别的人预先把家中所藏转移到别处秘密保藏的才得保存。"第十一行末句"一起丢到场地上毁之一炬"下,加二句:"其实他早已把许多重要的精品转移到别处秘密保藏,因而得以保存。"

这样的增补,非常重要。是不是可以设法现在补进去,到"三校"时特别注意这点,十分麻烦您,请您设法补充一下,非常重要。

另外,西周的胡巫人首像找到了,见于陈全方《周原与周文化》图版 20,"扶风召陈西周建筑遗址中出土的蚌雕人头像"。1 号头像顶上刻有"巫"字。这本书是我帮助他们编的,我从头到底做了修改,并做了补充。

　　秦诅楚文是秦惠王时的,《吕氏春秋·去宥篇》,说到秦惠王听信"饰鬼以人""罪杀不辜……",同时墨学在秦惠王时很盛行,李学勤推测《墨子·备城门》以下各篇作于秦惠王时,《迎敌祠篇》讲到"公祠",见于秦简"法律答问",应作秦惠文王未称王以前(见《云梦秦简研究》334 页)。

　　周原出土甲骨文有"宗贞…成唐(汤)…反二女,其彝:血羝三……",宗而宗祝(即巫师),"反二女"即杀俘二女,即用彝盛血而祭祀。其次再用羊豕……《逸周书·克殷篇》"乃命宗祝……祷之于军……"中也讲到军中分宗祝。

　　不多写了,敬祝

健康快乐

杨宽

1995.3.15

5 月 24 日,先生致函王孝廉:

孝廉教授道席:

　　前曾寄上一函,想已奉达左右。同时曾寄上拙作《中国都城的起源和发展》日文译本一册,敬请指正。

　　在上次寄出信以后不久,即收到《御手洗先生退官纪念论文集》,在先生的组织和主编之下,这本论文集集合中日两国学者的论文,用中文在台湾出版,确是一个创举,正如先生《后记》中所说:"无论在日本或者在中国,这都是第一次。"我想大陆的许多学者的文章在台湾出版的论文集中发表,同样都是第一次,只有在当前的时机,由于先生的主持,才有可能有如此盛举。以这样的盛举用作御手洗先生退官的纪念,是很堂皇的。这部论文集无论在内容上与形式上,都很堂皇,在台湾出版发行,必受欢迎。而且印刷纸张、铅字以及设计装订,都属上乘,寄往大陆,可以对大陆的学术界与出版界起促进作用。

由此引起我的联想。近年我在日本出了两本著作的日文译本,一本《论陵寝制度》,一本《论都城制度》(即最近送呈者)。《陵寝制度》的中文本,已在上海出版,不知这两书的中文本是否台湾能够出版。如果作些补充或修订,是否可合适。我近年在写《西周史稿》一书,此次发表的《论周武王克商》即是其中一部分,全书写出还需一段时间,如果今后台湾适合出版,亦是好事。因为四十年隔断,我在台湾没有熟人,我想拜托先生代为询问。覆御手洗先生一信,敬请转寄。

敬颂

道安

杨宽

5 月 24 日

6 月 18 日,先生致函高木智见:

高木同学如见:

6 月 23 日来信收到,陈汉章《周书后案》复印本已很快寄到您那里了。我真想不到,陈汉章,浙江象山人,民国初年的著名学者,他的著作印本流传如此稀少。我查过京都大学所藏汉籍目录中没有这本书。刘起釪是顾颉刚"尚书学"的弟子,看来顾颉刚也未见此书,北京图书馆未有此书。想来古籍出版社即将出版的三人合著《逸周书汇校集注》,曾看到此书。古籍出版社既然出版这本《汇校集注》,看来不会再出沈延国的《集释》了,大概《汇校集注》比较内容齐全。

我捐献给上海图书馆的书,此中还有多种罕见之书。如清代本刻本《四虫备览》四册,我曾翻阅许多图书目录,不见此书,可能这是一本"孤本",此书搜集古书"动物"资料,可以说是科技史的著作,看来许多研究科技史的学者都未见过,包括李约瑟在内(据报道,他今年去世)。

我的《自传》,已经三校,看来不久可以出版,我很希望早日出版。光阴过得真快,我们在复旦一起研究学问的时候好像就在眼前,一会儿我已老了。很希望早日看到《自传》出版,费去您许多宝贵的时间和精力从事翻译。我也希望早日结束,您可比较快速地写成您的《先秦思想史》的著作。希望您暑假中能够开始新的写作。

这次《自传》所附的著作、论文目录是比较完全的。我曾经想出版一部总的论文集,如谭其骧那样。因为我的大小文章比较多,大约有二百篇,可能一起出版太庞大,有困难。我想分印"专题"性质的论文集,如《古神话论文集》《墨子学术论文集》《西周春秋史论文集》《战国史论文集》《农民战争论文集》……不知是否容易办到。

我的《战国史料编年辑证》一书,大体上已定稿,今年也想送交出版社,因为篇幅多,排印出版可能要费很多时间。因为书中有古字,可能校勘也很费力。如果此书出版,再加上我所主编的《战国会要》一书,关于"战国史"的研究资料就很完备而有系统,便于大家一起研究了。如此可推动这方面研究进一步发展。

您问的关于"林惠祥"的问题。中文版 102 页 1 行所说"后来林惠祥成为我的同行和朋友",所谓"同行"是指"相同的行业",指林惠祥和我一样做考古的工作,特别是中国东南地区的考古工作。并不是说我和他曾经在同一单位一起工作。中文本 193 页 9 行,讲到"沈从文在中国历史博物馆工作,改行研究古代服饰,成为我的同行了",是讲沈从文不再写小说,而在博物馆改行研究古代服饰,和我在上海博物馆研究古物,成为"同行",也不是说我和沈从文曾一起工作。"同行"这两个字,不知如何译成确当的日文比较确切?

敬祝

健康快乐

杨宽

1995. 6. 18

6 月 30 日,先生致函高木智见:

高木同学如见:

23 日来信,连同出版会用后退回的内人照,都已收到,很是感激。

东大出版会所寄海运慢件,恰巧同时收到。多谢您的谦让和特意照顾。一共收到十二册赠书,连同上次航空所寄一册,共十三册之多。并蒙代为赠送给贵国学者五册。

最近接到尾形勇教授来信,他已收到我的赠书,他很是高兴,已受出版会的请托,将写一篇推荐介绍的文章,不仅针对中国史的专家而言,而且将向广大的大众读者宣传,因为此中有现代史的确实记载。我已回信表示赞赏和感谢。我并且告诉他,这本《自传》的中文本,王孝廉教授曾带一册到北京,送给了历史所的顾潮——顾颉刚的女儿。顾潮是"流着眼泪读的",因为顾颉刚五十年代以来,长期受到排挤和批评,认为我的《自传》"对他做了公正的评价",因而"非常感谢这样的正义和公平,她说如果顾先生泉下有知,也会因有这个朋友而感到安慰的"(1994 年 6 月 12 日来信原文)。

关于《中国重要考古发现》，这本书我未见过，两位作者我也不认识，可能是年轻学者所作综合性的报导性质的汇编，只是把许多重要考古发现集合起来，作了较详的叙述和介绍，不知其中特殊的高明的见解否，是否有特殊的价值的"专著"？请您仔细通读、研究推敲，是否值得您费了很多宝贵时间去翻译？您为了我的《自传》的翻译，做了许多细微而周到的工作，因而费去您许多宝贵的精力和时间。您已快进入中年，看来当前最要紧的工作，应该有自己有份量的"专著"出版，与您目前进行的教学密切相关，写一本有系统的《先秦思想史》十分重要，这样就便于晋升教授。而且，当前贵国学术界正是看重您的时候，出版这样一本"专著"很是及时的。尽管您有高超的翻译中文的能力，可以驾轻就熟去翻译别的书，看来必须仔细考虑一下，不适宜把时间和精力用在翻译一本综合性和一般性属于介绍性质的著作上去。如果要翻译，也必须翻译有名望而有特殊价值的著作。如果您本来不想翻译，不适宜去翻译而勉强去翻译，这是不必要的。我想，作为老师的，对此必然会原谅的。而且这样去做，费力而不讨好，希望您多多为自己的前程着想，并为今后的学术研究工作着想。请您为此多作考虑。如果您已经答应您的老师，或者已经与原作者接洽，也还是可以改变，说明原想这样翻译，目前因为有更重要的著作写，只能推迟了。待以后看工作情况再作考虑，绝没有"非翻译不可"的道理。

敬祝

健康快乐   前程远大

杨宽

1995. 6. 30

12月13日，先生致函王孝廉：

孝廉教授赐鉴：

　　许久未通音讯，想必已经回到本校。先生长期到各地采访民间神话传说，收获必丰，将大有助这方面研究的发展，十分敬佩先生勤于这方面所作的努力。

　　拙作《自传》的日文译本，因东京大学要求高，译者费力较多，到今年9月才出版。高兴的是，此书排版、印刷、装潢，据说在日本都是第一流的。只是定价太高，作为学术著作出版的，印数不多，只印了1500册。

　　去年11月承蒙马昌仪教授寄来主编神话论文选集两巨册，并寄来一封很友谊的信，对这方面的研究充满着光明前途的信心，精神极为可佩，又蒙先生与马教授讲到顾颉刚先生女儿读了我的《自传》的感触，真如许多日本学者所说的，此书将得到许多专家学者的"共鸣"。我的《自传》，对过去文化学术界的"风风雨雨"，作了真实的叙述和认真的评论，希望由此吸取历史教训，将有"雨过天晴"的好景来到。当时十分高兴……因而写了一篇《论秦诅楚文》的文章，请您转交给她……反而引起了一些麻烦。本来我想把我《自传》的日本译本请寄送一册给顾先生女儿留作纪念的，后来考虑到，怕反而引起麻烦，就决定不寄了。具体情况不了解，如果由于我请您转交一篇文章而引起什么麻烦，烦请便中代我表示歉意。

　　关于古神话方面，有许多文章值得写（例如1942年长沙楚墓所出土的《楚帛书》〔或称《缯书》〕上二段文字所谓的创世神话），很希望这方面的研究能够活跃起来。目前无暇及此，随手写来，很是草率。

　　恭贺

新禧

杨宽敬上

1995.12.13

1996 年丙子　先生八十三岁

1 月 18 日,先生致函高木智见:

高木智见教授:

　　来信早已收到,知道你工作很忙,正在筹备一本专著——《先秦思想史》,很是高兴。因为这对你的前程,关系很大,希望能够早日着手,早日完成,早日出版。你说将要到台湾去作这方面研究而写这本书,是否台湾这方面有许多方便。我希望这本书,内容可以很专门,但是写来要很通俗,不要引文太多,都要写成现代化的文字,便于理解,便于出版社的发行。

　　我目前正在重新修订我的《战国史》,因为此书过去印数很多,一共印了五万多册,影响很大,无论大陆或台湾都希望能出版。此书"第二版"是 1980 年印的,距今已有十五六年,出新版应该全面加以修订。我正在修订中,预定书名加上"增定本",就是想作为最后"定本"。因为年老了,今后不可能再作全面修订,因而成为"定本"。近年我已完成了《战国史料编年辑证》,因此《战国史》中有不少是可以补充修订的。关于这方面的考古资料,过去李学勤曾有《东周与秦代文明》加以概括,我早已见到。最近听说他有《李学勤集》,由黑龙江出版社出版,是否正确? 有关近年来这方面的新资料,你见得多,如果想到,望见告。凡是重要的,我很想加以补充。

　　另有一信,想请你帮助办理,把两份资料送给两家古书店,并代为问询一下。

　　敬祝

新年快乐健康

　　　　　　　　　　　　　　　　　　　　　　1996. 1. 18

4 月 3 日,先生致函王孝廉:

孝廉教授：

拙作《论秦诅楚文》，承蒙带往北京发表，很是感激，现寄上复印本一份，敬请指正。

上次我读到长沙子弹库出土的《楚帛书》，中间八行一段，近人都误解为"宇宙论"的哲学思想，其实这是原始的创世纪神话。是讲伏羲和祝融先后开天辟地的神话。近人分八行为三段（或三章），其实只有两段，第三段实际上是和第二段连接的。第一段讲原来混沌一团，经伏羲疏通，使得"朱（殊）又（有）日月，四神相弋（代），乃步以为岁，是惟四时"。是讲伏羲使得日月分明，并使"四神"主管"四时"的运转。第二段讲千百年之后，日月又混，九州不平，四时又乱，于是炎帝命祝融，使"四神"重新奠定"三天"与"四极"，"为日月之行"。所谓第三段，"共攻□步十日、四时……有宵有朝，有昼有夕"，"共攻"是说四神共同工作，使得十日、四时运转，于是有朝夕。近人把"共攻"解释"共工"是错误的。

我在《中国上古史导论》中早已指出，《尚书·吕刑》所说上帝命重黎（即祝融）"绝地天通"，即开天辟地。《山海经·大荒西经》日月山，"帝令重献上天，令黎邛下地……以行日月星辰之行次"，就是《楚帛书》所说祝融使四神"为日月之行"（《古史辨》第七册314—315页），"烛龙"的开天辟地，确是从祝融变来的。

我希望您仔细再研究一下，写成一篇很出色的论文，希望能搜集世界上各民族太阳神开天辟地的神话加以比较，定能大有发现。

我原来想写论文，因为忙于修订《战国史》一书，无暇及此。

杨宽

1996.4.3

4月3日,先生致函高木智见:

高木教授:

　　以前承蒙寄来有关"秦诅楚文"的资料,我因此写了一篇讨论文章,朋友把这篇文章带到了台北召开的这方面的讨论会上,后来又带往北京,发表了在文学研究所主办的《文学遗产》杂志上。这是去年的事,到今天,才得到上海亲戚寄来的复印本,寄给你一份,请您指教。因为你曾研究"盟"的历史,"诅"与"盟"有密切关系,我写成这篇文章,是看到了"彝族"有这种"诅"的巫术受到启发,可惜我看到少数民族有关"巫术"的资料太少。"诅"的巫术,从先秦流行到汉初,汉武帝时还因此发生"巫蛊之祸"。

　　《先秦思想史》写得怎样了? 很希望你早日写成出版。我在这篇文章中引了不少《墨子》上的材料,由此可见墨家与巫祝确有密切关系,墨家的宗教信仰是从巫祝来的,《天志》《明鬼》即由此而来,墨家的思想是由巫祝的思想发展起来的,巫祝深入社会,了解民间疾苦。墨家讲究科学技术,即从"巫术"发展而来,古代所谓"术数"或"数术",是科学技术和"巫术"相结合的,例如天文学、历算与占星术有关。《汉书·艺文志》"术数"一类的书,既包括天文、历算、科技,又包括巫术、占卜等迷信。墨家是从中发展了科学技术,把科学技术从巫术中发掘出来,可知《墨经》中有数学、力学、光学不是偶然的。《墨子》书中讲守城诸篇,讲到器械方面,也是讲究科学技术的。因此墨家出于"宗庙之守"之说是可信的,"宗庙之守"就是巫祝,我想如果作些深入研究,可以写出极好的文章,我正在修订《战国史》一书,我想把这一看法补充一些进去。

　　敬祝

健康快乐　工作顺利

杨宽
1996.4.3

5 月 4 日,先生致函王孝廉:

孝廉教授:

　　4 月 20 日来信收到。得知正与您的学生们在作伏羲皇帝传说的研究,并准备写论文,很是高兴。

　　伏羲过去闻一多所写考证,没有解决问题。近人解释子弹库所出土《楚帛书》,以为所讲是"古史与宇宙论",也不清楚。这是很明显的楚人的"创世"神话。同时马王堆汉初墓中出土帛书,有《易经》与《易·系辞传》以及楚人缪和、昭力有关《易》的问答,也值得注意。可知《易·系辞传》当是战国时代的著作,此中讲到包牺氏当"以佃以渔""结绳而治"的时代,"始作八卦,以通神明之德,以类万物之情"。看来这是儒家《易》的传授,流传到楚国时,由楚的经师所增补。《史记·仲尼弟子列传》说,孔子传《易》给鲁人商瞿,瞿又传楚人馯臂,馯臂是《易》在楚传授的重要人物,馯臂同时又是孔子大弟子子夏的门人。孔子标榜"圣"为最高道德,希望有"圣人"出世,慨叹"凤鸟不至,河不出图,吾已矣夫"。《孔子三朝记》(《汉书·艺文志》论语类著录,今存于《大戴礼》中)的《诰志篇》讲到"物备兴而时用常节,曰圣人","圣人嗣则治","洛出服(当读作'符'),河出图"……而《易·系辞传》更进一步,说:"河出图,洛出书,圣人则之。"又说:"备物致用,立成器以利天,莫大于圣人。"以为包牺正在渔猎生活,结绳而治的时代,"始作八卦,以通神明之德……"当是楚国经师在传授儒家《易经》时增加的，他们把伏羲、神农、黄帝的"神谱"，改变成儒家"圣人"的"道统"。《孟子》末章讲到儒家"圣人"的"道统"，自尧、舜、禹、汤以至文王，又到孔子以来。而《易·系辞传》，又在尧舜之前，增加伏羲、神农、黄帝三个"圣人"。荀子是战国末年的儒家，经常住在楚国，荀子晚年在楚著作的《成相篇》（此中讲到春申君），宣传儒家的政治主张，此书中的结论就是"文武之道同伏羲，由也者治，不由者乱"。荀子晚年治《易》，曾引用《易传》（见《大略篇》，如"《易》之咸"，《荀子·非相篇》，又引坤卦六四爻辞），他已把伏羲看作文王、武王以前的"圣人"，看来，伏羲由于战国时代楚国儒家拉来作为第一个"圣人"，因而广泛传播到中原地区的。以上是一些推想，以供参考。

关于黄帝传说的盛行，政治上固然由于"田氏代齐"，而学术思想界的传播，看来由于当时几个重要学派要拉黄帝作为他们的"圣人"。不仅是稷下的学者，如流传于齐、楚、三晋的"黄老学派"就是以黄帝为其始祖的。马王堆出土帛书中有《黄帝》四篇。同时儒家也拉黄帝作圣人，《易·系辞传》说"黄帝垂衣裳而天下治"，就是说黄帝无为而治，这和黄老学派是相同的。同时儒家又宣传黄帝大有作为的许多重要东西都出于黄帝制作。《孔子三朝记·虞戴德篇》就认为学习虞夏商周四代还不够，还得采用"黄帝之制"。阴阳五行家也推崇黄帝，以为黄帝是五帝之首位，以"黄帝"与"后土"相配（见《月令》）。同时讲"术数"与"方技"的，也以黄帝为其始祖，例如医学上最早的著作《素问》(《内经》)即以为黄帝所传授。甚至方士用以讲神仙，秦汉之际方士也认为黄帝是登仙上天的。为什么黄帝如此广泛地被看做各学派学者的祖师，值得注意。

以上想到的一些问题,希望能加以阐释,可能对神话传说的研究有帮助。

关于《论诅楚文》的稿费,早已由上海的亲戚代为收到。稿费的情况,大陆上都如此。我只希望能在适当的杂志上发表文章,稿费是无所谓的。最近写了论《穆天子传》一文,已寄往上海,尚不知何时能刊出,待刊出后,当即送请指教。

去年圣诞节,曾寄贺年片给时报出版公司的吴继文先生,由廖立文主编和编辑李濰美两位代为回信的,说吴继文先生已离开。不知吴先生调到什么地方而另有高就了,便中请示知为盼。以上写的很草率。

专此,敬颂

道安

杨宽敬上
96.5.4

6 月 25 日,先生致函王孝廉:

孝廉教授赐鉴:

十五日大函和两篇文稿,都已拜读,写的非常出色。现在我提出一些粗浅的看法,请指教,供参考。

黄老之学在齐源流很长,不仅适应田齐代姜齐的政治需要,而且适应了齐威王、宣王谋求强大而兼并天下的需要。据《乐毅列传》末段及太史公曰,黄老之学,流传于齐、赵之间,从河上丈人经安期生、毛翕公、乐瑕公、乐臣公(一作巨公)到汉初盖公,已有五代之久。乐臣公已是战国末年人,从河上丈人以来已有四代,平均每代三十年,已有一百二十年,可知自河上丈人到安期生大约在齐威王时。值得注意的是这个安期生。《史记·封禅书》称“自威、宣、燕昭使人入海求蓬莱”等神山,著名方士有安期生,后来汉武帝时,李少君自称炼成黄金以为饮食器,可以益寿,自称见到蓬莱安期生,而且"见之以封禅则不死,黄帝是也"。这是值得探究的。这个安期生可能就是传黄老之学的安期生,因为时代相当,同样以黄帝作为祖师。大著手稿中讲到黄帝见于《竹书纪年》,不确。《抱朴子》(《意林》等书所引)引有《汲冢书》云:"黄帝仙去……"《汲冢书》不必是《竹书纪年》,参看方诗铭等《古本竹书纪年辑证》,黄帝最早见于《左传》和《国语》。

　　黄老之学,起源于老子,但政治主张根本不同,实质上是对老子之学作了改造,用以适应当时田齐政治上的需要。我认为,这点比较重要。《汉书·艺文志》谓"道家者流,盖出于史官,历记成败存亡祸福古今之'道',然后知秉要执本,清虚以自守,卑弱以自恃,此君人两面之'术'也"。道家确是总结了春秋、战国之际各国成败兴亡的经验,归纳成"天之道",用作争取斗争胜利之"术"的。当吴王夫差伐齐时,伍子胥进谏,吴王不听,赐他自杀,伍子胥临终说:"吴其亡乎!……盈必毁,天之道也。"(见《左传》哀公十一年)越王勾践伐吴,范蠡多次进谏,请按"天道",认为"必顺天道",勾践失败,听从范蠡,委曲求全,等待时机,结果成功,"无过天极"(《国语·越语》)。老子之学就是由此而来,认为物极必反,盛极必衰,过分强大要走向反面而失败,因而主张防止自己由盛而衰,而要促使敌人由盛而衰败,主张以柔弱胜刚强。老子反对"法治",认为"法令滋彰"反而"盗贼多有"。反对"礼治",以为"礼"是大乱的祸首。反对"尚贤",以为"不尚贤使民不争"。反对战争,认为"兵者不祥之器",主张"小国寡民","无为而治"。

　　黄老之学,对于老子采取了它的争取斗争胜利之"术",同时改造了《老子》的正确主张。长沙马王堆出土帛书,在

《老子》一书的前面,载有《经法》等《黄帝四书》,说明他们以为《黄帝四书》的重要性高于《老子》。此中政治主张根本不同于《老子》,并且把老子"虚静"的原则作了改造。主张一切依据"法"治理,用考核"形名"的方法,依据法定的"名"去考核臣下所有行为的"形",用来判断臣下的"顺逆",以巩固统治,要做到"是非有分,以法断之,虚静以待,以法为学"(《经法·名理篇》),"君臣不失其立(位),士不失其处,任能毋过其所长"(《经法·四度篇》)。这就是后来申不害和韩非所讲的"术",也就是《史记》所说申不害之学"本于黄老而主形名",韩非"善形名法术之学而归本于黄老",也就是《管子·明法解》所说的"术数"。黄老之学更要求做到"地广人众,兵强,天下无敌",从而达到统一天下(所谓"王天下")的目的(《经法·六分篇》)。

但是田齐实际上未能按照黄老之学去做而达到"王天下"的目的,到齐湣王时,在齐、秦、赵三强鼎立而相互斗争中,相互争夺宋国土地,齐连年攻宋而将宋灭亡,结果引发五国合纵攻齐,于是燕将乐毅乘机攻破齐国,此后田单虽然使齐复国,从此齐就一蹶不振了。这就是谋求过分强大,走向反面而失败的,也就是没有按黄老之学而所得的结果。后来秦朝也因过于快速谋求强大而崩溃的。因此,黄老之学更为人们重视,汉初之所以重视黄老,讲究休养生息,即由这个历史教训而来的。

《穆天子传》一书,我认为真实的。这是战国初期魏国史官依据河宗氏口头流传所讲的祖先伯夭引导周穆王西游河源的传说。周穆王之西行,当如秦惠文王更元五年"王北游戎地至河上"(《史记·六国表》)相同。"游戎地至河上",当由一些戎族首领引导保护送行的,河宗伯夭即是其中一人。河宗氏这个"貉族"游牧部族,当时还存在。《赵世家》记载赵襄子所得天使"丹书",预言此后"优王"(武灵王)"奄有河宗,至于休溷诸貉",所谓"休溷诸貉"就是指九原、云中一带,"九"与"休","溷"与"云"古音同可通,河宗氏是被赵武灵王所灭而占有的。正因为这是依据河宗氏祖先传说,此中所述及人物都是真实的。如穆王大臣毛班,不见于先秦古书,见于周穆王时的铜器班簋铭文(近年考释班簋铭文者,都信《穆天子传》为真实的)。又如周朝开国之君大王亶父,《史记》误作"古公亶父"是由于误解《诗经·大雅》"古公亶父"而来(崔述有考证),而《穆天子传》正作大王亶父。河宗氏自称河伯后裔,有关于河伯的神话,是可以理解的。我已写成《穆天子传真实来历的探讨》一文,送往上海。

　　吴继文先生,如得到通讯地址,希望能告我,以便问候。

　　敬颂

撰安

杨宽

1996.6.25

10月2日,先生致函王孝廉:

孝廉教授赐鉴:

　　许久未通音讯,时在念中。想必已从大陆访问回府,采访所得资料想必很是丰富。

　　许久以前,上海的出版社来信,要求授权给他们与台北的出版社签约,将拙作《战国史》在台出繁体字本。我因此书是十多年前出版的,发行量较多而对学术界影响较大,要出新版必须重新补订,未即同意。为此决定作全面的补充修改,拟作为新的"增定本"出版。承蒙先生大力帮助,介绍给"时报文化"出版,蒙吴继文先生许允,待补订定稿即可付印。因为想要把多年来从事这方面的研究成果纳进去,费时费力较多,到最近才补订定稿。原来此书第二版四十二万多字,今扩充为五十万字左右。

原想免得再麻烦先生,因为吴继文先生已离开"时报文化",7 月间,曾直接写信给"主编"廖立文先生,请问是否仍然可以接受此稿而立即付印。因无回信,改用电话联系,据"责任编辑"李潍美小姐答复,廖先生亦已离开,改由一位姓吴(何?)的先生主持,将考虑答复。后再次电话联系,据说最近总编辑亦已调换,未能得到确定答复。看来由于人事新变动,一时不便作出决定。

既然"时报文化"编辑改组,为此特别恳请先生与"时报文化"新的编辑领导协商拙作《战国史》(增定本)的出版事宜。我很希望此书仍由"时报文化"出版。拙作《自传》中文本承蒙先生大力介绍,由"时报"出版。"时报文化"是台北的大出版社,发行面广阔,印刷很精美。现在拙作《自传》译成日文,由日本东京大学出版,印刷装璜同样精美,正是彼此相得益彰。拙作《战国史》(增定本)经此全面补充修订,更加适合在台北出版。因为战国时代具有合纵连横和兼并战争复杂变化的特点,此次补充修订,特别对这方面作了较详的描写,并且新绘了九张重要战争的示意地图相配合,因而此书第八章"合纵连横和兼并战争的变化"成为书中最长的一章。又因为这时是个"百家争鸣"思潮蓬勃发展的时期,因而对主要各学派的见解作了较详叙述和分析。第十章"战国时代的百家争鸣"也已写得有声有色,与一般思想史叙述不同。

如果"时报文化"因新的人事安排,需要迟一些再作决定,等一些时间亦无妨。如果"时报文化"不能出版,想仰仗钧力,请代为作主,商请台北其他出版社出版。回顾这本《战国史》第二版 1980 年在上海出版,先后印刷共十次,平装本印八次共四万七千多册,精装本印两次共一万册,先后共印五万七千多册,这在学术著作中是算畅销书了。上海的出版社要我授权给他们与台北的出版社签约出繁体字本,大概估计有一定的销售量。如果这本《战国史》(增定本)只在台北印行,不再在大陆印行,虽然台北的书价亦高出大陆许多,看来在大陆也还有一定的销售量,因为曾读过我《战国史》的读者是不少的,会对此关心的。

估计上海出版社要我签字授权给他们与台北一家出版社签约出繁体字本,已经曾接洽的。接洽的对象大概是"联经",因此"联经"看来不可能直接接受出版此书的,因为"联经"要照顾与上海出版社的合作关系的。在这点来看,看来此书由"时报文化"出版的,是最合适的。当然别的台北出版社,如能接收付印,也是可以的。请多费神,十分麻烦,非常感谢。

专此奉恳,敬颂

撰安

杨宽敬上

1996. 10. 2

1997 年丁丑　先生八十四岁

1 月 1 日,先生致函王孝廉:

孝廉教授:

12 月 18 日大函,敬悉。承蒙对拙作《论楚帛书》一文赞许,又蒙即寄快件,又打电话,请托马昌仪教授付印发表,请向马教授敬致谢意。很希望此文发表,能推动这方面研究的进展。多年来国内对神话学的发表,有一种阻力。我们尚须多作努力,才能促使这门学科得以成长。

先生的博士生论文,我以为还写的不够充分。我很欢迎提出不同的商讨,因为此有助于研究的开展。"皇"原来确为形容词,原来"皇帝"作为"上帝"之称,犹如称"皇天",原来"皇"作为"帝"的形容词,西周文献中既有称"皇帝"指上帝者(《尚书·吕刑》),又有"有皇上帝"(《小雅·正月》)、"皇矣上帝"(《大雅·皇矣》)、"皇皇后帝"(《鲁颂·闷宫》),可知"皇"原为"帝"之形容词。"皇帝"作为"上帝"之称,不仅见于《书经》《诗经》,而且见于"金文"。"皇帝"作为"上帝"之称,西周已有。而皇帝传说最早见于《左传》《国语》,可能《春秋》已有,我们说"黄帝"出于"皇帝",在时代上没有错误。"黄"与"皇"确是不同意义的两个字,古文献中因音同而通假,这是古人的常例。至于秦襄公之祀白帝而不祀黄帝,因秦处西陲,史有明文。至于《月令》与《吕氏春秋·十二纪》以"黄帝后土"列于季夏纪之末尾,即介于夏季、秋季之间,这是因为他们以五行、五方、五帝、五神与四季相配合,有其特殊原因。看来此文的论证尚不足以推倒"黄帝"出于"皇帝"之说,有待作进一步分析批判,我很希望有新的见解发表。

关于拙作《战国史》在台北出版的事,前蒙先生大力推荐,吴继文先生特为赞许。现在由吴继文先生的离开"时报文化",目前与"时报文化"已失去联系。同时原本的"主编"廖立文亦已离开,"时报文化"编辑部新的领导似乎不理解此事。此书原由"上海人民"出版,在大陆销行较广,第二版(1980)曾印五万七千册(此中精装本有一万册),"上海人民"于往年要求我授权该出版社,由他们社长与台北一家出版社签约,在台北出"繁体字"本。我因要作全面修订出新版,未即同意,并表示将直接交台北出版社印行。因此再交"上海人民"出新版并由"上海人民"代与台北出版社签约,也不合适了。我与台北的出版界不熟悉,为此想麻烦先生,请特为推荐,"时报文化"能出版最好,如"时报文化"不能出版,别的台北出版社能出亦好,这是我平生用力之作,很想料结此事,以便得暇再钻研一下古神话,希望有助于古神话研究的发展,看来这方面还大有可为。

新年来到,敬祝

新年快乐　身体健康

杨宽敬上

1997 年元旦

近年因年龄关系,视力衰退,看小字感到吃力,为此希望《战国史》能早日付印,而亲自校阅,因而想麻烦先生。

此事希望多为留意,设法时间迟些必可以。

2月9日,先生致函王孝廉:

孝廉教授:

1 月 31 日大函,收到,多蒙帮助,很是感激。

没有料到,近年大陆对繁体字文稿已不便发排。我因来此已多年,写简体字有些荒疏了,其实也还可以写。承蒙将拙文用快件寄给马昌仪教授,多蒙马教授帮助,请人代抄和校对,十分费时费精力,请向马教授多多道谢,抄写费用希望将来从稿费中优付给抄写者。上月我从此间中文报纸(纽约出版)见到陕西新出土汉代画像砖,上有"春神句芒"握着日轮,"秋神蓐收"捧着月轮,看来这是依据四季之神的创世神话的。这是表示他们在创世工程中主持着"日月之行"。《山海经·西次三经》说蓐收之神在"日月所入"的日月山,用"红光"掌管着"日之所入",看来四季之神就是用"红光"指挥日月的运行的。为此我写了一篇六百字的《追记》用"航空特快"寄给马昌仪教授,希望能及时赶上附刊于文末。

　　钟宗宪先生要在其大作后,附刊我的回答,当然是同意的。我对此现有一个新看法,是从《楚帛书》引起的,《楚帛书》所载四方之神的"创世"神话。四方之神是以青、朱、黄、黑四色相配的,有所谓"青□榦""朱□兽""翏黄难(难读作能)""□墨(黑)榦",同时又有炎帝命令祝融使四方之神下降来完成创世工程(所谓"奠三天""奠四极")的。因为这是楚神话。中原的神话该是"黄帝"命令后土来使四方之神完成的。中原神话当以青、赤、黄、白、黑,配合东、南、中、西、北五方。如同《月令》所说,"黄帝"可能因中央地区黄色而得名。请便中转告。

　　关于《战国史》增订本出版的事,我以前没有说明白,《战国史》原是我的旧作,1980年"上海人民"出版修订第二版。去年"上海人民"要求授权给他们交给台北一家出版社出繁体字本,我因要补充修改,又因不知交给台北那家出版社,未表同意。我希望台北有大出版社能出繁体字本,承蒙推荐"时报文化",又蒙吴继文先生许诺。我因增订本未完成,未即进行,现在增订本刚完成,最近"上海人民"又寄来公文,据称韩国出版社要求出版《战国史》朝鲜文本,征求我同意,我已回信同意用增订本译成朝鲜文出版,关于这方面正在进行中。

　　敬祝
新年健康

　　　　　　　　　　　　　　　　　　　　杨宽敬上
　　　　　　　　　　　　　　　　　　　　1997. 2. 9

3月,先生撰写《战国史》增定本后记。
5月1日,先生致函王孝廉:

孝廉教授有道：

　　2月22日来信，承蒙介绍钟宗宪先生地址、电话等，对于拙著的出版的事，极为关心与帮助，很是感激。我因为接到吴继文先生从台北打来的电话，希望我寄到他的地方，已将《战国史》(增定本)的复印稿寄给吴继文先生。

　　吴继文先生在电话中讲到，我给先生的新信，都转给了他，现在郝明义先生出任台北商务印书馆的总经理兼总编辑，吴继文先生任副总编辑，将于5月中旬，前往大陆，并将到上海博物馆参观等等，想要见上海博物馆馆长，我已写信给马承源馆长，并已写介绍信给吴继文先生，以便见到马馆长。马馆长当然会热忱接待。

　　承蒙请托吴继文先生办理拙著在台北出繁体字本的事，吴继文先生非常热忱，既打电话，又有来信，我已将《战国史》(增定本)稿寄给他，同时他又热忱许诺继续出版我的《战国史料编年辑证》(约七十万字)和《西周史稿》以及《论文集》，这些稿件我正在陆续复印中，待复印完成，亦将陆续寄给吴先生。这样拙著都可以在上海出简体字本，同时在台北出版繁体字本。这都是先生热忱关心帮助的结果，很是感激。

　　目前我要做的，是一个总结工作，也是个结尾工作。

　　敬颂

道安

杨宽

1997.5.1

6月16日，先生致函王孝廉：

孝廉教授赐鉴：

　　承蒙关心我著作的出版，得大力推荐，又蒙吴继文先生

主持出版工作,为此特别努力,使拙作能够迅速地在台北商
务印书馆出版,非常感激。

　　接吴继文先生从台北府上打来电话(美国时间上午 11
时),真是喜出望外,拙作《战国史》(增定本)将于 10 月出
版,拙作《战国史料编年辑证》将于明年 5 月出版,其工作的
认真负责,进行极其迅速,这是先生大力推荐和吴先生特别
努力的结果。并蒙许允,拙作《西周史稿》与《论文集》将继
续出版,《西周史稿》将于下星期寄往台北。

　　我这些著作能如此迅速在台北出版,正当商务印书馆
创立一百周年纪念,感到很是荣幸。上海出版虽然早已签
订合同出简体字本,工作进行甚慢,据说《战国史》将于明年
才能出版,将落后许多日子了。看来这些著作的台北版,必
将先在大陆流行,让大陆学者先读到台北版。

　　敬颂
撰安

杨宽
1997.6.16

10月,先生致函王孝廉:

孝廉教授:

　　便中请代向马昌仪教授道谢。

　　拙作《楚帛书的四季神像及其创世神话》一文,承蒙推
荐,并请马昌仪教授主持发表,已经刊出,很是感激,敬请
指正。

　　承蒙关心所有著作的出版,承蒙吴继文先生关照,《战
国史》(增定本)一书,即将出版,已请吴先生从台北就近直
接寄送尊处,请求指正。这部分有七百多页,能够如此迅速
出版,这是吴先生特别重视的结果,非常感激。上海方面,

此书的简体字本,正作"急件"付印,不久亦将出版。另有《战国史料编年辑证》一书,作为写作《战国史》依据的,篇幅较《战国史》要多得多,据说台北与上海也都已付印。关于这方面的研究从此可以告一段落,我想由此可以推动这方面研究的进一步发展。

接着,正在继续补充修订《西周史稿》一书,这又是一项草创工作,亦已约定,待定稿后送请两地出两种版本。估计《战国史》将发行量较多的(《战国史》第二版1980年在大陆出版,先后印了五万多册),《西周史稿》不可能发行多的,因为此中引用"金文"较多,不是一般读者所能消化,因而印刷也较麻烦。

托天之福,年龄虽高,还是健康而能写作。估计所有这些著作都能完工,还将编成《先秦史论文集》,亦已约定出版,所作论《楚帛书》等文都将收入。

承蒙关心,并推荐出版,极为感激,敬祝

撰安

杨宽敬上
1997.10

1998年戊寅　先生八十五岁

1月,先生撰写《西周史》前言。

3月,《战国史》(增订本)由上海人民出版社出版,台湾商务印书馆于1997年10月已出版《战国史1997增订版》。至此为止,《战国史》前后共出三版,1955年初版仅二十四万字,1980年修订版扩充到四十二万字,到此增订本进一步扩充到五十六万字。前后三版结构框架无多大变化,基本按照社会经济变化、合纵连横与兼并战争、思想变化发展三个板块展开,但修订后的观点发生了很大变化,内容上也有了极大的增补。观点上最重要的变化是历史理论,初版采纳了西周封建领主说的社会分期观点,修订版转变为战国封建说,增订本全部抛弃社会分期主张,认为中国历史有独特的历史发展规律,既无希腊、罗马典型的奴隶制,又没经历欧洲中世纪的领主封建制。内容上扩充了制度变革与创设的篇幅,对合纵连横和兼并战争的过程分析更全面、具体、深入,大量增加思想文化方面的内容①。

2003 年 9 月 2 日,《光明日报》刊有是书书评一则,节录如下:

> ……杨宽的《战国史》初版二十余万字,在 1955 年印行后即受到学界和关心中国历史文化的人们的普遍欢迎。随着上个世纪六七十年代考古工作的巨大进展,新资料层出不穷,杨又对初版《战国史》进行重大补充、修订和改写,并于 1980 年出版第二版,全书扩展到近四十三万字。从 1980 年到 1983 年短短四年间共印刷十次,印数达五万七千余册。到九十年代末,又印行过增订本,也很快销售一空。……
>
> 杨宽对《战国史》的增订和改写,充分体现了一个史学工作者求真求实的治学精神。比如,书中第六章原题"封建国家的机构及其重要制度",新版改题"中央集权的政治体制及其重要制度"。各节标题中"封建"字样,新版均予删除,体现了作者新的历史见解。第八章原题"合纵、连横运动和封建兼并战争"也同样改题为"合纵、连横和兼并战争的变化"。其中关于乐毅破齐故事的记述,也有重大改动。原版写道:"乐毅为了拉拢齐国地主阶级,在齐国封了二十多个拥有燕国封邑的封君,还把一百多个燕国爵位赏赐给齐人。"作者注明"根据《资治通鉴》周赧王三十一年"。新

---

① 李远涛:《战国史》,仓修良主编:《中国史学名著评介》第五卷,山东教育出版社,2006 年,第 37—45 页。

版则不再保留这段文字，又特别在"绪论"中专门讨论了"《资治通鉴》所载乐毅破齐经过的虚假"这一问题。作者论证《通鉴》所称"齐人食邑于燕者二十余君，有爵位于蓟者百有余人"之事不可能发生。作者还指出，"所有这些，都是后人夸饰乐毅为'王者之师'而虚构的"，"所有这些伪托的乐毅政绩，符合于《通鉴》作者的所谓'治道'，因而被采纳了"。这样的分析，澄清了战国史上的重要史实，对于史学史研究，也具有重要意义。①

翁长松撰写一文叙及与《战国史》结下不解之缘，节录如下：

　　……杨宽是当代著名的史学家，著有《中国上古史导论》《战国史》《秦始皇》《古史新探》《中国古代都城制度研究》《西周史》等史学经典。我熟悉杨宽的名字，是 1972 年在上海市徐汇区图书馆阅览室读了他的《战国史》初版本。当年我对战国史知之甚少，这本著作大大增长了我对战国史的了解，同时，杨宽的渊博学识令我折服。从此，阅读和收藏杨宽的史学读物成了我的一大嗜好，尤其是《战国史》成了我的第一选择。杨宽的《战国史》初版于 1955 年 9 月，由上海人民出版社出版。第 1 版的印数达到 17500 册，定价一元一角五分。此书正文 246 页，卷前有杨宽 1955 年 3 月 27 日写成的序，目录页之后，印有 10 幅插图，书末附有《战国大事年表》《战国大事年表中有关年代的考订》。全书 12 章，第一章《绪论》，第十二章《战国史总论》。杨宽在序中说："目前中国历史的分期问题正在展开讨论，对于这一时期的社会性质也正在展开讨论，直到现在为止，还没有

①子今：《战国史研究的扛鼎之作——简评新版杨宽著〈战国史〉》，《光明日报》2003 年 9 月 2 日第 3 版。

得出一个大家所同意的结论。"杨宽所说的"历史的分期问题",就是关于中国封建社会应当始于何年的讨论。当年有"西周说""春秋战国说""秦汉说""魏晋南北朝说"等,众说纷纭,反映当时中国史学家运用马克思主义理论探讨和论证中国封建社会开端的问题时的热烈程度。杨宽在写《战国史》时关注了这一问题,但他没有过早地下结论。他认为"学术上的不同意见,是需要经过论证来取得一致的,经过了自由的论争,才有可能由不同之中而得出同,辨别谁是谁非,以得出一个正确的结论"(《战国史·序》)。

《战国史》自 1955 年初版后,1980 年上海人民出版社又出版了第 2 版(修订本)。字数从初版的 24.2 万字增加到 42.8 万字,字数增加了 18.6 万。杨宽为什么要作如此大的修订呢?他在修订本的序中说:"自从这部书出版以来,二十多年中,我国考古工作有了重大的发展,取得很大成绩。战国时代遗址和墓葬的发掘,遍及全国各地,出土的战国时代文物,极其丰富多彩,特别是近年河北平山中山王墓和湖北随县曾国大墓的发现,出土了许多重要而精美的战国文物……提供了极其宝贵的史料,都大有助于我们对战国历史的研究。在这次修订改写中,我已把比较重要的研究成果补充了进去。"可以说,1980 年版比 1955 年版在史料上更丰富扎实了。时至 2003 年,杨宽的《战国史》第 3 版出版了。此版由上海人民出版社 2003 年 4 月出版,字数又从第 2 版的 42.8 万增至 56.5 万,增加了 13.7 万。修改原著,精益求精,这是杨宽治学的一贯作风。他在第 3 版的后记中说:"我从四十年代以来,所做战国史料的编年考订工作一直在继续进行中,随着新史料的发现,不断有补充修订。"杨宽根据考古的新发现,对战国合纵连横等做了深入的研究,在第 3 版中作了较大篇幅的补充,力求使《战国史》更丰富和完美。

如今我已收藏了 3 种杨宽著的《战国史》版本，虽然此书每修订一次，总要增厚一点、丰富一点，但我依然很珍爱初版本，因为它给我的印象太深刻了，甚至影响了我的阅读兴趣，并使我真正爱上读史学经典著作。我曾多次寻访此初版本，寻寻觅觅了 36 年，终于在 2008 年 3 月 8 日上午，在上海文庙旧书摊上觅得此书。我见到这本初版本时，犹如久渴遇甘泉，快乐得不还价就买下了。令人遗憾的是此书的品相不佳，尤其是书的封面上沾满了大块的黑色墨迹，回家后，为了清除墨迹，我将书的封面撕下，放入加了洗衣粉的温水中浸泡，以便去污。谁知弄巧成拙，由于时间没控制好，墨迹是清除了，但封面上的底色和书名也褪色了。为了补拙，我只好在封面晾干后，用毛笔在书名"战国史"上描着加深，也就变成了今天书影的形象，似乎有点美中不足了。[1]

1999 年己卯　先生八十六岁

10 月 23 日，先生致函上海人民出版社：

上海人民出版社郭社长和总编辑同志：

承蒙先后出版《战国史》与《西周史》，校勘精细，印刷精美，甚为感激。我希望将来《战国史编年辑证》与《古史论文选集》采用同样规格，使成一套。

拙作《古史论文选集》承蒙接受出版，今签字奉上合同，希望能早日出版。尊处要从中删去十多篇，此中却有多篇的观点，《战国史》上已讲到，我同意删去。此中有些论文，别的论文集已收入，如《黄巾起义与曹操起家》已收入《曹操

---

[1] 翁长松：《漫步旧书林续集》，上海远东出版社，2010 年，第 105—107 页。

论集》,《论康熙之治》已收入《明清人物论集》(四川出版),
我的选集中不收入也可以。

　　此中《论太平经》和《论白莲教的特点》两文希望能够
收入,不要删去。因为这两篇文章是我用力之作,当年曾得
到对此有研究的吴晗先生的赞赏。如果这种讨论历史上
"农民战争"的文章,目前不适宜发表,也可以同意删去。

　　这本《古史论文选集》中,并无"文革"时的作品。任何
"政治运动"中的文章,一概都未收入。收入的都是学术上
的讨论。我出版这本选集的目的,只是为了总结我的学术
工作,希望藉此能对学术方面作一点贡献。

　　我很高兴的是,《战国史》台北繁体字版,上半年度已告
诉我进行第五次印刷,并寄来了第五次印本。《西周史》台
北繁体字版已于今年四月发行,第一次印刷亦已销倾。此
中有转销到国外的。近来接到日本学者的来信祝贺,他们
都在日本买到了繁体字版的《西周史》和《战国史》。

　　多蒙出版社同志出力,克服了书中多"古字"的印刷困
难,使得拙著能够发行到国内外,十分感谢。

　　敬祝
出版事业蓬勃发展

杨宽敬上

1999. 10. 23①

11月,《西周史》由上海人民出版社出版,录台湾地区学界
及大陆学者杜勇、周宝宏的评论:

　　继许倬云之后,台湾地区亦出版了杨宽的《西周史》(商

---

①先生致上海人民出版社函及上海人民出版社致先生函皆由华东师范大
　学刘影提供原件复印件,特此致谢!

务,1999)。本书与许倬云《西周史》相比较,显见杨氏《西周史》更大量地引用文献来说明社会经济;尤其在礼制方面的探讨,篇幅更超出前书甚多。不过,亦因此而时有冗芜之感。杨宽《西周史》系据杨氏早年所撰《古史新探》(北京,中华,1965)为底本,改写而成。全书以七篇或曾发表的论著构成,后经增删而组成一部完整的断代史。①

　　在当代史林中,杨宽属于高产史家之一,并以战国史研究名重于世。在利用金文资料研究西周历史文化方面,《西周史》是其代表作。此书虽出版于2003年,但其中大部分内容早就以论文的形式发表了。……这部专著纵贯西周可靠文献,结合数百篇金文和考古发现,参考儒家传世礼书,重新构建西周近三百年的历史。全书分七编,第一编"西周开国史"、第二编"西周时代的土地制度、农业生产和手工业生产"、第六编"西周时代的文化教育和礼制"的重点章节都是用金文资料写成的,第三编"西周王朝的政权机构、社会结构和重要制度"、第四编"西周的军政大事"等,则主要是运用西周金文资料写成的。这部专著与他的《战国史》一样,都对制度史给予特别关注,如利用金文资料对西周中央政权机构和王朝官爵制度的分析,即是书中最有学术价值的部分。但在涉及西周礼制和土地制度的部分,由于作者移居国外,未能充分利用新发现的金文资料和研究成果,多有遗憾。但《西周史》仍不失为一部运用西周金文资料研究西周历史文化的佳作,在先秦史研究中占有重要的位置。②

①林天人编著:《战后台湾的历史学研究1945—2000》第二册先秦史,"行政院国家科学委员会",2004年,第171—172页。
②杜勇、周宝宏:《金文史话》,社会科学文献出版社,2011年,第164—165页。

10月12日,先生致函王孝廉:

孝廉教授:

　　许久未通讯,甚为悬念。想必调查研究工作大有进展,很希望看到新著出版。

　　我们要向您报告的,就是台中南投七点三级大地震,我们的好友吴继文先生住在台北,受到四级地震,安全无恙,但是他的双亲在故乡台中,房子受到损失。他的双亲和妹妹在大地震中都受到极大的惊吓。吴先生十分爱国爱家乡,看到了大地震如此大摧残,将要为这次大灾难作出"见证"的历史记载。我们在9月21日电视中看到地震报导后,就打电话给吴先生,问候情况,连续打了五天都打不通,真使人万分焦急,直到第六天,碰到一个机会,接通了电话,得知确实情况,我们才放心。

　　由于您和吴先生的关心,我的《战国史》增订本在台北出版之后,《西周史》很厚一册也已在台北出版。台北商务所印的书很是出色而精美,而且当赶在上海之前出版,看来台北的学术空气比较浓厚!台北版的《战国史》发行较广,已是第五次印刷,台北版《西周史》有插图二十面,书厚,定价较贵,也还有销路。

　　因为年纪已高,准备为自己的研究工作作一结束,近年来曾将历年来在报刊上发表的论文搜起来,编辑成《古史论文选集》,为了校正错字,统一标点,费了些时间,同时因为居于国外,诸多不便,拖延了时间。

　　目前拙作《战国史料编年辑证》和《古史论文选集》二书,也已送到台北和上海两地,准备同时出版。这二书学术性较强,承蒙两地出版社都很重视,正准备出版中。台北由于大地震的影响,文化出版事业可能会受到阻碍,相信不久就会重振旗鼓而发展的。

我早年曾从事古史传说和神话的探讨，曾经把古史传说还原为古史神话，承蒙先生发表专门论文加以赞许，我本拟继续写一部通论中国古神话的专门著作，这个愿望我曾在文章中讲到，承蒙特别提及。后来因为我的研究计划改变，始终没有写出这本专著，目前年纪已高，已不便写大部的著作，这将是一件憾事。我想今后学术界一定会有这方面的新著出版。

我曾请上海方面就近寄上一册上海版的《西周史》，未知收到否，若已收到，敬请指正。

便中请多多指教。

杨宽敬上
1999. 10. 12

2000 年庚辰　先生八十七岁

2 月 14 日，先生致函上海人民出版社：

上海人民出版社郭社长和总编辑同志：

承蒙继《战国史》之后，出版《西周史》，目前正在赶排拙作《战国史料编年辑证》《古史论文选集》等书，各方面反映不差，非常感激。台北商务也正在赶排各种繁体字本。据说《战国史》与《西周史》在台北也有热烈欢迎的读者反应。

最近看到《考古与文物》1999 年 6 月号上，封面的里面，有陕西神木县大保当乡出土汉画像石"春神画像石"图版，底面的里面又有"秋神画像石"图版。请即翻印，印在我的《古史论文选集》的讲"神话传说"的一卷中的《楚帛书的四季神像及其创世神话》一文的结尾"后记"一段中，当然不必印彩色的,黑白分明就很好了。

因为这篇文章是我今年新作的文章,比较重要,同时能多印些插图,对这个论文集是需要的,容易引起读者注意。

诸多麻烦,非常感激。

此致

敬礼

杨宽敬上

2 月 14 日, 2000 年

5 月 21 日,先生致函姜俊俊:

姜俊俊同志:

多年未见面,时在念中。

多年来承蒙帮助我出版著作,先后在上海古籍出版社出版了《中国古代陵寝制度史研究》和《中国古代都城制度史研究》两书,印刷精美,发行甚广,非常感激。

目前我年事已高,正在想为平生历年著作,做好总结的工作,为了方便起见,我要请上海人民出版社把我出版的大小著作,一起重印出版,每册加上一个《杨宽著作集》第"几"种的小标题。为此要恳请上海古籍出版社的领导同志特别出信给上海人民出版社,表示无条件的让与出版重印上述《中国古代陵寝制度史研究》与《中国古代都城制度史研究》两书。

特此恳请您为此请贵社领导同志出信而玉成此事,非常感谢您的大力帮助。

敬祝

快乐健康

杨宽敬上

5 月 21 日, 2000 年

8月14日,先生致函上海人民出版社:

上海人民出版社郭社长和总编辑先生:

多年来承蒙照顾,我历年写作大部份是由贵社出版的。

现在又蒙同意汇编重印我已出版的论著,称为《杨宽著作系列》,非常感激。

经再三考虑,决定请求重印下列十种书:

(一)《中国上古史导论》(原收《古史辨》第七册,共356页)

(二)《西周史》(贵社1999年出版,870页)

(三)《战国史增订本》(贵社1998年出版,738页)

(四)《战国史料编年辑证》(贵社即将出版)

(五)《中国古代冶铁技术发展史》(贵社1982年出版,302页)

(六)《中国古代都城制度史研究》(上海古籍1993年出版,613页)

(七)《中国古代陵寝制度史研究》(上海古籍1985年出版,263页,已同意转交贵社出版)(上述两书都有日本文的翻译本)

(八)《墨经哲学》(重庆正中书局1942年出版,上海正中书局1946年再版,199页)

(九)《中国历代尺度考》(上海商务印书局1938年出版,北京商务印书馆1955年重印,107页)

(十)《杨宽古史论文选集》(贵社正在排印中)

上述十种书中,据说贵社同意重印八种,此中(一)《中国上古史导论》和《中国古代冶铁技术发展史》不同意重印,我想这是出于误会,其实这两种书正是我著作中特别重要的。

《中国上古史导论》是我早年的代表作,四十年代不仅对国内学术界影响很大,而且在国外学术界有深远影响。

1946 年日本著名历史学家贝冢茂树发表《中国古代史学的发展》一书，就已指出"从疑古派中出现了像杨宽先生这样的人物，在充分摄取释古派的方法和成果的同时，正积极开拓一个可以推动现代古史研究前进途径，可以称为'新释古派'的新境地"（日本宏文堂 1946 年出版），主要就是指这部《中国上古史导论》而言的。

《中国古代冶铁技术发展史》是我所有著作中科学性最强的，颇为国内外科技史专家所赞许，如英国的李约瑟来访时，曾因此邀请我和他谈了半天。不仅 1986 年得到了"上海市社会科学著作奖"，而且在 1989 年 11 月首届全国科技史会议上，得到了"首届全国科技史优秀图书荣誉奖"。这个"荣誉奖"是由会议先送到上海人民出版社，再转送到我处的（当时我不在国内，未参加这次会议）。

上述两书是国内外学术界重视的著作，务恳列入我的"著作系列"。我为了便于读者理解，我对重印《中国上古史导论》《中国古代冶铁技术发展史》和《墨经哲学》分别写了新的《前言》。

我同意贵社提出重印全部我的"著作系列"十种，作者不收取稿酬，同时贵社同意这十种书签订重印合同之后，半年内全部重印出版，因为十种书都是早已排版的，重印之后，只要换上新的统一的封面，在每册书名之外，加上"杨宽著作系列 1 或 2、3……10"，即可。

我请陈泮深同志为我全权代表，由他代表我与贵社立即签订合同。

此致

敬礼

杨宽敬上

2000 年 8 月 14 日

11 月 10 日,先生致函上海人民出版社:

上海人民出版社社长和总编辑先生:

　　10 月 25 日来函,敬悉。贵社出于整体考虑,对《杨宽古史论文选集》篇目与单行本专著有重复者,欲作调整,提出删削办法四点,很是赞成,希望早日付印出版。

　　第一点《西汉长安布局结构再探讨》等八篇文章,都已全文收入单行本,当然应该撤选。第二点《中国古代陵寝制度的起源及其演变》《西安长安布局结构的探讨》《综论古代尺度》《唐大小尺考》《宋三司布帛尺考》,贵社以为“具体内容可在专著内部调整”。希望贵社与单行本专著比较一下,把这些文章中的补充见解作为附录。

　　至于《秦始皇陵园及其兵马俑》不够“论文”性质,可以不收入。至于《中国历代度量衡的演变》三表,可以作为《中国历代尺度考》的附录。至于《中国历代户籍、人口、垦田总数表》也可以不收入。

　　希望调整后内容比较紧凑,便于读者阅览。

　　专复,此致

敬礼

杨宽敬上
2000. 11. 10

是年,先生致函上海人民出版社:

上海人民出版社郭社长和总编辑同志:

　　拙作《古史论文选集》承蒙接受出版,非常感激。此中《秦诅楚文所表演的诅的巫术》一文,我认为很重要,最近细校此文,发现原刊有一错字。原刊《文学遗产》1995年 5 期的这篇文章第 3 页,第十八行:“皇天上帝及大神厥渊之邮祠、圭玉、羲牲。”此中“渊”字是“湫”字之误,请改正。同时还请在文前增加插图,计有"汝帖本《诅楚文》石刻"四页,"绛帖本《诅楚文》石刻"二页。为了节省篇幅,此六页石刻尽可能缩小,只求笔划清楚就可以。同时寄上汝帖本《诅楚文》和绛帖本《诅楚文》的说明,亦请与插图同时刊出。

《诅楚文》石刻,从元代以来,长期有人怀疑,认为出于后人伪造,近人还有写长篇论文辨伪的,其实确是真品,不可抹杀。

诸多麻烦,此致

敬礼

杨宽敬上

2001年辛巳　先生八十八岁

2月14日,先生致函上海人民出版社:

上海人民出版社编审同志:

承蒙将拙作诸书汇编成一套丛书出版,非常感激。此中《墨经哲学》一书,是四十年代抗日战争时期在重庆、上海先后出版的,采用"双行夹注"的古老格式,现在重新改排,使面目一新,很是感谢。

承蒙对《墨经哲学》提出下列修订意见,都是正确的。

(一)原98页注"诗殷其靁",原刊"靁"字模糊,即古"雷"字。

(二)99页第1行:"尽,《小尔雅·广言》云:止也。"按《孔丛子》有《小尔雅》一篇,此中有《广言》一章。

(三)118页第5行夹注"唐大周刻石心经",应标作《唐大周刻石·心经》,因《心经》是刻石的一种。

(四)119页第2行"捷与枉之同长","捷"当改作

"捷"。

（五）144 页末尾夹注"光华大学半月刊"，七字为刊物名称。

（六）178 页末行"买当为黾"，末字原刊模糊。

（七）198 页双行夹注第 2 行"荀子儒教"，"教"当改为"效"。

（八）199 页第 5 行双行夹注"圣，唐武后作埊"，请按据《资治通鉴》卷二〇四永昌元年条胡注："永昌元年则天改'圣'为'埊'。"麻烦编审同志，请查对原刻改正。

（九）99 页、119 页、198 页"伍非伯"，"伯"应改作"百"。诸多麻烦，敬请改正。

杨宽敬上

2 月 14 日

6 月 8 日，上海人民出版社致先生函：

杨宽教授：

您好！今有一事，欲与先生商议。大作《西周史》《战国史》作为"断代史系列"的一部分，已先行出版，反响不错，其余收入"杨宽著作系列选"的六种本应与之保持同一规格，使成一套，但《中国历代尺度考》《墨经哲学》两书皆不足 10 万字，精装显得单薄，且势必抬高成本，只能出平装。如若平装，又与整个系列规格不统一，总觉得不免左右为难，有些尴尬。

先生之《中国历代尺度考》作为我国第一部古代尺度通史专著，影响深远，但是迄今半个多世纪，资料条件和研究状况毕竟都发生了很大的变化。特别是郭正忠先生《三至十四世纪中国的权衡度量》（中国社会科学出版社 1993 年版）一书的出版，对于汉魏至宋元——中国古代度量衡最为辉煌、也是器制变迁最为频繁和剧烈的阶段,进行了全面详细的考证和论述。全书长达 460 页,并附有大量图表,成为目前很多学者的案头工具书。而《墨经哲学》的主要观点和思想,实际在《杨宽古史论文选集》卷八关于学术思想的论述中已有较充分的表露。

基于以上的考虑,建议先生还是不收入这两书为好。如蒙先生同意,那么另四种书全部出精装本,可以争取年内出齐。未知尊意如何。

另,大著《杨宽古史论文选集》行将付印,征得先生同意,对原稿内容作了局部调整,相应目录也有一些变动。除已删削篇目,还欲作两点调整:

1. 卷三篇目较多,且《论秦汉分封制》及前共六篇,均为论述先秦、秦汉政治制度;而其后关于《战国纵横家书》、梁惠王年世、越国灭亡年代的三篇,都是考证文章,似可分作两卷。

2. 建议卷二、卷三次序颠倒,则首列经济制度,次及政治制度,余皆具体考证,卷末学术思想,体例更为整齐。

总共八卷,附录如下。

此致

敬礼

上海人民出版社

2001.6.8

6 月 28 日,先生致函上海人民出版社:

上海人民出版社社长和总编辑同志:

6 月 8 日贵社来信,敬悉一切。承蒙告知《西周史》《战国史》出版后,反映不错,拙作《系列选》中其余诸书,都将保持同一规格,成为一套。这一措施,非常感激。

　　大函建议《系列选》中，不收入《中国历代尺度考》和《墨经哲学》。我同意取消《尺度考》，因为近年来考古出土古尺较多，学者已据此作了进一步详细考证，我的旧作已无用。

　　但是《墨经哲学》不同，此书至今仍有学术价值，而且仍为这方面学者所重视。例如南京大学的杨俊光于 1986 年，在《南京大学学报》的"增刊"上发表了一篇长文，题为《墨经研究的卓越成果——杨宽先生〈墨经哲学〉读后》。我原来不认识杨俊光，读了此文，才知道他对《墨经》作过研究，是根据研究成果而作评论的。

　　多年来有不少人对《墨经》，用现代自然科学作解释，很多穿凿附会，我很反对。其实《墨经》（即《墨子·经上篇》）确是有系统地叙述了墨家的思想体系，既有章节讲人生哲学，又有章节对自然界作了比较详细的分析，因此我这部书定名为《墨经哲学》，表明我是反对穿凿附会的。

　　多年来不少人对《墨经》的解释，采取"断章取义"的办法，不顾上下文句的意义，别作新解。我这部书是把《墨经》分成许多章节，贯穿起来，分别立了标题，逐句连贯起来解释的。我认为，惟有这样连贯起来作有系统的解释，才能表现作者的主张。

　　这部书是抗日战争时期写成的，我托老师蒋维乔先生介绍出版的，1942 年他写了一篇序文，介绍给四川重庆的正中书局出版，共 211 页。抗日战争胜利后又由上海的正中书局再版。重庆出版的此书，封面上作者误作"杨霓"，因此后来侯外庐的《中国思想通史》和詹剑峰《墨家的形式逻辑》，都引作"杨霓"。上海出版的此书也同样错误。我曾写信给上海正中书局请求更正，上海正中书局才把"霓"字贴改成"宽"字。好在蒋维乔的序文上没有印错。

　　正因为这部书的作者有过错误，作为我的系列著作中，必须有这部《墨经哲学》。同时我自认为这部书在我的一系列著作中,确是很有创见的。

来信讲到《杨宽古史论文选集》要作两点调整,我都赞成,为了出版我的著作系列,贵社同人很多费心,十分感激。

此致

敬礼

《墨经哲学》原本印成一册,请印精装本,同一规格。如感到单薄,此中所有《墨经》原文,请用大一号排印,解释古书的著作,常用这样的体例的。

杨宽敬上

2001年6月28日

8月10日,先生致函上海人民出版社:

上海人民出版社编审同志:

承蒙寄来《杨宽古史论文选集》初校的校样,已约略看过,此中有些不常用的古字,比较麻烦,敬请特别留意。239页末行、294页和295页开头二行,都是正文,请改大字。

(1)151页17行"辛未才(在)阑自",151页22行"第八天就到阑自",151页24行末句"如同牧自"。三个"自"字都请改"𠂤"。

(2)157页16行"……樊函郑矢等十二国",167页7行"〔矢〕西周姬姓之国",二个"矢"字,都请改"夨"。

(3)224页6行"薄姑、蒲姑、考古",224页14行"考古咸戈,考古即薄姑"。三个"考"字都请改"尃"。

(4)226页9行"称为母丘","母"请改"毌"。226页16行"取母丘,《索引》母音贯,古国名,卫之邑"。三个"母"字,都请改"毌"。

(5)291页末行倒数11行"当画日中处于庙","画"请改"畫"。

（6）293 页末行"总上所论,鸟神伯夷传说之分化演变有如下表"。此三句原为正文,不是小注,请另起一行,改为正文（大字）。

（7）294 页和 295 页开头二行,都请改为大字,因为都是正文,并非小注。

杨宽敬上

2001 年 8 月 10 日

8 月 17 日,先生致函上海人民出版社:

上海人民出版社郭社长和编审同志们:

多年来承蒙出版发行我的著作,非常感激。

今天阅读《杨宽古史论文选集》校样,感到有两点要请删去:

（1）校样《序言》第 3 页第 8 行"现在台北正中书局继续发行此书"一句,因事过境迁,请删去。

（2）校样第 399 页插图"日本梅原末治所发表的长沙出土木雕怪神像",原版图像模糊,请删去。

我要请问《战国史料编年辑证》,什么时候能够排出校样,什么时候能够出版发行?

承蒙许允出版的《杨宽著作系列选》全套,计划在什么时候开始陆续出版,什么时候全套出齐? 我希望早日看到,请将贵社的计划告我。

十分感谢贵社同志们,特别是领导同志,为出版我的著作而所作的努力。

诸多麻烦,此致

敬礼

杨宽敬上

2001 年 8 月 17 日

8 月 23 日,上海人民出版社致先生函:

杨宽教授:

您好! 来函敬悉。我社 6 月 8 日去函,与先生商议在"杨宽著作系列"中,《中国历代尺度考》与《墨经哲学》不作为单行本收入。先生表示同意取消《尺度考》,但以为《墨经哲学》乃关键性著作,且郑重说明:不同意从一系列著作中割去《墨经哲学》。恐先生有所误会。

我社决非认为先生欲以一字数较少的著作硬挤入"系列选"中,实是基于《墨经哲学》原书不足七万字,单面不过两百页,字大行疏,横排简体还需缩小一号(原书正文已为四号宋体,放大一号即为标题字体,故先生来函关于正文字号放大建议实难采纳),精装更显单薄,且势必大幅提高定价,恐读者难以接受,放入"系列选"众煌煌巨著中亦似不伦。另外,我们主要考虑《墨经哲学》一书基本观点看法已收入《杨宽古史论文选集》卷八关于学术思想的论述,即便不出单行本,亦无大碍于先生学术思想之流播。

有感于先生强烈呼吁,而出单行本确有技术困难,我社考虑再三,拟将《墨经哲学》全文放入《古史论文选集》卷八,并按《杨宽古史论文选集》合同规定支付稿酬。未知尊意如何。

此致
敬礼

上海人民出版社

2001.8.23

11 月,《战国史料编年辑证》由上海人民出版社出版。先生在前言中详细介绍了此书的编著过程,录之如下:

我编这部书,经历了半个世纪,是我所有著述中历时最久的,也是最费工夫的。我开始这一工作,是在抗日战争时期。1941年12月太平洋战争爆发,日军入侵上海租界,不久我就隐居到我的家乡青浦县白鹤镇,开始作战国史料的考订和编年,花了两年又九个月的时间,编成了一百八十多年的初稿,还有六十年没有编成。从1946到1949年间,我依据这个稿本,对一些重要历史事件和重要历史人物,作过考证,先后写成了三十篇考证文章,发表在上海《东南日报》的副刊《文史周刊》(魏建猷主编)上,和上海《益世报》的副刊《史苑周刊》(顾颉刚主编)上。到1955年,我就依据这个稿本以及所作考证和研究,写成了初版《战国史》,在这年9月出版。随着新的史料陆续出土,我逐渐补作未完成的部分,并补充新史料。从1972年起,我又依据补订稿,对《战国史》补充、修订和改写,于是在1980年7月出版了《战国史》第二版,先后曾印行五万多册。近年,我又把这部书稿作了系统的修订补充,完成了全书的定稿工作。除卷首有两篇引论和附录订正的年表以外,全部编年的史料及疏证,分为二十一卷。其中第十七和第十八两卷,承蒙高智群同志帮助我编著完成,特此志谢。

　　我在长期从事这部书的编辑考订工作中,对所有史料真伪的鉴别以及年代的考订,认识是不断提高的。例如苏秦的年世,我在四十年代所作《苏秦合纵摈秦考》(发表于《益世报》副刊《史苑周刊》)已断定苏秦做齐相在五国合纵伐齐的前后,苏秦发动五国合纵攻秦是在五国合纵伐齐之前,但还未敢断言苏秦是为燕的间谍而入齐的,直到帛书《战国纵横家书》出土,《孙子兵法》竹简出土,有战国时人附加的"燕之兴也,苏秦在齐"的话,得到了证实。我在四十年代所作《乐毅仕进考》和《乐毅破齐考》,作为《乐毅报燕惠王书辨伪》上下两篇(发表于《东南日报》的副刊

《文史周刊》),已断言"乐毅破齐"的史料中有夸大失实而出于伪托的,包括乐毅《报燕惠王书》在内。但是为郑重起见,我在《战国史》中没有谈及,直到如今最后定稿,才加以确定。

这是一部上接《春秋》《左传》的编年体的战国史料汇编和考订,使原来分散杂乱、年代错误、真伪混淆的史料,有条不紊而真伪分明。这是我长达半个世纪从事战国史研究所取得的一个重要成果。我最近增补修订定稿的《战国史》(增订本),就是依据此稿完成的。我曾在《战国史》中提到此稿,承蒙国内外学术界朋友们关心,现在发表出来,希望能够进一步推动战国史研究工作的开展。①

《中国学术》2002 年第 4 期上刊有缪文远撰写是书书评一篇,节录如下:

战国史研究是一个比较沉寂的园地。秦始皇焚书,竹帛烟消,典籍散亡,使战国史料害了先天的贫血病,虽有巧妇,难为无米之炊。司马迁收拾丛残,所见诸侯史籍独有《秦记》,因而在《史记》中记载和谱列战国年世时,发生了不少错乱,尤以魏、齐两国为甚。晋代《竹书纪年》出土,可以订正《史记》之误,战国史研究出现一缕曙光,可惜自晋至清,学者对《纪年》疑信不一,大抵疑者多而信者少,以致清代几部战国编年史著作如林春溥的《战国纪年》、黄式三的《周季编略》等均未能依据《纪年》对《史记》年世进行订正。

二十世纪三十年代,钱穆撰成《先秦诸子系年》,对战国史事进行了全面探讨,虽书名标有"先秦诸子",所论实不限于诸子。此后继起者寥寥。1949 年以来,随着考古事业的

①杨宽:《战国史料编年辑证》,上海人民出版社,2001 年,第 5—6 页。

进展,出土了不少有关战国的珍贵资料,许多问题亦随之有新的结论,系统整理战国史的时机已经成熟。杨宽编著的《战国史料编年辑证》便是这方面令人瞩目的一项成果。

本书作者对战国历史沉潜研究多年,二十世纪五十年代曾撰成《战国史》,八十年代又修订重版,与此相先后,费五十年的精力撰成此煌煌90万言的巨著,将战国史料逐年编排,并以按语形式对有关史实进行考订,是对半个世纪以来有关战国史研究的初步总结。……

本书将战国史料逐年编排,属于长编性质,但对所有重大事件,均有按语加以考订,不是单纯地排比史料。这些按语,显示了作者数十年的研究功力,为读者提供了重要的思考线索,为初学者开启了无数法门。

本书对引用文献,随文附有简要的校勘,此在作者因材料在侧,随手摘录,为之不难,而在读者则可省无数翻检之劳,更便于利用这些史料直接进行研究。我们在阅读时深深体会到作者开导后学的苦心。

本书令人微感遗憾的有两点:一是对当代学者研究成果的采用尚不够完备,使人有遗珠之感。二是书末未附参考书目,于初学颇有不便。此为《春秋》责备贤者之义,不知作者及读者诸君以为何如?①

录高智群、李幼蒸对此书的评论:

从上世纪40年代起,杨宽先生开始进行战国史的研究。当时他遇到的最大困难,便是现存的战国史料,残缺分散紊乱,《史记》和《资治通鉴》中的战国部分记载,既有不

---

① 缪文远:《〈战国史料编年辑证〉述评》,《中国学术》2002年第4期,第254—260页。

少错乱和失误,又有夹杂虚构伪托的作品,因此研究的第一步工作,便是对所有战国史料,包括战国秦汉著作,重要地理文献和新出简牍帛书、铜器铭文与石刻等等资料,全方位加以收集和考订,做出系统的编年。这是一项难度极高的基础工作,从40年代初开始整理、完成战国一百八十多年的编年初稿,到90年代末最后杀青,编写这部《战国史料编年辑证》前后经历了半个世纪,这是他所有著述中历时最久、最费工夫的一部,也是迄今为止第一部上接《春秋》《左传》(公元前468年),下迄秦王政统一中国(前221年),共248年的战国史料编年,首次在战国年代学方面,将原来分散混乱,年代讹误,真伪混杂的史料,梳理得有条不紊,真伪分明。其中重要的考证,包括利用马王堆《战国纵横家书》对苏秦、张仪、乐毅等人的事迹进行去伪存真;战国历法的验证;魏、齐、赵、韩、宋、越国君的年世考订,都解决了战国年代学中很重要的问题。可以这么说,当代中国断代史,迄今还没有一部专著,在史料的鉴别和史实的考证方面下这么大的功夫。①

　　杨宽在其《战国史料编年辑证》前言中说:"现存的战国史料……既不像春秋时代的历史有一个完整的编年体的《左传》可以凭证,更不像秦、汉以后每个朝代有完整的历史记载。"(杨宽,2001,1)杨宽毕生从事战国期史料考证,并言"这是一部上接《春秋》《左传》的编年体的战国史料汇编和考证,使原来分散杂乱、年代错误、真伪混淆的史料,有条不紊而真伪分明"(同上书,6)。而这是可能的吗? 杨宽在其《战国史》新版绪论中开列了42种战国史相关资料(参见

---

①高智群编,杨宽著:《先秦史十讲》,复旦大学出版社,2006年,第444—445页。

杨宽,2003,20—30),除把传统上讲述战国史的书籍尽量包括进去外,还增添了晚近出土的文字资料,其方法论与后来完成的《西周史》一书相同,遂成为最宽泛地运用"二重证据法"的典型。杨宽引述顾炎武所说《左传》记事终止起的133年间"史文阙轶",战国中期以后史料虽增多而大事简略,年代错乱,"大多数为纵横家所记述之计谋、权变与游说故事,或为长篇游说辞,或为献策之书信",故多附会、"夸张"、假托和虚构之辞(参见上书,1)。杨宽一方面认为纵横家书为先秦遗存,一方面承认"纵横家书并非历史记载,而是纵横家用以学习和揣摩的资料"。因此《史记·苏秦列传》"所载苏秦游说之辞全是伪作"(同上书,2)。可是,由于原始资料欠缺,杨宽在《战国史》一书中仍然只能是"本书引用《战国策》较多"(杨宽,1998,2)。这就成为现代史学家的一个基本的写作矛盾:用明知不可靠的史料来编写历史故事,结果史著不过相当于按照旧籍内容重新编排故事而已。杨宽的战国史料辑证研究的主要工作是:在大量有关战国的史籍之间比较记述的异同而已。其中两记相同者,如前所述,不足以证史事之真,而相异者亦无法辨析史事之伪。杨宽所依赖的其他主要史籍如《史记》《汉书》《古本竹书纪年》等等均非原始战国史料。而有关"五经"和诸子的资料,多属思想史范围,而甚少相关于战国史记。至于实物文字史料,杨宽承认,战国铜文多为短刻款,作为史料"不象春秋时代的铭文重要"(杨宽,1955,17)。①

①李幼蒸:《儒学解释学:重构中国伦理思想史》上卷,中国人民大学出版社,2009年,第210—211页。

2002 年壬午　先生八十九岁

2003 年癸未　先生九十岁

2004 年甲申　先生九十一岁

2005 年乙酉　先生九十二岁

8 月,先生《历史激流:杨宽自传》新版由大块文化出版股份有限公司出版,特约编辑为吴继文。

9 月 1 日,先生在美国迈阿密逝世。

胡文辉著《现代学林点将录》将中国现代学术史(文史社科)上的 109 位(正榜头领 108 员,另冠以旧头领 1 员)人物按《水浒传》座次排列,并各附解说。录"正榜头领之一〇二地刑星菜园子张青　杨宽"如下:

> 杨宽(1914—2005),字宽正;江苏青浦(今属上海)人。
>
> 杨氏在学说上多被归入古史辨派,但究其实,他与顾颉刚并无师承关系,见解亦与顾颇有歧异,不过古史辨的盟军而已。
>
> 杨氏早年就读苏州第一师范(后改为苏州中学),高中时即开始撰写关于《墨子》的论文;后考入上海光华大学中国文学系,师从蒋维乔、吕思勉、钱基博,并在蒋的指导及参与下,与沈延国、赵善诒合纂《吕氏春秋汇校》。毕业后曾任广东省立勤勤大学(广西梧州)教育学院文史系讲师,期间完成《中国上古史导论》讲义,当时年仅二十四岁,不愧为"疑古"阵营的生力军。
>
> 按:顾颉刚揭示出"层累地造成的中国古史",为现代史

学的重大发明,但他受晚清今文经学熏染较深,倾向于将此现象归因于"托古"与"造伪";而杨氏《导论》的要旨,则是自神话学立场,将古史的"层累"现象归因于神话的演变分化。童书业将杨著收入《古史辨》第七册上编,并评论:"顾颉刚先生以后,集'疑古'的古史学大成的人,我以为当推《中国上古史导论》的著者杨宽正先生。虽然他俩在古史上的见解有着很多的不同点。杨先生的古史学,一言以蔽之,是一种民族神话史观。他以为夏以前的古史传说全出各民族的神话,是自然演变成的,不是有什么人在那里有意作伪。……他确代表了'疑古'的古史观的最高峰!……有了分化说,'层累地造成的古史观'的真实性便越发显著:分化说是累层说的因,累层说则是分化说的果!"则杨氏堪称古史辨学派的修正主义矣。

杨氏一击而中,但稍后即由上古史转向战国史,由想像的历史转向实际的历史。战国史事年代紊乱,实较春秋史更难梳理,故他一开始即由史料考订及系年入手,以近三年之力编成《战国史料编年辑证》初稿;在此基础上,五十年代写出《战国史》一书,论述周详而深入,至今仍为战国时期无可替代的全史,也是他最有影响的著作。他先全面整合史料,再进而撰写专书,实可作为史学编纂的典范。而《辑证》历经半世纪亦定稿出版,洋洋千余页,足见其史料上的深厚功夫;他又主编《战国会要》,将战国史料分类汇辑,与《辑证》一横一纵,正可相辅为用。

五六十年代,他受马克思主义史学风气影响,同时汲取比较史学及民族学观念,又探讨西周社会问题,以社会组织(井田与村社、乡遂、宗法与贵族)及制度("礼")方面的论说最有价值,皆见其论文集《古史新探》;后来另编撰《西周史》,容纳《新探》的旧说,但新写部分较简略,内容参差不齐,并非一部均衡的断代史。此外,著有专史《中国历代尺度考》《中国古代冶铁技术的发明和发展》《中国古代冶铁技术发展史》《中国古代陵寝制度史研究》及《中国古代都城制度史研究》,后二种皆关涉建筑考古,互为依赖,用力尤深。历年主要的散篇论著则汇辑为《杨宽古史论文选集》,从土地制度到行政制度,从年代到文献,从神话到诸子,论题亦甚丰富。

大抵而言,杨氏治学有系统,勤著书,而在考证上未尽精深。童书业曾对顾颉刚表示:"现在人所作历史研究文字,大都经不起复案,一复便不是这回事。其经得起复案者只五人:先生、吕诚之(思勉)、陈寅恪、杨宽、张政烺也。……杨宽所作,巨细无遗矣,而结论却下得粗。"其说未必尽是,然于杨氏则可称知言。

杨氏历任上海博物馆馆长、上海社会科学院历史研究所副所长、复旦大学历史系教授,八十年代移居美国后即罕露头角,故著作虽多,终有如大陆学界的游魂。

杨著《战国史》将楚灭越年代定于楚怀王二十三年(公元前 306 年),蒋天枢不以为然,撰文否定之;据说两人因此结怨,蒋有云:"想不到,一篇文章得罪了一个朋友!"足见商榷学术,欲不涉人事,又谈何容易? 郭沫若有言:"昔人有一字之师,今人有一语之敌。"此之谓也。

诗曰:古史当年有导论,后来战国最专门。儒林文苑多相忌,恩怨由来为一言。①

2012 年 12 月,先生妻陈荷静在美国逝世。

2013 年大寒,先生与陈荷静合葬于上海青浦福寿园。

---

①胡文辉:《现代学林点将录》,广东人民出版社,2010 年,第 474—476 页。

杨宽先生著述编年①

1931 年

《埃及古算考略》,《苏中校刊》第 53、54 期合刊

1932 年

《墨经考》,《江苏教育》第 1 卷第 9 期

《墨学非本于印度辨》,《大陆杂志》第 1 卷第 6 期;后收入《杨宽
    古史论文选集》,上海人民出版社,2003 年,第 687—701 页

《墨子更非回教辨》,《枕戈》第 1 卷第 15 期

1933 年

《淞沪抗战纪实》,上海小说林书店,1933 年

---

①前已有高木智见和赵惠瑜作过先生的著述目录,惜皆未收全。高木智见
    所搜文章为 225 篇(杨宽:《歴史激流楊寛自伝:ある歴史学者の軌迹》,
    西嶋定生监译,高木智见译、解说,日本东京大学出版会,1995 年,第
    474—482 页),赵惠瑜所搜文章为 259 篇(赵惠瑜:《杨宽的中国神话研
    究》,东吴大学中国文学系硕博士班硕士班,2009 年 7 月,第 136—152
    页),本文所搜文章为 360 余篇。虽皆有缺漏,但编者亦从高、赵所作目
    录中获得很多指引,特此致谢! 先生生平发表文章绝大部分署名"杨
    宽",亦署名有"杨宽正""宽正""宽政""宽""刘平"以及其原配之名"朱
    新华""新华",文中未特别标明者皆署名"杨宽"。目录按照年代先后排
    列,每年之下先著作后单篇文章,如无著作,则按照文章发表的先后排
    列。

《墨经宇宙论考释》,《大陆杂志》第 1 卷第 7 期

《先秦的论战——中国学术史上最有价值的一页》,《大陆杂志》
　　第 1 卷第 8 期;后收入《杨宽古史论文选集》,第 702—
　　714 页

《墨学分期研究》,《学衡》第 79 期

《论墨学决非本于印度再质胡怀琛先生》,《历史科学》第 1 卷第
　　3—4 期

《盘古传说试探》,《光华大学半月刊》第 2 卷第 2 期

《墨子引书考辨》,《光华大学半月刊》第 2 卷第 3 期

《禹治水传说之推测》,《民俗周刊》第 116、117、118 期合刊

《墨子各篇作期考》,《学艺》第 12 卷第 10 期

1934 年

《名家言释义》,《光华大学半月刊》第 2 卷第 8 期

《名家言释义》续,《光华大学半月刊》第 2 卷第 9 期;《名家言释
　　义》全文后收入《杨宽古史论文选集》,第 733—751 页

《墨子引书考驳议》,《大学杂志》第 1 卷第 6 期

1935 年

《墨经写式变迁考》,《学艺》第 14 卷第 1 期

《吕氏春秋汇校叙例》,《制言半月刊》第 1 期(与蒋维乔、沈延
　　国、赵善诒合撰)

《吕氏春秋佚文辑校》,《制言半月刊》第 3 期(与蒋维乔、沈延
　　国、赵善诒合撰)

《今月令考》,《制言半月刊》第 5 期;后收入《杨宽古史论文选
　　集》,第 511—518 页(与蒋维乔、沈延国、赵善诒合撰)

《墨经义疏通说》,《制言半月刊》第 7 期

《吕氏春秋板本书录》,《人文月刊》第 6 卷第 4 期(与蒋维乔、沈

延国、赵善诒合撰）

《诸子正名论》,《学术世界》第 1 卷第 5 期;后收入《杨宽古史论
　　文选集》,第 752—763 页

《墨经科学辨妄》,光华大学中国语文学会著《中国语文学研
　　究》,1935 年,第 29—70 页;《中国语文学研究》收入《民国
　　丛书》第四编 50,上海书店出版社,1992 年

《略论古史传说》,上海《大美晚报·历史周刊》1935 年 11 月 11
　　日第 1 期第 3 版

《略论汤祷传说》,上海《大美晚报·历史周刊》1935 年 12 月 2
　　日第 4 期第 3 版

《再论汤祷传说》,上海《大美晚报·历史周刊》1935 年 12 月 17
　　日第 6 期第 3 版

《略论鲧禹之神话传说》,上海《大美晚报·历史周刊》1935 年 12
　　月 31 日第 8 期第 3 版

　　　1936 年

《略论盘古传说》,上海《大美晚报·历史周刊》1936 年 1 月 21
　　日第 11 期第 3 版

《略论盘古传说》续,上海《大美晚报·历史周刊》1936 年 1 月 29
　　日第 12 期第 3 版

《略论五帝传说》,上海《大美晚报·历史周刊》1936 年 2 月 18
　　日第 15 期第 3 版

《略论共工与鲧之传说》,上海《大美晚报·历史周刊》1936 年 2
　　月 25 日第 16 期第 3 版

《器物创作传说表》,上海《大美晚报·历史周刊》1936 年 3 月 3
　　日第 17 期第 3 版

《关于〈月令〉之一种考察》,上海《大美晚报·历史周刊》1936 年
　　3 月 10 日第 18 期第 3 版

书评:《墨辩疏证》,天津《大公报·图书副刊》1936 年 3 月 12 日
　　第 121 期第 11 版

《再论共工与鲧之传说》,上海《大美晚报·历史周刊》1936 年 3
　　月 17 日第 19 期第 3 版

《略论古帝王之瑞应传说》,上海《大美晚报·历史周刊》1936 年
　　3 月 23 日第 20 期第 3 版

《尺度之起源》,上海《大美晚报·历史周刊》1936 年 4 月 27 日
　　第 25 期第 3 版

《略论黄帝传说》,上海《大美晚报·历史周刊》1936 年 5 月 11
　　日第 26 期第 3 版

《〈逸周书〉与〈汲冢周书〉之辨证——逸周书集释考证初稿之
　　一》,上海《大美晚报·历史周刊》1936 年 5 月 25 日第 28 期
　　第 3 版(与沈延国合撰)

《从康有为说到顾颉刚——史学方法的错误》,上海《大美晚报·
　　历史周刊》1936 年 6 月 1 日第 29 期第 3 版

《悼章太炎先生——并评其〈左氏春秋读叙录〉》,上海《大美晚
　　报·历史周刊》1936 年 6 月 22 日第 32 期第 3 版

《关于古史辨》,上海《大美晚报·历史周刊》1936 年 7 月 13 日
　　第 34 期第 3 版

《颛顼与尧本一人说》,上海《大美晚报·历史周刊》1936 年 7 月
　　20 日第 35 期第 3 版

《伊尹考》,上海《大美晚报·历史周刊》1936 年 7 月 27 日第 36
　　期第 3 版

《二女传说之演变与分化》,上海《大美晚报·历史周刊》1936 年
　　8 月 3 日第 37 期第 3 版

《二女传说之演变与分化》续,上海《大美晚报·历史周刊》1936
　　年 8 月 14 日第 37 期第 3 版

《陆终考》,上海《大美晚报·历史周刊》1936 年 8 月 14 日第 37

期第 3 版

《巫咸考》,上海《大美晚报·历史周刊》1936 年 8 月 28 日第 38
期第 3 版

《陆终考》续,上海《大美晚报·历史周刊》1936 年 8 月 28 日第
38 期第 3 版

《〈颛顼与尧本一人说〉补证》,上海《大美晚报·历史周刊》1936
年 9 月 4 日第 49 期第 3 版

《中国古史建设初论》,上海《大美晚报·历史周刊》1936 年 9 月
14 日第 50 期第 3 版(与郑师许合撰)

《鉴镜之起源》,上海《大美晚报·历史周刊》1936 年 9 月 28 日
第 52 期第 3 版

《逸周书著作年代考证——逸周书集释考证初稿之一》,上海《大
美晚报·历史周刊》1936 年 10 月 9 日第 54 期第 3 版(与沈
延国合撰)

《龙门造像之史的考查》,上海《大美晚报·历史周刊》1936 年 10
月 16 日第 55 期第 3 版

《评〈墨辩新注〉》,天津《大公报·图书副刊》1936 年 10 月 22 日
第 153 期第 11 版

《龙门造像之史的考查》续,上海《大美晚报·历史周刊》1936 年
10 月 23 日第 56 期第 3 版

《龙门造像之史的考查》续,上海《大美晚报·历史周刊》1936 年
11 月 11 日第 58 期第 3 版

《金村古墓之古物及其古文化上之价值》,上海《大美晚报·历史
周刊》1936 年 11 月 11 日第 58 期第 3 版

《中国群婚制度的有无问题》,上海《大美晚报·历史周刊》1936
年 11 月 16 日第 59 期第 3 版

《中国历代尺度考叙目》,上海《大美晚报·历史周刊》1936 年 11
月 23 日第 60 期第 3 版

《唐代之银元》,上海《大美晚报·历史周刊》1936 年 11 月 30 日第 61 期第 3 版

《明代的倭寇》,上海《大美晚报·历史周刊》1936 年 12 月 28 日第 63 期第 3 版(署名宽)

《逸周书篇目考》,《光华大学半月刊》第 4 卷第 6 期(与沈延国合撰)

《论晚近诸家治墨经之谬》,《制言半月刊》1936 年第 29 期

1937 年

《吕氏春秋汇校》,中华书局,1937 年(与蒋维乔、沈延国、赵善诒合著)

《宋三司布帛尺考》,上海《民报·上海市博物馆周刊》1937 年 1 月 16 日第 2 版

《中国固有艺术之特色——上海市博物馆考古艺术演讲》,上海《大美晚报·历史周刊》1937 年 1 月 18 日第 66 期第 3 版

《〈山海经〉中所见"玉"之祭仪》,上海《民报·上海市博物馆周刊》1937 年 1 月 23 日第 2 版

《〈逸周书〉与〈尚书〉关系考论——逸周书集释考证之一》,上海《大美晚报·历史周刊》1937 年 1 月 25 日第 67 期第 3 版(与沈延国合撰)

《校〈铜鼓考略〉〈漆器考〉后》,上海《大美晚报·历史周刊》1937 年 1 月 25 日第 67 期第 3 版

《〈山海经〉中所见"玉"之祭仪》续,上海《民报·上海市博物馆周刊》1937 年 1 月 30 日第 2 版

《〈山海经〉中所见"玉"之祭仪》续,上海《民报·上海市博物馆周刊》1937 年 2 月 6 日第 2 版

《中国工艺之演化》,上海《大美晚报·历史周刊》1937 年 2 月 8

日第 68 期第 3 版

《评〈中国陶瓷史〉》，上海《民报·上海市博物馆周刊》1937 年 2 月 20 日第 1 版

《评〈中国陶瓷史〉》续，上海《民报·上海市博物馆周刊》1937 年 2 月 27 日第 2 版

《郎窑考》，上海《大美晚报·历史周刊》1937 年 3 月 1 日第 70 期第 3 版

《本馆所陈列铜鼓花纹之考察》，上海《民报·上海市博物馆周刊》1937 年 3 月 27 日第 2 版

《本馆所陈列铜鼓花纹之考察》（二），上海《民报·上海市博物馆周刊》1937 年 4 月 3 日第 2 版

《埃及之古文化》，上海《大美晚报·历史周刊》1937 年 4 月 5 日第 71 期第 3 版

《本馆所陈列铜鼓花纹之考察》（三），上海《民报·上海市博物馆周刊》1937 年 4 月 10 日第 2 版

《埃及的古文化》续，上海《大美晚报·历史周刊》1937 年 4 月 12 日第 70 期第 3 版

《本馆所陈列铜鼓花纹之考察》（四），上海《民报·上海市博物馆周刊》1937 年 4 月 17 日第 2 版

《埃及的古文化》续，上海《大美晚报·历史周刊》1937 年 4 月 19 日第 72 期第 3 版

《本馆所陈列铜鼓花纹之考察》（五），上海《民报·上海市博物馆周刊》1937 年 4 月 24 日第 2 版

《本馆所陈列铜鼓花纹之考察》（六），上海《民报·上海市博物馆周刊》1937 年 5 月 1 日第 2 版

《本馆所陈列铜鼓花纹之考察》（七），上海《民报·上海市博物馆周刊》1937 年 5 月 8 日第 2 版（署名宽）

《古镜铭文杂谈》，上海《民报·上海市博物馆周刊》1937 年 6 月

12 日第 2 版

《上海文献展览会小刀会史料之一》,上海《民报·上海市博物馆
　　周刊》1937 年 6 月 19 日第 2 版(署名宽正)

《镜鉴考源》,上海《民报·上海市博物馆周刊》1937 年 7 月 17
　　日第 2 版

《镜鉴考源》续,上海《民报·上海市博物馆周刊》1937 年 7 月 24
　　日第 2 版

《跋抄稿本〈东塘日札〉——〈嘉定屠城记〉》,上海《民报·上海
　　市博物馆周刊》1937 年 8 月 7 日第 2 版

《吕氏春秋汇校补遗》,《制言半月刊》第 33 期(与蒋维乔、沈延
　　国、赵善诒合撰)

书评:吴仁敬、辛安潮《中国陶瓷史》,《制言半月刊》第 39 期

《〈逸周书〉与〈汲冢周书〉辨证》,《制言半月刊》第 40 期(与沈延
　　国合撰)

书评:江思清《景德镇瓷业史》,《制言半月刊》第 43 期

《说虞》,《禹贡》第 7 卷第 6、7 合期

《说夏》,《禹贡》第 7 卷第 6、7 合期

　　　1938 年

《中国历代尺度考》,上海商务印书馆,1938 年

　　　1939 年

《关于〈嘉定屠城记〉》,《申报》1939 年 1 月 5 日第 14 版

《说倭》,《文汇报·史地周刊》1939 年 2 月 22 日第 10 版

《海南岛开辟的历史》,《文汇报·史地周刊》1939 年 3 月 1 日第
　　10 版

《禹贡学会会友公鉴》,《文汇报·史地周刊》1939 年 3 月 8 日第
　　10 版(与童书业、胡道静合撰)

《纪念黄花岗》,《文汇报·史地周刊》1939年3月29日第10版
　　(署名杨宽正)
《明代的战舰蜈蚣船》,《文汇报·史地周刊》1939年4月5日第
　　10版
《元初的文化压迫政策》,《文汇报·史地周刊》1939年5月10
　　日第10版
《明太祖的建国》,《兼明》月刊1939年5月15日创刊号
《黄帝与皇帝》,《大美报·文史》1939年5月15日第6版
《关于皇帝的讨论》,《文汇报·史地周刊》1939年5月17日第10版
《丹朱、驩兜与朱明、祝融:中国上古史导论之一章》,《说文月
　　刊》第1卷第1期;后收入《中国上古史导论》,编入吕思勉、
　　童书业编著《古史辨》第7册上编,开明书局,1941年,第
　　302—318页;《杨宽古史论文选集》,第307—320页
《鲧、共工与玄冥、冯夷:中国上古史导论之一章》,《说文月刊》
　　第1卷第4期;后收入《中国上古史导论》,编入吕思勉、童
　　书业编著《古史辨》第7册上编,第329—345页;《杨宽古史
　　论文选集》,第321—332页
《纸的服装》,《知识与趣味》第1卷第1期
《摩登论》,《知识与趣味》第1卷第2期
《狗和狗国》,《知识与趣味》第1卷第4期
《吸纸烟》,《知识与趣味》第1卷第5期(署名朱新华)
《宋代科学家沈括》,《知识与趣味》第1卷第5期
《山珍海味》,《知识与趣味》第1卷第6期(署名朱新华)
《谈吃肉》,《知识与趣味》第1卷第7期
《孔夫子上银幕》,《知识与趣味》第1卷第8期

1940年
《刊行"南洋文献丛书"缘起》,《责善半月刊》第1卷第2期(与

　　黄素封合撰)

《三保太监七次下西洋》,《知识与趣味》第 2 卷第 1 期

《游艺场在宋代》,《知识与趣味》第 2 卷第 2 期

《城隍老爷》,《知识与趣味》第 2 卷第 3 期

《狗的祖先——狼》,《知识与趣味》第 2 卷第 4 期

《论人格教育》,《知识与趣味》第 2 卷年第 6 期

《詹天佑工程师小传》,《知识与趣味》第 2 卷第 7 期(署名朱
　　新华)

《带病延年》,《知识与趣味》第 2 卷第 8 期

《青年与性教育》,《知识与趣味》第 3 卷第 1、2 期

《蚕的故事》,《知识与趣味》第 3 卷第 3 期(署名朱新华)

《三皇传说之起源及其演变》,《学术月刊》第 3 期;后收入《古史
　　辨》第 7 册上编,第 175—189 页

《序古史辨第七册因论古史中之鸟兽神话》,《学术月刊》第 4 期;后
　　收入《古史辨》第 7 册;《杨宽古史论文选集》,第 343—353 页

　　1941 年

《中国上古史导论》,收入《古史辨》第 7 册上编,开明书店出版,
　　1941 年,第 65—404 页;其《中国上古史导论序》以及第一篇
　　《古史传说探源论》收入杜正胜编《中国上古史论文选集》
　　上册,华世出版社,1979 年,第 3—54 页;其《综论》篇收入马
　　昌仪主编《中国神话学文论选萃》上,中国广播电视出版社,
　　1994 年,第 418—431 页

《伯益考》,《齐鲁学报》第 1 期;后收入《中国上古史导论》,第
　　380—393 页;改题为《伯益、句芒与九凤、玄鸟》,收入《杨宽
　　古史论文选集》,第 297—306 页

《月令考》,《齐鲁学报》第 2 期;后收入《杨宽古史论文选集》,第

463—510 页

《名家考原》,《群雅》第 2 卷第 2 期;后收入《杨宽古史论文选
　　集》,第 729—732 页

《中国图腾文化的探讨》,《正言报·史地》1941 年 6 月 20 日第
　　24 号第 1 张第 4 版;后被南京伪政府载于《政治月刊》1941
　　年第 2 卷第 2 期

《读〈禅让传说起于墨家考〉》,《古史辨》第 7 册下编,第 110—
　　117 页

《上吕师诚之书》,《古史辨》第 7 册下编附录二,第 376—381 页

　　　　1942 年
《墨经哲学》,正中书局,1942 年

《元代的"红军"》,《读书生活》第 1 卷第 2 期

　　　　1945 年
《根绝暹罗的排华政策及其妄动》,《青光半月刊》复刊第 1 卷第
　　2 期

《整军与军队国家化:论整军与建军》,《青光半月刊》复刊第 1 卷
　　第 2 期

《收复区的地方财政问题》,《青光半月刊》复刊第 1 卷第 3 期

《整理收复区的秘密结社》,《知识周刊》第 6 期

《韩国今后经济再建设问题》,《中韩文化月刊》第 1 卷第 1 期

《论中国工业建设的前途》,《中韩文化月刊》第 1 卷第 1 期(署
　　名宽政)

　　　　1946 年
《墨经哲学》,正中书局,1946 年

《新中国地图》(中等学校适用),吕思勉、杨宽、黄素封等编著,
　　李明阳校订,震旦地图出版公司,1946 年

《实行严厉的法治精神》,《经纬》第 1 卷第 7 期
《恐新病和恐旧病》,上海《民国日报·觉悟》1946 年 1 月 5 日第
　　4 版
《闲话爆竹》,上海《民国日报·觉悟》1946 年 1 月 7 日第 4 版
《飞来与钻出》,上海《民国日报·觉悟》1946 年 1 月 10 日第
　　4 版
《从"共荣香烟"说到"民主馒头"》,上海《民国日报·觉悟》1946
　　年 1 月 14 日第 4 版
《论名士派》,上海《民国日报·觉悟》1946 年 1 月 18 日第 4 版
《"面子"论》,上海《民国日报·觉悟》1946 年 1 月 20 日第 4 版
《神秘和秘密》,上海《民国日报·觉悟》1946 年 1 月 28 日第
　　4 版
《气节论》,上海《民国日报·觉悟》1946 年 1 月 30 日第 4 版
《老夫子和老妈子》,上海《民国日报·觉悟》1946 年 2 月 5 日第
　　2 版
《发财论》,上海《民国日报·觉悟》1946 年 2 月 8 日第 4 版
《人和狗》,上海《民国日报·觉悟》1946 年 2 月 11 日第 4 版
《狗祖宗和狗国家》,上海《民国日报·觉悟》1946 年 2 月 12 日
　　第 4 版
《养廉与贪污——清代吏治杂论之一》,上海《民国日报·觉悟》
　　1946 年 2 月 25 日第 4 版
《养廉与贪污——清代吏治杂论之一》,上海《民国日报·觉悟》
　　1946 年 2 月 26 日第 4 版
《中国器物的演进》,上海《前线日报》1946 年 5 月 4 日第 5 版
《玺印的变迁》,上海《新夜报·夜明珠》1946 年 5 月 13 日第

3 版

《土豪劣绅论——清代吏治杂论之一》，上海《民国日报·觉悟》
　　1946 年 2 月 28 日第 4 版

《官官相护论——清代吏治杂论之一》，上海《民国日报·觉悟》
　　1946 年 3 月 14 日第 4 版

《宝贝》，上海《新夜报·夜明珠》1946 年 5 月 27 日第 1 版

《替天行道——江湖丛谈之一》，上海《东南日报·长春》1946 年
　　6 月 28 日第 7 版

《四海一家——江湖丛谈之二》，上海《东南日报·长春》1946 年
　　6 月 29 日第 7 版

《所谓邪教——江湖丛谈之三》，上海《东南日报·长春》1946 年
　　6 月 30 日第 7 版

《〈古史辨的解毒剂〉的解毒剂》，上海《东南日报·文史周刊》
　　1946 年 7 月 4 日创刊号第 6 版（署名刘平）

《吴起伐魏考》，上海《东南日报·文史周刊》1946 年 7 月 4 日创
　　刊号第 6 版

《战国时代的农村》，上海《东南日报·文史周刊》1946 年 7 月 18
　　日第 3 期第 6 版（署名刘平）

《元末的红军——江湖丛谈之一》，上海《民国日报·觉悟》1946
　　年 8 月 3 日第 6 版

《梁惠王的年世》，上海《东南日报·文史周刊》1946 年 8 月 8 日
　　第 6 期第 6 版；后收入《杨宽古史论文选集》，第 265—
　　271 页

《乐毅仕进考——乐毅〈报燕惠王书〉辨伪上篇》，上海《东南日
　　报·文史周刊》1946 年 8 月 29 日第 9 期第 6 版

《周代封建制的崩溃》，上海《益世报·史苑》1946 年 9 月 6 日创
　　刊号第 8 版（署名刘平）

《戴氏篡宋考》，上海《益世报·史苑》1946 年 9 月 13 日第 2 期

第 9 版

《向〈为古史辨的解毒剂的解毒剂进一解〉展开攻毒的歼灭战》，
上海《东南日报·文史周刊》1946 年 9 月 19 日第 12 期第 6
版(署名刘平)

《楚怀王灭越设郡江东考——战国兴亡丛考之一》，上海《益世
报·史苑》1946 年 9 月 27 日第 4 期第 8 版；后收入《杨宽古
史论文选集》，第 278—284 页

《再论梁惠王的年世》，上海《东南日报·文史周刊》1946 年 10 月
3 日第 14 期第 10 版；后收入《杨宽古史论文选集》，第
272—277 页

《魏安釐王灭卫考——战国兴亡丛考之一》，上海《益世报·史
苑》1946 年 10 月 11 日第 6 期第 8 版

《酌酒的羽觞》，上海《中央日报·文物周刊》1946 年 10 月 13 日
创刊号第 10 版

《龙江船厂志》，上海《中央日报·文物周刊》1946 年 10 月 13 日
创刊号第 10 版(署名宽正)

《山字纹镜》，上海《中央日报·文物周刊》1946 年 10 月 16 日第
2 期第 10 版(署名宽正)

《博物馆里也该有教师》，上海《中央日报·文物周刊》1946 年 10
月 20 日第 3 期第 10 版

《䮡羌钟的制作年代》，上海《中央日报·文物周刊》1946 年 10
月 23 日第 4 期第 10 版

《士民阶级的兴起》，上海《益世报·史苑》1946 年 10 月 25 日第
8 期第 8、9 版(署名刘平)

《博物馆该怎样"博"》，上海《中央日报·文物周刊》1946 年 10
月 27 日第 5 期第 10 版

《〈洛阳金村古墓为东周墓非韩墓考〉的商榷》，上海《中央日
报·文物周刊》1946 年 10 月 30 日第 6 期第 10 版

《孟尝合从破楚考——战国兴亡丛考之一》，上海《益世报·史苑》1946 年 11 月 1 日第 9 期第 9 版

《钱坫篆书轴——书画之一》，上海《中央日报·文物周刊》1946 年 11 月 3 日第 7 期第 10 版（署名宽正）

《战国时代的郡制——战国制度丛考之一》，上海《益世报·史苑》1946 年 11 月 8 日第 10 期第 8 版

《展览会的举办》，上海《中央日报·文物周刊》1946 年 11 月 17 日第 9 期第 10 版

《上海城隍秦景容公像》，上海《中央日报·文物周刊》1946 年 11 月 24 日第 10 期第 10 版（署名宽正）

《上海知县袁祖悳血衣——史迹之一》，上海《中央日报·文物周刊》1946 年 12 月 1 日第 11 期第 10 版（署名宽正）

《一篇多余的辨论》，上海《东南日报·文史周刊》1946 年 12 月 5 日第 21 期第 10 版（署名刘平）

《齐湣王秦昭王称东西帝考——战国兴亡丛考之一》，上海《益世报·史苑》1946 年 12 月 6 日第 14 期第 8 版

《博物馆与市政建设》，上海《中央日报·文物周刊》1946 年 12 月 8 日第 12 期第 10 版

《齐湣王灭宋考——战国兴亡丛考之一》，上海《益世报·史苑》1946 年 12 月 13 日第 15 期第 8、9 版

《论长沙出土的木雕怪神像》，上海《中央日报·文物周刊》1946 年 12 月 15 日第 13 期第 10 版；后收入《杨宽古史论文选集》，第 410—413 页

《乐毅破齐考——乐毅〈报燕惠王书〉辨伪下篇》，上海《东南日报·文史周刊》1946 年 12 月 26 日第 24 期第 10 版

《梁惠王逢泽之会考——战国兴亡丛考之一》，上海《益世报·史苑》1946 年 12 月 27 日第 17 期第 8、9 版

《明器群中的动物像》，上海《中央日报·文物周刊》1946 年 12

月 29 日第 15 期第 10 版(署名宽正)

《史地常识:我们的中国》,《大国民》第 1 期

《史地常识:东北九省——我们的命脉》,《大国民》第 2 期

《保存文物的仓库》,《广播周报》第 5 期

《论远东弱小民族的独立运动:韩国·越南·印度尼西亚》,《导
　　报月刊》第 1 卷第 1 期

《远东的国际关系与韩国前途》,《导报》第 1 卷第 13—14 期

《为处理韩侨问题向当局进一言》,《中韩文化月刊》第 1 卷第 2
　　期(署名刘平)

《韩国农村经济的回顾与前瞻》,《中韩文化月刊》第 1 卷第 2 期

《韩国农村合作团体——"契"的回顾与前瞻》,《中韩文化月刊》
　　第 1 卷第 2 期(署名新华)

《论中国政治建设的前途》,《中韩文化月刊》第 1 卷第 2 期(署
　　名宽政)

《上海市立博物馆的重建》,《世界文化》第 4 卷第 2 期

　　　1947 年

《明抄本隆庆清丈上海二十四保副八图鱼鳞册——史料之一》,
　　上海《中央日报·文物周刊》1947 年 1 月 5 日第 16 期第 10
　　版(署名宽正)

《博物馆与特种展览会》,上海《中央日报·文物周刊》1947 年 1
　　月 12 日第 17 期第 10 版

《怎样充实博物馆的内容》,上海《中央日报·文物周刊》1947 年
　　1 月 19 日第 18 期第 10 版

《明乔一琦草书轴》,上海《中央日报·文物周刊》1947 年 2 月 2
　　日第 20 期第 10 版(署名宽正)

《公孙衍张仪从横考——战国兴亡丛考之一》,上海《益世报·史
　　苑》1947 年 2 月 14 日第 22 期第 7 版

《公孙衍张仪纵横考——战国兴亡丛考之一》，上海《益世报・史苑》1947 年 2 月 21 日第 23 期第 7 版

《公孙衍张仪纵横考——战国兴亡丛考之一》，上海《益世报・史苑》1947 年 2 月 28 日第 24 期第 7 版

《中山武公初立考——战国兴亡丛考之一》，上海《益世报・史苑》1947 年 2 月 28 日第 24 期第 7 版

《新城大令戈铭考辨》，上海《中央日报・文物周刊》1947 年 3 月 19 日第 26 期第 7 版

《论洛阳金村古墓答唐兰先生》，上海《中央日报・文物周刊》1947 年 4 月 16 日第 30 期第 7 版

《从速严禁文物出口》，上海《中央日报・文物周刊》1947 年 4 月 23 日第 31 期第 7 版

《上郡守疾戈考释》，上海《中央日报・文物周刊》1947 年 5 月 7 日第 33 期第 7 版；后收入《杨宽古史论文选集》，第 405—409 页

《陈骍壶考释》，上海《中央日报・文物周刊》1947 年 5 月 14 日第 34 期第 7 版；后收入《中国古文字大系・金文文献集成》第 29 册，香港明石文化国际出版有限公司，2006 年，第 510 页

《李兑合五国伐秦考》，天津《民国日报・史与地副刊》1947 年 6 月 9 日第 22 期第 6 版

《纸冥器的起源》，上海《中央日报・文物周刊》1947 年 6 月 18 日第 39 期第 7 版；后收入《杨宽古史论文选集》，第 435—440 页

《汉代木明器考》，上海《中央日报・文物周刊》1947 年 6 月 25 第 40 期第 7 版；后更名为《汉代木明器》收入《杨宽古史论文选集》，第 419—423 页

《汉代的多层建筑》，上海《中央日报・文物周刊》1947 年 7 月 16

日第 43 期第 7 版；后收入《杨宽古史论文选集》，第 424—
428 页

《考明器中的"四神"》，上海《中央日报·文物周刊》1947 年 8 月 20
第 48 期第 7 版；后收入《杨宽古史论文选集》，第 429—434 页

《论长沙楚墓的年代》，上海《中央日报·文物周刊》1947 年 9 月
3 日第 50 期第 7 版

《综论汉代尺度》，上海《中央日报·文物周刊》1947 年 9 月 17
日第 52 期第 7 版

《论推展我国社会教育必须扩展博物馆事业》，上海《中央日报·
文物周刊》1947 年 10 月 8 日第 55 期第 7 版

《充实内容与建设馆舍》，上海《中央日报·文物周刊》1947 年 10
月 29 日第 58 期第 7 版

《读秦〈诅楚文〉后》，上海《中央日报·文物周刊》1947 年 11 月
5 日第 59 期第 7 版

《战国时代的征兵制度——战国制度丛考之一》，上海《东南日
报·文史周刊》1947 年 11 月 12 日第 65 期第 7 版

《汉代门阙前的"罘罳"》，上海《中央日报·文物周刊》1947
年 11 月 21 日第 60 期第 7 版；后收入《杨宽古史论文选
集》，第414—418 页

《明曾鲸绘侯峒曾画像》，上海《中央日报·文物周刊》1947 年 12
月 31 日第 67 期第 7 版(署名宽正)

《漫谈钱纸》，《远风》创刊号

《生孩子和杀孩子的风习》，《学风》第 1 期

1948 年

《韩灭郑考——战国兴亡丛考之一》，上海《东南日报·文史周
刊》1948 年 1 月 21 日第 75 期第 7 版

《六博考》，上海《中央日报·文物周刊》1948 年 1 月 21 日第 70

期第 7 版;后收入《杨宽古史论文选集》,第 441—446 页

《补论合用职屋二韵铭文的铜镜》,上海《中央日报·文物周刊》
　　1948 年 2 月 4 日第 72 期第 7 版(署名宽正)

《考古散记》,上海《中央日报·文物周刊》1948 年 4 月 14 日第
　　81 期第 7 版

《汉代的青瓷》,上海《中央日报·文物周刊》1948 年 4 月 21 日
　　第 82 期第 7 版

《魏惠王迁都大梁考——战国兴亡丛考之一》,上海《东南日报·
　　文史周刊》1948 年 5 月 19 日第 89 期第 7 版

《秦失河西考——战国兴亡丛考之一》,上海《东南日报·文史周
　　刊》1948 年 7 月 14 日第 96 期第 7 版

《"郢爰"金币考》,上海《中央日报·文物周刊》1948 年 8 月 4 日
　　第 95 期第 7 版

《释"爰"》,上海《中央日报·文物周刊》1948 年 8 月 11 日第 96
　　期第 7 版

《〈上海市立博物馆藏印〉序》,上海《中央日报·文物周刊》1948
　　年 8 月 25 日第 98 期第 7 版

《唐大小尺考》,上海《中央日报·文物周刊》1948 年 9 月 15 日
　　第 101 期第 7 版

《宋三司布帛尺考》,上海《中央日报·文物周刊》1948 年 9 月 29
　　日第 103 期第 7 版

《宋布帛尺与唐大尺》,上海《中央日报·文物周刊》1948 年 11
　　月 13 日第 106 期第 6 版

《韩文侯伐宋到彭城执宋君考》,上海《东南日报·文史周刊》
　　1948 年 12 月 19 日第 118 期第 5 版

1949 年

《"幄子"小记》,上海《中央日报·文物周刊》1949 年 1 月 6 日第

110 期第 5 版;后收入《杨宽古史论文选集》,第 449—455 页

《司马穰苴破燕考》,上海《东南日报·文史周刊》1949 年 1 月 9
　　日第 120 期第 5 版

《魏文侯灭中山考》,上海《东南日报·文史周刊》1949 年 1 月 23
　　日第 122 期第 5 版

《三晋伐齐入长城考——战国兴亡丛考之一》,上海《东南日报·
　　文史周刊》1949 年 2 月 13 日第 125 期第 6 版

《赵灭中山考》,上海《东南日报·文史周刊》1949 年 4 月 8 日第
　　132 期第 5 版

1950 年

《美帝向来是个狡猾阴险毒辣的侵略者》,《文汇报》1950 年 12
　　月 13 日第 3 版;后收入中国教育工会上海市委员会编《从
　　各方面看美帝》,上海棠棣出版社,1951 年,第 24—29 页

《劳动怎样创造了人?》,《科学大众》(中学版)1950 年第 7 期

1951 年

《一六四五年嘉定人民的抗清斗争》,《历史教学》1951 年第 8
　　期,第 26—28 页;后收入李光璧编《明清史论丛》,湖北人民
　　出版社,1957 年,第 215—225 页

1952 年

《社会发展史第一组:从猿到人》,承名世、方诗铭编,杨宽校订,
　　大中国图书局,1952 年

《上海博物馆陈列品说明书》,上海博物馆编印,1952 年

《战国时代社会性质的讨论》,《文史哲》1952 年第 1 期;后收入
　　《历史研究》编辑部编《中国的奴隶制与封建制分期问题论文

选集》,生活·读书·新知三联书店,1956 年,第 290—310 页

1953 年

《中国历史地图》,王漱石编辑,杨宪益、杨宽校订,新亚书店,
　　1953 年

《战国时代中央集权制封建国家的形成》,《历史教学》1953 年第
　　10 期;后收入复旦大学历史系中国古代史教研室编《中国
　　古代史参考论文集 1》,1980 年,第 264—284 页

1954 年

《论春秋战国间社会的变革》,《文史哲》1954 年第 3 期

《春秋战国间封建的军事组织和战争的变化》,《历史教学》1954
　　年第 4 期

《战国时代的冶铁手工业》,《新建设》1954 年第 6 期

《论春秋战国间阶级斗争对于历史的推动作用》,《文史哲》1954
　　年第 8 期

《历史教学中有关处理战国年代的问题》,《历史教学》1954 年第
　　8 期

《历史教学中有关处理战国年代的问题》(续完),《历史教学》,
　　1954 年第 9 期

《问题解答:耕田开始用牛究竟在春秋时期,还是在战国时期
　　呢?》,《历史教学》1954 年第 9 期

《问题解答:战国时期赵武灵王的"胡服骑射"一事,在当时的历
　　史现实上,是否有积极意义? 对社会发展上是否有推动作
　　用?》,《历史教学》1954 年第 9 期

《问题解答:周代是否有井田制》,《历史教学》1954 年第 11 期

《问题解答:战国时期及秦朝汉朝的度量衡制度》,《历史教学》

1954 年第 11 期

1955 年
《中国历代尺度考》,北京商务印书馆,1955 年
《战国史》,上海人民出版社,1955 年
《商鞅变法》,上海人民出版社,1955 年

《试论中国古代冶铁技术的发明和发展》,《文史哲》1955 年第
　　2 期
《我国古代冶金炉的鼓风设备》,《科学大众》(中学版)1955 年第
　　2 期
《古代四川的井盐生产》,《科学大众》(中学版)1955 年第 8 期;
　　后收入《杨宽古史论文选集》,第 456—459 页
《论商鞅变法》,《历史教学》1955 年第 9 期
《战国时代水利工程的成就》,收入李光璧、钱君晔编《中国科学
　　技术发明和科学技术人物论集》,生活·读书·新知三联书
　　店,1955 年,第 99—119 页
《中国古代冶铁鼓风炉和水力冶铁鼓风炉的发明》,收入李光璧、
　　钱君晔编《中国科学技术发明和科学技术人物论集》,第
　　71—98 页

1956 年
《中国古代冶铁技术的发明和发展》,上海人民出版社,1956 年
《秦始皇》,上海人民出版社,1956 年

《论南北朝时期炼钢技术上的重要发明》,《历史研究》1956 年第
　　4 期

1957 年

《编辑、印刷、发行的分工尚有缺点,学术著作的出版应有物质保证》,《文汇报》1957 年 3 月 11 日第 2 版

《几点说明》,《文汇报》1957 年 5 月 27 日第 2 版

《论西周时代的农业生产》,《学术月刊》1957 年第 2 期;后收入《古史新探》,中华书局,1965 年,第 1—22 页;《西周史》,上海人民出版社,2003 年,第 224—267 页;复旦大学历史系中国古代史教研室编《中国古代史参考论文集 1》,第 154—178 页

《关于西周农业生产工具和生产技术的讨论》,《历史研究》1957 年第 10 期;后收入《古史新探》,第 23—50 页;北京大学历史系中国古代史研究室编《中国古代史教学参考论文选》第一册先秦部分,1979 年,第 239—268 页;上海社会科学院历史研究所编《史苑英华——上海社会科学院历史研究所精选》,上海社会科学出版社,2008 年,第 26—43 页

《论秦始皇》,收入李光璧、钱君晔编《中国历史人物论集》,生活·读书·新知三联书店,1957 年,第 3—27 页

1958 年

《坚持“厚今薄古”发展历史科学》,《文汇报》1958 年 4 月 14 日第 2 版

《杨宽先生:关于〈左传〉“取人于萑苻之泽”的辩解》,《学术月刊》1958 年第 3 期

1959 年

《墨经哲学》,台北正中书局,1959 年

《上海博物馆藏画》,上海人民美术出版社,1959 年(主编)

《吕思勉著〈隋唐五代史〉出版说明》,中华书局,1959 年

《中国人民在炼钢技术上的成就》,《文物》1959 年第 1 期

《试论中国古代的井田制度和村社组织》,《学术月刊》1959 年第
　　6 期;后收入《古史新探》,第 111—134 页;《西周史》,第 185—
　　211 页;《先秦史十讲》,高智群编,复旦大学出版社,2006
　　年,第 116—146 页

《论〈太平经〉——我国第一部农民革命的理论著作》,《学术月
　　刊》1959 年第 9 期

《关于水力冶铁鼓风机"水排"复原的讨论》,《文物》1959 年第
　　7 期

《秦始皇功大于罪》,《解放日报》1959 年 4 月 10 日第 4 版

《我高兴得跳起来》,《文汇报》1959 年 4 月 28 日第 2 版

《论黄巾起义与曹操起家》,《文汇报》1959 年 7 月 4 日第 3 版;
　　后收入《曹操论集》,生活·读书·新知三联书店,1960 年,
　　第 382—401 页

《让我国古代科学技术成就灿烂地发光——评介〈中国古代科技
　　图录丛编初集四种〉》,《解放日报》1959 年 11 月 2 日第
　　5 版

　　　1960 年
《中国土法冶铁炼钢技术发展简史》,上海人民出版社,1960 年

《再论王桢农书"水排"的复原问题》,《文物》1960 年第 5 期

《论西周时代的奴隶制生产关系——中国古史分期问题探讨之
　　一》,《学术月刊》1960 年第 9 期

《漫谈历史剧如何反映历史真实问题》,《上海戏剧》1960 年第
　　12 期

《论中国农民战争中革命思想的作用及其与宗教的关系》,《学术
　　月刊》1960 年第 7 期;后收入史绍宾编《中国封建社会农民战争

问题讨论集》,生活·读书·新知三联书店,1962 年,第 321—339 页

《马桥古遗址和上海历史研究》,《文汇报》1960 年 3 月 18 日第 3 版

《论中国古史分期问题讨论中的三种不同主张》,《文汇报》1960 年 8 月 9 日第 2 版

《关于中国古代社会特点的理论问题——对束世澂同志的东西古代社会走不同道路论的商榷》,《文汇报》1960 年 11 月 18 日第 3 版

1961 年

《令人斗志奋发的"甲午海战"》,《文汇报》1961 年 1 月 5 日第 3 版

《再论中国农民战争中革命思想的作用及其与宗教的关系》,《文汇报》1961 年 1 月 15 日第 3 版;后收入史绍宾编《中国封建社会农民战争问题讨论集》,第 353—368 页

《冬小麦在我国历史上何时开始普遍种植》,《文汇报》1961 年 2 月 21 日第 3 版

《白莲教经卷》,《文汇报》1961 年 3 月 10 日第 3 版

《试论白莲教的特点》,《光明日报》1961 年 3 月 15 日第 4 版

《占有材料　具体分析》,《文汇报》1961 年 7 月 21 日第 3 版

《战国时代的"百家争鸣"》,《解放日报》1961 年 8 月 22 日第 4 版;后收入复旦大学历史系中国古代史教研室编《中国古代史参考论文集 1》,第 285—297 页

《黄巢起义对傜族人民的影响》,《文汇报》1961 年 9 月 10 日第 3 版

《论"康熙之治"》,《文汇报》1961 年 9 月 28 日第 3 版;后收入历史研究编辑部编《明清人物论集》下,四川人民出版社,1983

年,第 93—111 页

1962 年

《悼念李亚农同志——学习李亚农同志坚持不懈、严肃认真的治
学精神》,《文汇报》1962 年 9 月 20 日第 3 版

《我国古代大学的特点及其起源——兼论教师称"师"和"夫子"的
来历》,《学术月刊》1962 年第 8 期;后更名为《我国古代大学
的特点及其起源》收入《古史新探》,第 197—217 页;整理为
《西周大学(辟雍)的特点及其起源》收入《西周史》,第 664—
684 页;据前书编入《先秦史十讲》,第 230—253 页;更名为
《我国古代学校》转载于《文汇报》8 月 28 日第 3 版

《"冠礼"新探》,《中华文史论丛》1962 年第 1 辑;后收入《古史新
探》,第 234—255 页;《西周史》,第 770—789 页;杜正胜编
《中国上古史论文选集》下册,第 1087—1109 页;陈其泰、郭
伟川、周少川编《二十世纪中国礼学研究论集》,学苑出版
社,1998 年,第 434—461 页

《后期墨家的世界观及其与名家的争论》,《文史》1962 年第 1 辑;
后更名为《墨家的世界观及其与名家的争论》收入《杨宽古史
论文选集》,第 715—728 页;《先秦史十讲》,第 322—338 页

1963 年

《大蒐礼新探》,《学术月刊》1963 年第 3 期;后收入《古史新探》,
第 256—279 页;《西周史》,第 693—715 页;更名为《大蒐
礼》编入《先秦史十讲》,第 254—280 页

《"乡饮酒礼"与"飨礼"新探》,《中华文史论丛》1963 年第 4 辑;
后收入《古史新探》,第 280—309 页;《西周史》,第 742—
769 页;傅杰编《二十世纪中国文史考据文录》下,云南人民
出版社,2001 年,第 1214—1227 页

《释"臣"和"鬲"》,《考古》1963 年第 12 期;后收入《中国古文字
　　大系・金文文献集成》第 40 册,第 240 页

1964 年
《上海博物馆藏青铜器》,上海人民美术出版社,1964 年(主编)

《"赘见礼"新探》,《中华文史论丛》1964 年第 5 辑;后收入《古史
　　新探》,第 338—370 页;《西周史》,第 790—819 页
《论西周金文中"六自""八自"和乡遂制度的关系》,《考古》1964
　　年第 8 期;后收入《杨宽古史论文选集》,第 43—53 页;《中
　　国古文字大系・金文文献集成》第 40 册,第 372 页
《回顾与前瞻》,《学术月刊》1964 年第 10 期
《参加实际斗争与历史科学研究》,《文汇报》1964 年 1 月 30 日
　　第 4 版;后收入杨宽等著《人民中国史学界关于中国近代史
　　学说论集》,第 33—35 页
《必须正确总结农民战争的历史经验——关于李秀成问题讨论
　　中的一个根本问题》,《文汇报》1964 年 10 月 17 日第 4 版
《评周谷城先生的"生存竞争"历史观》,《文汇报》1964 年 11 月
　　22 日第 4 版

1965 年
《古史新探》,中华书局,1965 年

《再论西周金文中"六自"和"八自"的性质》,《考古》1965 年第
　　10 期;后收入《杨宽古史论文选集》,第 54—60 页;《中国古
　　文字大系・金文文献集成》第 40 册,第 374 页
《论李岩:一个参加明末农民起义的地主阶级出身的知识分子》,
　　《文汇报》1965 年 6 月 30 日第 4 版

1966 年

《评吴晗同志所谓"自我批评"》,《文汇报》1966 年 3 月 4 日第
　4 版

1968 年

《中国历代尺度考》,台湾商务印书馆,1968 年

1972 年

《秦始皇》,洪世涤著,上海人民出版社,1972 年(参与编写)

《"自上而下变革说"的商榷——关于中国古史分期问题的讨
　论》,《文汇报》1972 年 8 月 9 日第 3 版

1973 年

《商鞅变法》,上海人民出版社,1973 年

《孔子是造反派还是保守派?》,《文汇报》1973 年 9 月 26 日第 3 版

1974 年

《墨经哲学》,台北正中书局,1974 年

《韩非"法治"理论的进步作用》,《文汇报》1974 年 5 月 15 日第 3
　版;后收入《韩非》,安徽人民出版社,1974 年,第 1—9 页;
　《韩非——反对奴隶主贵族复辟的思想家》,山东人民出版
　社,1974 年,第 37—48 页

1975 年

《墨经哲学》收入严灵峰编《无求备斋墨子集成》第 42 册,台北成

文出版社,1975 年

《中国历史地图集》,中华地图学社,1975 年(主编《中国历史地图集》第 1 册中原始社会、商、西周、春秋、战国时期等部分)

《马王堆帛书〈战国策〉的史料价值》,《文物》1975 年第 2 期;后更名为《马王堆帛书〈战国纵横家书〉的史料价值》,收入马王堆汉墓帛书整理小组编《战国纵横家书》,文物出版社,1976 年,第 154—172 页;湖南省博物馆编《马王堆汉墓研究》,湖南人民出版社,1981 年,第 133—143 页;《杨宽古史论文选集》,第 247—264 页;《先秦史十讲》,第 395—414 页

《论战国时代齐国复辟的历史教训》,《历史研究》1975 年第 2 期

《战国中期的合纵连横战争和政治路线斗争——再谈马王堆帛书〈战国策〉》,《文物》1975 年第 3 期

《〈墨经〉选注》,《自然辩证法杂志》1975 年第 3 期

《上海复旦大学杨宽同志来信》,《思想战线》1975 年第 5 期

《农民起义有这样的"规律"吗?》,《红旗》1975 年第 11 期;后收入上海人民出版社编《〈水浒〉评论集》,上海人民出版社,1976 年,第 197—203 页

《批林批孔与古代史学的改造》,《光明日报》1975 年 2 月 7 日第 2 版

《驳斥〈水浒〉研究中的阶级调和论——评宋江投降是"农民的局限性"的观点》,《文汇报》1975 年 11 月 4 日第 3 版;后收入上海人民出版社编《〈水浒〉评论集》,第 204—211 页

《黄老学派与战国时期的反复辟斗争》,《光明日报》1975 年 11 月 20 日第 3 版

1976 年

《儒家立场的大暴露》,《文汇报》1976 年 4 月 28 日第 3 版

《欢呼工人历史阶级队伍的茁壮成长》,《光明日报》1976 年 5 月
　　13 日第 4 版

1979 年

《先秦史讲义》(油印本)(署名复旦大学历史系中国古代史教研
　　室)

1979 年

《吕不韦和〈吕氏春秋〉新评》,《复旦学报》(社会科学版)1979
　　年第 5 期;后收入《杨宽古史论文选集》,第 777—793 页;
　　《先秦史十讲》,第 350—369 页

1980 年

《战国史》(增订本),上海人民出版社,1980 年

《论秦汉的分封制》,《中华文史论丛》1980 年第 1 期;后收入《杨
　　宽古史论文选集》,第 130—145 页;转载于《复印报刊资料》
　　(中国古代史)1980 年第 10 期
《曾国之谜试探》,《复旦学报》(社会科学版)1980 年第 3 期(与钱林
　　书合撰);转载于《复印报刊资料》(中国地理)1980 年第 12 期
《〈老子〉讲究斗争策略的哲理》,《复旦学报》(社会科学版)1980
　　年第 4 期;后收入《杨宽古史论文选集》,第 764—776 页
《我国历史上铁农具的改革及其作用》,《历史研究》1980 年第 5
　　期;转载于《复印报刊资料》(中国古代史)1980 年第 31 期;
　　《复印报刊资料》(经济史)1980 年第 22 期

1981 年

《中国皇帝陵の起源と変遷》,西嶋定生监译,尾形勇、太田侑子

共译，日本学生社，1981 年

《春秋时代楚国县制的性质问题》，《中国史研究》1981 年第 4 期；
　　后收入《杨宽古史论文选集》，第 61—83 页；《史学情报》1982
　　年第 3 期；转载于《复印报刊资料》（中国古代史）1982 年第
　　1 期
《西周时代的楚国》，《江汉论坛》1981 年第 5 期；转载于《复印报
　　刊资料》（中国古代史）1981 年第 19 期
《中国古代陵寝制度的起源及其演变》，《复旦学报》（社会科学
　　版）1981 年第 5 期；后转载于《新华文摘》1981 年第 12 期
《从"少府"职掌看秦汉封建统治者的经济特权》，《秦汉史论丛》
　　1981 年第 1 辑；后收入《杨宽古史论文选集》，第 113—129 页

1982 年

《中国古代冶铁技术发展史》，上海人民出版社，1982 年
《中国上古史导论》，收入《古史辨》第 7 册，上海古籍出版社，
　　1982 年

《顾颉刚先生和〈古史辨〉》，《光明日报》1982 年 7 月 19 日第 3
　　版；后收入《先秦史十讲》，第 426—434 页；《〈史学〉论文
　　选》，光明日报出版社，1984 年，第 11—18 页；陈其泰、张京
　　华《古史辨学说评价讨论集》，京华出版社，2001 年，第
　　277—283 页；许力以主编《中国图书评论选集 1979—1985》
　　下卷，书海出版社，1987 年，第 1178—1185 页；顾潮编《顾颉刚
　　学记》，生活·读书·新知三联书店，2002 年，第 80—88 页
《博物馆琐忆》，上海文化出版社编《上海掌故》，上海文化出版
　　社，1982 年，第 33—39 页；又见汤伟康、朱大路、杜黎《上海
　　轶事》，上海文化出版社，1987 年，第 105—109 页

《先秦墓上建筑和陵寝制度》,《文物》1982 年第 1 期;后收入《中
　　国古代陵寝制度史研究》,上海古籍出版社,1985 年,第
　　171—183 页;《先秦史十讲》,第 305—319 页

《战国秦汉的监察和视察地方制度》,《社会科学战线》1982 年第
　　2 期;后收入《杨宽古史论文选集》,第 94—112 页;《史学情
　　报》1982 年第 4 期;转载于《新华文摘》1982 年第 7 期;《复印
　　报刊资料》(中国古代史)1982 年第 9 期

《重评 1920 年关于井田制的辩论》,《江海月刊》1982 年第 3 期;
　　转载于《复印报刊资料》(经济史)1982 年第 6 期;《复印报
　　刊资料》(中国古代史)1982 年第 13 期

《吕思勉先生的史学研究》,《中国史研究》1982 年第 3 期;又刊
　　于俞振基编《蒿庐问学记:吕思勉生平与学术》,生活·新
　　书·新知三联书店,1996 年,第 4—33 页;转载于《复印报刊
　　资料》(历史学)1982 年第 10 期

《秦汉陵墓考察》,《复旦学报》(社会科学版)1982 年第 6 期(与
　　刘根良、太田侑子、高木智见合撰);后收入《中国古代陵寝
　　制度史研究》,第 197—211 页

《释青川秦牍的田亩制度》,《文物》1982 年第 7 期;转载于《复印
　　报刊资料》(中国古代史)1982 年第 15 期;后收入《杨宽古
　　史论文选集》,第 35—39 页

《秦始皇陵园布局结构的探讨》,《秦俑馆开馆三年文集》,1982
　　年,第 7—14 页;后收入《文博》1984 年第 3 期;《中国古代
　　陵寝制度史研究》,第 183—196 页

《西周春秋时代对东方和北方的开发》,《中华文史论丛》1982 年
　　第 4 期;后收入《西周史》,第 577—602 页;《史学情报》1982
　　年第 4 期;转载于《复印报刊资料》(中国古代史)1983 年第
　　6 期

《怎样学好祖国的历史》,郭绍虞、周谷城等著《怎样学好大学文

科》,复旦大学出版社,1982 年,第 38—52 页;后收入《名古屋
大学东洋史研究报告》1985 年第 10 期,第 109—129 页(高木智
见译)

《吕思勉史学论著前言》,《先秦史》影印版,上海古籍出版社,
1982 年;又刊于《秦汉史》《两晋南北朝史》影印版,上海古
籍出版社,1983 年

1983 年

《吕思勉〈论学林集〉出版说明》,《论学林集》,上海教育出版社,
1987 年

《〈吕著中国通史〉前言》,《吕著中国通史》,华东师范大学出版
社,1992 年

《西周初期东都成周的建设及其政治作用》,《历史教学问题》
1983 年第 4 期;后收入《西周史》,第 531—548 页;《史学情
报》1984 年第 2 期

《中国陵墓制度的变迁》,《殷都学刊》1983 年第 C1 期(由苏启
刚、聂玉海据杨宽先生讲学录音整理)

《关于长平之战的时间》,《历史教学》1983 年第 3 期

《释何尊铭文兼论周开国年代》,《文物》1983 年 6 期;后收入《西
周史》,第 521—530 页;《史学情报》1983 年第 4 期;《中国
古文字大系·金文文献集成》第 28 册,第 172 页

《先秦墓上建筑问题的再探讨》,《考古》1983 年第 7 期;后收入
《中国古代陵寝制度史研究》,第 211—218 页;《史学情报》
1984 年第 1 期

《再谈长平之战的时间》,《历史教学》1983 年第 11 期

《云梦秦简所反映的土地制度和农业政策》,《上海博物馆集刊》
1983 年第 2 期;后收入《杨宽古史论文选集》,第 17—34 页

《先秦、秦汉之际都城布局的发展变化和礼制的关系》(日本举办

国际亚洲、北非人文科学会议论文)

1984 年

《西周中央政权机构剖析》,《历史研究》1984 年第 1 期;后收入
　　《西周史》,第 315—335 页;《先秦史十讲》,第 20—43 页;复
　　旦大学历史系编《切问集:复旦大学历史系建系八十周年论
　　文集》,复旦大学出版社,2005 年,第 157—172 页

《西汉长安布局结构的探讨》,《文博》1984 年创刊号

《商代的别都制度》,《复旦学报》(社会科学版)1984 年第 1 期;
　　后收入《杨宽古史论文选集》,第 149—160 页;《史学情报》
　　1984 年第 3 期

《怀念吕思勉先生》,《常州文史资料》1984 年第 5 辑

《西周王朝公卿的官爵制度》,人文杂志编辑部编《人文杂志丛刊
　　第二辑《西周史研究》;后更名为《西周王朝公卿官爵制度的
　　分析》收入《西周史》,第 336—363 页;《先秦史十讲》,第
　　44—73 页;《中国古文字大系·金文文献集成》第 40 册,第
　　212 页

《如何学习春秋战国史》,《书林》杂志编辑部编《怎样学习中国
　　历史》,上海人民出版社,1984 年,第 17—34 页

《如何加强中国文化史的研究》,《中国文化研究集刊》1984 年第
　　1 辑,复旦大学出版社,第 44—47 页

1985 年

《中国古代陵寝制度史研究》,上海古籍出版社,1985 年

《吕思勉》,陈清泉、苏双碧、李桂海、萧黎、葛增福编《中国史学家
　　评传》下,中州古籍出版社,1985 年,第 1270—1298 页

《吕思勉〈中国制度史〉出版前言》,吕思勉著《中国制度史》,上

海教育出版社,1985 年;又刊于丹青图书有限责任公司
1986 年版

1986 年
《战国史》(增订本),台北谷风出版社,1986 年
《辞海》,上海辞书出版社,1986 年(主编《辞海》中国古代史部
　　分)

《为什么要如此诽谤》,《自学》1986 年第 2 期
《关于古代墓祭、墓碑和坟墓等级制问题》,《中国文化研究集
　　刊》1986 年第 3 辑

1987 年
《中国古代陵寝制度史研究》,台北谷风出版社,1987 年
《中国上古史导论》,收入《古史辨》第 7 册,蓝灯文化事业股份有
　　限责任公司,1987 年
《中国都城の的起源と発展》,西嶋定生监译,尾形勇、高木智见
　　共译,日本学生社,1987 年

1988 年
《论周武王克商》,收入王孝廉主编、御手洗胜等著《神与神话》,
　　联经出版事业公司,1988 年,第 405—462 页;《西周史》,第
　　483—520 页

1989 年
《论〈逸周书〉》,《中华文史论丛》1989 年第 1 期;后收入《西周
　　史》,第 857—870 页
《西汉长安布局结构的再探讨》,《考古》1989 年第 4 期

1990 年

《墨学十讲序》,李绍崑著《墨学十讲》,水牛出版社,1990 年

《中国历代尺度考——重版后记》,收入河南计量局主编《中国古
　　代度量衡论文集》,中州古籍出版社,1990 年,第 64—76 页

《论西周初期的分封制》,尹达等主编《纪念顾颉刚学术论文集》
　　上册,巴蜀出版社,1990 年,第 253—270 页;后更名为《西周
　　初期的分封制》收入《西周史》,第 373—394 页;《先秦史十
　　讲》,第 76—101 页

1991 年

《关于越国灭亡年代的再商讨》,《江汉论坛》1991 年第 5 期;后
　　收入《杨宽古史论文选集》,第 285—294 页;转载于《复印报
　　刊资料》(先秦、秦汉史)1991 年第 6 期

1993 年

《历史激流中的动荡和曲折:杨宽自传》,时报文化出版企业有限
　　公司,1993 年

《中国古代都城制度史研究》,上海古籍出版社,1993 年

1995 年

《歴史激流楊寛自伝:める歴史学者の軌跡》,西嶋定生监译,高
　　木智见译、解说,东京大学出版会,1995 年

《秦〈诅楚文〉所表演的"诅"的巫术》,《文学遗产》1995 年第 5
　　期;后收入《杨宽古史论文选集》,第 373—390 页

1996 年

《中国皇帝陵の起源と変遷》,西嶋定生监译,尾形勇、太田侑子

共译,日本学生社,1996 年

《穆天子传真实来历的探讨》,《中华文史论丛》1996 年第 55
　　辑;后收入《西周史》,第 603—622 页;《先秦史十讲》,第
　　372—394 页

1997 年
《战国史:1997 年增订版》,台湾商务印书馆,1997 年

《楚帛书的四季神像及其创世神话》,《文学遗产》1997 年第 4
　　期;后收入《杨宽古史论文选集》,第 354—372 页;转载于
　　《中国古代、近代文学研究》(复印资料)1997 年第 10 期

1998 年
《战国史》,上海人民出版社,1998 年

1999 年
《西周史》,上海人民出版社,1999 年
《西周史》,台湾商务印书馆,1999 年

2001 年
《战国史料编年辑证》,上海人民出版社,2001 年

2002 年
《战国史料编年辑证》,台湾商务印书馆,2002 年

2003 年
《中国古代都城制度史研究》,上海人民出版社,2003 年

《中国古代陵寝制度史研究》,上海人民出版社,2003 年

《西周史》,上海人民出版社,2003 年

《战国史》,上海人民出版社,2003 年

《杨宽古史论文选集》,上海人民出版社,2003 年

《墨经哲学》收入《墨子大全》第 44 册,北京图书馆出版社,
　　2003 年

2004 年

《中国古代冶铁技术发展史》,上海人民出版社,2004 年

2005 年

《战国会要》,上海古籍出版社,2005 年(与吴浩坤一起主编)

《历史激流:杨宽自传》,台湾大块文化出版股份有限公司,
　　2005 年

2006 年

《中国古代都城制度史》,上海人民出版社,2006 年

《先秦史十讲》,高智群编,复旦大学出版社,2006 年

2008 年

《中国古代陵寝制度史研究》,上海人民出版社,2008 年

《中国通史词典》,上海人民出版社,2008 年(主编之一)

2014 年

《中国古代冶铁技术发展史》,上海人民出版社,2014 年

2016 年

《战国史》,上海人民出版社,2016 年

《西周史》,同上

《战国史料编年辑证》,同上

《中国古代陵寝制度史研究》,同上

《中国古代都城制度史研究》,同上

《中国上古史导论》,同上

《古史探微》,同上

《古史新探》,同上

《古史新探》,复旦大学出版社,2016年(高智群编)

后 记

　　《杨宽先生编年事辑》本不在计划之内,列入计划端赖吾师张耕华。每个星期,张老师都会请自己的学生到办公室"聊天","聊天"的主要内容是修改学生所写的硕博士论文或者习作,大到论文的框架,小到字词的使用,张老师都会逐一修正。"聊天"偶尔谈及其他,如对社会事的评论、出版新著的介绍、学生的生活和学习状况等。张老师的学生无不从"聊天"中获益良多。在"聊天"中张老师多次提到杨宽先生,认为杨先生及其学问值得研究。于是,平时我就留心搜集有关杨先生的材料。

　　2014 年 3 月我有幸赴台湾政治大学人文中心研修,除了搜集与博士论文相关的材料外,还搜集了与杨宽先生相关的材料。7 月回到学校后,就着手编事辑。2014 年 10 月去信曹旅宁老师请教杨宽先生与黄永年先生事,并告知曹老师我正在编辑《杨宽先生编年事辑》,幸曹老师释惑。

　　2014 年 12 月 16 日曹老师来函:"日前开会,遇到中华书局俞国林、李天飞先生,我向他们推荐了您所编辑的《杨宽编年事辑》一书,他们很有兴趣,希望将来能在他们那里出版。"蒙曹老师奖掖后学,热心推荐,翌日我就与李天飞先生取得联系。李老师说,编年事辑可以反映一个学者的心路历程,如曹旅宁先生的《黄永年先生编年事辑》。我则向李老师汇报了编写进度。2015 年 6 月,我向中华递交了初稿。2018 年,稿子由刘明老师接手,终由李碧玉老师负责。李老师是一位认真尽责的编辑,指出书稿中的许多错误。李老师所请外校邓琦老师非常细心地审阅了大部分引文,并校出许多文献缺漏处。在此,特向李天飞、刘明、李碧玉、邓琦诸位老师表示谢意。

拙稿在材料搜集和撰写过程中,承蒙张耕华、姜俊俊、刘影、许倬云、曹旅宁、黄显功、李远涛、李孝迁、张钰翰、钱林书、高智群、李绍崑、汤仁泽、胡逢祥、田兆元、谢宝耿、李柏华、杨善群、刘根良、赵太和、杨懿、周鼎、施晴、台湾地区王孝廉、吴继文、周惠民、古伟瀛、彭明辉、李素琼、鹿忆鹿、萧淑慧及日本高木智见诸位先生惠予指教和帮助,题签由先生弟子高智群老师撰写,在此一并致谢。我的父母及妹妹贾莉莉、贾莉萍慷慨解囊予以资助,亦得特别感谢。

由于编者能力有限,本书定有许多疏误,敬请读者批评指正。2017 年至今,编者又搜集到很多与杨先生相关的材料,这些材料不再补入。编年是一个长期的工作,此稿出版不意味着工作结束,敬请博雅君子为杨宽先生编年提供材料,我的邮箱:lovejpt@ 126. com。

2019 年春,贾鹏涛写于延安大学